거룩한 두려움

거룩한 두려움

정용섭

교회력에 따른 설교 모음

한들출판사

머리글

저의 첫 설교집 제목은 "그날이 오면"이었고, 둘째 권의 제목은 "하나님의 얼굴"이었습니다. 그날이 오면 우리는 하나님의 얼굴을 보게 되지 않겠습니까. 하나님의 얼굴을 본다는 것은 세상 전체의 비밀을 알게 된다는 뜻입니다. 그때가 와야 제 얼굴의 실체도 알게 되겠지요.

이제 세 번째 설교집을 내게 되었습니다. 제목은 "거룩한 두려움"입니다. 그날이 와서 하나님의 얼굴을 본다는 것은 저에게 두려움입니다. 저 자신이 누군지 알게 되는 것도 두려움입니다. 그러나 그것은 거룩한 두려움입니다. 그 순간이 얼마나 놀라울지 예상할 수 없기 때문입니다. 그 이전까지 이 세상은 저에게 여전히 비밀로 남아 있을 것입니다. 그래서 그 모든 것은 신비입니다.

저의 설교 행위는 바로 이 신비의 세계로 함께 들어가 보자는 권면이고, 요청이고, 호소이며, 절규였습니다. 이미 그런 신비를 경험한 성서 기자들의 영성에 기대서 청중들에게 다가갔습니다. 입술이 둔한 탓에 얼마나 전달이 되었는지는 모르겠습니다.

이번 설교집에 묶인 설교 원고는 2011년 대림절 첫 주일부터 시작해서 2012년 창조절 마지막 주일까지, 교회력 일 년 치의 설교입니다. 졸고를 책으로 묶어주신 한들출판사 정덕주 목사님께 감사드립니다. 제 설교 작업에 직, 간접적으로 동참해 주신 대구샘터교회와 서울샘터교회 교우들, 그리고 대구성서아카데미 온오프 회원들께도 감사의 말씀을 드립니다.

2013년 5월
영천시 북안면 원당리에서
정용섭 목사

차 례

13	깨어 있으라!	마가 13:24-37	대림절 첫째 주일
20	예수 재림을 사모하라!	벧후 3:8-13	대림절 둘째 주일
27	가난한 사람과 복음	이사 61:1-9	대림절 셋째 주일
34	마리아의 하나님 경험	누가 1:26-38	대림절 넷째 주일
43	말씀이 육신이 되다	요한 1:1-14	성탄절
50	종의 영, 아들의 영	갈라 4:4-7	성탄절후 첫째 주일
59	물 세례, 성령 세례	마가 1:4-11	주현절후 첫째 주일
66	사무엘을 부르신 하나님	삼상 3:1-9	주현절후 둘째 주일
73	제자의 길	마가 1:14-20	주현절후 셋째 주일
80	하나님 경험의 위기	신명 18:15-20	주현절후 넷째 주일
87	예수의 축귀 능력	마가 1:29-39	주현절후 다섯째 주일
94	믿음은 구도다	고전 9:24-27	주현절후 여섯째 주일
101	침묵 명령	마가 9:2-9	주현절후 일곱째 주일
111	하나님의 새 약속	창세 9:8-17	사순절 첫째 주일
128	생명이란 무엇인가?	마가 8:31-38	사순절 둘째 주일

125	성전을 헐라!	요한 2:13-22	사순절 셋째 주일
132	구원은 선물이다	에베 2:1-10	사순절 넷째 주일
139	옛 언약, 새 언약	예레 31:31-34	사순절 다섯째 주일
146	메시아 살해 음모	마가 15:1-15	종려 주일
155	부활 신앙의 근본	고전 15:1-11,	부활 주일
162	보는 믿음, 듣는 믿음	요한 20:19-29	부활절 둘째 주일
169	하나님 자녀의 비밀	요일 3:1-6	부활절 셋째 주일
176	나사렛 예수는 그리스도다	사도 4:5-12	부활절 넷째 주일
183	예수 그리스도와의 일치	요한 15:1-8	부활절 다섯째 주일
190	사랑과 믿음	요일 5:1-6	부활절 여섯째 주일
197	세상에서 예수 제자로 살기	요한 17:6-19	부활절 일곱째 주일
207	여호와의 영, 생명의 영	에스 37:7-14	성령강림절 주일
214	성령의 증언	로마 8:12-17	성령강림절(삼위일체) 주일
221	성령을 모독하는 죄	마가 3:20-30	성령강림절후 둘째 주일
228	성령의 사람	삼상 16:1-13	성령강림절후 셋째 주일
235	거룩한 두려움	마가 4:35-41	성령강림절후 넷째 주일
242	헌금의 본질과 원리	고후 8:7-15	성령강림절후 다섯째 주일
249	권능의 조건	마가 6:1-13	성령강림절후 여섯째 주일
256	법궤와 하나님의 현존	삼하 6:1-11	성령강림절후 일곱째 주일

263	예수는 세상의 평화	에베 2:11-18	성령강림절후 여덟째 주일
270	예수 그리스도의 왕권	요한 6:1-15	성령강림절후 아홉째 주일
277	만물의 완성과 예수	에베 4:1-16	성령강림절후 열번째 주일
284	다윗과 압살롬	삼하 18:24-33	성령강림절후 열한번째 주일
291	영원한 생명의 밥	요한 6:52-59	성령강림절후 열두번째 주일
298	"너희도 가려느냐?"	요한 6:60-71	성령강림절후 열세번째 주일
307	세속주의와 싸우라!	야고 1:19-27	창조절 첫째 주일
314	이사야의 영적 상상력	이사 35:5-10	창조절 둘째 주일
321	사탄의 유혹	마가 8:27-38	창조절 셋째 주일
328	예레미야의 탄원기도	예레 11:18-23	창조절 넷째 주일
335	제자 공동체의 위기	마가 9:42-50	창조절 다섯째 주일
342	만물의 복종에 대해	히브 2:5-9	창조절 여섯째 주일
349	돈이냐, 하나님 나라냐	마가 10:23-31	창조절 일곱째 주일
356	여호와께서 욥에게 말씀하시다	욥기 38:1-11	창조절 여덟째 주일
363	퀴리에 엘레이송!	마가 10:46-52	창조절 아홉째(종교개혁) 주일
370	그리스도의 피와 구원의 능력	히브 9:11-14	창조절 열번째 주일
377	가난한 과부의 헌금	마가 12:38-44	창조절 열한번째 주일
384	안식과 초막의 삶	레위 23:33-44	창조절 열두번째(추수감사) 주일
391	예수의 왕권	요한 18:33-38	창조절 열세번째 주일

13	깨어 있으라!	마가 13:24-37	대림절 첫째 주일
20	예수 재림을 사모하라!	벧후 3:8-13	대림절 둘째 주일
27	가난한 사람과 복음	이사 61:1-9	대림절 셋째 주일
34	마리아의 하나님 경험	누가 1:26-38	대림절 넷째 주일

대림절

대림절 첫째 주일
마가복음 13:24-37
2011년 11월 27일

깨어 있으라!

오늘은 교회력의 시작인 대림절 첫째 주일입니다. 교회력이 대림절로부터 시작된다는 말은 교회가 대림절을 신앙의 출발점으로 삼았다는 뜻입니다. 대림절은 사도신경이 말하고 있듯이 승천하시어 하나님 우편에 앉아 계신 예수님께서 이 세상에 다시 오시는 때를 기리는 절기입니다. 이 기다림이 그리스도교 신앙의 초석이고 내용입니다. 그래서 교회를 가리켜 종말론적 재림 공동체라고 부릅니다. 오늘 이 재림 공동체라는 말을 진지하게 받아들이는 그리스도인들은 드뭅니다. 고대인들의 신화적 표상에 불과할 뿐이라고 폄하합니다. 재림을 생각하는 사람들도 막연하게 생각할 뿐입니다. 과연 그럴까요? 재림 신앙은 현대사회에서 공허한 외침인가요?

마지막 때

마가복음 13장은 세상의 종말에 대해서 말합니다. 예루살렘 성전이 무너지고 전쟁과 난리가 일어납니다. 가족끼리 서로 증오합니다. 온갖 환난이 일어나고 거짓 선지자들이 설칩니다. 세상이 거의 막장 수준에 이른 것처럼 보입니다. 이런 내용이 마가복음 13장 1-23절에 나옵니다. 이어서 오늘 본문인 마가복음 13장 24절이 시작됩니다. '그 때'에 우주가 해체됩니다. 해가 어두워지고 달이 빛을 잃고 별들이 떨어지고, 하늘의 권능이 흔들린다고 합니다. 그리고 '인자'가 구름을 타고 영광으로 오십니다. 인자는 유대인들의 묵시문학에 나오는 용어인데, 세상 마지막 때 세상을 심판하러 오실 분을 가리킵니다. 초기 그리스도교는 인자가 바로 예수 그리스도라고 생각했습니다. 예수 그리스도의 재림이 세상의 종말이라는 것입니다. 그래서 그들은 종말의 때에 모든 걸 걸어두고 신앙생활을 했습니다.

세상의 마지막 때에 대한 성서의 진술이 오해되는 경우가 많습니다. 그중 하나는 이것을 세계 파멸로만 본다는 것입니다. 사람들은 그런 이야기를 들으면 두려워하기도 하고, 기분 나빠하기도 합니다. 순수한 사람들은 두려워하겠고, 나름 똑똑하다고 생각하는 사람은 기분 나빠하겠지요. 그건 오해입니다. 성서가 말하는 마지막 때에 대한 이야기는 파괴가 아니라 오히려 완성입니다. 겉으로는 파괴처럼 묘사되지만 근본적으로는 완성입니다. 생명이 완성되려면 먼저 파괴되어야 하기 때문에 파괴를 말할 뿐입니다. 이건 그렇게 복잡한 문제가 아니라 세상을 직관할 줄만 알면 이해가 가는 겁니다. 지금 우리가 경험하는 이런 생명 형식으로는 참된 만족을 얻을 수 없습니다. 우리의 모든 것들이 제한적이고 무상합니다. 우리에게 가장 소중한 가족과 친구 관계를 생각해 보십시오. 가까운 사람들끼리 삶을 파괴하는 경우가 많습니다. 국가도 마찬가지입니다. 국가간의 경쟁으로 이 세상은 끊임없는 불화에 휩싸입니다.

이것을 개인의 실존적인 차원에서 생각해 보십시오. 우리는 지금의 이런 생명 형식으로 살아가는 한 파멸을 면할 수 없습니다. 여러분이 가장 행복한 상황을 생각해 보십시오. 좋은 집, 건강, 명예와 권력을 손에 넣었다고 생각해 보십시오. 그게 얼마나 빨리 우리 손에서 사라지는

지 모르는 사람은 없습니다. 숨이 끊어지는 순간에 우리의 모든 것은 해체되고 파괴됩니다. 우리가 자랑하던 모든 것들이 태양빛 아래의 이슬처럼 사라집니다. 무덤 안에서 어떤 일이 일어나는지를 잠간만 생각해 보십시오. 개인만이 아니라 호모 사피엔스로 일컬어지는 인류 자체의 미래도 여기서 벗어나지 못합니다. 언젠가는 태양도, 지구도 모두 파멸됩니다. 인류와 그 문명의 미래도 결국 무덤이라는 뜻입니다. 이것이 개인과 인류의 피할 수 없는 엄정한 실존입니다. 이것을 꿰뚫어본 묵시문학자들이 마지막 때를 파멸로 묘사하지 않을 수 없었습니다.

여기까지만 보면 마지막 때는 두려움과 공포의 순간입니다. 그러나 성서는 파멸 자체를 말하려는 게 아닙니다. 그것을 넘어선 완성을 말합니다. 죽음을 넘어선 생명을 말합니다. 그래서 복음서는 그 마지막 때를 종종 혼인잔치로 비유합니다. 그리스도인은 신부이고 예수님은 신랑입니다. 잔치는 노래와 춤과 떡과 술이 있습니다. 그런 것들은 우리를 행복하게 해주는 요소들입니다. 이 잔치는 생명의 절정에 대한 메타포입니다. 우리가 상상할 수 없는 생명의 극치가 일어나는 순간입니다. 어머니 자궁 안에 들어 있던 태아가 세상으로 나오는 순간입니다. 산모나 태아 모두 출산 순간에 고통을 경험하지만 그것은 생명의 희열로 바뀝니다. 초기 그리스도교는 예수의 재림이 바로 그 순간이라고 믿었습니다. 혼인잔치를 기다리는 신부처럼 목마름의 영성으로 그 때를 기다렸습니다. 오늘 우리도 마찬가지입니다.

그 마지막 때가 구체적으로 언제일까요? 언제 생명의 절정 순간이 올까요? 우주 전체가 생명의 충만감으로 찰 때가 언제일까요? 마가복음 13장 32절에 따르면 그 날과 그 때는 아무도 모릅니다. 하늘의 천사들도 모르고, 심지어 아들(예수)도 모르고, 아버지만 아십니다. 어떤 사람들은 이런 구절을 읽고 예수님의 재림이 지연되니 핑계를 대는구나 하고 생각합니다. 그렇지 않습니다. 마지막 때를 모른다는 말은 생명 완성이, 즉 구원이 우리 예상을 뛰어넘는다는 의미입니다. 그것은 창조 사건이 하나님의 고유한 행위였듯이 하나님께서 홀로 개입해서 결정할 일입니다. 만약 마지막 때를 계산해낼 수 있다면 그 때는 마지막 때가 아닙니다. 계산이 가능한 사건이라면 시시한 겁니다. 우주 물리학자들이 지구의 남은 나이를 45억년으로 계산하지만 그것이 곧 마지막 때는 아닙니다. 그 이전일 수도 있고, 이후일 수도 있습니다. 사람의 개인 운명도 마지막이 50년 후일 수 있고, 내일일 수도 있습니다. 그 결정적인 순간은 홀로 세상을 창조하고, 홀로 완성하실 하나님의 배타적 권한에 속합니다. 다시 말씀드립니다. 마지막 때를 모른다는 복음서 기자의 말은 마지막 때에 이루어질 생명이 절대적이라는 사실을 가리킵니다.

각성의 삶

생명 완성을 가리키는 예수님의 재림이 지연되는 현실 앞에 직면한 초기 그리스도인들을 향해서 마가복음은 '깨어 있으라'고 권면합니다. 그 말이 33절과 35절과 37절에서 세 번 반복되었습니다. 마가복음은 이 상황을 비유로 설명합니다. 어떤 사람이 외국으로 나가면서 종들과 문지기에게 집을 지킬 권한과 책임을 맡겼습니다. 주인이 언제 돌아올지는 모릅니다. 종들과 문지기들은 늘 깨어 있어야 합니다. 주인이 갑자기 돌아왔을 때 종들과 문지기가 자고 있는 모습을 보이면 안 되기 때문입니다. 어떻게 보면 이 주인의 요구는 바르지 못합니다. 아무리 집을 지킬 책임이 있다고 해도 사람이 24시간 깨어 있을 수는 없습니다. 지혜로운 종이라면 잘 때는 자고, 깨어 있을 때 깨어 있으면서 집을 관리할 겁니다. 사람이 피곤하면 어쩔 수 없이 휴식을 취하기도 하고, 낮잠을 자기도 합니다. 이 비유는 주인의 태도가 공정했느냐 하는 것을 말하는 게 아니라, 홀연히 일어날 주님의 재림 앞에서 그리스도인은 늘 영적으로 각성하고 있어야 한다는 사실을 강조하는 것입니다. 마가복음 기자는 이 이야기가 제자들만이 아니라 모든 사람에게 하는 말이라고 덧붙였습니다(37절).

다른 한편으로 본문이 '깨어 있으라'는 말을 세 번이나 반복했다는 것은 당시 마가 공동체에 깨어 있지 못한 이들이 적지 않았다는 의미이기도 합니다. 예수님의 재림 지연으로 초기 그리스도인들 중에는 그 사실 자체를 부정하는 이들이 나타나기 시작했고, 재림 신앙을 조롱하는 이들까지 생겼습니다(벧후 3:3). 베드로는 그들이 '자기의 정욕에 따라' 행하면서 재림 신앙을 조롱했다고 했습니다. 정욕에 따라서 행한다는 것은 자기 눈에 보이는 것만을, 자기 욕망이 자극적인 것만을 무조건 추종한다는 뜻입니다. 세상에서 자기를 위한 성취에만 몰두하는 삶입니다. 그들의 생각이 이해가 가지 않는 것은 아닙니다. 예수님의 부활 승천 이후 그들이 기대하고 있던 예수 재림이 일어나지 않았습니다. 그들은 이제 더 이상 예수님의 재림을 기다릴 수 없었습니다. 살 길을 자기 스스로 찾아야 했습니다. 세상의 가치를 따를 수밖에 없었던 것입니다. 그게 정욕적인 삶입니다. 이런 삶에 치우치면 예수 재림은 조롱의 대상이 되고 맙니다.

이런 상황은 오늘날 마가복음이나 베드로후서 시대보다 훨씬 더 심각합니다. 자그마치 2천 년 동안이나 주의 재림이 지체되었습니다. 재림 지연이 만성이 되어 재림을 실제로 열망하는 그리스도인을 찾아보기 힘듭니다. 조금 노골적인 예를 드는 걸 용서하십시오. 만약 재림 신앙에 철저하다면 무리하게 교회당 건축에 열을 내지 않습니다. 곧 주님이 재림하시는 게 분명하다면 큰 재정을 들여서 지은 교회당이 무슨 의미가 있겠습니까? 건축에 몰두한다는 것은 재림을 별로 진지하게 생각하지 않는다는 증거겠지요. 거꾸로 주님이 곧 오시는 게 아니라는 사실을 믿는 것이겠지요. 이것은 마치 내일 내가 죽지 않는다고 확신하며 사는 것과 비슷합니다. 근본적으로 이런 생각은 잘못입니다. 당장 내일이라도 주님은 다시 오실 수 있습니다. 우리가 내일 이 세상 사람이 아닐 수 있듯이 말입니다.

오해는 마십시오. 1992년 '다미선교회' 사건에서 보듯이 지금 당장 모든 일상을 멈추고 재림만을 기다려야 한다는 말씀은 아닙니다. 깨어 있으라!는 말은 일상과의 단절이 아닙니다. 일상에 대한 냉소도 아닙니다. 이 말씀을 두 가지로 볼 수 있습니다. 하나는 일상의 상대화입니다. 우리의 일상은 주님이 오시기 전까지만 의미가 있습니다. 그분이 오신 다음에는 모든 것이 재구성되어야 한다는 말씀입니다. 그 때가 되면 지금까지 우리가 생각했던 세상 질서가 뒤바뀔 수도 있습니다. 첫째가 꼴찌가 되고, 꼴찌가 첫째가 될 수도 있습니다. 여러분이 지금 살아 있을 때 감당해야 할 무거운 짐도 모두 내려놓게 됩니다. 여러분이 자랑스럽게 생각했던 업적도 모두 내려놓게 됩니다. 자신을 첫째라고 생각했던 분들은 좀 억울하게 생각하겠지요. 그러나 억울할 거 하나도 없습니다. 사람에게는 업적 자체가 짐입니다. 우리의 모든 일상은 실제로 짐이었든 거꾸로 자랑이었든 모두 상대적인 가치라는 뜻입니다. 그것을 뚫어보는 삶의 태도가 바로 영적 각성의 한 대목입니다.

다른 하나는 일상의 영성화입니다. 영성화라는 말을 일반적인 말로 바꾸면 생명지향성입니다. 즉 영적 각성은 자신의 일상을 예수님의 재림으로 인해 이루어질 생명 완성의 시각으로 직면하는 삶의 태도를 가리킵니다. 우리의 일상은 분명히 상대적이지만 동시에 하나님의 창조 사건이라는 점에서 절대적입니다. 시시해 보이는 우리의 일상은 하나님의 창조 행위입니다. 여기에 창조 능력이 들어 있습니다. 그것이 밖으로 보이지는 않습니다. 은폐의 방식으로 작동되기 때문입니다. 그것을 보려면 영적인 눈이 필요합니다. 그것을 들으려면 영적인 귀가 필요합니다. 예수님도 들을 귀가 있는 자는 들으라고 말씀하셨습니다. 여러분은 지금 새로운 직장을 구하고 있나요? 집을 장만하려고 계획합니까? 결혼을 앞두고 있습니까? 그것 자체에만 몰두하지 말고 잠시 멈춰서 그것이 생명 완성과 어떻게 관련되는지를 살펴보십시오. 일상의 계획이 이뤄지지 않았을 때 여러분의 영혼이 실제로 훼손되는지도 살펴보십시오. 그런 영적 통찰이 곧 깨어 있는 삶의 태도입니다. 그런 차원에서 질문하면 생명의 영이신 성령이 대답을 주십니다.

사랑하는 성도 여러분! 금년 한 해도 11월이 모두 지나갔습니다. 우리 인생도 한 달만 남겨놓을 순간이 곧 닥칠 것입니다. 인생이 허무하다는 말씀을 드리는 게 아닙니다. 이런 허무한 삶을 넘어서 생명이 완성될 순간이 가까이 오고 있다는 사실을 말씀드리는 겁니다. 그 순간이 바로 예수님이 재림할, 오늘 본문에서 인자가 올 것이라고 말한 바로 그 때입니다. 이 말씀이 시시하게 들리시나요? 막연하게 들리시나요? 그렇다면 우리는 졸고 있는 겁니다. 졸고 있을 때는 졸고 있다는 사실조차 깨닫지 못합니다. 오늘 마가복음 기자가 세 번이나 반복해서 강조한 말씀을 잊지 마십시오. 깨어 있으십시오. 생명의 주인이 오십니다.

마라나타!(고전 16:22).

대림절 둘째 주일
베드로후서 3:8-13
2011년 12월 4일

예수 재림을 사모하라!

오늘은 대림절 둘째 주일입니다. 지난 대림절 첫째 주일에도 말씀드렸지만 대림절은 예수님의 초림과 재림을 기리는 절기입니다. 초림은 이해하기 어렵지 않습니다. 예수님은 2천 년 전 유대의 갈릴리에서 하나님 나라를 선포하시다가 십자가에 처형당하셨습니다. 우리는 그분이 세상에 오신 하나님의 아들이라고 믿습니다. 그런데 그분이 다시 오신다고 합니다. 하나님의 아들인 메시아가 한 번 오면 충분하지 무슨 이유로 다시 오신다는 것일까요? 다시 오신다는 말은 처음 오셨을 때 메시아의 사명을 완수하지 못했다는 말처럼 들립니다. 그리스도인들은 일반적으로 이런 질문을 하지 않습니다. 이미 대답을 알고 있기 때문이 아니라 오히려 모르고 있기 때문입니다. 더 노골적으로 말하면 그리스도교 신앙의 본질에 대해서 관심이 없기 때문입니다. 아니 삶의 본질에 대해서 관심이 없다고 봐야겠지요.

위의 질문과 그 대답을 생각하려면 우선 생명 완성, 세계 완성에 대해서 생각해야 합니다. 초기 그리스도인들이 전하고 있는 예수님의 초림과 재림 문제는 바로 거기서 출발했습니다. 예수님이 메시아라는 그가 구원자라는 뜻입니다. 그 구원은 생명 완성을 가리킵니다. 예수님의 초림으로 구원은 완성되었습니다. 누구든지 예수 그리스도를 믿으면 구원받습니다. 신약성서는 전체적으로 이 사실에 집중합니다. 그런데 문제는 구원이, 즉 생명이 드러나는 방식으로 완성되지 않았다는 것입니다. 그것을 메시아의 은폐성이라고 합니다. 또는 구원의 비밀이라고 말할 수도 있습니다. 생명이 얼굴을 얼굴로 맞대어 볼 수 있는 방식으로 드러나는 때를 기다려야 합니다. 그 때가 바로 재림입니다. 복음서는 이를 결혼잔치 비유로 설명합니다. 신랑이 오기만 하면 결혼식이 시작됩니다. 아직 신랑이 오지 않았지만 결혼식이 준비되고 있는 것만은 분명합니다. 그 신랑이 곧 예수 그리스도입니다. 예수의 재림으로 생명의 결혼잔치가 벌어집니다. 초기 그리스도교는 이 사실이 자신들의 운명을 걸었습니다. 예수 재림을 확신했다는 뜻입니다.

재림에 대한 신학적 논란

그런데 예수 재림은 일어나지 않았습니다. 그들이 얼마나 당혹스러워 했을지 상상이 갑니다. 초기 그리스도교 공동체에 속한 사람들 사이에 논란이 분분했습니다. '춘향전'에 나오는 이야기를 아시지요? 장원급제 하고 곧 돌아오겠다던 이몽룡의 소식이 감감합니다. 춘향이 주변에서는 모두들 말들이 많았습니다. 장모마저 실망해서 불평했습니다. 초기 그리스도인들 중에서도 예수님의 재림 약속은 헛것이라고 생각한 사람들이 많았습니다. 재림 지연으로 그리스도교 신앙을 완전히 떠난 사람들이 있었으며, 머물러 있어도 재림을 믿지 못하는 사람들도 있었습니다. 이런 상황이 계속되면 교회 공동체 자체가 와해될 수도 있었습니다.

오늘 설교 본문인 베드로후서 3장 8-13절은 이런 위기 상황을 배경으로 합니다. 본문 앞 구절인 베드로후서 3장 3, 4절에 의하면 예수 재림 신앙을 조롱하는 이들이 있었습니다. 그들의 논리는 세상과 만물이 창조 때부터 지금까지 변함이 없다는 사실에, 즉 만물의 지속성에 있습니다. 만물이 늘 그대로인데 세상의 근본적인 변화를 가리키는 예수 재림이 일어날 수 있느냐 하는 반론입니다. 일단 만물의 지속성이라는 그들의 논리는 터무니없는 게 아닙니다. 당시 헬라 철학자들이나 오늘의 자연과학자들 논리도 기본적으로는 이와 비슷합니다. 그들은 지구의 생명이 내재적 능력으로 진행된다고 봅니다. 여전히 태양이 빛나고 땅이 결실을 맺습니다. 유전공학을 통해서 영생불사를 이루어 낼지도 모릅니다. 현대판 예언자라고 할 수 있는 물리학자 칼 세이건은 지구가 파멸한다고 해도 인류 후손들은 우주 공간의 어느 행성에 이민 가서 보금자리를 마련할 수 있다고 주장했습니다. 인간이 스스로 구원을 준비해야 하며, 그럴 수 있다는 주장입니다.

이런 주장 앞에서 재림 신앙은 무엇을 말할까요? 자칫 오해하면 재림 신앙이 다시 조롱의 대상이 될 수도 있습니다. 어떤 신자들은 2천 년 전 유대인 복장을 한 30대 초반의 한 유대인 남자가 구름을 타고 나타날 것으로 생각합니다. 이런 식의 생각은 신화를 사실로 오해하기 때문에 벌어지는 착각입니다. 그리스도교 신앙은 말도 되지 않는 것을 무조건 우기는 게 아닙니다. 무조건 우기는 신앙은 신앙이 아니라 광신입니다. 광신은 악한 영에 의해 일어납니다. 광신으로 몰아가는 악한 귀신이 교회와 심지어 신학교에서도 출몰합니다. 어떤 이들을 악한 귀신을 추앙하거나 공연히 두려워 합니다. 이런 교회 현상을 세상은 조롱하게 될 것입니다.

베드로후서 기자는 두 가지 근거로 재림 신앙에 대한 조롱이 잘못되었다고 말합니다. 하나는 만물이 하나님의 말씀으로 창조된 것이라는 사실입니다(5절). 세상 만물은 그 토대가 아무리 확실해보여도 하나님 말씀에 종속되었다는 뜻입니다. 세상보다 말씀이 우위에 있다면 만물의 지속성으로 다시 오신다는 주님의 약속을 부정할 수 없습니다. 다른 하나는 세상은 이미 물로 멸망한 적이 있으며, 앞으로 불의 심판이 있을 것이라는 사실입니다(6, 7절). 세상이 겉으로 보면 변함이 없는 것 같지만 실제로는 근본적으로 변화되었다는 뜻입니다. 이것은 현대 지질학에서 볼 때도 옳은 이야기입니다. 지구에는 빙하기가 반복되었습니다. 지금도 판 운동이 계속됩니다. 아주 느린 움직임이지만 지구의 판 운동은 바다를 산으로 만들고, 산을 바다로 낮추기도 합니다. 베드로후서 기자가 여기서 말하려는 핵심은 세상이 영원불변하지 않으며, 그 토대도 절대적인 게 아니고, 근본적으로 하나님의 말씀에 의존적이기 때문에 세상이 늘 그대로 있다는 논리로 예수 재림을 부정할 수 없다는 것입니다.

이런 베드로후서 기자의 생각을 여러분은 어떻게 생각하시나요? 아무 근거가 없는 개인의 주관적인 생각에 불과한 것일까요? 그렇지 않습니다. 여러분이 이해하기 곤란하다면 그의 생각을 미처 따라가지 못했기 때문입니다. 그의 설명을 좀더 들어보십시오. 그는 독선적인 사람이 결코 아닙니다. 그의 세계 인식은 정확하고 설명은 논리적이며, 또 친절합니다. 오늘 설교 본문에서 자세하게 설명합니다. 재림 지연을 조롱하는 사람들과의 논쟁과 연관해서 재림 지연을 정확하게 이해하려면 세 가지의 전이해가 필요합니다.

첫째, 하나님의 시간과 사람의 시간은 다릅니다. "주께는 하루가 천 년 같고 천 년이 하루 같다는 이 한 가지를 잊지 말라"(벧후 3:8). 사람은 시간을 연대기적으로만 인식합니다. 어제 다음에 오늘이 오고, 오늘 다음에 내일이 옵니다. 2011년은 1011년보다 뒤에 있습니다. 이건 절대적으로 변하지 않는 진리입니다. 우리 인간의 시간 경험이 그렇습니다. 천 년은 일 년의 천 배입니다. 일 년은 하루의 365배입니다. 이것이 우리의 시간 계산법입니다. 그런데 하나님의 시간은 우리 시간 경험을 뛰어넘습니다. 천 년이 하루처럼 순간입니다. 하루도 천 년일 수 있습니다. 우리가 세상을 좀더 냉정하게 직관하면 베드로후서 기자의 진술이 틀리지 않다는 것을 알 수 있습니다. 현대 물리학은 시간이 절대적인 게 아니라는 사실을 밝혔습니다. 시간은 빛의 속도 안에서만 절대적입니다. 빛의 속도를 넘어서 움직이는 세상에서는 시간이 다르게 흐릅니다. 심지어 거꾸로도 흐른다고 합니다. 그래서 시간 여행이 가능하다고까지 말합니다. 지금 본문은 시간 개념을 통해서 100년 동안 예수의 재림이 지연되었다고 투덜거리는 사람들의 생각이 얼마나 경솔한 것인가를 말합니다.

둘째, 주님은 모두의 구원을 기다리십니다. "주의 약속은 어떤 이들이 더디다고 생각하는 것 같이 더딘 것이 아니라 오직 주께서는 너희를 대하여 오래 참으사 아무도 멸망하지 아니하고 다 회개하기에 이르기를 원하시느니라"(9절). 베드로후서 기자의 영성을 기억하십시오. 주님은 모두의 구원을 위해서 생명 완성의 순간을 연기한다는 것입니다. 이런 영성을 이해한다면 예수 재림이 지연되는 것을 견디지 못할 이유가 없습니다.

셋째, 주의 날은 아무도 예상하지 못하는 순간에 옵니다. 본문 10절은 주의 날이 도둑 같이 온다고 표현했습니다. 우리는 모든 문제를 시간표 안에서 바라보는 것에 길들여졌습니다. 그것에서 벗어나는 일을 못 견뎌합니다. 우리의 인생이 시간표대로 흘러가야만 마음이 편합니다. 그걸 지키느라고 온갖 노력을 다 합니다. 시간표를 잘 지키고 거기에 상응하는 결과가 나오면 성공한 인생이라고 생각합니다. 주의 날은 도둑처럼 온다는 말씀을 잘 생각하십시오. 생명 사건은 우리의 시간표와 다르게, 우리의 예상과 다르게 일어납니다. 그래서 예수님은 가난한 사람이 복이 있다고 말씀하셨습니다. 복이 우리의 예상대로 작용하는 게 아니라는 뜻입니다. 경건한 유대인들보다 죄인과 세리가 하나님 나라에 더 가깝다고도 말씀하셨습니다. 주의 날이 도둑 같이 온다는 말은 궁극적인 생명 사건 앞에서 우리의 인식이 얼마나 제한적인지를 가리킵니다. 이게 옳다면 주의 재림이 지체되고 있다는 사실 앞에서 왈가왈부할 게 하나도 없습니다.

새 하늘과 새 땅

그렇다면 이제 그리스도인은 어떤 삶의 태도로 살아야 합니까? 본문이 분명하게 대답합니다. "거룩한 행실과 경건함으로 하나님의 날이 임하기를 바라보고 간절히 사모하라"(벧후 3:11, 12). 하나님의 날은 물론 재림을 가리킵니다. 그 날을 사모하라는 게 무슨 뜻일까요? 이 세상에서의 삶 자체를 부정하라는 뜻은 물론 아닙니다. 매일 기도하고, 말씀 읽고, 전도하고, 예배드리는 일에만 전념하라는 말도 아닙니다. 바라보고 사모한다는 것은 어떤 종교적인 형식으로 가능한 게 아닙니다. 삶 전체에 관계된 일입니다. 영혼의 차원입니다. 예수 재림으로 이뤄질 생명 완성에, 세계 완성에 집중하는 삶의 태도를 가리킵니다. 그 세상을 가리켜 오늘 본문 마지막 절은 '새 하늘과 새 땅'이라고 말했습니다. 새 하늘과 새 땅에 온 영혼의 주파수를 맞추는 것입니다. 이런 설명이 아직도 멀게 느껴지시나요? 더 구체적인 설명이 필요하신가요?

절대적인 세계는 우리가 하나님을 직접 볼 수 없듯이 구체적으로 설명할 수 없습니다. 그것을 구체적으로 말하는 사람은 사이비입니다. 간접적으로만 말할 수 있습니다. 본문은 새 하늘과 새 땅에 '의'가 있다고 설명합니다. 그 의는 하나님의 존재 방식입니다. 하나님의 영광이 의로 나타납니다. 이 세상의 불의와 대립되는 세계가 바로 새 하늘과 새 땅이라는 말씀입니다. 이 세상에는 하나님의 절대적인 의가 불가능합니다. 대한민국의 법은 의로워야 하겠지만, 실제로는 그렇지 않을 때가 많습니다. 한미 FTA 협정문이 1천 쪽 이상이 된다고 합니다. 그것이 정의로울까요? 하나님 나라를 기다리는 오늘 현실의 교회에 '의'가 살아 있을까요? 사람이 행하는 일에는 의가 불가능합니다. 의에 대한 인식이 없으며, 그것을 실천할 능력도 없기 때문입니다. 세상의 것들은 본질적으로 그런 속성이 있습니다. 베드로후서 기자는 로마가 추구하는 제국주의적 의가 아니라 하나님의 절대적인 의가 예수 재림에서 이루어진다고 보았습니다.

절대적인 의는 무엇인가요? 예수의 부활입니다. 부활은 생명 완성이기 때문입니다. 주의 재림을 사모하라는 말씀은 부활의 실체가 드러나는 때에 영혼을 집중하라는 뜻입니다. 그것이 우리의 삶을 견인해가는 원동력이 되어야 합니다. 그게 쉽지 않습니다. 세상의 생명 형식에 길들여졌기 때문입니다. 그냥 여기서 잘 먹고 잘 살면 되지, 좀 착하게 경건하게 개혁적으로 살면 되지 재림은 무슨 재림 타령이냐 하는 생각입니다. 그렇습니다. 베드로후서 공동체가 처한 신앙적 위기는 오늘도 그대로 반복됩니다. 교회 밖은 물론이고 교회 안에서도 재림 신앙은 묵살되고 있습니다.

대림절 둘째 주일을 맞아 예배에 참석한 성도 여러분, 세상을 말씀으로 창조하신 하나님이 이 세상을 어떻게 완성하실지 기대하시고, 그때를 사모하십시오. 새 하늘과 새 땅이 우리에게 오고 있습니다. 생명 완성인 예수 재림이 가까이 이르고 있습니다. 아멘.

대림절 셋째 주일
이사야 61:1-9
2011년 12월 11일

가난한 사람과 복음

오늘 설교 본문인 이사야 61장 1-9절은 원래 익명의 선지자에 의해서 선포된 말씀입니다. 편의상 신학계에서는 그를 제3 이사야라고 부릅니다. 그의 활동 시기는 기원전 530년 어간입니다. 기원전 6세기는 이스라엘 민족에게 치욕의 시기였습니다. 하나님의 백성이라고 자처하던 그들이 기원전 587년에 바벨론 제국에 의해 멸망당했습니다. 그리고 왕족을 비롯해서 수많은 지도급 인사들이 자그마치 50년 이상 포로 생활을 했습니다. 바벨론을 제치고 근동에서 새로운 국제 헤게모니를 쥔 페르시아 왕 고레스의 칙령으로 포로 생활을 끝내고 고국의 수도 예루살렘으로 돌아올 수 있었습니다. 무너진 예루살렘 성전을 개축하고, 그동안 멈추었던 제사도 드려야 했고, 율법도 다시 체계를 잡으며, 다윗 왕조의 정통성을 회복해야만 했습니다. 이는 마치 해방 전후 시기에 한민족이 처한 상황과 비슷합니다. 포로 귀환 이후 수 년의 세월이 지났지만 원래 계획했던 일들은 지지부진했습니다. 개혁의 열정단 뜨거웠지 성과는 없었습니다. 낙심하고 있던 예루살렘 주민들에게 제3 이사야는 하나님의 말씀을 선포했습니다. 그 내용의 한 부분이 오늘 본문입니다.

이사야는 "주 여호와의 영이 내게 내리셨으니"라는 말로 말씀을 시작합니다. 이게 무슨 뜻인지 설명하기는 어렵습니다. 설명할 수는 있지만 경험하기는 어렵습니다. 왜냐하면 그것은 경험한 사람만 알 수 있는 어떤 영적 사태이기 때문입니다. 여기 사과를 먹어본 사람과 먹어보지 못한 사람이 있다고 합시다. 먹어본 사람이 아무리 설명해도 먹어보지 못한 사람은 대충 그런가보다 생각할 뿐이지 사과 맛을 실제로 느낄 수는 없습니다. 시인의 언어 경험과 비슷합니다. 시인들은 자기가 시를 썼다고 말하지 않고 언어가 자기에게 왔다고 말합니다. 그래서 시인은 시를 쓰지 않을 수 없습니다. 이처럼 구약의 선지자들도 하나님 말씀을 전하지 않을 수 없습니다. 그들의 말씀 경험을 가리켜 신탁이라고 합니다. 지금 이사야는 외치지 않으면 안 될 어떤 메시지를 경험한 것입니다. 그것이 이스라엘 역사에서 하나님 말씀으로 살아남아서 오늘 우리에게까지 전달되었습니다. 그가 경험한 신탁의 내용은 무엇일까요?

가난한 자

1b절에 그 대답이 나옵니다. "가난한 자에게 아름다운 소식을 전하게 하려 하심이라." 이어서 가난한 사람들에 포함되는 사람들이 열거됩니다. 마음이 상한 자, 포로 된 자, 갇힌 자들이 그들입니다. 이사야는 그들에게 기쁜 소식을 전하는 사명을 받았습니다. 마음이 상한 자를 고치고, 포로 된 사람에게 자유를 주고, 갇힌 자에게 해방을 선포하는 것입니다. 2절은 이런 일들이 벌어지는 특정한 날을 언급합니다. 여호와의 '은혜의 해'와 하나님의 '보복의 날'입니다. 은혜와 보복은 서로 대립하는 단어입니다. 그러나 이사야는 그것이 결국 하나라고 말합니다. 억울하게 갇힌 자가 해방되는 일은 그런 억울한 일을 행한 사람에게 책임을 묻는 것과 병행합니다.

지금 이사야는 하나님의 백성인 이스라엘이 주변 나라로부터 당한 고통을 말하는 중입니다. 예루살렘은 완전히 파괴되었습니다. 성전이 파괴되고, 성전의 집기는 강탈당했습니다. 지금도 다를 게 없지만 고대 시대에 전쟁에서 진 나라는 모든 수치를 감당해야만 했습니다. 수많은 사람들이 죽는 것은 물론이고, 재산도 빼앗기고 가정도 해체됩니다. 50년 이상 포로 생활을 견뎌야만 했습니다. 이제 이사야는 하나님이 은혜를 베푸시어 이스라엘 원수를 갚으시고, 슬픔 가운데 빠져 있던 이스라엘을 위로하실 거라고 외칩니다. 아직은 그런 때가 시작되지 않았습니다. 그러나 곧 그런 날이 올 겁니다. 이런 이사야의 신탁을 이해하려면 가난한 사람들로 대변되는 이들의 심정을 구체적으로 알아야 합니다.

요즘 온 세계가 빈부 격차 문제로 몸살을 앓고 있습니다. 대표적으로는 미국의 월가 시위입니다. 여기에 참여한 사람들의 논리는 간단합니다. 부자들을 더 부자가 되게 하고, 가난한 사람들을 더 가난하게 만드는 경제 구조를 바꾸라는 겁니다. 이런 문제는 부자들 스스로 세금을 올리라고 말하는 미국보다 대한민국이 더 심각합니다. 지금의 이명박 정권에 들어서서 상황이 훨씬 나빠졌습니다. 국내외에서 빈부 문제가 뜨거운 이슈로 부각되는 최근에도 정부는 부동산을 많이 가진 사람들에게 유리한 법률을 제정했습니다. 종합부동산 세의 폐지입니다. 간단히 말해서 이 법에 따르면 부동산을 매매할 때 이전에 4억 원의 세금을 내야 할 사람이 2억 원만 내도 된다고 합니다.

어느 나라, 어느 시대에나 가난한 사람이 없을 수는 없습니다. 문제는 상대적 박탈감의 만연입니다. 그것이 사회구조로 자리를 잡았습니다. 안철수 서울대 교수가 지금 정치계에서 회오리바람을 일으키고 있습니다. 한국사회의 발전을 위해서 그분이 감당했고, 또 앞으로 감당해야 할 모든 기대가 큽니다. 다른 한편으로 그분이 서울시장 출마 운운한 이후로 그분이 대주주로 있는 회사의 주식이 6배로 뛰었다고 합니다. 몇 천억 원을 벌었다는 말이 됩니다. 부도 직전의 금융 회사가 세금으로 기사회생한 뒤에 은행장을 비롯해서 이사들의 연봉은 천문학적으로 뛰었습니다. 대학 총장들의 연봉과 식당 종업원의 월급도 비교할 수 없을 정도로 차이가 납니다. 총장의 일과 식당 일이 그렇게 큰 차이가 나는 걸까요? 제가 보기에 거기서 거깁니다. 식당 일이 더 중요할 수 있습니다. 총장은 연봉 5천만 원을 받고, 식당 아주머니들은 연봉 4천만 원 정도를 받는 사회는 불가능할까요?

한국교회는 가난과 부의 불균형 문제를 나이브하게 대합니다. 그 특징은 두 가지입니다. 첫째, 가난의 문제를 그리스도교 신앙과 무관한 것으로 여깁니다. 성속 이원론에 근거해서 그리스도교 신앙은 순전히 거룩한 것에만 관심을 보여야 한다는 겁니다. 이게 어려운 문제입니다. 교회는 정치 집단이 아니고, 경제 집단도 아니며, 종교적 동호인 집단도 아닙니다. 종말론적 메시아 공동체입니다. 우리가 직접 나서서 정치, 경제, 복지 문제를 다룰 수도 없습니다. 그러나 하나님의 형상으로 지음 받은 사람의 존엄성이 파괴되는 현상을 나 몰라라 할 수는 없습니다. 남북 관계가 악화 일로를 걷고, 삼천리반도 금수강산이 인위적으로 파괴되고, 경쟁력만을 최고의 가치로 삼아서 결국 삶의 질을 나락으로 떨어뜨리는 이 상황을 모른 체 할 수 없습니다. 아니 모른 체 하는 태도는 하나님의 창조 능력을 근본적으로 훼손하는 일입니다. 독일교회가 그런 태도를 보이다가 히틀러의 만행에 협조하게 되었고, 한국교회도 지난날 군사독재를 묵인했습니다. 모든 독일교회와 모든 한국교회가 그런 것은 아니지만 대형 주류 교회가 그렇게 했습니다. 독일교회는 역사가 지난 뒤에 과거를 뼈저리게 반성했지만, 한국교회는 그런 반성도 없었습니다.

둘째, 한국교회는 가난 문제를 순전히 구제의 차원에서만 접근합니다. 교회가 사회봉사와 구제에 나서야 한다는 것은 아무리 강조해도 지나치지 않습니다. 실제로 한국교회는 그런 일에 다른 종교보다 훨씬 적극적으로 나섰습니다. 여의도 순복음교회 조용기 목사님은 평양에 어린이 심장병원을 세웠을 정도입니다. 지난 IMF 이후로 여러 교회가 노숙자 및 결식자를 위한 밥집을 운영합니다.

그러나 분명한 사실은 교회가 구제 기관은 아니라는 것입니다. 밥을 굶는 근본 원인에 대해서는 입을 다물고 그들에게 먹을 거리를 제공하는 것으로 교회의 대사회적 역할을 다하는 것은 아닙니다. 남북관계의 긴장을 녹여서 국방비의 30%만 줄일 수 있다면 구제 문제를 근본적으로 해결할 수 있을 겁니다. 교회가 경쟁 만능, 경제 만능이라는 신자유주의 귀신을 쫓아낼 생각을 하지 않고 그 귀신이 저질러놓은 뒤치다꺼리만 한다면 악령의 권세를 너무 안일하게 대하는 것입니다. 역사 패배주의, 냉소주의에 빠져 있던 기원전 6세기 예루살렘 사람들을 향해서 가난과 눌림으로부터의 자유와 해방을 선포한 이사야의 예언을 피상적으로 대하는 것이기도 합니다.

이사야 예언의 성취

이사야의 이 신탁은 이스라엘 사람들만이 아니라 초기 그리스도인들에게도 놀라운 말씀으로 받아들여졌습니다. 누가복음 기자는 예수님이 공생애 초기에 회당에서 하나님 말씀을 전하신 것으로 보도합니다. 예수님은 고향인 나사렛에서 회당에 들어가서 선지자 이사야의 말씀을 읽었습니다. 그 구절이 바로 오늘 설교 본문인 이사야 61장 1절 이하입니다. "주의 성령이 내게 임하셨으니 이는 가난한 자에게 복음을 전하게 하시려고 내게 기름을 부으시고…." 예수님은 이어서 이렇게 말씀하셨습니다. "이 글이 오늘 너희 귀에 응하였느니라." 이게 무슨 뜻일까요? 가난한 사람에게 복음이 전파된다는 말씀이 어떻게 이루어졌다는 것일까요? 예수님을 통해서 가난한 사람들의 모든 문제가 해결되었다는 뜻일까요? 그건 말이 되지 않습니다. 예수님을 믿는다고 모두가 가난을 면할 수는 없습니다. 이사야의 생각과 예수님 생각 사이에, 더 정확하게는 이사야의 생각과 누가복음 기자의 생각 사이에 어떤 차이가 있는 걸까요?

이사야는 가난한 사람이 가난을 면케 될 것이라는 뜻으로 하나님의 신탁을 전한 게 분명합니다. 그렇지만 그런 일이 실제로 일어나지는 않았습니다. 이스라엘은 계속 패망의 길을 갔고, 예수님 당시에는 로마의 식민지가 되었습니다. 설령 이스라엘이 번듯하게 잘 살게 되었다고 해도 구원이 완성되는 게 아닙니다. 최고의 복지가 실현된 사회를 상상해보십시오. 거기서도 또 다투고, 절망하기도 하며, 허무에 빠지기도 합니다. 모두가 가난을 벗어나려고 하지만, 가난을 벗어난 뒤에는 더 큰 부를 차지하려고 하지만, 그것을 해결했다고 해서 우리의 삶이 해결되는 건 아닙니다. 대한민국의 1960년대와 지금을 비교하면 알 수 있습니다. 대한민국은 얼마 전에 수출 1조 달러를 달성했다고 합니다. 1960년대에 비해서 수천 배 이상의 수출 액입니다. 1960년대에 비해서 수천 배 행복할까요? 티베트보다 우리가 수십 배 잘 살 텐데, 그만큼 행복할까요?

누가복음 기자는 이사야의 예언을 전혀 새로운 차원에서 해석했습니다. 예수님을 통해서 가난한 사람들에게 복음이 전파된 것이라고 말입니다. 이것은 곧 예수님이 왜 가난한 사람들에게 복음이냐 하는 질문과 직결됩니다. 여기서 가난한 사람은 단순히 경제적으로 가난한 사람만을 가리키는 게 아닙니다. 여러 가지 면에서 사회로부터 열등한 사람으로 낙인찍힌 이들을 가리킵니다. 포로 된 자, 눈 먼 자, 눌린 자입니다(눅 4:18). 이들에게 예수님이 복음인 이유는 예수 사건이 모든 업적 의(義)로부터의 해방을 가리키기 때문입니다. 예수님을 통해서 주어지는 생명이 무엇인지를 안다면 업적을 남겨야 한다는 중압감으로부터 자유로워집니다. 예를 들어, 학생들을 수능시험으로 평가하는 게 아니라 인간됨으로 평가하는 제도가 있다면 점수가 낮은 학생들에게 이 제도가 복음인 것과 같습니다.

사랑하는 성도 여러분, 오늘은 대림절 셋째 주일입니다. 내세울 게 없는 가난한 사람에게 복음이신 예수님의 초림과 재림을 기리는 절기입니다. 얼마나 놀라운 날인지 모릅니다. 예수님은 우리를 모든 업적 의로부터 해방시키셨습니다. 가난을 저주로 여기는 악한 영을 무너뜨리셨습니다. 자기의 능력을 드러내야만 생명을 얻을 것처럼 달콤하게 속삭이는 마귀의 궤변을 쓰레기통에 넣으셨습니다. 세상살이에 마음을 놓으십시오. 가난을 두려워하지 마십시오. 우리의 업적이 궁극적인 생명 앞에서 별 것 아니라는 사실에 눈을 뜨십시오.

그렇습니다. 기원전 6세기에 선포된 이사야의 예언은 온전히 예수님에게서 성취되었습니다. 그분은 우리의 주님이십니다. 그 주님이 지금 오고 계십니다. 아멘.

대림절 넷째 주일
누가복음 1:26-38
2011년 12월 18일

마리아의 하나님 경험

신약의 네 복음서 중에서 마태복음과 누가복음만 예수님의 출생 이야기를 다룹니다. 마가복음과 요한복음은 출생 이야기 없이 직접 공생애 이야기로 들어갑니다. 각각 복음서 기자들의 입장에 따라서 신학적인 관심이 달랐다는 뜻입니다. 마태복음과 누가복음이 다루는 예수님의 출생 이야기도 모두 똑같은 게 아닙니다. 내용 자체가 다르고 전개 과정도 다릅니다. 그중의 하나는 마리아의 임신 사실에 대한 것입니다. 마태복음(1:18-25)은 주의 사자가 요셉의 꿈에 나타나서 그 사실을 알렸다고 말합니다.

그러나 누가복음은 오늘 설교 본문에서 읽은 대로 천사 가브리엘이 마리아에게 직접 나타나서 그 사실을 알렸습니다. 마태복음은 동거하기 전에 마리아가 임신했다는 사실의 근거를 이사야 7장 14절을 직접 인용하는 방식으로 제시합니다. "보라 처녀가 잉태하여 아들을 낳을 것이요 그의 이름은 임마누엘이라 하리라." 누가복음은 그 내용을 간접적으로 표현합니다. "보라 네가 잉태하여 아들을 낳으리니 그 이름을 예수라 하라." 마태복음에서 마리아의 역할은 미미합니다. 그러나 누가복음에서의 역할은 적극적이며 생동감이 넘칩니다. 아들을 낳을 것이라는 가브리엘의 말을 들은 마리아는 이렇게 묻습니다. "나는 남자를 알지 못하니 어찌 이 일이 있으리이까?"(눅 1:34)

마리아의 처녀 임신 사건은 그리스도교 신앙에서 뜨거운 감자와 같습니다. 여기에 대해서 신자들의 생각은 두 가지로 나뉩니다. 하나는 예수님의 동정녀 출생이 그가 하나님의 아들이라는 사실의 증거가 된다는 생각입니다. 하나님이 일으키신 초자연적인 기적이라는 겁니다. 이런 식으로 복음을 전할 수 있다면 얼마나 좋겠습니까. 오늘날 아무도 이런 이야기를 사실적인 것으로 받아들이지 않습니다. 사람들이 믿지 않는다고 하더라도 그것이 성서가 말하려는 사실 자체라고 한다면 우리는 그것을 전해야 합니다만, 실제로는 그게 아닙니다. 이 이야기는 생물학적인 차원이 아니라 그것 너머의 궁극적인 생명과 능력에 속한 것입니다.

이 이야기에 대한 또 하나의 다른 생각은 동정녀 탄생이 고대인들의 유치한 생각이니 그리스도교 전통에서 완전히 배격해야 한다는 것입니다. 지식인 그리스도인들이 주로 그렇게 생각합니다. 어떤 교회는 동정녀 탄생을 언급하고 있는 사도신경을 예배 순서에서 배제시켰습니다. 이것도 어리석은 일입니다. 동정녀 탄생 전승은 비록 신화적인 고대인의 세계관이라는 옷을 입고 있지만 그것을 통해서 어떤 근원적인 사건을 비추고 있다는 점에서 그리스도교의 소중한 영적 자산입니다. 그 근원적인 사건을 누가복음 기자는 어떻게 설명하고 있을까요?

하나님의 능력

누가복음에 따르면 아들을 낳게 될 것이라는 천사의 말을 전해 듣고 이해할 수 없다고 반문한 마리아에게 천사는 이렇게 대답합니다. "성령이 네게 임하시고 지극히 높으신 이의 능력이 너를 덮으시리니 이러므로 나실 바 거룩한 이는 하나님의 아들이라 일컬어지리라"(눅 1: 35). 지극히 높으신 이는 하나님입니다. 마리아의 임신은 하나님의 능력이 임한 것이라는 뜻입니다. 마리아가 아직 요셉과 동거하지 않았다는 사실은 여기서 핵심이 아닙니다. 그것은 하나님의 능력이 임했다는 사실에 대한 징표입니다. 동정녀 전승에 대한 신학자들의 연구에 따르면 예수 그리스도의 복음은 초창기에 동정녀 탄생 전승 없이 전파되었습니다. 복음서 중에서 가장 먼저 기록된 마가복음과 가장 늦게 기록된 요한복음이 이 사건을 언급하지 않는 이유도 여기에 있습니다. 복음이 특정 지역에 전파되면서 동정녀 전승이 언급되기 시작한 것입니다. 이 지역은 헬라파 유대인들이 살던 곳입니다. 헬라 신화에서 볼 수 있듯이 위대한 인물들은 출생 자체도 특별했습니다. 이런 생각에 익숙한 사람들에게는 예수님의 출생도 특별해야만 했습니다. 결국 동정녀 전승이 그리스도교 신앙에 자리를 잡게 되었습니다.

여기서 핵심은 동정녀 전승이 아니라 예수님이 하나님의 아들이라는 사실입니다. 예수가 하나님의 아들이라는 전제에서 동정녀 탄생이 성립되는 것이지 동정녀 탄생이라는 전제에서 하나님의 아들이라는 사실이 성립되는 게 아닙니다. 위에서 인용한 본문 35절이 이를 간접적이지만 정확하게 언급합니다. 천사 가브리엘이 마리아에게 이렇게 말합니다. "성령이 네게 임하시고 지극히 높으신 이의 능력이 너를 덮으리니 이러므로 나실 바 거룩한 이는 하나님의 아들이라 일컬어지리라."

동정녀 탄생처럼 중요한 교리를 사실로 믿지 않으면 도대체 그리스도교 신앙에서 지켜야 할 교리가 무엇이 있느냐 하고 불안하게 생각할 분들을 위해서 보충 설명을 해야겠습니다. 지금 저는 오늘의 합리적인 사고방식에 위배되는 그리스도교 교리를 모두 제거해야 한다거나 현대적으로 재해석해야 한다고 주장하는 게 아닙니다. 그리스도교 신앙의 본질에 천착해야 한다는 뜻입니다. 성서 시대의 신앙을 바르게 이해하자는 것입니다. 예컨대 구약에 따르면 삼겹살은 먹지 말아야 합니다. 여호와의 증인 교도들을 비롯해서 구약마저 문자적으로 지켜야 한다고 생각하는 사람들은 삼겹살을 먹지 않습니다. 그게 무조건 옳은 것은 아니지 않습니까. 구약성경이 먹을거리마저 일일이 규정한 이유가 무엇인지를 아는 게 중요합니다. 다시 말씀드립니다. 동정녀라는 사실이 중요한 게 아니라 하나님의 능력이 마리아에게 임했다는 사실이 중요합니다. 그 능력으로 마리아는 하나님의 아들을 임신하고 출산했다는 사실 말입니다.

여기서 하나님의 능력은 무엇일까요? 이것을 알아야만 성경을 오해하지 않게 됩니다. 사람들은 그것을 초자연적인 어떤 현상으로 생각합니다. 사람이 할 수 없는 특별한 사건을 해결할 수 있는 능력 정도로 생각합니다. 그런 간증을 직업적으로 하러 다니는 이들도 많습니다. 대개는 망할 수밖에 없었던 사업이 크게 잘 되었다는 식의 이야기입니다. 이런 차원의 신앙에서는 하나님이 마치 슈퍼맨이나 육백만 불의 사나이로 취급됩니다. 그건 오해입니다. 그런 하나님의 능력은 없습니다. 그런 능력을 믿으려면 자본주의를 믿는 게 낫습니다. 제국주의, 승리주의를 믿는 게 낫습니다.

하나님의 능력은 오히려 그 반대입니다. 무기력하게 보일 때도 많습니다. 별 볼 일이 없어 보이기도 합니다. 단적으로 예수님의 십자가를 생각해 보십시오. 십자가 사건은 그야말로 실패입니다. 초기 그리스도교 당시에 유대인들은 십자가를 거리끼는 것으로, 이방인들은 미련한 것으로 생각했습니다(고전 1:23). 이것을 아주 실질적인 것으로 생각하십시오. 인류를 구원하기 위해서 예수님이 십자가를 지셨다는 교리에만 머무르면 십자가의 실체를 모르는 겁니다. 인류 구원은 십자가 사건에 의한 결과입니다. 예수님은 인류를 구원하기 위해서 십자가 처형을 받아들인 게 아닙니다. 임박한 하나님의 통치에 전적으로 의존해서 말씀하시고, 병을 고치고, 싸우시다가 결국 십자가에 처형당했습니다. 그런 상황에서 하나님의 개입으로 그 십자가는 인류 구원의 길이 되었습니다. 십자가는 인간의 역사에서 볼 때 무능력이요 실패를 가리킵니다. 지금 저는 여러분에게 인생의 낙오자가 되라는 말씀을 드리는 게 아닙니다. 하나님의 능력을 세속적인 차원에서 성공적인 인생을 계획하는데 이용하지 말라는 것입니다.

이런 설명이 좀 막연하다고 생각하지는 않으신가요? 능력이라고 한다면 뭔가 지금 멋진 게 나타나야 하지 않느냐고 말입니다. 그런 분들은 모세가 홍해 바다를 가른 것을 생각할지 모릅니다. 유대인들이 여리고와 아이 성을 함락시킨 사건도 기억하겠지요. 예수님이 광야에서 오병이어로 5천 명 이상을 먹이고 남은 것이 열두 바구니에 차고 넘쳤다는 것도 기억하겠지요. 이런 사건들은 성경에 지천으로 널려 있습니다. 저는 지금 승리주의를 연상하게 만드는 이런 성경 이야기가 근본적으로 무엇을 말하고 있는지를 일일이 설명하지 않겠습니다. 전체적으로 정리하면 이렇습니다. 그 모든 이야기는 사람이 예상할 수 없는 방식으로 세상을 다스리시는 하나님의 능력에 주목하라는 것입니다. 안타깝게도 사람은 모든 것이 지나간 뒤에나 그것이 하나님의 참된 능력이었음을 깨닫게 됩니다. 그것이 역사의 비밀입니다.

예수가 하나님의 아들이라는 사실을 당시에는 아무도 몰랐습니다. 나사렛에서 어떻게 선한 것이 나올 수 있을까요? 목수의 아들이 어떻게 하나님의 아들일 될 수 있다는 말입니까. 예수님에게 그런 표시는 전혀 없었습니다. 그래서 제자들도 몰랐습니다. 기껏해야 엘리야나 선지자 중 하나로만 생각했습니다. 예수의 메시아성은 시간이 지난 뒤에나 알 수 있는 비밀이었기 때문입니다. 예수님이 하나님의 아들, 즉 메시아라는 사실을 암시하는 복음서의 진술들은 모두 시간이 지난 다음에 기록된 것입니다. 이미 예수님을 하나님의 아들로 경험한 이들에 의해서 해석된 진술들입니다. 동정녀 마리아의 임신이 곧 하나님의 능력이라는 누가복음의 진술은 예수님이 하나님의 아들이라는 사실을 당시에는 아무도 예상하지 못했다는 뜻이기도 합니다.

말씀의 능력 앞에서

예수님 당시에 대다수의 사람들은 예수님이 하나님의 아들이라는 사실을 전혀 눈치 채지 못했지만, 반면에 예수님을 알아본 이들이 있었습니다. 복음서는 그들을 동방박사, 목동, 예수의 정결의식 때 만났던 시므온과 안나 등이라고 전합니다. 이들은 모두 하나님의 말씀을 들은 이들입니다. 구약을 읽든지 아니면 천사를 통해서 말씀을 들었습니다. 그중의 대표 인물이 바로 마리아입니다. 그는 가브리엘로부터 하나님의 말씀을 들었습니다. 가브리엘은 당혹스러워하고 있는 마리아에게 하나님의 능력을 말하고, 친족인 엘리사벳의 특별한 임신 사실을 전한 뒤에 이렇게 마지막 말을 합니다. "하나님의 모든 말씀은 능하지 못하심이 없느니라." 하나님의 말씀은 곧 하나님의 능력입니다. 마리아는 이렇게 대답합니다. "주의 여종이오니 말씀대로 내게 이루어지이다"(38절).

하나님의 놀라운 능력 앞에서 인간이 취할 최선의 태도는 바로 마리아의 진술입니다. 이 마리아의 진술은 초기 그리스도교의 공통된 신앙고백이었습니다. 누가복음 기자는 바로 이 사실을 전하고 싶었습니다. 이런 고백은 쉽지 않습니다. 대개는 자기 뜻대로 세상이 움직여지기를 바랍니다. 그렇게 안 되면 못 견뎌합니다. 신자나 목사도 마찬가지입니다. 겉으로는 하나님의 말씀대로 이루어지기를 바란다고 하지만 속으로는 자기 생각이 더 강합니다. 마리아의 이 대답을 오해하지 마십시오. '말씀대로 이루어지이다' 라는 말은 체념이 아니고 위선도 아니며 광신도 아닙니다. 하나님을 경험한 사람의 영혼에서만 나올 수 있는 신앙고백입니다. 하나님의 말씀으로 세상을 바르게 뚫어본 사람의 영혼에서만 나올 수 있는 찬송입니다. 당연히 평화와 기쁨과 희망이 가득한 찬송이고 기도입니다. 여기에 초기 그리스도교의 모든 영성이 담겨 있다고 해도 과언이 아닙니다. 그렇게 살아가는 사람들이 지금도 여러분 주위에 많이 있습니다.

이 고백에서 한 가지 더 주목해야 할 사실은 '여종'이라는 단어입니다. 마리아는 지극히 높으신 이의 능력 앞에서 자신의 실존을 여종으로 낮추었습니다. 이것이 그리스도교 영성의 중심입니다. 하나님의 능력을 경험한 사람은 여종의 심정으로 돌아가지 않을 수 없습니다. 우리의 앎이 얼마나 제한적인지 절감합니다. 얼마나 몰염치한 사람인지, 얼마나 교만한 사람인지도 압니다. 우리에게 필요한 것은 오직 한 가지입니다. 하나님의 말씀이, 즉 하나님의 능력이 '내게' 이루어지기를 바라는 것, 기다리는 것입니다. 그 하나님의 말씀, 즉 하나님의 능력은 예수 그리스도이십니다. 그분이 오신 날인 성탄절이 일주일 후로 다가왔습니다. 예수를 임신하고 낳은 마리아의 고백이, 즉 하나님의 능력을 경험한 마리아의 찬송이 오늘 우리에게 필요합니다. "주의 여종이오니 말씀대로 내게 이루어지이다."

성탄절

43	말씀이 육신이 되다	요한 1:1-14	성탄절
50	종의 영, 아들의 영	갈라 4:4-7	성탄절후 첫째 주일

성탄절
요한복음 1:1-14
2011년 12월 25일

말씀이 육신이 되다

요한복음은 특이한 내용으로 시작됩니다. "태초에 말씀이 계시니라. 이 말씀이 하나님과 함께 계셨으니 이 말씀은 곧 하나님이시니라"(요 1:1). 태초(아르케)라는 단어는 창세기 1장 1절을 연상시킵니다. "태초에 하나님이 천지를 창조하시니라." 이것이 요한 사도의 신학적인 특징입니다. 그는 예수 그리스도 사건을 우주론적인 차원으로 높였습니다. 공관복음서 기자들이 관심을 기울이고 있는 예수의 가족사나 이스라엘의 민족사를 훌쩍 뛰어넘었습니다. 요한복음 1장 3절에서 요한은 만물이 말씀으로 창조되었다고 말합니다. 이것도 말씀으로 세상을 창조하셨다는 창세기 1장의 진술과 맥을 같이 합니다. 더구나 이 로고스 안에 있는 생명이 사람들의 빛이라는 4절의 진술은 첫 창조가 빛이라는 창세기 1장 3절과 연결됩니다. 여기서 '말씀'은 물론 예수 그리스도이십니다.

요한복음 1장 1절의 '말씀'을 예수로 바꿔서 읽어보십시오. "태초에 예수가 계시니라. 이 예수는 하나님과 함께 계셨으니 이 예수는 곧 하나님이시니라." 요한복음의 이런 진술이 조금은 이상하다고 생각될 겁니다. 예수는 분명히 2천 년 전에 나사렛에서 목수의 아들로 태어난 유대인 남자입니다. 그가 어떻게 태초에 존재하셨다는 건가요? 이 질문에 대답할 수 있으면 그는 이미 그리스도교 신앙의 중심에 들어간 사람입니다. 이미 성숙한 신학자라고 할 수 있습니다. 예수님은 하나님의 아들이니까 당연히 태초부터 존재하셨다고 대답하면 틀린 대답은 아니지만 정확한 대답도 아닙니다. 그런 대답에 이르는 과정을 설명해야 합니다. 오늘 저의 설교는 바로 그 과정에 대한 설명입니다.

로고스

본문에 '말씀'으로 번역된 헬라어는 '로고스' 입니다. 로고스를 번역하기는 쉽지 않습니다. 영어 성경은 그걸 word로, 독일어 성경은 Wort로 번역했습니다. 말, 낱말, 단어라는 뜻입니다. 로고스를 이해하려면 우리는 2천 년 전 근동과 유럽의 정신세계로 돌아가야 합니다. 헬라의 스토아 철학에서 로고스는 만물을 조화롭게 하는 신적 능력이었습니다. 로고스에 의해서 우주가 존재한다는 것입니다. 초기 그리스도교는 스토아 철학의 로고스 개념을 받아들였습니다. 구약 헬라어 번역본에도 로고스는 자주 나오는 단어입니다. 앞에서 인용한 창세기 1장, 시편 33편 등에 나옵니다. 선지자들이 받은 하나님의 말씀도 역시 로고스였습니다. 요한복음 이외의 신약성서에도 로고스는 자주 등장합니다. 요한복음의 로고스는 교회 안팎의 여러 철학 및 사상과의 관계에서 이해되어야 합니다.

공관복음처럼 예수님이 하나님의 아들로 메시아라는 사실을 그대로 말하면 충분하지 왜 로고스를 끌어들였는지 이상하게 생각하지 마십시오. 그런 작업이 전도이고 선교이며, 바로 변증이자 신학입니다. 요한복음은 복음서 중에서 가장 늦게, 학자들의 설명에 따르면 아무리 빨리 잡아도 1세기 말, 좀 늦게 잡으면 2세기 초에 기록되었습니다. 그리스도교가 어느 정도 자리를 잡을 때였습니다. 예수님에 관한 케리그마를 무조건 원초적으로만 전할 단계는 지났습니다. 주변 세계에도 복음을 변증해야만 했습니다. 당시 사람들에게 가장 보편적으로 알려진 개념을 통해서 기독교의 진리를 선포하려면 로고스 개념을 차용하지 않을 수 없었습니다. 그 로고스는 신학(theo-logy, 神學)과 직결됩니다. 기독교 신학은 지난 2천 년 동안 예수가 하나님이라는 사실을 로고스로 해명했습니다.

요한 사도가 언급하는 로고스 개념에는 몇 가지 핵심 단어가 나옵니다. 태초, 창조, 생명, 빛이 그것입니다. 이걸 종합해서 정리하면 '생명의 빛'입니다. 요한이 설명하는 로고스 개념은 바로 생명의 빛입니다. 예수를 로고스라고 말할 수 있는 근거는 예수가 생명의 빛이라는 사실에 있습니다. 예수가 생명의 빛이라는 사실이 분명하다면 예수는 분명히 스토아 철학이 만물을 가능하게 하고 조화롭게 하는 능력이라고 생각했던 로고스임에 틀림없다는 논리가 성립됩니다. 이제 문제는 예수가 생명의 빛이라는 근거가 무엇인지를 밝히는 일입니다.

우선 생명의 빛을 인식하기는 쉽지 않습니다. 예수가 하나님의 아들이요, 메시아라는 사실을 인식하기가 쉽지 않다는 말씀입니다. 그게 저절로 믿어진다고 생각하는 사람은 둘 중의 하나입니다. 고도의 영성에 들어갔든지, 아니면 속된 표현으로 날나리 신자든지 말입니다. 기독교인들 중에는 알지 못하고 무엇인가를 아는 것처럼 생각하는 사람들도 많습니다. 복음의 내용을 알지 못하면서도 무조건 믿기만 잘하면 된다는 식입니다. 사이비 이단들이 발호하는 이유도 여기에 있습니다. 복음의 깊이로 들어가는 것보다는 그것을 믿고 있다는 자기 자신에게 열광하는 겁니다. 본문을 잘 보십시오. 생명의 빛을 인식하기 어렵다는 사실을 요한복음 기자는 이렇게 표현합니다. "빛이 어둠에 비치되 어둠이 깨닫지 못하더라"(요 1:5). 사람들이 예수를 로고스로 인식하지 못했다는 뜻입니다. 이 사실을 요한은 11절에서 다시 반복합니다. "자기 땅에 오매 자기 백성이 영접하지 아니하였으나."

지난 주일의 설교에서도 이 대목과 비슷한 이야기가 있었습니다. 마리아가 낳은 아기를 하나님의 아들로 믿기 힘들었습니다. 마리아 스스로도 믿기 힘들었겠지요. 다른 이들도 마찬가지입니다. 우리와 똑같았던 나사렛 목수의 아들 예수가 어떻게 전능으로 세상을 창조하신 하나님의 아들이 된다는 겁니까? 그들의 인격이 왜곡되거나 하나님에 대한 관심이 아예 없기 때문에 믿지 못한 게 아닙니다. 두 가지 이유가 있습니다. 하나는 예수를 둘러싼 사건들이 평범한 것이었다는 사실입니다. 다른 하나는 하나님의 능력은 비밀한 방식으로 나타난다는 사실입니다.

예수가 생명의 빛이라는 사실은 예수님의 부활을 경험한 뒤에나 제자들에게 인식되었습니다. 그 이전에 이미 그 사실을 인식하고 있었다면 예수님의 십자가 앞에서 오합지졸 모습을 보이지는 않았을 겁니다. 제자들의 대표 격이었던 베드로는 예수님을 세 번이나 부인했다고 합니다. 다른 제자들도 마찬가지였습니다. 예수님이 십자가에 처형당한 뒤에 모두 자기 살 길을 찾아서 흩어졌습니다. 예수님에 대한 이런저런 기억을 안고 흩어졌던 제자들은 부활을 경험한 뒤에 180도로 달라졌습니다. 그들은 예수님에게서 생명의 빛을 발견했습니다. 예수님은 빛 자체였습니다. 그에게서 창조 때의 그 빛을 경험한 것입니다. 창조의 그 빛이 로고스입니다. 만물을 가능하게 하고, 만물을 조화롭게 하는 궁극적인 힘입니다. 그 예수님은 창조자 하나님의 아들이며, 하나님 자체이며, 우주의 완성자이십니다. 보이지 않으신 하나님이 보이는 하나님으로 나타나신 분이십니다. 초월적인 존재가 역사 내재적인 존재가 되셨습니다. 하늘이 땅으로 내려왔습니다. 영원한 존재가 유한한 세계로 들어오셨습니다. 요한복음을 비롯한 모든 신약성서가 말하고 있는 복음의 실체가 그것입니다.

죽음을 넘어 생명으로

이런 설명이 막연하게 들리시나요? 너무 관념적인가요? 우리의 먹고 사는 문제와는 아무런 상관이 없는 것처럼 들리시나요? 그럴 수 있습니다. 그러나 우리 삶이 아무리 치열하다고 하더라도 신앙적으로 사는 사람이라고 한다면 '생명의 빛'에 대해서 생각해야만 합니다. 위의 설명이 막연하게 들린다는 것은 평소 생명의 빛에 대해서 막연하게 생각했다는 증거입니다. 아주 거칠게 말해서 사람들은 잘 먹고 잘 사는 걸 생명의 빛이라고 생각합니다. 그래서 남한이 북한보다 생명의 빛에 더 가까이 이르렀다고 주장합니다. 과연 그럴까요? 우리의 소득이 늘면 생명의 질도 늘어나는 걸까요? 그것은 근본적으로 불가능합니다. 아무도 그런 방식으로는 생명의 빛을 경험하지 못합니다. 그런 방식으로 생명의 빛에 가까이 갈 수 있다면 굳이 예수를 믿을 필요는 없습니다. 예수는 여러분의 복지생활을 약속하는 분이 아니기 때문입니다. 연봉 1억 원으로 우리의 생명을 완성시킬 수만 있다면 오죽이나 좋겠습니까만, 그건 아예 말이 되지 않습니다. 복지가 아무리 향상되어도 모두 죽습니다. 죽음 앞에서 경제적으로 풍부하게 살았는지의 여부는 아무 의미가 없습니다. 생명의 빛이라는 논의에서 핵심은 죽음의 극복입니다.

초기 그리스도인들이 예수를 생명의 빛으로 경험했다는 것은 예수를 통해서, 즉 앞에서 말씀드린 예수의 부활을 통해서 죽음을 극복하게 되었다는 뜻입니다. 요한복음 기자는 죽었다가 다시 살아난 나사로 이야기를 통해서 예수님을 이렇게 표현합니다. "나는 부활이요 생명이니 나를 믿는 자는 죽어도 살겠소, 무릇 살아서 나를 믿는 자는 영원히 죽지 아니하리니 이것을 네가 믿느냐?"(요 11:25, 26) 여기서 말하는 생명은 영원한 생명입니다. 이 영생도 사람들이 오해할 때가 많습니다. 오해하면 이해가 안 되는 겁니다. 영생은 그저 오래 사는 것을 의미하지 않습니다. 영생은 하나님의 존재 방식으로 들어가는 것입니다. 사람이 확장할 수 없는 하나님의 고유한 생명 방식이 바로 영생입니다. 그것이 여러분의 마음에 들지 않을지도 모릅니다. 나중에 여러분이 실망할지도 모릅니다. 실망하지 않으려면 지금부터 생명에 대한 고정관념을 하나씩 내려놓는 연습을 해야 합니다. 그걸 모두 내려놓고 오직 하나님의 구원 통치에만 의존하는 단계에 이르는 것이 죽을 준비를 마치는 것입니다. 그때가 되어야 우리는 세상의 모든 미련을 내려놓고 우리가 예상할 수 없는 방식으로 하나님이 준비하신 죽음 너머에 있는 영생의 약속에 우리 자신의 운명과 미래를 맡길 수 있습니다.

그렇습니다. 생명에 이르는 유일한 토대는 예수 그리스도이십니다. 그는 부활의 첫 열매가 되신 분이기 때문입니다. 그는 궁극적인 생명의 빛입니다. 어둠에서 환히 드러난 빛입니다. 보이지 않는 하나님이 보이는 하나님으로 오신 분이십니다. 이것보다 더 기쁜 소식이 세상에 어디 있겠습니까. 그 소식만이 그야말로 복음입니다. 하나님이 우리 인간의 역사에서 구체적으로 개입한 사건이기 때문입니다. 요한복음 기자는 이 사실을 14절에서 요약합니다. "말씀이 육신이 되어 우리 가운데 거하시며 우리가 그의 영광을 보니 아버지의 독생자의 영광이요 은혜와 진리가 충만하더라." 로고스인 예수가 마리아 몸을 통해서 태어나 인간과 더불어 인간과 똑같이 살았습니다. 그에게 아버지의 영광이 나타났고, 은혜와 진리가 가득했습니다. 그에게 하나님의 궁극적인 생명이 빛으로 나타났습니다.

사랑하는 성도 여러분, 우리는 요한복음 기자의 진술대로 예수님이 이 세상의 만물을 가능하게 하는 로고스이며, 생명의 빛이며, 하나님의 영광이며, 은혜와 진리가 충만한 분이라고 믿습니다. 그분이 세상에 오신 날이 바로 성탄절입니다. 예수에게서 하나님의 영광을 인식하고 경험하는 날입니다. 이 얼마나 큰 은총입니까. 우리가 하나님의 영광을, 생명의 빛을 구체적으로 볼 수 있다니 말입니다. 모세가 호렙산에서 듣고 싶었으나 듣지 못했던 하나님의 이름을, 시내산에서 보고 싶었으나 볼 수 없었던, 단지 하나님의 등을 보는 것으로 만족해야만 했던 하나님의 영광을 우리는 예수님에게서 봅니다. 그 예수는 성육신의 하나님입니다. 이제 여러분은 생명을 얻기 위해서 더 이상 다른 데서 서성거리거나 기웃거릴 필요가 없습니다. 하나님을 보기 위해서 자기를 학대하거나 자기 열망에 빠질 필요도 없습니다. 그런 수고를 거두십시오. 이제 마리아의 몸을 통해서 오신, 말구유에 태어나신, 십자가에 처형당했으나 부활하신 예수 그리스도에게 여러분의 운명을 맡기십시오. 그리고 지금 그분에게 집중하십시오. 구원은, 생명은, 영생은, 영원한 안식은 바로 '말씀이 육신이 되신' 그를 통해서만 주어집니다. 아멘.

성탄절후 첫째 주일
갈라디아서 4:4-7
2012년 1월 1일

종의 영, 아들의 영

갈라디아서가 기록되던 때의 기독교가 처한 상황은 지금과 전혀 다릅니다. 당시의 기독교는 갓난아이와 같았습니다. 그 아이가 온갖 전염병을 이겨내고 어른으로 클지, 아니면 죽어버릴지 아무도 확신하지 못했습니다. 기독교 사상의 체계도 잡히지 않았고 성경도 없었습니다. 유대인들이 사용하던 구약을 사용하긴 했지만 그것도 부분적으로만 사용했습니다. 복음의 내용도 아주 원초적인 단계에 머물러 있었습니다. 어떤 분들은 예수님이 교회를 세웠으니 처음부터 분명한 체계가 세워지지 않았겠느냐고 생각할지 모르겠으나 전혀 그렇지 않습니다. 예수님은 교회를 세우지 않으셨을 뿐만 아니라 제자들에게 요구하지도 않으셨습니다. 예수님은 단지 하나님 나라를 선포하시다가 십자가에 처형당하시고 부활체로 나타나셨다가 승천하셨을 뿐입니다. 그 이후로 예수님을 따르던 이들이 어떻게 될지 아무도 예상할 수 없었습니다.

원래 초기 기독교인들은 모두 유대인들이었습니다. 제자들을 비롯해서 예수님의 동생들도 모두 그랬습니다. 그들은 당연히 유대교만이 옳은 종교라고 생각했습니다. 예수님을 믿어도 유대교를 그대로 따를 수 있다고 생각했습니다. 그들에게는 예수님을 믿는 것과 유대교 신자로 남는 것 사이에 아무런 갈등이 없었습니다. 문제는 이방인 신자들이 역사에 등장하면서부터 불거졌습니다. 그들은 유대교와 아무 상관없이 오직 예수님을 그리스도로 믿는 사람들이었습니다. 유대 기독교인들과 이방 기독교인들 사이에 갈등이 시작되었습니다. 유대 기독교가 이방 기독교에게 요구하기를 예수를 믿되 유대교가 핵심적으로 중요하게 생각하는 토라를 지키고 할례를 받으라고 했습니다. 양쪽 사이에 다툼이 커졌습니다. 이 다툼이 갈라디아 지역의 교회에서 첨예화되었습니다. 이 문제를 해결하기 위해서 바울이 쓴 문서가 바로 갈라디아서입니다.

다른 복음과 율법

유대 기독교가 이방 기독교에게 요구한 율법은 유대교를 유대교 되게 하는 모든 것입니다. 율법 없이는 유대교가 성립될 수 없습니다. 단적으로 모세가 시내산에서 하나님으로부터 받았다고 알려진 십계명을 생각해 보십시오. 영원한 가치가 있는 계명들입니다. 그것은 유대교만이 아니라 기독교에서도 역시 신앙적으로 기준이 되는 하나님의 명령입니다. 모든 율법의 엑기스라 할 십계명이 옳다면 율법도 옳은 겁니다. 따라서 율법을 지키라는 유대 기독교의 요구는 이상한 게 아닙니다. 더 근본적으로 유대교와 기독교의 관계는 매우 중요합니다. 유대교가 없었다면 기독교가 시작될 수도 없었습니다. 예수님도 유대교의 모든 것을 그대로 따랐습니다. 초기 기독교도 유대교 전통 안에서 예수님을 이해했습니다. 기독교가 유대교 경전인 구약을 그대로 기독교의 경전으로 받아들인 것은 기독교의 신앙적 토대가 유대교에 자리하고 있다는 증거입니다.

그런데 바울은 갈라디아서에서 그런 요구를 배격합니다. 갈라디아서

1장 6절 이하에서 바울은 유대 기독교의 요구에 마음이 흔들린 갈라디아 지역의 신자들을 질책합니다. 그들이 그리스도를 배반하고 다른 복음을 따르고 있다는 겁니다. 9절 말씀은 파격적입니다. "우리가 전에 말하였거니와 내가 지금 다시 말하노니 만일 누구든지 너희가 받은 것 외에 다른 복음을 전하면 저주를 받을지어다." 여기서 다른 복음은 유대 기독교의 가르침입니다. 바울은 어떻게 보면 초기 기독교계에서 이단아입니다. 바울이 지금 다른 복음이라고 비판한 것은 바로 예수님의 제자들과 동생들이 주장하는 것입니다. 그들은 당시 기독교의 대세였습니다. 이에 반해서 바울은 별 볼 일 없던 인물이었습니다. 아마 당시 사람들은 바울을 가리켜 주제 파악을 못하는 사람이라고 생각했을 가능성이 높습니다. 그는 정말 타협을 모르는 독불장군인가요? 아니면 기독교 진리를 너무 명백하게 본 사람인가요?

바울이 문제로 삼은 것은 유대 기독교의 요구로 예수를 믿음으로 의롭다 인정받고 구원받는다는 복음의 진수가 상대화될 위험성이 있다는 사실입니다. 바울의 기독론은 유대 기독교인들의 기독론과 달랐다는 말씀입니다. 바울은 예수 사건을, 즉 하나님이 예수를 통해서 행하신 구원을 율법으로 보충될 필요가 전혀 없는 유일무이한 것으로 보았습니다. 제2의 예수는 없다는 것입니다. '다른 복음'은 아무리 좋아도, 아무리 그럴듯해도 복음이 아니라 사이비입니다. 요즘 식으로 말하면 민중 메시아론은 복음이 아니라 '다른' 복음입니다. 민중이 역사의 주체가 될 수는 있겠으나 민중이 인류를 구원할 수는 없습니다. 그런 사실을 외면하고 민중이 구원할 것처럼 말하면 결국 다른 복음이 될 수밖에 없습니다. 정통 기독교의 가르침에도 비슷한 것은 많습니다. 예를 들어서 성화론이 그것입니다. 믿음으로 구원을 받았으니 이제 구원의 열매를 맺으라는 말은 예수를 믿음으로만 의롭다 인정받는 복음과 다른 것입니다.

바울이 비판하는 다른 복음은 매우 매력적이고 합리적인 주장입니다. 그것을 단순히 유대교의 토라와 할례라는 종교적 형식에 한정해서 보면 곤란합니다. 바울이 갈라디아서 후반부에 그것을 자세하게 설명합니다. 갈라디아 지역의 신자들이 바울이 전해준 복음에 따라서 오직 믿음으로 성실하게 살긴 했지만 교회 안에 부도덕한 일들이 일어났습니다. 그걸 보면 믿음만으로 살기는 힘들다는 결론이 나옵니다. 개인과 공동체를 건강하게 하기 위해서 지켜야 할 법칙과 기준들이 필요했습니다. 그게 바로 율법이었습니다. 율법에는 하나님의 뜻대로 살아가야 할 삶의 시행 규칙이 망라되어 있습니다. 모범적인 신앙생활을 위해서 지켜야 할 규칙, 모범적인 세상살이를 위해서 지켜야 할 도덕적 규범들을 가리킵니다. 그렇게 살면 사람들에게 인정을 받기도 하고, 스스로도 만족스럽습니다. 그러나 바울은 율법이 아무리 고상해도 예수 사건과 비교할 수 없다고 보았습니다. 그는 왕따를 당하면서까지 유대교는 물론이고 유대 기독교와 치열하게 싸웠습니다. 아무도 알아주지 않는 상황에 내몰렸고, 아무도 모르게 죽었습니다. 그는 자기의 저술이 신약의 가장 중요한 문서가 될 줄은 꿈에도 몰랐을 겁니다. 오히려 자기의 신학적인 투쟁을 실패라고 생각했을 겁니다. 그런데 역사는 전혀 다르게 전개되었습니다. 당시 기독교계에서 마이너리티였던 바울의 주장이 역사적 기독교의 중심 사상이 되었습니다.

종과 아들

바울은 율법과 복음의 차이를 오늘 설교 본문에서 종과 아들을 비유로 설명합니다. 7절 말씀을 보십시오. "그러므로 네가 이 후로는 종이 아니요 아들이니 아들이면 하나님으로 말미암아 유업을 받을 자니라." 종에서 아들로 신분이 바뀌었다는 겁니다. 종은 주인의 명령을 따라야 합니다. 자기가 한 업적에 따라서 주인에게서 인정받습니다. 율법의 본질이 그것입니다. 어떤 일을 행하거나, 또는 하지 말아야 합니다. 이를 통해서 업적 의(義)를 얻습니다. 유대인들은 업적 의를, 또는 행위 의를 얻기 위해서 용맹 정진했습니다. 종교적으로 열심을 내는 사람들은 자학에 가까울 정도로 매달렸습니다. 바리새인과 세리의 기도에 대한 비유(눅 18:9-14)에 잘 나타나 있습니다. 이들의 신앙은 두 가지로 드러납니다. 하나는 자책감(죄의식)이고, 다른 하나는 우월감입니다. 이 두 가지는 서로 교묘하게 착종되어 있습니다.

오늘 업적 의를 얻기 위해서 유대교의 바리새인들과 똑같이 살아가는 사람들이 많습니다. 그들은 끊임없이 자기를 책망합니다. 자기에게서 잘못된 게 무엇인지를 살피는 것으로 시간을 보냅니다. 결벽증 환자처럼 삽니다. 봉사를 하지 않은 것에 대해서, 기도생활에 게으른 것에 대해서, 전도와 헌금생활이 인색한 것에 대해서 계속 자책합니다. 어떤 목사는 노골적으로《게으름》이라는 책을 통해서 그런 문제를 다루고 있습니다. 이런 자책감(죄의식)은 신앙이 아닙니다. 자신의 잘못을 인정하는 것과 자책하는 것은 완전히 다릅니다. 자책감은 심리적인 현상입니다. 잘못을 인정하는 것은 인격적인 현상입니다. 자책감은 실제로 잘못을 인정하지도 않습니다. 인간은 죄인이니까 어쩔 수 없다고 자위하는 경우가 많습니다.

아들은 종과 신분이 완전히 다릅니다. 아들은 주인을 더 이상 주인이라고 부르지 않고 아버지라고 부릅니다. 6절을 보십시오. "너희가 아들이므로 하나님이 그 아들의 영을 우리 마음 가운데 보내사 아빠 아버지(아빠 호 파테르)라 부르게 하셨느니라." 여기서 '아빠'라는 단어는 아람어로 아버지입니다. 그것을 헬라어로 번역하면 파테르입니다. 아들이라는 단어도 좀 구별을 해야 합니다. '너희가 아들'이라고 할 때의 아들은 '자녀'라는 뜻이고, '그 아들의 영'이라고 할 때 아들은 아들이 맞습니다. 그 아들은 곧 예수를 가리킵니다. 다시 설명하면, 우리는 하나님의 자녀이기 때문에 하나님이 예수의 영을 보내셔서 하나님을 아버지라고 부르게 했다는 것입니다. 바울은 이미 하나님의 자녀가 된 사람들에게 여전히 종의 의무를 다해야 한다고 주장하는 사람들을 비판하지 않을 수 없습니다. 비판 정도가 아니라 저주를 받으라고 악담을 하지 않을 수 없었습니다. 왜냐하면 그들의 행태는 기독교인의 정체성을 완전히 부정하는 것이기 때문입니다.

하나님 앞에서 종이나, 자녀나 말만 다르지 실제로는 비슷한 거 아니냐고 생각하는 분들이 있을 겁니다. 바울도 어떤 때는 자기를 종으로 표현했습니다. "그리스도 예수의 종 바울과 디모데는…"(빌 1:1). 빌립보서 등에서 언급된 종의 개념은 차원이 다른 겁니다. 예수 그리스도, 또는 하나님에게 절대적으로 의존한다는 뜻이지 율법적인 업적 의를 가리키는 게 아닙니다. 종과 자녀의 행동이 겉으로는 비슷해 보입니다. 그래서 사람들이 분간을 하지 못합니다. 종은 주인을 위해서 최선을 다 합니다. 자녀들도 부모를 위해서 최선을 다 합니다. 그러나 종은 자기의 행위와 업적에 따라서 평가받지만 자녀들의 경우는 그것과는 상관이 없습니다. 업적을 내지 못해도 여전히 자녀로 인정받습니다. 가장 결정적인 차이는 유업에 있습니다. 종은 유업을 받지 못하지만 자녀는 유업을 받습니다.

하나님의 유업이 무엇일까요? 유업을 받을 자라는 말은 상속자라는 뜻입니다. 농사짓는 아버지가 자녀들에게 농사일을 유업으로 물려주기도 합니다. 하나님의 유업은 구원이고, 생명입니다. 하나님과의 관계를 통해서만 획득될 수 있는 하나님 나라이며, 하나님의 통치입니다. 사람들은 이런 것에 관심이 없습니다. 지금 당장 잘 먹고 잘 사는 게 중요하지 하나님의 구원과 생명이 무슨 필요가 있느냐고 생각합니다. 그렇게 살아보십시오. 여러분이 원하는 모든 것을 성취했다고 생각해 보십시오. 그 다음은 무엇인가요? 지금 여기서 사람들에게 인정받고 건강하게 오래 살고 자녀들을 잘 키운 것으로 우리의 삶이 완성되는 게 아닙니다. 그렇게 살기도 쉽지 않지만 그것에만 머문다면 기독교 신앙이 성립될 수 없습니다.

하나님은 이것과는 전혀 다른 구원의 역사를 이끌어 가십니다. 이 구원 역사에서 결정적인 사건이 바로 예수 그리스도입니다. 그는 마리아라는 여자에게서 나신 분입니다. 그를 대신할 그 어떤 위인이나 영웅, 그 어떤 성인도 이 세상에 없습니다. 예수를 통해서 이제 우리는 속량을 받았습니다(5절). 그를 통해서 종의 빚이 없어져서 자녀가 되었습니다. 구원을 얻기 위해서, 생명을 얻기 위해서 더 이상 자기의 업적에 매달릴 필요가 없습니다. 해방과 자유입니다. 이것이 실제로 이해가 가십니까? 믿어지십니까? 그렇다면 여러분은 하나님의 아들인 예수의 영을 받으신 겁니다.

사랑하는 성도 여러분, 2012년 첫 주일이 시작되었습니다. 끝없는 수고와 노력에 매달리는 종으로 일 년을 사시겠습니까? 아니면 생명의 상속자인 하나님의 자녀로 사시겠습니까? 아들의 영인 성령이 여러분의 영혼을 밝혀주실 줄로 믿습니다. 아멘.

주현절

59	물 세례, 성령 세례	마가 1:4-11	주현절후 첫째 주일
66	사무엘을 부르신 하나님	삼상 3:1-9	주현절후 둘째 주일
73	제자의 길	마가 1:14-20	주현절후 셋째 주일
80	하나님 경험의 위기	신명 18:15-20	주현절후 넷째 주일
87	예수의 축귀 능력	마가 1:29-39	주현절후 다섯째 주일
94	믿음은 구도다	고전 9:24-27	주현절후 여섯째 주일
101	침묵 명령	마가 9:2-9	주현절후 일곱째 주일

주현절후 첫째 주일
마가복음 1:4-11
2012년 1월 8일

물 세례, 성령 세례

　예수님이 세례 요한에게서 세례를 받았다는 사실에 대해서는 신약의 네 복음서가 똑같이 전합니다. 이게 예사로운 현상은 아닙니다. 복음서는 여러 단락에서 예수님의 공생애 사건을 서로 다르게 전합니다. 마태복음에 나오는 이야기가 누가복음에 빠진 경우, 누가복음에 나오는 이야기가 마가복음에 빠진 경우도 적지 않습니다. 특히 요한복음에 나오는 이야기가 공관복음서에 빠지는 경우는 많습니다.

　예수님의 세례 이야기를 네 복음서가 모두 다루고 있다는 것은 초기 기독교에서 이 이야기가 잘 알려져 있었다는 뜻입니다. 복음서 기자들은 이 사실을 거론하면서 적지 않게 고민했을 겁니다. 예수님은 하나님의 아들이며, 메시아셨습니다. 그는 삼위일체의 아들 하나님이었습니다. 그런 그가 요한에게서 다른 사람들과 똑같이 세례를 받았다는 것은 정체성 논란을 불러일으킬 만합니다. 특히 요한이 베푼 세례는 '죄 사함'을 받는 회개의 세례였습니다. 아무 죄도 없으신 예수님은 죄 사함을 받는 세례를 받을 필요가 없었습니다. 그런데 그가 세례를 받았다는 것은 분명한 역사적 사실이었습니다. 그러니 복음서 기자들이 고민하지 않을 수 없었습니다.

이런 고민이 네 복음서에 모두 나오지만, 요한복음에 더 분명하게 나옵니다. 요한복음은 예수님이 세례 요한에게서 세례를 받았다는 사실을 노골적으로가 아니라 약간 비틀어서 간접적으로 보도합니다. 세례 요한은 예수님께서 자기에게 오시는 것을 보고 이렇게 말합니다. "보라, 세상 죄를 지고 가는 하나님의 어린 양이로다"(요 1:29). 이어서 예수님이 자기 자신보다 앞선 분이라고 말합니다. 그 사실을 세례 요한은 이미 앞에서 언급했다고도 합니다. 예수님이 누구인지 몰랐다는 말을 두 번(31, 33절)이나 반복합니다. 예수님이 자기를 초월하는 분이라는 뜻입니다. 세례 요한이 예수님에게 세례를 베푼 이유는 예수님을 이스라엘 앞에 나타내려는 것이었습니다. 메시아로서의 길을 시작하는 의식이었습니다. 이것을 요한복음은 예수님의 세례가 세례 요한의 세례와 전혀 다르다는 말로 설명했습니다. 예수님은 물이 아니라 성령으로 세례를 베푸는 분이라는 겁니다.

영혼의 변화

마가복음은 세례 요한의 입을 통해서 이 사실을 더 명백하게 설명했습니다. 8절 말씀은 이렇습니다. "나는 너희에게 물로 세례를 베풀었거니와 그는 너희에게 성령으로 세례를 베푸시리라." 요한의 물 세례는 요단강에서 베풀어졌습니다. 사람들을 요단강 물속에 밀어 넣었다가 빼내는 의식입니다. 물속에 들어가는 것은 죽음을 의미하고, 다시 나오는 것은 새로운 삶을 의미합니다. 요한의 물 세례는 개인과 사회 개혁에 방점이 있습니다. 누가복음 기자는 구체적으로 다음과 같이 설명합니다. 옷 두 벌 있는 사람은 없는 사람에게 나눠주고, 먹을 것이 있는 사람도 그렇게 하고, 세리들은 뇌물을 받지 말고, 군인들은 백성들의 것을 강탈하지 말아야 합니다(눅 3:11-14). 요즘도 이런 요구는 많습니다. 정치 개혁과 혁신을 말합니다. 여당과 야당, 보수와 진보 가릴 것 없이 모두 개혁을 외칩니다. 필요한 일들입니다. 세례 요한은 당대의 양심을 일깨우는 광야의 소리였습니다.

물 세례에 비해서 성령 세례는 조금 모호합니다. 손에 잘 잡히지 않습니다. 물은 눈에 보이지만 성령은 눈에 보이지 않습니다. 성령 세례는 일반적인 의미에서의 세례는 아닙니다. 예수님은 세례를 베풀지 않았습니다. 지금 교회에서 베풀어지는 세례의 전통은 세례 요한에게서 온 겁니다. 세례 요한의 제자들이 기독교의 구성원으로 들어오면서 세례가 교회의 의식으로 자리를 잡았습니다. 그것은 당연히 물 세례입니다. 물 세례는 물과 관계가 있다면 성령 세례는 성령과 관계가 있습니다. 성령 세례는 성령을 받는 것입니다. 성령의 능력에 사로잡히는 것입니다. 성령과 일치하는 것입니다. 지금까지의 설명은 물 세례에 대한 낱말 뜻입니다. 중요한 것은 성령 세례의 실체가 무엇이냐 하는 데에 있습니다.

물 세례는 앞에서 말씀드린 대로 개인과 사회의 도덕 윤리적인 변화를 가리킨다면 성령 세례는 영혼의 변화를 가리킵니다. 물 세례는 표면적인 변화이고, 영혼의 변화는 내면적인 변화입니다. 표면적인 변화는 눈에 확 드러나지만 내면적인 변화는 드러나지 않습니다. 그래서 사람들은 성령 세례를 표면적인 변화에서 찾고 확인하려고 애를 씁니다. 예수님을 믿고 구원받았으면 무엇인가 실제적인 변화가 있어야 하지 않느냐는 요구입니다. 교회 봉사를 열심히 하기도 하고, 가정도 모범적으로 꾸리고, 모든 이웃과의 관계도 원만하게 합니다. 만약 이런 수준의 변화가 기독교인들이 추구해야 할 것이라고 한다면 굳이 물 세례와 성령 세례를 구분할 필요가 없습니다. 세례 요한으로 충분하지 예수님은 필요 없습니다. 좋은 것이라고 해서 기독교에서도 무조건 좋은 것은 아닙니다. 물 세례가 좋긴 하지만 그것으로 기독교 신앙이 성립되는 게 아닙니다.

성령 세례를 통한 영혼의 변화는 사람의 본질이 변하는 것을 가리킵니다. 겉으로 드러나는 행위의 변화가 아니라 속에서 일어나는 존재의 변화입니다. 사람의 본질은 죄와 악, 그리고 죽음입니다. 그런데 이 것은 변하지 않습니다. 지금 저는 서로 모순되는 말씀을 드렸습니다. 영혼의 변화는 본질의 변화라는 말과, 본질은 변하지 않는다는 말은 서로 모순이면서 충돌합니다. 이런 모순과 충돌 사이에 신앙의 신비가 자리합니다. 복음서 기자들은 우리에게 그 신앙의 신비를 끊임없이 전달하고 있습니다. 그런데 그것은 아무나 들을 수 있는 게 아닙니다. 귀 있는 자는 들으라고 말합니다. 오늘 우리는 귀 있는 자들일까요?

인간의 본질은 변하지 않는다는 사실을 좀더 진지하게 생각하십시오. 오랫동안 목회를 하던 분들이 이구동성으로 하는 말은 사람이 변하지 않는다는 것입니다. 기독교인들이 아무리 오래 교회에 다녀도, 겉으로는 그럴듯하게 신앙생활을 해도 실제로는 변하지 않습니다. 그것은 전혀 이상한 현상이 아닙니다. 그것 때문에 실망할 것도 없습니다. 저를 거기에 비춰 봐도 사람이 잘 변하지 않는다는 말은 옳습니다. 그걸 그대로 받아들이면서 제도적으로 고칠 건 합리적으로 고치고, 시시비비를 따질 건 따지고, 교육을 통해서 의식을 개혁할 것은 개혁하면서 가능한 대로 건강한 공동체로 방향을 잡고 나가는 것이 최선입니다.

성령 세례를 통해서 영혼이 변한다는 말은 두 가지 의미가 있습니다. 하나는 변화의 주체가 하나님이라는 사실입니다. 사람들은 변화라는 말을 늘 인간이 주체로 나서는 것으로 생각합니다. 자기가 스스로 노력해서 공부도 더 열심히 하고, 자식을 모범적인 사람으로 바꿔나가려고 합니다. 자신의 모든 삶의 에너지를 거기에 투자합니다. 그것은 근본적으로 헛된 일입니다.

시편 127편 1, 2절에 다음과 같은 내용이 나옵니다. "여호와께서 집을 세우지 아니하시면 세우는 자의 수고가 헛되며 여호와께서 성을 지키지 아니하시면 파수꾼의 깨어 있음이 헛되도다. 너희가 일찍이 일어나고 늦게 누우며 수고의 떡을 먹음이 헛되도다." 하나님이 자기 인생의 주체가 되지 못하면 근면 성실한 삶마저 헛되다는 뜻입니다. 과격하게 들리지만 옳은 말입니다. 인간의 모든 노력은 본질을 변화시킬 수 없기 때문입니다. 그리고 다른 사람보다 좀더 안락하게 살다가 결국 죽습니다. 살아 있는 중에도 자기의 노력이 그만한 대가를 받지 못하는 것을 초조하게 생각합니다. 변화의 주체가 하나님이라는 사실은 인간 생명의 본질과 관계됩니다. 하나님만이 창조주이시기 때문에 그분만이 생명의 본질을 변화시킬 수 있다는 말은 논리적으로 옳습니다. 피조물인 인간에게는 그런 능력이 없습니다. 문제는 그 본질의 변화가 확연하게 느껴지지 않는다는 데에 있습니다.

그것이 성령 세례를 통해서 영혼이 변화한다는 말의 두 번째 의미입니다. 그 변화는 영혼의 깊이를, 또는 영적인 삶의 깊이를 아는 사람에게만 경험됩니다. 죽음을 전혀 의식하지 않고 사는 사람은 삶의 소중함을 알 수 없는 것과 같이 영혼의 깊이를 모르면 성령 세례도 알 수 없습니다.

우선 이해를 돕기 위해서 예를 들겠습니다. 여기 교회를 담임하고 있는 목사 두 사람이 있다고 합시다. 한 사람은 5천 명이 모이는 교회를 담임합니다. 다른 한 사람은 50명이 모이는 교회를 담임합니다. 겉으로만 본다면 5천 명 교회가 더 행복하겠지만, 그건 단지 표면적인 것에 불과합니다. 영혼의 깊이에서 보면 5천 명이 모이나 50명이 모이나 그것 자체는 아무런 차이가 없습니다. 주님의 몸된 교회 공동체를 꾸려간다는 사실에 집중하면 50명의 교회로 행복할 수 있으며 만족할 수 있습니다. 세상살이도 마찬가지입니다. 가난해도 남을 의식하거나 소유에 집착하지 않고 삶 자체에 집중하면 행복합니다. 그런 생각은 너무 낭만적인 것이어서 현실성이 떨어진다고 생각하시나요? 당장 먹고 살기 힘든데 모든 삶 자체에 집중할 수 있느냐고 생각하시나요? 그렇다면 여러분은 기독교 신앙의 중심을 전혀 모르고 있는 겁니다.

세례, 그리스도와의 연합

앞에서 저는 성령 세례를 통해서 영혼이 변한다는 말을 두 가지로 설명했습니다. 하나는 그것이 하나님의 일이라는 것이고, 다른 하나는 영혼의 변화는 영혼의 깊이로 들어가야만 느낄 수 있다는 것입니다. 이 두 가지를 한데 묶어서 생각해 보십시오. 어떤 대답을 얻을 겁니다. 성령 세례를 통한 영혼의 변화는 하나님이 행하신 구원 사건에 자신의 영혼을 완전히 의존해서 살아간다는 뜻입니다. 다르게 설명하면, 성령을 받았다는 것은 성령의 일에 마음이 열린다는 뜻입니다. 성령의 일은 곧 하나님이 행하신 구원 사건입니다. 그 사건이 무엇인지 모르는 기독교인은 없습니다. 예수 그리스도를 통해서 일어난 것입니다. 그 사건에 전적으로 의존할 수 있다면 영혼이 변화된 것이며, 곧 성령을 받은 것입니다. 성령을 받았다는 것을 이상한 현상에 휩싸이는 것으로 주장하는 사람들도 있습니다. 그런 것에 현혹되지 마십시오. 물론 성령은 은사를 주십니다. 여러 종류의 은사가 있습니다. 그러나 그런 것들은 성령을 받았다는 증거가 아니라 그 결과일 뿐입니다. 그런 현상에 너무 매달리지 않아도 됩니다. 중요한 것은 예수님에게 일어난 하나님의 구원 사건을 인격적으로 동의하고, 인식하고, 거기에 자기의 운명을 맡기는 것입니다. 그게 믿음입니다. 바울은 로마서 5장 1절에서 이렇게 선언합니다. "그러므로 우리가 믿음으로 의롭다 하심을 받았으니 우리 주 예수 그리스도로 말미암아 하나님과 화평을 누리자."

믿음으로 의롭다 하심을 받았다는 사실이 명백하게 느껴지지 않는다거나, 지금 살아가는 세상의 현실에서 예수 그리스도를 통해서 하나님과 화평을 누리기 힘들다고 생각하는 분들이 있을 겁니다. 그런 분들의 마음을 이해할 수는 있지만 더 잘 이해할 수 있도록 설명할 자신은 없습니다. 성령께서 그분들의 생각을 깨우쳐 달라고 기도를 드릴 뿐입니다. 성령이 돕는다면 새로운 영적 세계를 깨닫게 될 것입니다. 성령의 도움을 원하는 분들이 해야 할 일은 자신의 고정관념을 내려놓고 기독교 영성의 중심으로 들어가는 겁니다. 영성의 중심은 성서와 예배를 통해서 전승되었습니다. 성서와 예배에 가까이 가보십시오. 전혀 다른 생명의 현실들이 눈에 보일 것입니다.

사랑하는 성도 여러분, 우리는 물 세례에 머물지 않고 성령 세례를 받은 사람들입니다. 예수님이 세례를 받을 때 성령이 비둘기 같이 내려왔습니다. 예수님에게 일어난 사건은 모두 성령의 일입니다. 그 사건에 더 주목하십시오. 그 사건의 고유한 생명 세계 안으로 더 깊이 들어가십시오. 인생살이의 다른 일들은 좀 서툴러도 괜찮지만 예수 사건을 아는 일에는 전문가가 되어야 합니다. 왜냐하면 그 일은 생명을 얻느냐 얻지 못하느냐의 차원이기 때문입니다.

주현절후 둘째 주일
사무엘상 3:1-9
2012년 1월 15일

사무엘을 부르신 하나님

여러분은 하나님께서 여러분을 부르셨다고 생각하시나요? 실제로 그런 경험이 있으신가요? 그걸 어떻게 증명하시겠습니까? 이런 질문에 대답이 각각 다를 겁니다. 어떤 사람은 하나님이 자기를 부르셨다는 사실을, 즉 소명의식을 확신하기도 하고, 또 어떤 사람은 잘 모르겠다고 생각합니다. 그리고 어떤 사람은 소명 자체를 부정할지도 모릅니다. 그런 것은 별로 확실하지 않고 의미도 없다고 말입니다. 생각이 가지각색입니다. 실제로는 하나님의 부르심을 경험했는데도 그걸 모르는 사람이 있고, 소명과는 전혀 상관이 없는 현상을 소명이라고 확신하는 사람들도 있습니다. 이 소명 의식이 왜곡되는 경우가 많습니다. 소명을 받은 사람은 무엇인가 특별한 것처럼 생각합니다. 주변에서는 그런 이들을 부러워합니다. 신학교에 가지 말아야 할 사람도 소명을 명분으로 신학교에 가고, 선교사로 가기도 합니다. 도대체 소명, 즉 하나님이 부르셨다는 건 무슨 의미일까요?

사무엘

오늘 설교 본문은 사무엘이 하나님의 부르심을 경험하는 장면에 대한 묘사입니다. 구약에 등장하는 인물들은 거의 대부분 성인이 되었을 때 소명을 받는 반면에 사무엘은 어릴 때 소명을 받습니다. 아브라함, 모세, 이사야, 또는 예수님의 제자들을 보십시오. 모두 어른들이었습니다. 정신적으로도 성숙한 사람들이었습니다. 사무엘은 출생부터 특이했습니다. 사무엘의 어머니 한나는 브닌나라는 또 다른 아내를 둔 엘가나의 아내였습니다. 브닌나에게는 자식이 있었지만 한나는 늙을 때까지 아이가 없었습니다. 서원 기도를 드린 한나는 아들을 낳습니다. 서원 기도대로 한나는 사무엘을 엘리 제사장에게 보내서 성소에서 지내게 합니다. 사무엘은 동자승처럼 성소에서 늙은 엘리 제사장과 함께 살았습니다. 사무엘은 거기서 반듯하게 자랐습니다. 이에 탄해 엘리의 아들들은 한결같이 못되게 자랐습니다. 사무엘상 기자는 엘리 제사장의 후계는 엘리의 아들들이 아니라 사무엘일 수밖에 없다는 사실을 암시한 것입니다.

어느 날 밤 성소에서 일어난 일입니다. 사무엘은 '하나님의 궤가 있는 여호와의 전 안에 누워' 있었습니다. 잠자리에 든 것입니다. 아마 기도하고 누웠겠지요. 어머니 한나의 서원 기도로 태어난 그는 기도하는 사람으로 잘 알려져 있습니다. 요즘도 걸려 있는지 모르겠지만 제가 젊었을 때 타고 다니던 버스의 운전기사 맞은편에 기도하는 소녀상 사진이 걸려 있는 경우가 많았습니다. 소녀로 보이지만 실제로는 사무엘이라는 소년입니다. '사무엘아!' 하는 소리가 들렸습니다. 성경은 여호와께서 사무엘을 부른 것이라고 설명했습니다만 사무엘은 엘리 제사장이 부른다고 생각했습니다. 당연한 일입니다. 늙은 엘리는 일상 생활에서 사무엘의 도움을 많이 받았을 겁니다. 몸의 가려운 부분을 긁어달라거나, 마실 물 좀 달라거나, 성소에서 정리하지 못한 일을 단속하게 했을 겁니다. 사무엘은 평소 하던 대로 엘리에게 달려갔습니다. 무슨 일로 부르셨습니까? 나는 너를 부르지 않았다. 가서 자라. 둘 모두 잠결에 착각을 했나보다 생각했겠지요. 그런데 이런 똑같은 일이 세 번이나 반복되었습니다. 그제야 엘리는 사태를 파악했습니다. 하나님이 사무엘에게 귀중한 말씀을 주시려는 것이라고 말입니다.

그 순간에 엘리는 마음이 착잡했을 겁니다. 생각해 보십시오. 하나님은 제사장인 자기에게 말씀을 주셔야만 했습니다. 자기가 너무 늙은 게 문제라면 자신의 아들들을 통해서라도 말씀하셨어야 합니다. 그런데 어린 사무엘에게 말씀을 주시려고 하는 겁니다. 성서 기자는 이미 1절에서 이렇게 말합니다. "아이 사무엘이 엘리 앞에서 여호와를 섬길 때에는 여호와의 말씀이 희귀하여 이상이 흔히 보이지 않았더라." 엘리와 그의 아들 대에 이르러 이스라엘 신앙 상태가 땅에 떨어졌다는 뜻입니다. 하나님의 침묵, 말씀의 침묵 현상입니다. 엘리는 이 상황을 더 이상 뚫고 나갈 영적 힘이 없었습니다. 그의 아들들은 더 말할 것도 없습니다. 엘리는 자식 농사는 망쳤지만 제사장 역할은 꾸준히 잘했습니다. 하나님 앞에서 자기가 어떻게 처신해야 하는지를 알고 있었습니다. 하나님이 사무엘에게 말씀하시는 것을 막지 말아야 합니다. 그는 사무엘에게 이렇게 말합니다. "가서 누웠다가 그가 너를 부르시거든 네가 말하기를 여호와여 말씀하옵소서 주의 종이 듣겠나이다 하라"(9절). 그 뒤 이야기는 사무엘상 3장 10절 이하에 나옵니다. 엘리가 사무엘에게 가르쳐준 대로 일이 진행되었습니다.

사무엘에게 일어난 일은 무엇일까? 사무엘은 하나님의 부르시는 소리를 엘리의 목소리로 알아들었습니다. 그렇다면 사무엘이 들은 소리는 사람의 목소리와 비슷했다는 뜻입니다. 하나님이 사람처럼 말하는 것처럼 묘사된 장면은 성경에 자주 나옵니다. 동생을 살해한 가인에게 하나님은 "네 아우 아벨이 어디 있느냐?" 하고 묻자 가인은 "내가 알지 못하나이다. 내가 내 아우를 지키는 자니이까?" 하고 대답했습니다. 신약에도 비슷한 사건은 많습니다. 세례 요한의 아버지 사가랴와 예수의 어머니 마리아는 천사 가브리엘을 만나서 이야기를 나누었습니다. 사도행전 설명에 따르면 바울은 다메섹을 가는 중간에 하늘로부터 "사울아 사울아 네가 어찌하여 나를 박해하느냐?" 하는 소리를 들었다고 합니다. 이런 경험 후에 바울은 기독교를 박해하는 입장에서 완전히 돌아서서 오히려 기독교의 복음을 전하는 사람이 되었습니다.

오늘도 하나님의 부르심을, 또는 명령을 직접 듣거나 보았다고 주장하는 사람들이 있습니다. 기도하는 중에 하나님으로부터 계시를 받았다는 겁니다. 그 내용은 교회당을 건축하라거나, 선교를 위한 승합차를 구입하라는 것들이 많습니다. 사이비 이단들은 대다수가 이런 식으로 말합니다. 이런 주장이 청중들에게 어필하는 이유는 두 가지입니다. 하나는 이런 주장은 객관적으로 증명이 안 된다는 것입니다. 다른 하나는 청중들도 그런 경험을 하고 싶다는 사실입니다. 자기는 직접 경험하지 못했으니까 어떤 이를 통해서, 자기가 출석하는 교회의 목사면 가장 좋은데, 간접적으로나마 경험하고 싶어 합니다. 마치 순류 통속 드라마에 빠져드는 것과 비슷합니다. 많은 사이비 이단 교주들은 청중들의 이런 약점을 이용해서 자신을 신격화합니다.

하나님의 부르심을 아예 무의미한 것으로 평가하는 사람들도 있습니다. 아브라함아, 또는 사무엘아 하는 소리는 환청이라는 겁니다. 물론 사람에게는 환청이 가능합니다. 자기가 평소에 듣고 싶었던 소리가 실제로는 없는데 들리는 것처럼 착각하는 현상을 가리킵니다. 죽은 아이가 '엄마' 하고 부르는 소리, 죽은 남편이 '여보' 하고 부르는 소리를 듣기도 합니다. 구약에 나오는 거짓 예언자들이 들은 것도 따지고 보면 환청입니다. 대표적으로 예레미야를 공격한 하나냐 선지자입니다(렘 28장). 유대가 바벨론 제국의 위협 아래 처한 똑같은 상황을 놓고 예레미야 예언과 하나냐의 예언이 정반대였습니다. 하나냐의 예언은 이렇게 시작됩니다. "만군의 여호와 이스라엘의 하나님이 이같이 일러 말씀하시기를 내가 바벨론의 왕의 멍에를 꺾었느니라." 예레미야는 하나냐를 이렇게 비판합니다. "하나냐여 들으라 여호와께서 너를 보내지 아니하셨거늘 네가 이 백성에게 거짓을 믿게 하는도다"(렘 28:15).

무슨 말씀인가요? 소명 경험은 두 가지의 가능성이 있습니다. 하나는 참된 소명이며, 다른 하나는 거짓 소명입니다. 하나님이 부르셨다는 사실을 아무리 확신한다고 하더라도 그것은 거짓 소명의 가능성도 있습니다. 하나님으로부터의 부르심이 아니라 환청일 가능성이 있습니다. 성령이 아니라 거짓 영에 사로잡힐 수도 있습니다. 이건 소명의 차원만이 아니라 우리의 신앙 생활 전반에 관계됩니다. 평생 믿음 생활을 했다고 해도 그것이 헛수고일 수 있습니다. 믿음을 극단적으로 강조하는 집단이 주로 사이비 이단들이기 때문에 또 그런 예를 듭니다. 시간과 물질 모든 걸 바쳐서 신천지를 따라다녔다고 생각해 보십시오. 전도관의 박태선, 통일교의 문선명을 따라다녔다고 생각해 보십시오. 그들은 나름으로 확신이 있었겠지만 헛수고를 한 겁니다.

소명의 진정성

하나님이 부르셨다는 경험이 없어도 좋다거나, 뜨겁지도 않고 차갑지도 않은 미지근한 상태에서 신앙 생활을 대충해도 좋다는 말씀이 아닙니다. 열정적이고 헌신적인 신앙 생활이 무의미하다는 말씀도 아닙니다. 그건 아무리 강조해도 지나치지 않습니다. 소명을 경험한 사람은 헌신적이지 않을 수 없습니다. 소명을 통해서 헌신적으로 살기 위해서라도 소명 경험을 바르게 이해해야 합니다. 이는 소명의 진정성 문제입니다. 우리의 소명 경험이, 즉 하나님 경험이, 또는 신앙이 옳은지 아닌지에 대한 성찰이자 질문입니다.

소명의 진정성을 제 삼자가 구분하기는 쉽지 않습니다. 종교개혁 시대에 루터의 주장을 로마 가톨릭교회가 부정한 것을 보면 이를 알 수 있습니다. 이것은 기본적으로 성령의 몫입니다. 성령은 진리의 영입니다. 모든 진리 여부는 성령에 의해서 결정됩니다. 우리가 성령을 신뢰한다면 이 세상이 진리에 의해서 작동된다는 사실도 신뢰할 수 있습니다.

겉으로는, 또는 일시적으로는 불의와 거짓이 득세하는 것 같아도 결국에는 정의와 참이 승리합니다. 진리의 영인 성령을 믿는 기독교인들은 세상을 성령론적 관점으로 삽니다. 그렇다고 해서 우리는 손가락 하나 까딱하지 않고 무조건 성령에게 일임하는 건 아닙니다. 오히려 반대입니다. 성령에 의존하는 사람은 그 성령의 일에 참여합니다. 소명의 진정성은 소명을 경험한 사람이 성령의 속성인 진리를 따라가는가의 여부에 달려 있습니다. 결국 소명은 자기 확신이 아니라 진리의 문제입니다. 하나님 경험은, 즉 신앙 경험은 진리에 의해서 판단되어야 합니다.

궁극적인 진리는 예수 그리스도입니다. 그가 우리의 소명을 판단하는 토대이십니다. 마지막 심판의 심판주가 재림의 예수라는 초기 그리스도교의 주장이 바로 이것을 가리킵니다. 재림의 예수는 양과 염소를 구분하듯이 의로운 자와 악한 자를, 생명으로 구원받아야 할 자와 멸망당해야 할 자를 구분합니다. 사도행전 기자는 "천하 사람 중에 구원을 받을 만한 다른 이름을 우리에게 주신 일이 없음이라"(행 4:12)고 진술했습니다. 이제 여러분은 사무엘처럼 어떤 소리를 듣는 것에 매달릴 필요가 없다는 사실을 알게 되었을 겁니다. 어떤 소리를, 어떤 불을, 어떤 굉장한 현상을 찾아다닐 필요가 없습니다. 그런 경험은 어디에나 있는 겁니다. 요즘도 이상으로 만납니다. 티브이 광고를 들어보십시오. 광고에 나오는 것들을 구입하면 구원받을 것처럼 느껴집니다. 이런 것들은 현대판 소명 경험, 즉 사이비 하나님 경험입니다. 여러분은 그런 것에 매달릴 필요가 없습니다. 예수 그리스도를 믿는 것이 참된 소명의 토대이기 때문입니다.

소명 경험이 예수 그리스도와의 관계에서 보증된다는 말을 상투적으로 생각하는 분들도 있을 겁니다. 결국 예수 잘 믿으라는 소리군! 하고 말입니다. 옳습니다. 그것은 교리문답의 차원에서 정답입니다. 교리문답에 머문다면 실제로 아는 게 아닙니다. 여러분은 예수를 생명으로, 진리로, 길로 알고 믿으십니까? 예수님을 통해서 일어난 사건이 여러분의 삶을 깊이와 넓이에서 풍요롭게 합니까? 예수님을 통해서 그런 소명을 받으셨습니까? 그래서 그런 길을 지금 즐겁게, 때로는 투쟁하면서 가고 있으신가요?

어린 사무엘을 부르신 하나님은 지금도 우리를 부르십니다. 이 부르심은 단순히 교회에 잘 나와야 한다는 게 아니라 하나님이 행하시는 생명 구원의 자리로 나오라는 것입니다. 이 사실에 더 집중하십시오. 너무 많은 것에 마음이 분산되면 부르심을 경험할 수 없습니다. 성소에서 제사장 엘리를 도우면서 기도하던 사무엘처럼 영혼의 귀를 여십시오. 그때 하나님은 하나님만의 고유한 방식으로 여러분을 부르십니다.

주현절후 셋째 주일
마가복음 1:14-20
2012년 1월 22일

제자의 길

　기독교와 불교의 가장 큰 차이점은 무엇일까요? 기독교는 예수님을 메시아로 믿지만 불교는 부처님을 메시아로 믿지 않습니다. 부처님은 사람들의 내면에 자리한 불성을 깨달은 선각자입니다. 불교도들은 부처님의 가르침을 받아 자기 안에 있는 불성을 깨닫고 성불하면 됩니다. 부처님이 중요한 게 아니라 자기가 중요합니다. '천상천하유아독존'이라는 말이 그걸 가리킵니다. 자기의 불성을 깨닫는 일에 부처님이 방해가 되면 부처님을 버려야 합니다. 부처를 죽이라든지, 나무로 된 부처상을 땔감으로 사용했다는 말들이 거기서 나온 겁니다. 이에 반해 기독교에서는 역사적 예수님이 절대적인 존재입니다. 우리의 내면에는 구원의 가능성이 없습니다. 예수님을 통해서만 구원을 얻습니다. 구원은 extra nos, 즉 우리 밖에서 in Christo, 즉 그리스도 안에서 주어집니다. 기독교인은 예수님에게 일어난 하나님의 구원 사건을 통해서 구원을 얻는다고 믿습니다. 예수님과 하나가 되어야 구원을 얻습니다. 그와 하나가 되는 길은 곧 그의 제자가 되는 것입니다. 기독교인이라는 말은 예수님의 제자라는 말과 똑같습니다.

여러분은 예수님의 제자입니까? 그걸 어떻게 알 수 있을까요? 제자가 되었다는 증거가 무엇일까요? 제자가 된 것 같기도 하고, 아닌 것 같기도 할지 모릅니다. 어떤 사람들은 확신합니다. 예수님을 만난 경험이 확실하다는 겁니다. 확실하게 믿을 수 있다면 좋습니다. 그러나 시간이 지나면서 그런 확신이 줄어든다는 느낌이 들 겁니다. 그래서 다시 뜨거운 믿음을, 그런 확신을 달라고 기도하면서 매달립니다. 믿음이 떨어지는 상황과 올라가는 상황이 반복되면서 갈등을 느낍니다. 어떤 분들은 그런 갈등도 없이 신앙생활의 매너리즘에 빠집니다. 교회생활의 경력은 많아도 예수님의 제자라는 사실에 아무런 감동도 느끼지 못합니다. 단순히 교회 조직의 한 지체라는 사실에만 매달려서 신앙생활을 합니다. 이런 현상은 예수님의 제자가 된다는 것이 무엇을 의미하는지 정확하게 모르기 때문에 벌어집니다.

버림과 회개

예수님은 12명의 제자를 두셨습니다. 인류의 다른 스승들도 제자들이 있습니다. 예수님의 12제자들은 제자가 되는 과정이 특이합니다. 일반적으로는 제자가 스승을 찾아와서 제자로 삼아달라고 요구하고 스승이 허락하는 과정을 거칩니다. 그런데 예수님의 열두 제자는 예수님이 직접 부르셨습니다. 물론 복음서에 보면 예수님을 직접 찾아온 사람들도 있습니다만 그들은 예수님에게 실망해서 돌아갔습니다. 예수님이 주도적으로 부른 이들만 제자가 되었습니다. 열두 제자는 예수님의 부르심을 받고 따라나선 이들입니다. 오늘 설교 본문에는 네 명의 제자를 부르신 사건이 나옵니다. 다음과 같습니다.

예수님이 갈릴리 해변을 지나고 있었습니다. 시몬과 그의 동생 안드레가 그물질 하는 것을 예수님이 보시고 "나를 따라오라. 내가 너희로 사람을 낚는 어부가 되게 하리라"고 말씀하셨습니다. 그러자 그들은 곧 그물을 버려두고 예수님을 따랐습니다. 이어서 같은 어부 형제인 야고보와 요한도 예수님의 부르심을 받고 아버지, 품꾼, 배를 모두 버려두고 예수님을 따라나섰다고 합니다(막 1:16-20). 이런 이야기를 읽으면 여러분은 어떤 생각이 드시나요? 제자들은 정말 대단한 사람들이라는 생각이 들기도 합니다. 그들 앞에서 우리 자신이 부끄러워지기도 합니다. 다른 한편으로는 아무리 예수님의 영적 카리스마가 탁월하다고 해도 부름을 받자마자 곧 따라나섰다는 건 좀 과장된 게 아닌가 하는 생각이 듭니다. 여기서 제자들이 언제 자신들의 결심을 실행했는지는 중요하지 않습니다. 제자들이 결국 예수님의 제자로 나섰다는 사실, 즉 예수님이 선포한 하나님 나라를 위해서 출가를 단행했다는 사실이 핵심입니다.

시몬 형제와 야고보 형제들의 행동을 보십시오. 시몬 형제는 그물을 '버려두고' 예수님을 따랐고, 야고보 형제는 아버지 세베대, 품꾼, 배를 '버려두고' 나섰습니다. 야고보 형제 집안은 시몬 형제 집안에 비해서 살림살이가 넉넉했던 것 같습니다. 버려둔 게 더 많습니다. 어쨌든지 최초로 예수님의 제자로 나선 이들은 그 이전에 자신들의 호구지책이었던 모든 것, 그리고 인간관계를 형성하고 있던 모든 것을 버렸습니다. 이런 결단이 그렇게 간단한 게 아닙니다. 이들은 평생 고기만 잡으며 살았습니다. 그것이 삶의 모든 것이었습니다. 고기를 많이 잡은 날은 기분이 좋았고, 못 잡은 날은 나빴습니다. 고기잡이를 포기한다는 것은 자신의 삶을 포기하는 것과 같습니다. 자기들의 삶만 포기하는 게 아닙니다. 이들 때문에 가족들도 많은 것을 포기해야 합니다. 가족들의 생계조차 크게 어려움을 당할지 모릅니다. 그래도 이들은 그것을 버려두었습니다. 기존의 삶을 포기한 것입니다. 제자가 된다는 것의 첫 걸음이 바로 이것입니다. '버림'입니다.

도대체 버린다는 게 무슨 뜻일까요? 복음서에는 이 대목 이외에도 버리라는 말이 흔하게 나옵니다. 한 군데만 인용하겠습니다. "나와 복음을 위하여 집이나 형제나 자매나 어머니나 아버지나 자식이나 전토를 버린 자는 현세에 있어 집과 형제와 자매와 어머니와 자식과 전토를 백 배나 받되 박해를 겸하여 받고 내세에 영생을 받지 못할 자가 없느니라"(막 10:29, 30). 지난 기독교 역사에서 세상의 모든 소유를 버리고 하나님의 일을 위해서 출가한 이들은 많습니다. 지금도 그런 수도사들이 많습니다.

로마 가톨릭 사제들은 이런 걸 철저하게 지키는 사람들입니다. 사제 서품에서 그들은 세 가지를 서약합니다. 무소유, 동정, 순명이 그것입니다. 이 세 가지가 모두 버림의 영성에 속합니다. 모든 걸 버리고 제자로 산다는 것이 실제로 이런 출가만을 가리키는 걸까요? 예수님이 그걸 원하실까요? 그렇지 않습니다. 모든 사람들이 출가한다고 생각해보십시오. 농사도 짓지 않고, 소도 키우지 않고, 공장도 모두 문을 닫고, 결혼도 없다고 생각해 보십시오. 인류 역사는 곧 끝장납니다. 자신의 형편에 따라서 출가할 사람은 하고, 그렇지 않은 사람은 세상살이를 열심히 해야 합니다. 그렇다면 버림의 영성은 수도사들에게만 해당되지 일반 신자들에게는 해당되지 않는 것일까요? 그렇지 않습니다. 우리가 예수님의 제자라고 한다면 당연히 버림의 영성에 참여해야 합니다. 그것이 구체적으로 무엇일까요?

오늘 설교 본문에는 구체적으로 제자를 부르는 사건 앞에 또 하나의 이야기가 있습니다. 예수님의 사역에 대한 총괄적인 묘사입니다. 세례 요한이 잡힌 후에 예수님은 갈릴리에 오셔서 하나님의 복음을 전하셨다고 합니다. 전하신 내용은 다음과 같습니다. "때가 찼고 하나님의 나라가 가까이 왔으니 회개하고 복음을 믿으라"(막 1:15). 이 문장이 예수님에 관한 모든 것을 담고 있다고 해도 지나치지 않습니다. 외워두십시오. 이 문장에서 키워드는 하나님 나라입니다. 하나님 나라가 가까이 왔다고 합니다. 하나님 나라를 받아들이기 위해서 필요한 일은 두 가지입니다. 회개와 믿음입니다. 여기서 말하는 회개가 바로 앞에서 말씀드린 버림입니다. 마가복음 기자는 예수님 사역의 핵심을 15절에서 언급한 뒤에 그걸 구체적으로 제자들의 부르심에서 확인한 것입니다. 회개가 곧 버림이며, 버림이 곧 회개입니다. 그러므로 회개가 무엇인지를 알면 버림이 무엇인지 알 수 있습니다.

회개는 헬라어 '메타노이아'입니다. 이 단어는 돌아선다는, 또는 방향을 바꾼다는 뜻입니다. 하나님 나라를 향해서 삶의 방향을 바꾸는 것이 회개입니다. 사람들은 보통 회개를 자기가 잘못한 행동을 뉘우치는 것쯤으로 생각합니다. 이렇게 되면 회개가 희화화될 수 있습니다. 어렸을 때 남의 과수원에 가서 복숭아나 사과를 몰래 따먹은 것을 회개한다고 합니다. 어린이들은 집회에서 자기의 잘못을 공책에 적어 불에 태우는 이벤트를 벌이기도 합니다. 청소년들과 심지어는 어른들의 부흥집회에서도 그런 방식으로 회개를 유도합니다. 수년 전에 한국에서 가장 큰 교회의 담임목사를 중심으로 몇몇 분들은 자기의 잘못을 회개한다는 퍼포먼스를 펼쳤습니다. 회초리로 자기 종아리를 치는 겁니다. 자신의 부도덕성, 파렴치한 행위의 잘못을 인정하는 것은 필요합니다. 그러나 그것은 회개가 아니라 반성입니다. 이런 반성은 기독교 신앙이 아니라 다른 데서도 얼마든지 일어나는 겁니다. 회개는 교양 차원의 반성이 아니라 영혼 차원의 돌아섬입니다. 삶의 무늬가 아니라 삶의 실체가 돌아서는 겁니다. 하나님 나라로 삶의 중심을 옮기는 것입니다.

의존과 자유

하나님 나라가 무엇인지 알아야 그쪽으로 삶의 중심을 옮길 수 있겠지요. 하나님 나라는 하나님입니다. 하나님 나라가 따로 있고 하나님이 따로 있는 게 아니라 하나님 나라가 바로 하나님입니다. 하나님 나라는 하나님 통치입니다. 하나님은 생명의 힘으로 통치하십니다. 그 하나님의 통치로 삶의 중심을 옮기는 것이 회개입니다. 이런 말이 멀게 느껴지는 이유는 지금 하나님보다는 자기를 삶의 중심에 놓고 살아가는데 길들여졌기 때문입니다. 자기를 확대하는 것에만 마음이 움직이기 때문입니다. 돈이 들어오고 나가는 것에만 예민합니다. 물론 우리가 세상에서 살아가려면 돈이 필요합니다. 여유 있게 살아가려면 더 많은 돈이 필요합니다. 그러나 그것이 하나님 나라는 아닙니다. 그것은 하나님 나라를 방해할 수도 있습니다. 돈과 하나님을 겸해서 섬길 수 없다는 예수님의 말씀을 기억하십시오. 우리의 마음이 어떻게 움직이는지를 보면 하나님 나라에 관심이 있는지 없는지를 확인할 수 있습니다. 그래도 돈이 제일 좋다고 생각하는 분들이 있을 겁니다. 신앙생활도 돈이 없으면 안 된다고 말입니다. 돈이 여러분의 영혼을 만족시켜주는지 잠시 생각해 보십시오. 10분 동안 숨을 쉬지 않으면 10억 원을 받을 수 있다고 합시다. 그걸 선택할 사람이 있을까요? 가난한 교회였을 때 오히려 영적으로 만족했는데, 부자 교회가 되어서 마음들이 갈가리 찢기는 경우도 많습니다.

하나님 나라가, 즉 하나님의 생명 통치가 결정적으로 드러난 사건은 예수님입니다. 하나님은 예수님을 죽은 자 가운데서 부활 생명으로 불러내시어 예수님이 하나님의 아들이라는 사실을 증명하셨습니다. 예수님은 죽음으로부터 생명으로 자리가 옮겨졌습니다. 하나님은 예수 믿는 사람들에게 생명을 주시겠다고 약속하셨습니다. 기독교 신앙은 여기서 시작됩니다. 따라서 하나님 나라를 향해서 돌아선다는 것은 곧 예수님을 향해서 돌아서는 것입니다. 그게 바로 회개입니다. 예수님에게 일어난 하나님의 구원 통치의 빛으로 영혼의 관심을 돌리는 것이 회개입니다. 예수님이 제자들을 부르실 때 사람의 내면에 있는 진리를 발견하라고 하지 않고 "나를 따라오라"고 하신 이유가 바로 여기에 있습니다.

예수님을 향해서 삶의 방향을 바꾼다는 것, 그를 따른다는 것, 그의 제자가 된다는 것이 무슨 뜻인지 여러분은 이해하셨습니다. 예수님에게 일어난 하나님의 생명 통치에 모든 것을 맡긴다는 뜻입니다. 예수님에게 현재의 실존만이 아니라 죽음 이후의 미래까지 완전히 맡긴다는 뜻입니다. 왜냐하면 하나님께서 그를 통해서 구원의 길을 주셨기 때문입니다. 그분을 통해서만 부활 생명을 얻을 수 있기 때문입니다. 예수님께만 자신의 운명을 맡긴다면 여러분은 이제 세상의 그 어떤 대상에게도 자신의 영혼을 맡기지 말아야 합니다. 아니 맡길 수도 없습니다. 우리는 예수 한 분에게만 순종함으로 모든 것으로부터 자유로워집니다. 역설적이게도, 아니 당연하게도 예수님을 향한 의존성이 깊어질수록 이 세상에서 우리의 자유는 더 확대됩니다. 그걸 아는 사람은 "나를 따라오라"는 예수님의 부르심 앞에서 모든 것을 버려두고 예수님을 따라갑니다. 이것이 여러분과 제가 선택한 '제자의 길' 입니다.

주현절후 넷째 주일
신명기 18:15-20
2012년 1월 29일

하나님 경험의 위기

　오늘 설교 본문인 신명기 18:15-20절은 선지자 전통의 기원에 대한 이야기입니다. 선지자는 하나님의 말씀을 전하는 사람들입니다. 최초의 선지자는 모세입니다. 그는 호렙산에서 하나님의 부르심을 받아 이스라엘 백성들을 이집트에서 구해냈습니다. 그뿐만 아니라 이스라엘 백성들을 하나님 말씀으로 바르게 지도했습니다. 대표적인 것이 십계명을 중심으로 한 율법입니다. 그는 시내산에서 율법을 받았습니다. 그 율법은 이스라엘 민족의 모든 삶을 규정한 법입니다. 모세는 이스라엘 민족을 광야에서 40년 동안 이끌었습니다. 그 과정에서도 그는 하나님의 말씀을 선포했습니다. 이제 광야생활을 끝내고 가나안으로 들어가기 직전에 그는 요단 동편 모압 평지에서 마지막으로 긴 설교를 합니다. 그게 신명기입니다. 신명기는 이사야, 예레미야, 에스겔의 말씀처럼 전형적인 선지자의 말씀이고 예언입니다. 모세가 선지자의 전통에서 시발점이라는 뜻입니다.

선지자의 역할

모세가 수행한 선지자로서의 역할은 이제 곧 끝나게 되었습니다. 가나안에 들어가기 전까지만 선지자 역할을 했습니다. 나이가 120살이나 되었기 때문에 후임자를 선택해야만 했습니다. 선지자 역할의 인수 인계가 쉽지 않습니다. 요즘 한국교회도 담임목사의 전임자와 후임자 문제로 어려움을 겪습니다. 전임자의 영향력은 쉽게 없어지지 않습니다. 특히 카리스마가 강한 전임자가 의도적으로 영향력을 행사하려고 할 때 문제가 더 심각해집니다. 모세는 이런 성향을 잘 알고 있었습니다. 그는 모압에서의 연설을 끝내고 곧 이스라엘 민족을 떠납니다. 수행해 주는 사람도 없이 혼자 느보산에 올라가 죽습니다. 그의 시신도 흔적이 없었습니다. 이렇게 완전히 떠나기 전에 모세는 이스라엘 백성들이 후임자의 말을 잘 듣도록 가르쳐야만 했습니다. 오늘 본문 15절을 보십시오. "네 하나님 여호와께서 너희 가운데 네 형제 중에서 너를 위하여 나와 같은 선지자 하나를 일으키시리니 너희는 그의 말을 들을지니라." 여호와께서 모세와 같은 선지자를 세울 것입니다. 이스라엘은 그 선지자의 말을 들어야만 합니다. 이런 말씀은 모세가 후임자를 배려한 것으로 볼 수 있습니다.

모세는 선지자를 세우는 일은 이스라엘 백성들이 총회에서 요구한 것이라고 말합니다(16절). 그 총회가 열린 장소는 호렙산입니다. 정확하게 말하면 시내산입니다. 호렙산은 모세가 혼자서 소명을 받은 산입니다. 호렙산과 시내산은 실제로는 같은 산입니다. 호렙산에서는 모세 개인이, 시내산에서는 이스라엘 백성 전체가 하나님을 경험했습니다. 이스라엘 백성들은 총회에서 하나님께 이렇게 요구했다고 합니다. "내가 다시는 내 하나님 여호와의 음성을 듣지 않게 하시고 다시는 이 큰 불을 보지 않게 하소서. 두렵건대 내가 죽을까 하나이다"(16절). 여호와의 음성을 듣지 않게 해달라는 이들의 요구는 즈금 이상하게 들립니다. 누구나 하나님의 음성을 듣고 싶어 할 거라는 우리의 예상과 정반대의 요구입니다. 그들이 이렇게 요구한 이유는 죽을 것 같았기 때문입니다. 여호와의 음성을 듣는 것이 왜 죽음에 대한 두려움을 느끼게 했을까요?

본문에 보면 그들은 여호와의 음성을 큰불로 여겼습니다. 불은 대상을 태워버립니다. 고대 이스라엘 사람들은 하나님의 음성을 듣는 것은 곧 자기들이 불에 태워지는 것으로 생각했습니다. 이런 생각은 이상한 게 아닙니다. 그들이 시내산에서 경험한 것에 대한 출애굽기 기자의 설명을 들으면 이해가 갑니다. "모세가 하나님을 맞으려고 백성들을 거느리고 진에서 나오매 그들이 산기슭에 서 있는데 시내산에 연기가 자욱하니 여호와께서 불 가운데서 거기 강림하심이라 그 연기가 옹기 가마 연기 같이 떠오르고 온 산이 크게 진동하며 나팔소리가 점점 커질 때에 모세가 말한즉 하나님이 음성으로 대답하시더라"(19:17-19). 누구나 압도당할 만큼 대단한 장면입니다. 여기에 묘사된 장면은 화산 폭발입니다. 고대 이스라엘은 화산 폭발을 하나님의 음성이라고 생각했습니다.

시내산에서의 하나님 경험은 화산 폭발을 오해한 것이라고 생각하는 사람들도 있을 겁니다. 이런 생각은 하나님이 실제로 나타나서 사람들이 알아듣도록 사람의 말로 명령을 내린 것이라는 생각과 마찬가지로 성경에 대한 오해입니다. 성경 시대의 눈으로 본문을 읽어야 합니다. 고대인들의 눈에 화산 폭발은 신의 현현으로 보일 수밖에 없었습니다. 그들은 지질학에 대한 초보적인 상식도 없었습니다. 땅속에 용암이 녹아 있다는 사실도 몰랐습니다. 그들은 땅이 물 위에 떠 있다고 생각했습니다. 자신들이 이해할 수 없는 자연 현상을 신의 현현이라고 보는 것은 자연스러운 일입니다. 그들의 지질학적 한계는 큰 문제가 아닙니다. 그들은 자연 현상 자체를 믿음의 대상으로 여기지 않았습니다. 자연 현상 너머의 하나님이 믿음의 대상이었습니다. 구약은 자연과학이 아닙니다. 단순한 역사책도 아닙니다. 오늘 우리가 구약을 읽는 이유는 구약 사람들이 하나님을 어떤 분으로 경험했는가를 아는 데에 있습니다.

그들에게 하나님 경험은 죽음에 대한 경험이었습니다. '내가 죽을까 하나이다.' 그래서 그들은 더 이상 하나님을 직접 경험하기를 원하지 않았습니다. 이들은 여호와의 음성을 듣지 않기를, 큰불을 보지 않기를 요구했습니다. 대신 선지자를 통해서 하나님의 말씀을 듣는 것으로 만족했습니다. 그 선지자가 바로 모세였고, 그 후임자인 여호수아였습니다. 그 뒤로 많은 선지자들이 등장합니다. 이들의 역할은 하나님과 사람 사이에서 하나님의 말씀을 전달하는 것이었습니다.

자기 부정 경험

여호와의 음성을 듣는 것이 왜 죽음에 대한 두려움일까요? 하나님을 본 자는 왜 죽는다는 것일까요? 화산 폭발을 보고 겁에 질린 것, 또는 어린아이들이 밤중에 다니는 걸 무서워하는 것과 비슷하다고 생각하면 곤란합니다. 이것은 하나님에 대한 원초적 경험을 가리킵니다. 우선 이 말은 모순처럼 들립니다. 하나님은 생명을 주는 분입니다. 하나님을 경험한다는 것은 생명을 얻는다는 뜻입니다. 지금도 일반적으로 하나님을 통해서 생명을, 즉 구원을 얻었다고 말합니다. 성경에도 그런 표현은 많습니다. 그렇다면 하나님을 본 자가 죽는다는 말은 앞뒤가 맞지 않습니다. 성경은 왜 이렇게 서로 모순되는 이야기를 하는 걸까요?

하나님 경험은 자기를 부정하게 만든다는 게 그 대답입니다. 하나님의 영원성을 인식하게 되면 자기가 얼마나 제한적인지를 직면하게 됩니다. 하나님의 절대 의를 경험하면 자기가 얼마나 불의한지를 깨닫게 됩니다. 하나님의 사랑을 경험하게 되면 자기가 얼마나 비열한지를 알게 됩니다. 하나님의 창조 능력과 구원 능력을 경험하게 되면 자기가 얼마나 무능력한지를 절감합니다. 우리는 일상에서 늘 상대적인 것에 만족해하면서 살아갑니다. 다른 사람들보다 조금 더 많은 것을 소유하면서 즐거워합니다. 재산도 그렇고, 사회적 직분도 그렇고, 인격도 그렇습니다. 젊은이들은 좀더 예쁜 외모에 치중합니다. 교회도 서로 그렇게 비교합니다. 상대적인 것을 확인하면서 자기 삶을 확인합니다. 하나님 경험은 정반대입니다. 그 모든 것들을 부정합니다. 부정할 수밖에 없습니다. 수도승들의 삶을 보십시오. 자기에 관한 것을 끊임없이 축소합니다. 옷도 단조롭습니다. 모양도 그렇고 색깔도 그렇습니다. 살아가는 것도 기도, 말씀, 노동으로 단조롭습니다. 그들이 그렇게 할 수 있는 이유는 하나님을 경험했기 때문입니다. 예술가들이 자기의 예술 행위에 천착하느라 외모에 신경을 쓰지 않는 것과 비슷합니다.

오해는 마십시오. 하나님을 경험한 사람은 옷도 무조건 구질구질하게 입고 다니고, 사회활동도 하지 않고, 현대문명과 담을 쌓은 원시림의 원주민들처럼, 수도승들처럼 살아야 한다는 말씀이 아닙니다. 이 세상의 문명 자체가 악한 것도 아닙니다. 우리가 세속에서 살아가는 한 무소유로 살아갈 수 없습니다. 그러나 하나님 경험의 원초적 본질은 잊지 말아야 합니다. 그것은 끊임없는 자기 축소입니다. 자기 부정입니다. 자기 축소와 자기 부정의 끝은 죽음입니다. 하나님 경험은 궁극적으로 죽음을 받아들이는 것입니다. 그래서 두려운 겁니다. 그렇습니다. 하나님 경험은 사람에게 존재의 위기입니다. 자신이 존재한다는 사실을 확인시켜주던 모든 것들이 흔들리는 경험이기 때문입니다. 이 사실을 안다면 하나님을 만나보고 싶다거나, 음성을 듣고 싶다는 말을 함부로 하지 못할 겁니다. 하나님을 만났다고 즐거워하면서 떠벌리는 사람은 하나님 경험이 무엇인지 전혀 모르는 사람입니다.

존재의 위기에 대한 두려움으로 인해서 사람들은 오늘 본문에서 이스라엘 백성들이 다시는 여호와의 음성을 듣지 않게 해 달라고 요구한 것처럼 하나님 경험을 거부합니다. 대신 사이비 하나님을 경험하려고 노력합니다. 사이비 하나님 앞에서는 존재의 위기가 실종되는 것이 아니라 오히려 더 강화됩니다. 오늘 매스컴이 우리에게 제공하는 것들을 보십시오. 모두 자기 존재감의 강화입니다. 모두 왕자와 공주처럼 살 수 있듯이 유혹합니다. 교회의 메시지도 자기를 긍정하라고 말합니다. 긍정의 힘과 같은 류의 영성이 한국교회를 지배하고 있습니다. 왜냐하면 거기서 정신적인 안정감을 느끼기 때문입니다. 하나님 경험을 통해서 직면하게 되는 자기 부정과는 정반대입니다. 그 결과는 끝 모를 허무, 아니면 자기 망상에 빠집니다.

이스라엘은 다행히 사이비 하나님인 우상으로 떨어지지 않고 선지자 전통을 통해서 그 문제를 해결했습니다. 이스라엘 사람들에게 하나님 경험은 이제 선지자를 통한 하나님 말씀으로 주어집니다. 신명기 기자는 이것을 18절에서 이렇게 설명합니다. "내 말을 그 입에 두리니 내가 그에게 명령하는 것을 그가 무리에게 다 말하리라." 이스라엘 모든 사람들은 선지자의 이 말을 들어야 합니다. 듣지 않는 사람에게는 하나님께서 벌을 내리신다고 했습니다. 선지자는 여호와께서 전하지 않은 것을 자기 마음대로 전하면 죽임을 당한다고도 했습니다. 하나님 말씀은, 즉 율법은 이스라엘 사람들에게 삶과 죽음처럼 절대적인 사건이 되었습니다. 여기까지가 구약의 메시지입니다.

오늘 기독교인들은 구약의 이 메시지를 전혀 새로운 차원에서 받아들입니다. 구약의 선지자들을 통해서 주신 하나님의 말씀은 예수 그리스도에게서 완성되었습니다. 요한복음은 이를 가리켜 말씀이 육신이 된 것이라고 말합니다. 예수님을 본 자는 하나님을 본 것이라고도 말했습니다. 다른 복음서들도 예수님을 하나님의 아들이라고 증언합니다. 초기 기독교인들은 예수님을 통해서 구약 이스라엘 백성들이 하나님의 음성을 들었을 때 경험했던 것과 똑같은 두려움을 경험했습니다. 마가복음은 제자들의 경험을 이렇게 전합니다. "그들이 심히 두려워하여 서로 말하되 그가 누구이기에 바람과 바다도 순종하는가?"(막 4:41) 제자들은 예수님 앞에서 기존의 생각이 모두 허물어지는 걸, 즉 존재의 근거들이 해체되는 걸 경험했습니다. 즉 예수님을 메시아로 경험하게 된 것입니다.

사랑하는 성도 여러분, 위기는 기회라는 말처럼 자기 존재의 근거가 허물어지는 위기는 영적인 세계로 들어가는 기회입니다. 이 두려움을, 즉 이 위기를 피하지 말고 직면하십시오. 아직 그런 위기를 경험하지 못했다면 신앙의 세계로 들어오지 못한 것입니다. 예수님이 누군지를, 예수님에게 일어난 사건이 무언지를 알지 못했다는 증거입니다. 그를 알기 위해서 여러분은 예수님에게 더 가까이 가야 합니다. 구경꾼으로 남아 있으면 위기가 없고 또 기회도 없습니다. 예수 그리스도에게 일어난 하나님의 구원 사건이 여러분의 영혼에 공명되기를 바랍니다. 아멘.

주현절후 다섯째 주일
마가복음 1:29-39
2012년 2월 5일

예수의 축귀 능력

전 세계에서 가장 큰 교회는 오순절 계통의 여의도 순복음교회입니다. 일전에는 당회가 진행되는 중에 아무개 장로의 자해소동이 일어났던 교회입니다. 그 교회를 개척하셨고 지금은 원로 목사로 있는 조용기 목사는 자신의 책에서 이런 말을 했습니다. 기도 중에 어떤 환자의 병이 낫는 게 환상으로 보이면 그 환자는 틀림없이 병이 낫는다고 합니다. 온누리교회 손 아무개 장로는 신유집회를 인도하는 것으로 유명합니다. 기독교 신자들이 축귀와 치병에 큰 관심을 보이는 이유는 두 가지입니다. 하나는 신기한 현상에 대한 호기심이 인간의 본능에 속한다는 사실입니다. 어린아이들만이 아니라 어른들도 마술에 호기심을 보입니다. 복권도 사실은 비슷한 현상입니다. 일상에서 일어나기 힘든 일을 경험한다는 것은 매혹적인 일이기 때문입니다. 집회 현장에서 다리를 못 쓰던 사람이 당장 일어나거나 암환자의 몸 안에서 암 덩어리를 꺼내는 장면은 아무리 믿기 힘들다고 해도 일단은 사람들의 마음을 사로잡을 만합니다. 그래서 기독교 신앙의 이름으로 이런 일들이 반복됩니다.

다른 하나는 이와 비슷한 이야기가 성경에도 나온다는 사실입니다. 성경에 나오는 이야기라고 해서 무조건 사실로 받아들이는 것은 어리석을 뿐만 아니라 신앙적이지도 않습니다. 마가복음 16장 17, 18절은 다음과 같습니다. "믿는 자들에게는 이런 표적이 따르리니 곧 그들이 내 이름으로 귀신을 쫓아내며 새 방언을 말하며 뱀을 집어올리며 무슨 독을 마실지라도 해를 받지 아니하며 병든 사람에게 손을 얹은즉 나으리라." 축귀, 방언, 뱀, 독, 치병에 대한 초기 기독교의 진술입니다. 이런 말씀을 사실적인 것으로 믿는다면 독을 마셔도 괜찮다는 말이 됩니다. 그건 아니겠지요? 그렇다면 성경에 나오는 축귀 등등의 이야기는 도대체 무엇을 말하는 것일까요?

생명의 주인

마가복음 1장에도 축귀와 치병에 대한 이야기가 많이 나옵니다. 21-28절은 예수님이 안식일에 가버나움 회당에서 귀신을 쫓아낸 이야기입니다. 이어지는 오늘 본문인 29-39절에는 세 가지 이야기가 나옵니다. 첫째는 예수님이 열병이 걸린 시몬의 장모를 고친 이야기이고, 둘째는 예수님이 병든 사람과 귀신들린 사람을 고쳤다는 이야기이고, 셋째는 전도와 축귀에 대해서 제자들과 나눈 대화입니다. 그 다음 40-45절에도 나병환자의 치유 사건이 나오고, 마가복음 2장 1-11절에는 중풍병자 치유 사건이 나옵니다. 오늘 본문 앞뒤로 모든 이야기들이 축귀와 치병에 대한 이야기입니다.

이런 일련의 이야기를 들으면 여러분은 어떤 생각이 드시나요? 예수님을 믿으면 모든 병을 고칠 수 있고, 귀신들림도 해결할 수 있다는 것을 생각하시나요? 아니면 고대인들은 무식해서 저런 식으로 말했을 뿐이지 예수님을 믿는 것과 축귀나 치병은 아무 상관이 없다는 생각인가요? 예수님은 정말 귀신을 쫓아내고 병을 다 고치셨을까요? 이런 질문은 성경을 읽는데 별로 중요하지 않습니다. 왜냐하면 성경의 논점은 이런 것과는 다른 데 있기 때문입니다. 성경의 겉과 속이 다르다는 뜻입니다. 이것이 성경 읽기의 어려운 점이기도 하고, 자칫 오해하기 쉬운 함정이기도 합니다. 성경은 달을 가리키는 손가락인데, 달을 안 보고 손가락만 본다면 오해하는 겁니다.

본문을 이해하려면 우선 축귀와 치병 자체에 대해서 바르게 이해해야 합니다. 이런 현상은 복음서에만 나오는 게 아닙니다. 거의 모든 종교에는 같은 현상이 있습니다. 수준이 낮은 종교일수록 이런 현상에 집착합니다. '일련정종', 속칭 남묘호랑개교는 주문을 외워서 병도 고치고 복도 불러오고, 재앙도 물리친다고 주장합니다. 이런 종교 행위는 나름으로 효과가 있습니다. 사람의 정신과 몸은 하나로 결합되어 있어서 어떤 정신을 품느냐에 따라서 몸의 상태도 다르게 나타납니다. 기도에 몰입하면 정신이 안정됩니다. 염불을 해도 마찬가지입니다. 기도나 염불을 통해서 정신이 안정되면 당연히 삶이 안정되고, 간접적으로 몸도 건강해지고 일들도 잘 풀리게 됩니다. 단전호흡이나 뇌 운동, 명상, 요가 등도 모두 이런 심리적인 효과를 불러옵니다. 기독교는 이런 종교 일반 현상을 본질로 하지 않습니다. 이런 것 때문에 교회에 다닌다면 그건 큰 착각입니다. 그래서 본회퍼는 기독교의 비종교화를 주장했습니다. 기독교는 일반적인 종교적 욕망과 차원이 다르다는 겁니다.

축귀와 치병 문제를 생각할 때 다음의 사실이 중요합니다. 우리가 아무리 노력해서 몸과 마음의 건강을 얻는다고 해도 결국 생로병사에서 벗어날 수 없습니다. 언젠가는 다시 불치병에 걸립니다. 늙는다는 것은 불치병에 가까이 간다는 뜻입니다. 예외 되는 사람은 하나도 없습니다. 축귀와 치병은 우리 인생에서 일시적인 것입니다. 기독교 신앙이 거기에 머물러 있다면 궁극적인 게 못됩니다. 물론 축귀와 치병을 위해서 기도하거나 건강한 삶을 위해서 노력하는 것이 기독교 신앙에서 벗어나는 것이라는 말씀은 아닙니다. 이 땅에서 숨이 붙어 있는 한 가능한 건강하게 살아야 합니다. 그런 노력도 필요합니다. 문제는 신앙의 중심입니다. 기독교 신앙의 중심을 축귀와 치병, 또는 기복적인 현상에서 찾는다는 것이 문제입니다. 주변적인 것을 중심에 놓는다면 결국 기독교 신앙의 본질을 놓치게 됩니다. 마치 세상의 삶을 돈 버는 것에만 찾으면 삶의 신비를 놓치게 되는 것과 비슷합니다.

성경이 보도하고 있는 축귀와 치병이 말하는 기독교 신앙의 본질은 무엇일까요? 이런 이야기를 통해서 성경 기자들이 전하고 싶은 근본은 무엇일까요? 축귀와 치병 이야기는 우리의 생명이 근본적으로 하나님의 것이라는 신앙고백을 가리킵니다. 생명의 주인이 하나님이라는 뜻입니다. 이런 고백을 상투적인 것으로 보면 곤란합니다. 우리는 일반적으로 자기 생명을 자기의 것으로 생각합니다. 자기가 잘만하면 이 세상에서 멋지게 살아갈 수 있다고 생각합니다. 그런 큰 착각입니다. 어느 누구도 자기가 마음먹은 대로 혼자서 생명을 유지할 수 없습니다. 하루의 삶을 조금만 돌아보십시오. 쌀과 배추를 비롯한 먹을거리가 없으면 우리는 모두 죽습니다. 산소가 없어도 죽어요. 인간이라는 종은 지구의 여러 생명체와 유기적으로만 살아갈 수 있습니다. 자기 밖의 세계와 연결되어 있지 않으면 기초적인 생명조차 유지할 수 없습니다. 생명은 우리가 마음대로 처리할 수 없는 절대적인 세계라는 뜻입니다. 이런 점에서 생명은 신비입니다. 피조물인 인간이 완전하게 파악할 수 없는 신비! 성서는 그 생명의 신비를 하나님의 능력이라고 말합니다. 하나님께만 생명 여탈권이 있다는 뜻입니다.

이런 설명이 교리적으로만 들리는 분들이 있을 겁니다. 지금 당장 잘 먹고 잘 살고 건강하게 살다가 죽어서 천국 가는 게 신자들의 복된 삶이 아니냐고 말입니다. 이런 방식으로 생각하는 기독교인들은 삶을 세상 사람들과 똑같은 차원에서 이해합니다. 겉으로는 하나님을 믿는 것 같은 모양을 취하지만 실제 삶은 세속적입니다. 세속적인 일들이 교회에서 얼마나 자주 일어나는지 제가 일일이 설명하지 않겠습니다. 우리의 생각을 뛰어넘는 방식으로 생명의 세계를 통치하시는 하나님에 대한 인식이 없고 경험도 없기 때문에, 즉 기독교의 본질을 모르고 생명의 신비를 모르기 때문에 세속적인 방식으로 생각하니 그렇게 행동할 수밖에 없습니다.

축귀 능력

오늘 본문에서 마가복음 기자가 말하고 싶은 것이 바로 그것이었습니다. 예수님께 생명 여탈권이 있다고, 인간 구원의 주도권은 예수님께 있다는 말씀입니다. 예수님이 시몬 장모의 열병을 치료한 것이나, 치병과 축귀 능력을 보이신 것은 모두 그 사실을 전하려는 것입니다. 39절에서 예수님의 사역을 요약적으로 전합니다. "온 갈릴리에 다니시며 그들의 여러 회당에서 전도하시고 또 귀신들을 내쫓으시더라." 여기서 예수님의 사역은 두 가지로 요약되었습니다. 전도와 축귀입니다. 전도는 도를 전하는 것, 즉 하나님 나라를 전하는 것입니다. 루터는 전도를 가리켜 '설교'라고 번역했습니다. 전도나 설교나 모두 하나님 나라를 전하는 것이기 때문에 똑같은 말입니다. 축귀는 병든 마음과 몸을 치료하는 것입니다. 당시에 모든 병은 악한 귀신의 행위로 인식되었기 때문에 축귀는 곧 치병과 똑같습니다. 마가복음 기자를 비롯해서 모든 복음서 기자들은 예수님을 통해서 생명을 얻을 수 있다는 사실을, 즉 구원을 얻을 수 있다는 사실을 전했습니다. 그 사실이 고대인들의 세계관인 축귀 사건으로 묘사된 것입니다.

오늘 우리는 고대인들의 세계관을 그대로 따를 필요가 없습니다. 이것은 코페르니쿠스의 지동설 이후로 더 이상 천동설에 머물 수 없는 것과 같습니다. 화산 폭발을 이제는 더 이상 하나님의 현현으로 볼 필요가 없는 것과도 같습니다. 그러나 축귀 능력은 오늘 우리에게도 유효합니다. 예수 그리스도가 악한 영을 몰아내고 생명을 주신다는 그 사실만은 어떤 경우에도 유보될 수 없습니다. 그걸 포기한다면 우리는 더 이상 예수를 믿을 필요가 없습니다. 예수님의 축귀 능력에 대한 믿음이 없다면 우리는 더 이상 기독교인이 아닙니다.

예수님의 축귀 능력은 오늘 우리에게 어떻게 나타날까요? 대답을 찾으려면 먼저 오늘날 악한 귀신이 무엇인지를 알아야 합니다. 고대인들이 경험한 귀신은 말 그대로 주술적인 현상을 가리킵니다. 지금도 그런 방식으로 생각하는 사람들이 있습니다. 마치 무당의 신들림과 비슷합니다. 푸닥거리나 굿을 보신 적이 있나요? 접신을 한다고 합니다. 죽은 영혼을 불러내서 대화를 하기도 합니다. 사람의 심리는 겉으로만 나타나는 게 아니라 무의식으로 깊어서 이상한 현상으로 나타날 수 있습니다. 지금도 그런 현상들이 종종 일어나기 때문에 신자들도 거기에 빠져들 때가 많습니다. 온누리교회 김하중 장로의 《하나님의 대사》는 장기 베스트 셀러입니다. 김 장로는 기도 목록이 많다고 합니다. 기도할 때 손이 올라가는 항목은 응답을 받은 것이고, 손이 올라가지 않는 것은 응답이 없는 것이라고 합니다. 팔이 아파서 더 간단한 방식으로 알려달라고 기도했더니 성령님이 기도할 때마다 가부를 정확하게 알려주었다고 합니다. 이건 기독교 신앙이 아니라 점쟁이 일입니다. 이런 비슷한 정서가 한국교회에 팽배합니다.

귀신이 무엇일까요? 성서 시대 사람들은 왜 귀신에 대해서 말할까요? 귀신은 말 그대로 성령과 반대되는 악한 영입니다. 성령이나 악령은 똑같이 영이기 때문에 대단한 능력을 보입니다. 악령의 카리스마도 막강합니다. 그런 것만 보고 하나님의 일이라고 생각하면 오산입니다. 전도관의 박태선 장로와 통일교의 문선명 선생도 카리스마가 강했습니다. 악한 영이 무엇인지를 생각해보십시오. 생명을 파괴하는 영입니다. 평화를 파괴하는 영입니다. 창조주 하나님을 대적하는 영입니다. 오늘 우리의 삶을 파괴하는 힘이 무엇인지를 보십시오. 청소년들을 자살로 몰아가는 이 시대정신은 귀신입니다. 남북통일을 거부하는 힘은 귀신입니다. 생태계를 파괴하는 물질만능주의도 귀신입니다. 우리가 처리하기 힘든 존재론적 악령입니다.

사랑하는 성도 여러분, 예수님 당시와 마찬가지로 지금도 악한 영이 개인의 삶과 공동체의 삶을 파괴합니다. 그러나 두려워하지 마십시오. 예수 그리스도는 귀신을 쫓아내십니다. 예수 그리스도에게 그런 능력이 있습니다. 죄와 죽음을 부활로 극복하신 예수님에 의해서 악한 세력은 이미 쫓겨났습니다. 축귀 신앙은 바로 이 사실을 증거하는 것이며, 그것을 삶으로 살아내는 것입니다. 그렇습니다. 우리 기독교인들은 악한 귀신이 예수 그리스도에 의해서 굴복되었다는 복음서 기자들의 증언을 현실로 받아들이면서, 때로는 인내하고 때로는 투쟁하는 사람들입니다. 그 사실을 잊지 말고 살아가십시오.

주현절후 여섯째 주일
고린도전서 9:24-27
2012년 2월 12일

믿음은 구도다

천국에 가서 상을 받는다고 생각하는 기독교인들이 적지 않습니다. 그 말이 기본적으로 틀린 건 아닙니다. 절대적인 세계를 다른 말로 표현하기 어려워 상을 받는다는 말로 설명한 겁니다. 그런데 거기서 더 나가서 상을 차별적이라고 생각하는 사람들도 있습니다. 어떤 사람은 황금 면류관을 받고, 어떤 사람은 개털 모자를 받는다는 겁니다. 더 노골적으로 말하는 사람도 있습니다. 천국에서 호화주택에 사는 사람도 있고 오막살이에서 사는 사람도 있다는 겁니다. 이런 주장은 천국에 대한 왜곡이고 희화화입니다. 천국은 절대적인 하나님의 통치입니다. 그곳에서도 이 땅에서처럼 차별적이며, 또는 상대적으로 경험하는 만족감이 작동된다면 절대적인 세계라고 할 수 없습니다.

신자들이 차별적 상급에 혹하는 이유는 두 가지입니다. 하나는 보상심리가 인간의 본능적 욕망이라는 사실입니다. 남보다 낫다는 사실을 확인하고 싶어 합니다. 경쟁을 통해서 만족을 얻습니다. 신앙생활의 보상을 받고 싶어 합니다. 이런 욕망이 천국에 대한 생각에까지 미친 것입니다. 다른 하나는 이런 것을 정당화하는 성서 구절이 있다는 사실입니다. 성경에 나오는 것을 인용해서 사실이라고 믿는 것은 순진한 믿음이긴 하지만 바른 것은 아닙니다. 사이비 이단에 가까울수록 성경을 그런 식으로 믿습니다. 성경구절에 대한 오해가 대부분입니다. 오늘 설교 본문이 그중의 하나입니다.

본문의 내용은 긴 설명이 필요 없을 정도로 이해하기가 쉽습니다. 바울은 신자들의 삶을 달음질이라는 비유로 설명합니다. 작년 대구에서 세계육상선수권 대회가 열렸습니다. 달리기, 던지기, 높이뛰기가 주 종목입니다. 모든 운동의 기초가 육상운동입니다. 우리나라는 이런 운동에 취약합니다. 여기서 달리기를 생각해 보십시오. 예선과 결선을 거쳐서 결국 1등을 뽑습니다. 그 선수가 금메달을 받습니다. 바울의 편지를 받아볼 고린도 지역에도 이런 육상 시합이 자주 열렸습니다. 고린도교회 신자들은 바울의 이런 비유를 생생하게 알아들었을 겁니다. 바울의 이야기는 오늘 사람들이 관심을 기울이는 천국 상급과는 아무런 상관이 없습니다. 그것은 구원에 대한 이야기입니다. 구원의 엄정성에 대한 이야기입니다.

이 이야기의 결론을 바울은 27절에서 이렇게 내렸습니다. "내가 내 몸을 쳐 복종하게 함은 내가 남에게 전파한 후에 자신이 도리어 버림을 당할까 두려워함이로다." 바울이 누굽니까? 그는 기독교 신앙의 뼈대를 세운 사람입니다. 바울이 없었다면 기독교 신앙의 내용이 초라해졌을지 모릅니다. 그는 신학적인 내공이 탁월했을 뿐만 아니라 신앙적인 경험과 선교적 열정도 남달리 강했습니다. 신학적이면서도 신비주의적이었습니다. 유대 기독교의 매파 신자들에게서 끊임없이 공격을 받으면서도 타협하지 않고 자신의 신앙적 스텐스를 그대로 유지할 정도로 의지력도 대단했습니다. 그가 구원에서 제외될까 걱정했다는 것은 자신의 믿음이 부족했다는 뜻이 아닙니다. 그는 기독교 신앙의 본질이, 즉 구원이 무엇인지를 알고 있었다는 의미입니다.

구원은 과정이다

달리기를 잘 보십시오. 출발을 먼저 했다고 해서 무조건 승리하는 건 아닙니다. 마지막까지 최선을 다해야 합니다. 바울이 신앙을 달리기로 묘사한 것은 1등을 해야 한다는 사실이 아니라 끝날 때까지 최선을 다해야 한다는 사실에 대한 강조입니다. 최선을 다하기가 말처럼 쉽지 않습니다. 최선을 다한다는 것은 계속해서 긴장한다는 뜻입니다. 사람은 편하게 살려고 하지 긴장하려고 하지 않습니다.

어떤 이들은 구원을 자동차 운전 합격증이나 영어 자격증, 또는 극장 입장권 정도로 생각합니다. 구원에 대한 확신이 강합니다. 그 증거를 두 군데서 찾습니다. 하나는 외적인 증거로 세례 받았고, 예배드리고, 교회 봉사하고, 교회에서 직분을 얻었다는 사실입니다. 그들은 자신들이 구원받았다는 사실을 확인하기 위해서 이런 일에 매진합니다. 한국교회의 과도한 열정들이 이런 현상입니다. 다른 하나는 내적인 증거로 정신적인 자기 확신입니다. 자기 내면에 구원받았다는 확신이 있다는 겁니다. 그런 확신은 계속되지 못합니다. 곧 불안해집니다. 그 불안을 극복하기 위해서 교회봉사에 열을 내고, 믿음의 확신을 갖게 해달라고 기도에 매달립니다. 오해는 마십시오. 이런 교회봉사와 경건생활이 의미 없다는 게 아닙니다. 기독교 신앙은 냉소주의가 절대 아닙니다. 문제는 구원에 대한 확신을 강화하기 위해서 이런 일에 매진하는 것입니다. 이런 부분에서 극단적으로 치우친 이들이 구원파입니다. 이들은 계속해서 자신들이 구원받았다는 사실을 확인하는 데에 모든 영적 에너지를 투자합니다. 그것은 구원의 현실에 직면한 사람들의 영적 태도가 아니라 심리적인 자기 만족감에 불과합니다.

이렇듯 구원을 자격증 정도로 생각하는 사람들은 자신과 밖의 사람들을 이원론적으로 구분합니다. 자신은 구원받은 사람들이고 밖의 사람들은 버림받은 사람들이라는 사실을 확인하는 것으로 만족해합니다. 일종의 방주 구원론입니다. 다른 사람들을 방주로 끌어들이기 위해서 애를 씁니다. 그게 바로 전도 아니냐고 생각하는 분들이 있을 겁니다. 일리가 있습니다. 전도를 해야 합니다. 예수가 그리스도라는 사실을 우리는 말과 삶으로 증거해야 합니다. 그러나 전도가 단순히 교회 밖의 사람들을 교회 안으로 끌어들이는 것만은 아닙니다. 하나님은 교회 밖에서도 구원을 행하십니다. 하나님의 구원은 우리가 생각하는 것보다 훨씬 거대합니다. 우리는 그 어떤 방식으로도 하나님의 구원을 완벽하게 규정할 수 없습니다. 하나님의 구원은 신비이기 때문입니다. 방주 구원론은 하나님 구원의 신비를 무력화하고 교회와 세상을 이원론적으로 분리하고, 교회 밖을 멸망의 영역으로 간주합니다. 세상에 사는 사람들을 구원해야겠다는 강박관념이 강합니다. 이것은 하나님의 창조와 대립하는 생각입니다. 이런 생각은 결국 구원이 과정이라는 사실을 인식하지 못하는데서 오는 어리석음입니다.

구원을 과정으로 인식하는 사람은 남의 구원이 아니라 자기의 구원에 매진합니다. 보십시오. 달리기 시합에 나선 사람은 자기가 달리기를 잘하고 있는지 아닌지에만 몰두하기 마련입니다. 중력을 가능한대로 가볍게 만들고, 바람과의 마찰도 줄이고, 숨쉬기조차 서밀하게 신경을 씁니다. 바울은 빌립보서 2장 12절에서 이렇게 말했습니다. "그러므로 나의 사랑하는 자들아 너희가 나 있을 때뿐 아니라 더욱 지금 나 없을 때에도 항상 복종하여 두렵고 떨림으로 너희 구원을 이루라." 구원을 이루어가려고 하는 사람은 다른 사람에게 신경을 쓸 틈이 없습니다. 오늘 한국교회 신자들은 남에게 신경을 너무 많이 씁니다. '너나 잘하세요' 라는 말을 듣기에 맞춤합니다. 온 세상을 자기가 구원하겠다는 듯이 나섭니다. 한국에서 파송한 해외 선교사 숫자가 미국 다음으로 많다고 합니다. 해외 선교가 무의미한 것은 아니지만 그것도 과유불급입니다. 목사 교육의 내실화, 신학자 육성, 미자립교회 등등의 문제는 제쳐두고 해외 선교사를 파송한다는 것은 앞뒤가 맞지 않는 이야기입니다. 이렇게 밖으로 신경을 많이 쓰는 이유는 '너희 구원을 이루라' 는 바울의 말을 전혀 이해하지 못하고 있다는 뜻입니다.

이런 일은 특별히 목사 같은 종교 전문가들에게 가장 큰 유혹입니다. 목사는 이미 구원을 받은 사람처럼, 그래서 남을 구원하는 자격증을 가진 사람처럼 행세합니다. 이것도 큰 착각입니다. 목사도 일반 신자들과 마찬가지로 자기 구원에 천착해야 합니다. 철학 교수가 삶을 철학으로 담아내야 하듯이 목사는 자기 구원의 길을 가야 합니다. 이것은 곧 목회 자체가 자기 구원의 길이어야 한다는 뜻입니다. 목사로서 저는 여러분을 구원할 자신도 없고 그럴 자격도 없습니다. 제가 샘터교회 담임 목사로 섬기면서 예배를 인도하고 설교를 하는 것은 엄격히 말해서 여러분을 위한 것이 아니라 저의 구원을 위한 것입니다. 저는 매 순간 바울이 한 고백을 떠올립니다. "내가 남에게 전파한 후에 자신이 도리어 버림을 당할까 두려워함이로다."

구체적으로 자기 구원을 이룬다는 게 무슨 뜻일까요? 핵심적으로는 예수와의 관계를 긴밀하게 맺는 것입니다. 이것이 그렇게 간단한 건 아닙니다. 예수님에게 일어난 일이 무엇인지를 알아야 긴밀한 관계에 들어갈 수 있습니다. 우선 필요한 것은 '아는 것'입니다. 여러분은 예수님에 대해서, 하나님이 예수님을 통해서 행하신 구원 사건에 대해서 알고 계신가요? 알고 있겠지요. 그래서 기독교인이 되었겠지요. 그러나 기초적인 것을 아는 것과 더 깊이 아는 것은 다릅니다. 초등학교 산수만 잘 해도 세상을 살아가는 데는 큰 불편이 없습니다. 그러나 수학의 세계로 들어가려면 그것만으로는 안 됩니다. 대충 알고 적당하게 신앙생활을 하면 되지 목사가 아닌 일반 신자들이 어떻게 예수님을 깊이 알 수 있느냐, 그렇다면 신학자가 되어야 한다는 말이냐 하고 생각할 분들도 있을 겁니다.

물론 세속의 직업을 갖고 사는 신자들이 전문적인 신학을 공부할 필요는 없습니다. 모든 사람이 의사가 될 수 없는 것과 같습니다. 그러나 의사가 되지 않는다 하더라도 몸과 건강의 원리에 대해서는 깊이 알면 알수록 좋습니다. 모두가 법을 전공해서 법률가가 되지 않는다고 하더라도 법의 본질과 인간의 삶에 대해서는 상식적으로 알아야 합니다. 그래야만 개인의 삶이 풍요로워지기도 하고, 공동체가 건강해질 수 있습니다. 신앙, 또는 신학도 그렇습니다. 모두가 신학을 공부할 수 없지만 기독교 신앙의 본질에 대해서는 모두 알아야 합니다. 지적이지 않은 분들은, 그리고 먹고 사는 일로 도저히 시간을 내기 힘든 사람은 어떻게 하면 되냐구요? 엄격하게 말해서 이 세상에 그런 사람은 없습니다. 지적이지 않은 사람은 없습니다. 모든 사람은 영적이며 지적입니다. 시간을 낼 수 없는 사람도 없습니다. 다만 마음이 없을 뿐입니다. 정작 중요한 일과 그렇지 않은 일을, 본질적인 일과 단지 시급한 일을 분간하지 못할 뿐입니다. 내일 예수님의 재림이 일어난다고 생각해 보십시오. 지금 우리가 무엇을 하고 있을까요? 지나친 과장인가요? 당신은 그렇게 사느냐고 묻고 싶으신가요? 각자 대답을 찾아보십시오. 저는 성경말씀만 전할 뿐입니다.

구원을 과정으로 여기는 삶의 태도, 즉 예수님과의 관계에 집중하는 삶의 태도는 저절로 주어지지 않습니다. 자칫하는 한 순간에 우리는 신앙의 매너리즘에 떨어지고 맙니다. 이것을 잘 알고 있는 바울은 27절에서 자기 몸을 쳐 복종하게 한다고 말했습니다. 25절에는 달리기에 전념하는 사람은 모든 일에 '절제' 한다고도 했습니다. 26절에서도 방향을 정확하게 잡아서 달린다고 했고, 당시 인기 스포츠인 권투시합을 예로 들면서 허공을 치지 않겠다고 했습니다. 이 모든 표현들은 믿음과 구원에 집중하겠다는 뜻입니다. 한 순간도 한눈을 팔지 않아야만 끝까지 달릴 수 있는 것처럼 영적으로 한눈을 팔지 않아야만 구원의 세계에 참여할 수 있기 때문입니다.

사랑하는 성도 여러분, 믿음생활은 한 순간으로 완성되는 게 아니라 긴 과정입니다. 한번 뜨거운 확신으로 끝나는 게 아니라 구도적으로 진행되는 것입니다. 구도는 수행입니다. 혹시 귀찮거나 번거롭다는 생각이 드나요? 그냥 대충 살란다 하고 속으로 생각하시나요? 이건 남이 억지로 그렇게 해라 마라 해서 될 일이 아닙니다. 마치 소리를 배우는 소리꾼의 그런 길과 같습니다. 소리가 즐거운 사람은 남이 말려도 소리

연습을 합니다. 소리가 즐겁지 않으면 돈 주고 하라고 해도 하지 못합니다. 다른 일에 재미가 넘치면 소리에 집중할 수 없듯이 세상살이의 재미에 빠지면 예수님에게 일어난 일을 아는 공부에 별로 재미를 느끼지 못하겠지요. 이건 여러분의 선택에 달려 있습니다. 이제 마지막으로, 자신의 영적 실존을 진솔하게 진술하면서도 비장하게 담아낸 바울의 신앙고백을 다시 읽겠습니다. 기억해두십시오. "내가 내 몸을 쳐 복종하게 함은 내가 남에게 전파한 후에 자신이 도리어 버림을 당할까 두려워함이로다."

주현절후 일곱째 주일
마가복음 9:2-9
2012년 2월 19일

침묵 명령

하나님의 아들

　오늘 설교 본문 마가복음 9장 2-9절에 나오는, 소위 '변화산 사건'은 좀 이상해 보입니다. 복음서에 이상하게 보이는 이야기가 이것 하나만은 물론 아닙니다. 장애인들과 병자들이 고침을 받는다거나 예수님이 호수 위를 그냥 걷는다는 이야기도 오늘의 자연과학적인 세계관을 따르는 사람들에게는 이상한 이야기입니다. 그런 중에서도 변화산 이야기는 유별납니다.
　내용은 이렇습니다. 예수님이 세 명의 제자들, 즉 베드로와 야고보와 요한을 데리고 높은 산에 올라가셨다고 합니다. 예수님의 옷에서 광채가 나면서 환하게 빛났습니다. 그 순간에 엘리야와 모세가 나타나서 예수님과 이야기를 나눴다고 합니다. 모세와 엘리야는 구약에 등장하는 인물들 중에서 종교적 카리스마가 가장 강력한 이들입니다. 이들의 카리스마는 특히 산과 연관성이 깊습니다. 모세는 호렙산과 시내산에서 하나님의 임재를 놀라운 방식으로 경험했습니다. 호렙산에서는 불이 붙었는데 타지 않는 가시떨기나무를 보았습니다. 그 산에서 이스라엘 민족을 애굽으로부터 해방시키라는 소명을 받았습니다. 시내산에서는 빽빽한 구름, 우레, 번개, 나팔소리 같은 현상으로 하나님이 나타나셨습니다. 모세는 거기서 이스라엘이 지켜야 할 십계명을 비롯한 율법을 받았습니다.

엘리야도 모세 못지않은 경험을 한 사람입니다. 그는 갈멜산에서 이방 제사장들과 영적인 힘 겨루기를 벌였습니다. 이방 제사장들은 자해를 하면서 큰 소리로 자신들의 신을 부르짖었지만 제물에 아무런 변화가 없었습니다. 이에 반해 엘리야의 기도를 들으신 하나님은 하늘에서 불을 내려 모든 제물을 완전히 불살라 버렸습니다. 모세의 영적 카리스마가 얼마나 강력했든지 시내산에서 내려올 때 그의 후광을 사람들이 볼 수 없을 정도였고, 엘리야는 불수레를 타고 하늘로 올라갔다는 말이 나돌 정도였습니다.

도대체 이게 무슨 현상일까요? 줄잡아 예수님보다 1천5백 년 전에 살았던 모세와 1천 년 전에 살았던 엘리야가 실제로 변화산에 나타난 것일까요? 가끔 요즘도 그런 이야기들이 들립니다. 성모 마리아가 나타났다는 이야기 말입니다. 주로 로마가톨릭 신자들에게 나타나는 현상입니다. 이 세상은 우리가 모든 걸 완벽하게 해명할 수 없을 정도로 신비하기 때문에 이런 현상을 무조건 매도할 수는 없습니다. 그러나 이런 개인적인 경험을 근거로 기독교 신앙을 해명하는 건 건강하지 못한 겁니다.

여기에는 두 가지 관점이 필요합니다. 하나는 기독교 신앙이 보편적인, 또는 상식적이고 합리적인 방식으로 해명되어야 한다는 것이며, 다른 하나는 그것을 초월하는 성서의 진술이 실질적으로 말하려는 것에 주목해야 한다는 것입니다. 모세와 엘리야의 출현을 사실적인 것으로 주장하는 건 이 두 가지 관점과 다릅니다. 이것이 객관적이며 사실적인 현상으로 인정받으려면 모세와 엘리야가 죽지 않고 살아 있어야 하며, 또한 그들이 거하고 있는 저 세상과 이 세상을 마음대로 오갈 수 있어야 합니다. 이런 것은 상식적이지 않고 또 성서적이지도 않습니다. 마가복음 기자를 비롯해서 공관복음서 기자들은 이 사건을 사실적인 것처럼 기록했을까요? 그들은 모세와 엘리야 이야기를 통해서 다른 어떤 것을 말하려는 것입니다. 그 어떤 것이 무엇일까요?

변화산에서 또 하나의 신기한 현상이 일어났습니다. 구름이 제자들을 덮었고, 구름 속에서 다음과 같은 소리가 들렸습니다. "이는 내 사랑하는 아들이니 너희는 그의 말을 들으라"(7절). 변화산 이야기가 말하려는 핵심은 예수님이 하나님의 아들이라는 것입니다. 이 사실을 더 사실적으로 독자들에게 전하기 위해서 공관복음서 기자들은 모세와 엘리야를 등장시켰습니다. 복음서 기자들이 없는 이야기를 지어낸 것이라는 말씀이 아닙니다. 예수님이 하나님의 아들이라는 사실을 분명하게 인식하고 경험한 사람들에게는 그것이 사실로 경험됩니다. 그것보다 더한 것도 경험됩니다. 코엘료라는 작가는 《연금술사》에서 연금술을 이렇게 설명합니다. 연금술은 납을 금으로 만드는 비술(秘術)이 아니라 세상의 모든 사물을 금으로 보는 시각이라고 말입니다. 그런 시각에 따르면 모래 한 알이 우주입니다. 구름 속에서 들린 소리는 예수님의 세례 장면에도 똑같이 나옵니다. 예수님이 요단강에서 세례 요한에게서 세례를 받을 때 하늘이 갈라지고 성령이 비둘기처럼 내려오면서 하늘에서 이런 소리가 들렸습니다. "너는 내 사랑하는 아들이라. 내가 너를 기뻐하노라"(막 1:11). 변화산에서는 주어가 3인칭으로, 요단강에서는 1인칭으로 나온다는 것만 다르지 실제 내용은 똑같습니다.

하나님의 아들이라는 말은 오해의 소지가 있습니다. 하나님이 사람처럼 자식을 낳는다는 뜻이 아닙니다. 더구나 성적인 관점에서 딸이 아니라 아들이라는 점을 강조해서도 곤란합니다. 아들이라는 단어는 예수님과 하나님과의 관계를 은유적으로 설명하는 메타포입니다. 예수님이 하나님의 아들이라는 말은 예수님이 바로 메시아라는 뜻입니다. 복음서 기자들은 당시 사람들이 알아듣게 설명하기 위해서 하나님의 아들이라고 표현한 것입니다.

메시아 비밀

여기까지는 오늘 본문 이야기를 그런대로 따라갈 수 있습니다. 그런데 제자들이 경험한 이 사건을 아무에게도 발설하지 말라는 9절 말씀은 이해하기가 까다롭습니다. 예수님이 하나님의 아들이라는 사실을 증명할 수 있는 사건이라면 거꾸로 사람들에게 널리 전해야 합니다. 예수님이 침묵 명령을 내린 이유는 예수께서 하나님의 아들이라는 사실, 즉 메시아라는 사실은 비밀이기 때문입니다. 비밀은 드러나지 않았기 때문에 사람들이 전해 들어도 이해할 수 없으며, 오히려 오해를 사기 쉽습니다. 이런 오해는 예수님 공생애동안 계속되었습니다. 예수님을 가리켜 사람들은 신성을 모독한 사람이라고 보았습니다. 급기야 십자가에 죽게 했습니다.

이런 오해는 일반 사람들만이 아니라 제자들에게도 똑같이 일어났습니다. 오늘 본문에서도 그런 흔적을 찾아볼 수 있습니다. 베드로가 예수님에게 이렇게 말했습니다. "랍비여, 우리가 여기 있는 것이 좋사오니 우리가 초막 셋을 짓되 하나는 주를 위하여, 하나는 모세를 위하여, 하나는 엘리야를 위하여 하사이다"(5절). 그럴듯한 이야기입니다. 그들은 예수님이 모세나 엘리야에 버금가는 예언자라는 사실을 놀랍게 생각했겠지요. 모세나 엘리야와 똑같은 카리스마를 통해서 예수님이 당시 세상을 확 바꿔주실 것을 기대했겠지요. 조금 시간이 지난 뒤 예수님이 예루살렘에 들어가서 고난을 당하고 죽고 부활할 것을 예고했을 때도 베드로는 그런 일이 일어나서는 '아니 되옵니다' 하고 극구 말렸습니다. 예수님은 베드로의 주장을 사탄의 짓이라고 책망하셨습니다.

그렇다면 제자들은 예수님이 하나님의 아들이라는 사실을, 즉 메시아라는 사실을 언제 알았을까요? 그것을 9절이 암시합니다. 예수님께서 침묵 명령을 내리시면서 단서를 붙였습니다. "인자가 죽은 자 가운데서 살아날 때까지"라고 했습니다. 이 말씀을 듣고도 그것이 무슨 뜻인지 제자들은 몰랐습니다(10절). 나중에 예수님의 부활을 경험한 뒤로 모든 것이 명백해졌습니다. 그 전에도 죽은 자를 살리고, 병자를 고치고, 귀신을 쫓아내고, 물 위를 걷고, 등등의 일들이 있었지만 그것이 증거가 되지는 못했습니다. 예수님만이 아니라 카리스마가 뛰어난 많은 인물들은 그런 일을 행했습니다. 심지어는 악령에게도 똑같은 능력이 있습니다. 그런 초능력적인 것만 놓고 본다면 예수님이 모세나 엘리야와 다를 게 없는 분입니다. 예수님이 메시아라는 증거는 그의 부활이었습니다. 부활을 통해서 예수님의 모든 가르침과 행위는 새로운 빛을 내게 되었습니다. 제자들의 부활 경험이 세례 이야기와 변화산 이야기에 영향을 끼쳤습니다. 부활의 빛에서만 예수님의 세례와 변모 사건은 참된 의미를 얻을 수 있었다는 뜻입니다.

변화산 이후

변화산 사건은 그것 자체로가 아니라 그 뒤의 사건과 연결해서 생각해야만 더 정확하게 이해할 수 있습니다. 공관복음서는 똑같은 이야기를 전합니다. 예수님과 세 명의 제자들이 산에서 내려와 제자들이 기다리고 있는 곳에 왔습니다. 그곳에서 제자들은 곤란한 일을 당하고 있었습니다. 간질병 걸린 아들을 데리고 예수님께 왔던 사람이 예수님이 안 계신 것을 알고 제자들에게 고쳐달라고 했지만 제자들은 속수무책이었습니다. 이런 장면은 마치 모세가 시내산에서 하나님으로부터 율법을 받고 있을 때 산 아래서 사람들이 금송아지를 만든 것과 비슷합니다. 양쪽 모두 상황이 대비됩니다. 산 위에서는 초월적이고 황홀한 신적 능력이 나타났고, 산 아래서는 생존의 위기 앞에서 우왕좌왕하는 사람들의 불안과 욕망이 꿈틀거리고 있습니다.

기독교인은 이 두 세계를 동시에 살아갑니다. 하나의 세계는 신비로운 메시아 경험입니다. 거기서는 시간을 초월합니다. 모세와 엘리야도 등장합니다. 궁극적인 생명인 부활 경험입니다. 이런 경험이 없으면 기독교인이 될 수 없습니다. 다른 하나의 세계는 부조리한 현실입니다. 고난, 분노, 배반, 허무, 경쟁이 지배하는 일상입니다. 금송아지와 간질병으로 묘사될 수 있는 세상입니다. 이런 세상에서 기독교인은 무기력합니다. 제자들이 간질병 아이를 고치지 못했던 것과 같습니다. 이런 두 세계를 동시에 살아간다는 게 가능할까요? 이 두 세계를 조화롭게 살아낼 수 있을까요? 이게 쉽지 않습니다. 그래서 양 극단으로 떨어집니다. 세상이 어떻게 되든 상관없이 변화산의 신비롭고 황홀한 세계로 도피하거나, 아니면 세상을 새롭게 변혁하는 일에만 매진합니다. 어떻게 해야 할까요? 저는 여러분에게 어떤 구체적인 대답을 드릴 수 없습니다. 완전한 해결책은 어디에도 없습니다. 각자의 영적인 수준에 따라서 스스로 선택해야 합니다. 다만 저는 변화산의 경험을 사람들에게 발설하지 말라고 한 이유가 무엇인지를 다시 한번 더 확인하는 것으로 대답을 대신하겠습니다.

앞에서 이렇게 말씀드렸습니다. 예수님이 메시아라는 사실이 비밀이기 때문에 침묵해야 한다고, 발설할수록 오해만 산다고 말입니다. 이제 예수님께서 부활하셨으니 예수님이 메시아라는 사실을 떠들어도 좋을까요? 이제 메시아는 비밀이 아니라 드러난 진리가 된 것일까요? 그래서 사도행전에서 보듯이 우리도 예수님이 부활하셨으며, 메시아라는 사실을 용감하게 전해야 할까요? 저는 침묵 명령이 오늘도 유효하다고 생각합니다. 왜냐하면 부활이 명실상부하게 모두 밝혀지지 않았기 때문입니다. 부활은 지금 기독교인들에게만 확실한 생명 사건입니다. 교회 밖은 아직 아닙니다. 예수님이 부활하셨으나 하나님의 아들, 즉 메시아라는 주장은 여전히 오해를 불러일으킵니다. 모든 이들에게 완벽하게 인식되는 순간이 종말입니다. 그때가 되면 더 이상 예수님을 믿으라고 말할 필요도 없습니다. 모든 메시아 비밀이 밝혀지기 때문입니다. 아직은 아닙니다. 아직은 침묵의 시간입니다.

여기서 침묵을 지킨다는 것은 전도를 안 하고, 설교도 안 하고, 하나님 말씀을 읽지 않아도 된다는 말씀이 아닙니다. 메시아 비밀을, 생명의 비밀에 직면해야 한다는 말씀입니다. 비밀이라는 말을 실질적으로 생각해 보십시오. 100년 후에 여러분의 실존이 어떻게 될지를 생각해보면 됩니다. 그런 것을 생각하지도 않은 채 기독교를 보험 상품처럼 선전하는 것은 어리석은 일입니다. 종말에 드러날 부활 생명의 비밀을 직면하고 오늘의 현실을 보십시오. 간질병이 걸린 아이와 그 아버지의 고통을 보십시오. 그 현실에서 무기력했던 제자들을 보십시오. 무엇을 어떻게 해야 할지 여러분 각자가 소명의 수준에 따라서 선택해야 합니다. 그 모든 것은 침묵할 수밖에 없는 메시아 비밀을 직면하는 데서부터 시작됩니다.

111	하나님의 새 약속	창세 9:8-17	사순절 첫째 주일
128	생명이란 무엇인가?	마가 8:31-38	사순절 둘째 주일
125	성전을 헐라!	요한 2:13-22	사순절 셋째 주일
132	구원은 선물이다	에베 2:1-10	사순절 넷째 주일
139	옛 언약, 새 언약	예레 31:31-34	사순절 다섯째 주일
146	메시아 살해 음모	마가 15:1-15	종려 주일

사순절

사순절 첫째 주일
창세기 9:8-17
2012년 2월 26일

하나님의 새 약속

대홍수 이야기

노아 홍수 이야기는 창세기 6-9장에 나옵니다. 노아 시대에 대홍수가 발생해서 방주에 들어간 노아 가족과 동물들만 살아 남았다는 이야기입니다. 하나님이 대홍수를 일으킨 이유는 사람들의 죄가 너무 커서 그냥 두고 볼 수 없었기 때문이라고 합니다. 노아 홍수 이야기는 기독교인들 사이에도 논란이 큽니다. 어떤 이들은 이것을 역사적 사실로 받아들입니다. 노아 방주의 유적을 찾겠다는 생각으로 방주가 닻을 내린 곳으로 추정되는 터키의 어느 지역에 유적 탐사를 떠난 사람들도 있습니다. 거꾸로 노아 홍수는 역사적 사실이 아니라 영적인 교훈을 주기 위한 전승일 뿐이라고 주장하는 사람들도 있습니다 대홍수 이야기는 사실 성경만이 아니라 고대의 다른 문헌에도, 특히 유대교와 직, 간접적으로 깊이 연관되어 있는 바빌로니아 문헌에도 비슷한 사건이 나옵니다. 고대 문명은 모두 큰 강 연안에서 시작되었기 때문에 홍수와 관계된 이야기들이 많을 수밖에 없습니다.

노아 홍수 이야기를 읽다보면 궁금한 게 하나 둘이 아닙니다. 노아 가족만 살아남고 나머지 모든 인류가 죽었다고 합니다. 이게 말이 될까요? 결혼한 지 얼마 되지 않은 신혼부부도, 태어난 지 얼마나 되지 않은 어린아이들도, 평생 장애로 살았던 사람도 모두 죄 때문에 죽어야만 했다는 말이 됩니다. 간혹 인도네시아의 쓰나미나 일본의 쓰나미를 하나님의 심판으로 선포하는 목사들도 있습니다. 이런 주장을 하는 이유는 성경을 오해하기 때문입니다. 노아 홍수를 하나님의 심판으로 보는 오해입니다. 물론 성서는 인간의 죄에 대한 하나님의 심판이라고 말합니다. 성서 기자들이 그렇게 말할 수밖에 없는 이유가 있습니다. 고대인들이 자연에 대해서 잘 몰랐기 때문입니다. 비가 왜 오는지, 태양이 왜 뜨는지, 전염병이 왜 오는지 몰랐습니다. 그래서 장애나 난치병을 조상이나 본인의 죄라고 여기기도 했습니다. 이런 관점에서 창세기 기자도 노아 홍수를 인간의 죄에 대한 하나님의 심판이라고 말한 것입니다. 그러나 우리가 그것만 보면 곤란합니다. 창세기 기자는 죄와 심판을 말하고 있는 것처럼 보이지만 실제로는 더 근원적인 다른 것을 말한다는 사실에 주목해야 합니다. 그걸 놓치면 성서를 바로 못 보게 됩니다. 더 근원적인 것이 무얼까요?

노아 홍수 이야기의 전체 구도를 일단 꼼꼼히 보십시오. 인류 몰살에 대해서는 예상 외로 간략하게 묘사합니다(창 7:21-24). 나머지 이야기는 노아가 방주를 짓는 일, 세상의 생물을 방주로 끌어들이는 일, 그리고 홍수가 물러가는 장면입니다. 지나칠 정도로 꼼꼼하게 기록합니다. 노아 홍수 이야기의 초점이 무엇인지를 알 수 있습니다. 하나님의 심판이 아니라 구원이 초점입니다. 하나님의 구원 행위가 압도하고 있습니다. 이런 흐름에서는 인간의 죄에 대한 이야기도 그 무게가 떨어집니다. 하나님의 구원 의지가 강력하게 묘사되었습니다. 노아 홍수 이야기를 근거로 하나님의 심판을 강조한다면 성서의 중심을 놓치는 겁니다. 성서의 다른 대목들도 마찬가지입니다. 어떤 설교자는 지옥 표상을 선정적으로 묘사함으로써 심리적으로 불안정한 청중들을 위협합니다.

성서에 유황불이나 구더기라는 단어가 나오고, 영원한 고통이라는 단어도 나오지만 그것도 역시 하나님의 구원 행위를 부각시키려는 것이지 청중들을 공포에 빠지게 하려는 것이 아닙니다. 노아 홍수 이야기를 통해서 우리는 하나님이 인간 구원을 위해서 세심하게 신경 쓰신다는 사실을, 즉 하나님이 구원의 주도권을 행사하신다는 사실을 읽을 수 있습니다. 그것이 바로 성서 기자들의 영적 통찰이었습니다.

'내 언약'

이 사실이 오늘 설교 본문인 창세기 9장 8-17절에 잘 나타나 있습니다. 홍수 사건이 어느 정도 정리된 다음에 하나님은 노아와 약속을 맺으십니다. 이 약속의 대상으로는 노아 가족만이 아니라 후손, 그리고 모든 짐승까지 포함됩니다. 이 대목에 '언약'이라는 단어가 우리말 성경에 일곱 번이나 반복됩니다. '내' 언약으로 나오기도 하고, '영원한' 언약으로도 나옵니다. 구약은 기본적으로 이스라엘 백성들과 하나님과의 언약을 바탕으로 합니다. 구약을 이해하는데 가장 중요한 개념이 언약입니다. 노아와의 언약은 그 뒤로 나오는 아브라함과의 언약과 모세와의 언약과도 대비됩니다. 아브라함과 모세와 맺으신 언약은 기본적으로 인격적입니다. 약속에 어떤 단서가 따른다는 뜻입니다. 하나님의 말씀을 따르면 복을 받고 거스르면 벌을 받는다고 말입니다. 이에 반해서 노아와의 약속에는 그런 단서가 없습니다. 하나님께서 일방적으로 약속을 맺으셨습니다. 노아는 죽은 듯이 아무 말이 없습니다. 하나님의 구원은 무조건적이라는 뜻입니다.

본문에서 노아 홍수 이야기를 전하는 사람들의 신학적 통찰이 놀랍습니다. 그들은 지금 인류 몰살이라는 절체절명의 재난에 대해서 이야기하는 중입니다. 그런 경험은 앞에서 말씀드렸듯이 고대인들에게 아주 실질적이었습니다. 이런 경험은 훨씬 전으로 거슬러 올라갈 수도 있습니다. 인류 조상이 된 호모 에렉투스(Homo erectus)가 살던 200만 전에 지구에는 빙하기가 왔습니다. 그들은 먹을거리를 찾기가 점점 힘들게 되었습니다. 추위를 막기도 힘들었습니다. 노약자들이 먼저 죽어갔겠지요. 모든 종족이 전멸할 것이라는 두려움에 휩싸였습니다. 운 좋게 그들은 생존했고, 그래서 인류의 조상이 되었습니다. 지구에는 앞으로 빙하기가 또 옵니다. 그것만이 아니라 지구와 혜성의 충돌도 예상됩니다. 박테리아와 바이러스에 의해서 인류가 멸종될 수도 있습니다. 노아 홍수 이야기를 하고 있는 사람들도 이런 두려움 가운데서 살았습니다. 그런데 그들은 앞으로 결코 이런 대재난이 일어나지 않을 것이라고 말합니다. 그것이 하나님께서 일방적으로, 무조건적으로 세우신 영원한 약속이라는 것입니다.

이들의 영적 통찰은 두 가지 사실에 근거합니다. 하나는 사람에 대한 관점이고, 다른 하나는 하나님에 대한 관점입니다. 첫째, 하나님의 일방적인 구원 약속은 인간에게서는 구원이 불가능하다는 사실에 근거합니다. 노아 홍수 이야기의 시작은 사람에 대한 하나님의 판단입니다. "여호와께서 사람의 죄악이 세상에 가득함과 그의 마음으로 생각하는 모든 계획이 항상 악할 뿐임을 보시고…"(창 6:5). 사람들이 얼마나 정의롭게 사느냐는 것을 기준으로 구원 여부를 결정할 수 없다는 뜻입니다. 이런 기준으로 보면 아무도 구원받을 사람이 없기 때문입니다. 신약의 바울 역시 로마서에서 온 세상 사람들이 모두 죄에 물들었다고 말했습니다. 율법이 있는 사람들은 율법으로, 율법이 없는 사람들은 율법 없이 죄에서 벗어나지 못했다고 했습니다. 인간에게서는 구원이 불가능하다는 뜻입니다. 이것이 옳다면 결국 구원은 하나님께서 무조건적으로 실행하실 수밖에 없습니다.

둘째, 하나님의 일방적인 구원 약속은 하나님의 은총에 대한 확신에 근거합니다. 하나님은 창조의 은총을, 창조 보존의 은총을 포기하지 않으시는 분이라는 사실이 그것입니다. 성서 기자들은 하나님의 창조 행위를 모든 구원의 기초로 봅니다. 사도신경의 첫머리도 역시 권능으로 세상을 창조하신 하나님을 고백합니다. 예수의 부활도 역시 창조의 권능에서만 가능한 사건이었습니다. 하나님의 창조 능력과 은총은 인간의 윤리와 도덕성까지 넘어섭니다. 이에 근거해서 창세기 기자는 자연의 대재앙이라는 절망적인 상황에서도 앞으로 그런 일이 일어나지 않게 하겠다는 하나님의 약속을 외칠 수 있었습니다. 창세기 기자의 이런 통찰이 옳을까요? 우리는 물론 옳다고 믿는 사람들입니다. 거기에 희망을 걸고 살아갑니다. 그 은총이 없다면 우리는 불안과 절망에서 벗어나지 못할 겁니다.

오늘 본문은 약속의 증거를 무지개라고 말합니다. 무지개라는 히브리어는 '전쟁의 활'이라는 뜻이기도 합니다. 그것이 공중에 걸렸다는 사실은 더 이상 멸망이 없을 것이라는 의미입니다. 노아 홍수 이야기는 전체적으로 무지개와 같습니다. 어두운 이야기가 아니라 밝은 이야기입니다. 두려움이 아니라 희망입니다. 하나님의 무조건적인 약속에 대한 이야기니까요.

부활 생명

이 이야기가 말하려는 핵심을 오해하지 말아야 합니다. 하나님이 무조건 구원하실 테니 걱정하지 말고 아무 생각 없이 즐겁게 살아도 된다는 뜻이 아닙니다. 인간의 죄, 무책임, 폭력, 이기심을 가볍게 보는 것도 아닙니다. 오히려 반대입니다. 이 이야기의 핵심은 인간 멸망의 위협에 굴복하지 않겠다는 고백이자 결단입니다. 노아 홍수 전승의 역사적 배경은 바벨론 포로입니다. 바벨론 포로로 잡혀간 사람들은 자신들의 운명을 대홍수와 같다고 생각했습니다. 노아 홍수 이야기를 나누면서 그들은 바벨론 제국의 악한 질서가 자신들을 멸망시키지 못할 것이며, 더 나가서 그런 질서에 굴복하지 않겠다고 고백한 것입니다. 군사 모험주의, 경제 만능주의, 출세 지향주의 등등…, 사람다운 삶을 파괴하는 온갖 악한 힘과 질서에 대한 거부입니다. 이게 쉽지 않습니다. 무엇이 악한 힘이며 질서인지를 분간하기도 힘듭니다. 겉모양만 보고는 분간할 수 없습니다.

이것을 분별할 수 있는 최소한의 기준을 노아 홍수 사건과 연관해서 말씀드리면, 우리 영혼을 두렵게 하는 세력이 그것입니다. 사람들은 자기에게 불이익이 오는 걸 가장 크게 두려워합니다. 자식들을 밤늦게까지 공부를 시키는 이유도 공부하지 않았다가는 나중에 불이익을 당할까 하는 것입니다. 건강과 노동문제도 마찬가지입니다. OECD 국가 중에서 대한민국 사람들의 노동 강도가 가장 강합니다. 목회자들이 뺑뺑이 돌듯이 목회를 하는 이유도 교회가 부흥하지 않으면 어쩌나 하는 두려움에 있습니다. 50년 전, 100년 전에 비해서 우리의 모든 삶의 조건이 좋아졌는데도, 그리고 대한민국 사람들은 다른 나라 사람들에 비해서 상대적으로 좋은 조건에서 사는데도 불구하고 모두 멸망의 두려움과 공포에 빠져 있습니다. 우리의 영혼을 두렵게 하는 힘이 악한 질서이고 세력입니다. 신앙생활을 한다고 해서 이런 데서 쉽게 벗어나는 게 아닙니다. 더구나 두려움의 실체를 분간하기도 쉽지 않습니다. 무의식의 차원에서는 두려움이지만 의식적인 차원에서는 달콤한 평안과 연민으로 다가오기도 합니다. 그것을 분별할 수 있는 영을 허락해달라고 기도하는 게 최선입니다.

마지막으로, 어떻게 영혼을 두렵게 하는 악한 힘으로부터 벗어날 수 있을까요? 어떻게 자기 소멸, 자기 멸망의 공포로부터 자유로워질 수 있을까요? 노아시대에는 방주가 필요했습니다. 현대인들도 온갖 종류의 방주를 만들고 있습니다. 인생의 안전 장치들입니다. 그것들은 미봉책에 불과합니다. 궁극적인 대홍수 앞에서는 아무것도 우리를 지켜줄 수 없습니다. 궁극적인 대홍수는 죽음입니다. 아무리 방주를 튼튼하게 만들어도 죽음이라는 홍수를 피할 수는 없습니다. 지금도 죽음에 대한 무의식이 우리의 온 영혼을 두렵게 합니다.

사랑하는 성도 여러분, 노아 시대에 무지개로 증거를 보여주신 하나님이 새 약속의 증거를 우리에게 주셨습니다. 십자가에 달리셨다가 삼일 만에 죽은 자 가운데서 부활하신 예수 그리스도가 바로 그 길입니다. 더 이상 대홍수가 없게 하시겠다는 하나님의 약속이 예수님에게서 성취되었습니다. 예수 그리스도를 통해서 우리는 죄와 죽음에서 벗어날 수 있게 되었습니다. 더 이상 자기가 소멸되는 것에 대해서, 현재의 삶이 단절되는 것에서 두려워하지 않게 되었습니다. 전능으로 세상을 창조하신 하나님만이 행하실 수 있는 새 약속이, 즉 부활 생명에 참여하게 되리라는 새 약속이 주어졌기 때문입니다. 그 약속을 믿으십시오.

> 사순절 둘째 주일
> 마가복음 8:31-38
> 2012년 3월 4일

생명이란 무엇인가?

고난 예고

　복음서 기자들이 전하는 예수님의 공생애는 예상 외로 간단합니다. 갈릴리에서 하나님 나라를 선포하기 시작해서 예루살렘에 들어와 체포당하고 십자가 처형을 당했고, 죽은 지 삼일 만에 부활하셨다는 구조입니다. 그 기간이 짧으면 1년 여, 길면 2년 여가 됩니다. 그 기간을 크게 구분하면 예루살렘 입성 전과 입성 후입니다. 예루살렘에 들어간다는 것은 죽음을 각오한다는 뜻이었습니다. 예수님이 예루살렘에 들어가지 않고 나사렛과 갈릴리와 사마리아에만 머물렀다면 십자가 처형은 당하지 않았을 겁니다. 당시 예루살렘은 유대교의 총본부였습니다. 예루살렘 성전은 물론이고, 제사장, 서기관, 장로들로 구성된 최고 법정인 산헤드린이 있었습니다. 예수님이 이들과의 충돌을 무조건 피할 수는 없었습니다. 이들로부터 어떤 시련을 당할지는 불을 보듯 분명했습니다. 오늘 설교 본문에서 예수님은 제자들에게 이렇게 말했습니다. "인자가 많은 고난을 받고 장로들과 대제사장들과 서기관들에게 버린 바 되어 죽임을 당하고 사흘 만에 살아나야 할 것"이라고 말입니다. 예수님의 남은 운명은 이 말씀대로 진행되었습니다.

　이 말씀을 들은 베드로는 반대했습니다. 이게 이해 하기 어려운 대목입니다. 예수님의 죽음과 부활은 인류 구원의 길이라는 게 복음서와 신약성서 전체의 일관된 주장입니다. 예수님의 제자라고 한다면 인류 구원의 이 고백과 결단을 듣고 옆에서 응원을 보내야만 합니다. 베드로는 왜 반대했을까요? 베드로는 바로 앞에서 예수님이 '너희는 나를 누구라 하느냐?'는 질문에 대해서 "주는 그리스도시니이다" 하고 정확하게 대답한 적이 있습니다. 예수님이 누구신지를 분명히 알고 있었는데도 예수님의 말씀을 거부했다는 것은 그리스도의 정체성에 대한 개념 이해가 잘못되었다고 볼 수밖에 없습니다. 베드로는 당시 다른 사람들과 마찬가지로 그리스도, 즉 메시아가 고난 받고 십자가에 달린다는 사실을 받아들일 수 없었습니다. 십자가에 죽은 자를 아무도 그리스도로 생각하지 않았기 때문입니다.

　예수님의 십자가 죽음을 우리는 단순히 교리적으로만 생각합니다. 우리 죄를 대신해서 예수님이 십자가의 죽음을 받아들이셨고, 그것을 믿는 사람들은 죄를 용서받는다고 말입니다. 죄를 용서받는 것이 곧 구원을 받는 길이라고 말입니다. 여기서 이 문제를 진지하게 생각해보십시오. 인류 구원을 위해서 예수님의 십자가 죽음이 반드시 필요한 것일까요? 다른 길은 없었을까요? 하나님은 말씀으로 세상을 창조하신 분입니다. 빛이 있으라는 말 한마디로 빛이 생겼습니다. 그런 권능의 하나님이라고 한다면 모든 인류의 죄를 말 한마디로 용서할 수 있습니다. 인간으로 하여금 더 이상 죄를 짓지 않게 할 수도 있습니다. 인간의 비틀어진 마음도 말씀 한마디로 고칠 수 있고, 장애도 고치고, 죽은 자도 살릴 수 있습니다. 그렇게 간단한 길을 놓아두고 왜 30대 초반의 한 유대인 남자가 십자가에서 억울하게 죽은 사건을 택해서 인류 구원의 길이 되게 하신 걸까요? 이런 질문은 기독교를 비판하는 세상 사람들만이 아니라 오늘 최소한 상식적으로 생각할 줄 아는 기독교인이라고 한다면 어느 누구도 피할 수 없습니다. 베드로가 예수님의 고난과 십자가의 죽음을 반대한 이유도 이런 상식적인 생각에서 나온 겁니다. 예수님이 억울하게, 무기력하게 죽는다면 결코 그리스도가 될 수 없다는 생각이 그것입니다.

예수님은 베드로를 꾸짖으셨습니다. "사탄아, 내 뒤로 물러가라 네가 하나님의 일을 생각하지 아니하고 도리어 사람의 일을 생각하는도다"(막 8:33). 베드로는 예수님의 책망을 듣고 좀 억울하다고 생각했겠지요. 자기는 하나님의 일을 생각했고, 예수님을 염려했으니까 말입니다. 아무리 의도가 좋아도 근본 생각이 잘못되었으면 책망을 들어야 합니다. 베드로의 생각이 왜 잘못인지를 예수님은 34절에서 이렇게 설명했습니다. "누구든지 나를 따라오려거든 자기를 부인하고 자기 십자가를 지고 나를 따를 것이니라." 예수님을 따른다는 것은 그리스도를 따른다는 의미입니다. 그리스도를 따른다는 말은 곧 생명을 구한다는 뜻입니다. 결국 생명을 얻으려면 자기를 부인하고 자기 십자가를 져야 한다는 말입니다. 이 말이 설득력이 있나요? 자기를 부인하는 것과 생명을 얻는 것은 정반대처럼 보입니다. 일반적으로 생명을 얻으려면 자기가 더 드러나야 하고 좋은 일이 일어나야 합니다. 오늘 우리는 모두 자기 이름을 내려고 애를 쓰고, 업적을 남기려고 온갖 수단을 강구합니다. 그렇게 해야만 생명을 얻는다고 생각합니다. 대부분 그렇게 이해하고 세상을 살아갑니다. 이런 세상에서 자기를 부인하고 자기 십자가를 져야만 생명을 얻는다는 말은 받아들여지기 힘듭니다.

예수님의 말씀을 좀더 따라가 봅시다. 35절에 자기 목숨을 구원하려고 하면 잃을 것이고 예수님과 복음을 위해서 자기 목숨을 잃으면 구원하리라고 했습니다. 세상에서도 이와 비슷한 말은 많습니다. 이순신 장군의 《난중일기》에 '필사즉생'(必死則生)이라는 말이 나옵니다. 이슬람 과격파인 알카에다 테러리스트들도 자기 목숨을 버리면 천국에서 순교자의 명예를 얻는다고 생각합니다. 중세기의 기독교 십자군들도 그렇게 생각하고 전쟁터로 나갔습니다. 죽을 각오로 공부하고, 죽을 각오로 사업을 하면 성공할 수 있다는 말들도 합니다. 과연 이렇게 생명을 얻을 수 있을까요? 예수님의 말씀은 이런 일반적인 가르침들과는 전혀 차원이 다른 겁니다. 어떻게 다른지는 생명이란 무엇인가 하는 질문과 직결됩니다. 핵심적으로 대답은 두 가지입니다.

고난당하는 메시아

첫째, 성서가 말하는 생명은 우리 자신의 것이 아니라 하나님의 것입니다. 이런 말은 우리가 성경 곳곳에서 읽을 수 있습니다. 하나님이 사람을 만드셨습니다. 사람은 피조물입니다. 피조물은 창조주에 의해서만 생명을 유지할 수 있습니다. 우리 스스로는 생명을 조금이라도 늘릴 수 없습니다. 오늘 본문 36절을 보십시오. "사람이 만일 온 천하를 얻고도 자기 목숨을 잃으면 무엇이 유익하리요." 온 천하를 얻는 것을 사람들은 생명을 얻는 것이라고 생각하지만, 그래서 그런 방식으로 세상을 살고 있지만 성경은 그런 방식으로 생명을 얻을 수 없다고 말합니다. 이런 말이 뜬구름처럼 느껴지는 분도 있을 겁니다. 천하를 얻으려고 살벌하게 경쟁하는 세상에서 그런 말은 한가하게, 또는 공허하게 들릴지 모르겠습니다.

우선 온 천하를 다 얻었다고 생각해 보십시오. 그것으로 여러분의 영혼이 만족스러울지를 상상해 보십시오. 상상이 잘 안 되지요? 우리 교회를 생각해보십시오. 불편하지 않게 예배드릴 수 있는 교회당을 장만했다고 합시다. 300평 대지에 100평 건물로 된 교회당입니다. 파이프 오르간이 있으면 더 좋겠지요. 교회 앞마당에 아담한 정원이 있고, 벤치도 있으면 더더욱 좋을 겁니다. 거기에 앉아서 기도하고, 책도 읽고 차도 마실 수 있습니다. 모두 원하는 교회당입니다. 그게 현실이 되면 우리의 영혼이 안식을 얻을까요? 전혀 그렇지 못합니다. 영혼의 안식이 없으면 결국 생명을 얻지 못한 겁니다. 우리가 노력해서 천하를 얻는 방식으로 참된 영혼의 만족을 누리지 못하는 이유는 생명이 우리의 것이 아니기 때문입니다. 즉 우리의 실존이 피조물이기 때문입니다.

그렇습니다. 생명은 우리 것이 아니라 창조주 하나님의 것이며, 하나님에 의해서만 주어집니다. 이런 점에서 생명은 바로 '하나님의 일'이라는 뜻입니다. 사람은 거기에 손을 댈 수 없습니다. 하나님만이 할 수 있는 고유한 방식의 생명 사건이 예수님에게 일어났습니다. 하늘의 권능으로 세상을 호령하는 방식이 아니라 고난당하고 십자가에 달리는 방식이었습니다. 예수님은 승리의 메시아가 아니라 고난의 메시아였습니다. 지배하는 메시아가 아니라 수난당하는 메시아였습니다. 십자가에서 "엘리 엘리 라마 사박다니"라고 외칠 정도로 나락으로 떨어진 메시아였습니다. 그래서 요한복음 기자는 예수님을 가리켜 "세상 죄를 지고 가는 하나님의 어린 양"이라고 했습니다(요 1:29). 베드로를 비롯한 당시 모든 제자들과 유대인들은 이런 메시아 표상을 이해할 수 없었습니다. 그래서 예수님에게 그런 일이 일어나면 안 된다고 반대할 수밖에 없었던 것입니다. 베드로는 이번만이 아니라 예수님이 체포당하실 때도 세 번이나 부인했습니다. 예수님과 예수님의 운명을 구원 사건으로, 즉 생명 사건으로 받아들이기 힘들었다는 의미입니다. 베드로만이 아니라 초기 기독교인들 모두에게 해당되며, 오늘 우리도 똑같습니다. 그래서 베드로처럼 계속해서 주님의 말씀과 그 약속 앞에서 '안 됩니다' 하고 헛발질을 하면서 살아가는지 모릅니다.

종말론적 생명

둘째, 성서가 말하는 생명은 종말론적입니다. 무슨 말인가요? 생명이 무엇인지 명백하게 드러나지 않았다는 뜻입니다. 생명의 잠정성이 그것입니다. 지금 우리는 생명이 무엇인지 모릅니다. 온 천하를 얻어도 생명이 확인되는 게 아닙니다. 그것은 당연합니다. 생명은 바로 하나님이기 때문입니다. 생명이 무엇인지가 다 드러난다면 하나님도 모두 드러납니다. 하나님을 본 자는 죽는 것처럼 생명을 본 자도 죽습니다. 죽어야만 하나님을 대면할 수 있듯이 죽어야만 생명을 대면할 수 있습니다.

오늘 본문 38절을 보십시오. 예수님과 예수님의 말씀을 부끄러워하면 인자가 아버지의 영광으로 천사들과 함께 올 때 그 사람을 부끄러워할 것이라고 했습니다. 그때는 종말입니다. 그때 생명이 모두 드러난다는 뜻입니다. 생명이 드러나면 생명 아닌 것들은 부끄러움을 당할 수밖에 없습니다. 기독교 신앙은 기본적으로 종말론적입니다. 지금은 아직 종말이 아닙니다. 그래서 세상의 것들이 완성되지 못했습니다. 우리도 거울로만 세상을 볼 수 있지 직접 볼 수는 없습니다. 이런 종말론적 관점이 없는 사람들에게는 생명이 오해될 수밖에 없습니다. 지금 당장 천하를 손에 넣는 것으로만 생명을 확인하려고 수고를 아끼지 않게 됩니다.

지금 당장 먹고 사는 것도 힘에 벅찬데 어떻게 종말의 생명을 생각하면서 살 수 있느냐 하며 고민하실 분들도 있을 겁니다. 아무리 종말론적 생명을 생각한다고 해도 그런 인식이 현실에는 큰 의미가 없다고 생각할 수도 있습니다. 종말은 너무 먼 이야기라는 겁니다. 지금 여기서 확인할 수 있는 것들에 온통 빠져 있는 젊은 사람들일수록 종말이라는 말에 실감을 느끼지 못할 겁니다. 그건 착각입니다. 종말은 반드시 옵니다. 그뿐만 아니라 갑자기 옵니다. 예수님은 하나님 나라의 종말론적 상황을 도둑과 신랑으로 비유했습니다. 아무도 예상하지 못한 순간에 닥친다는 말씀입니다. 현실적으로 생각해도 이것은 옳습니다. 지금 제 나이가 만으로 59세입니다. 신학대학교에 들어가서 공부하던 40년 전이 엊그제 같습니다. 40년의 세월이 한 순간이라는 것이 얼마나 분명한 사실인지, 그 순간이 얼마나 갑자기 오는 것인지 긴 설명이 필요 없습니다. 40년 전의 내 나이에 해당되는 청년들도 곧 지금의 내 나이를 먹을 것이며, 저도 곧 80살, 90살이 될 것입니다. 그렇게 이 세상의 세월도 쏜살같이 지나서 종말을 맞게 될 것입니다.

성도 여러분, 이 사실이 막연하거나 두렵게 생각됩니까? 두려워하지 마십시오. 생명의 온전한 주인이고, 종말에 생명을 완성하실 하나님이 인류 역사에 들어오셨습니다. 하나님만이 행할 수 있는 고유한 방식으로 생명을 이루셨습니다. 그 생명 사건이 곧 예수님입니다. 예수님과 그에게 일어난 일에 여러분의 운명과 미래를 맡기고 사십시오. 그러면 생명을 얻습니다. 이 사실을 외면하면 마지막 때 우리는 외면당할 것입니다. 지금 온 천하를 얻고도 하나님의 생명을 잃으면 우리의 모든 수고와 노력과 업적이 무슨 소용이 있겠습니까?

사순절 셋째 주일
요한복음 2:13-22
2012년 3월 11일

성전을 헐라!

성전 청결 사건

　예수님은 십자가에 처형당하셨습니다. 당시의 십자가 처형은 반국가 사범에게만 집행되던 사형제도였습니다. 요즘 식으로 바꿔 말하면 간첩죄로 사형당한 것과 비슷합니다. 하나님 나라를 선포하고 병자를 고치셨던 예수님에게 전혀 어울리지 않는 죽음이었습니다. 복음서의 보도에 따르면 십자가 처형의 책임은 대표적으로 유대교의 최고법정인 산헤드린과 로마의 유대 총독입니다. 형식적으로만 본다면 로마 총독인 빌라도에게 결정적인 책임이 있습니다. 당시 사형 선고는 총독만 내릴 수 있었습니다. 그러나 실제적으로는 산헤드린에게 책임이 있습니다. 그들이 예수님을 로마 총독에게 고발했기 때문입니다. 빌라도 총독이 예수님을 석방하려고 시도했지만 산헤드린은 민중들을 선동해서 그것을 가로막았습니다. 산헤드린이 예수님을 제거해야겠다고 생각한 데에는 그럴만한 이유가 있습니다. 그들은 예수님이 유대교의 권위를 상대화한다고, 즉 해체한다고 오해했습니다. 그 내용은 두 가지입니다. 안식일과 성전의 상대화입니다. 오늘 설교 본문은 성전에 얽힌 이야기입니다.

예수님은 유월절이 가까워오자 예루살렘으로 올라가셨습니다. 당시에 경건한 유대인이라면 누구나 떠나던 성지순례에 나선 겁니다. 예루살렘 성전으로 들어가서 그곳에 시장이 선 것을 보았습니다. 소, 양, 비둘기를 파는 사람들이 있었고, 돈을 바꿔주는 사람들도 있었습니다. 성전 안에 처음부터 시장이 선 것은 아닙니다. 그것은 순례자들의 편의를 위한 조치였습니다. 성전에 오는 사람들은 제물을 바쳐야했습니다. 멀리서 소나 양을 끌고 오기는 쉽지 않습니다. 끌고 왔다고 해도 제물로 바칠 수 있을 정도로 깨끗한 것인지 검사를 받아야만 했습니다. 깨끗한 동물을 미리 준비해 놓으면 순례자들이 그걸 사서 제물로 바칠 수 있습니다. 환전도 마찬가지입니다. 성전에 성전세를 비롯해서 헌금을 드리려면 성전이 허락한 돈이 필요했습니다. 순례자들은 지중해를 중심으로 아프리카와 유럽과 근동 이곳저곳에서 모여들었기 때문에 돈이 가지각색이었습니다. 환전은 순례자의 편의를 위한 것이었습니다. 좋은 뜻으로 시작된 이런 제도가 세월이 흐르면서 결국 성전의 이권 사업으로 전락하고 말았습니다. 이런 문제를 당시에도 알 만한 사람은 누구나 알고 있었지만 감히 왈가왈부하지 못했습니다. 제사장들의 권위가 막강했고, 그 제도가 나름으로 설득력이 있었기 때문입니다.

예수님은 무슨 생각을 하셨는지 성전에 펼쳐진 시장을 뒤집어 버렸습니다. 15절은 그 장면을 이렇게 묘사합니다. "노끈으로 채찍을 만드사 양이나 소를 다 성전에서 내쫓으시고 돈 바꾸는 사람들의 돈을 쏟으시며 상을 엎으시고…." 평소 예수님의 모습과는 완전히 딴판입니다. 마음에 들지 않는다고 하더라도 점잖게 타이르던지, 아니면 이 책임의 장본인들인 제사장들에게 직접 말씀하시는 게 좋았을지 모릅니다. 그런데 불법 노점상을 폭력적으로 쫓아내는 시청, 구청 직원들과, 재개발 지역 사람들을 폭력적으로 몰아내는 용역회사 직원들처럼 행동하셨습니다. 예수님이 이 문제를 아주 심각하게 생각하고 있었다는 뜻이고, 또한 복음서가 기록되던 시대의 기독교인들도 심각하게 생각하고 있었다는 뜻입니다. 이 사건은 예수님이 예루살렘에서 한 번 소란을 피워 성전을 청결하게 했다는 에피소드로 끝나는 게 아니라 성전의 본질이 무엇이냐 하는 차원에서 유대교와 초기 기독교의 노선 투쟁이라고까지 할 수 있습니다. 이 사건을 요한복음만이 아니라 공관복음까지 네 복음서가 모두 다루고 있다는 사실도 이것이 초기 기독교에서 심각한 사안이었다는 증거입니다. 그런 상황을 우리는 채찍을 휘두르신 다음에 예수님이 하신 말씀에서 확인할 수 있습니다. "이것을 여기서 가져가라 내 아버지의 집으로 장사하는 집을 만들지 말라"(16절). 유대교가 성전을 장사하는 집으로 만들었다는 비판입니다.

예수님의 행동과 말씀을 들은 유대인들은 예수님에게 이렇게 말했습니다. "네가 이런 일을 행하니 무슨 표적을 우리에게 보이겠느냐?"(18절) 유대인들도 성전에서 벌어지는 장사 행위에 문제가 있었다는 사실은 알고 있었기 때문에 예수님의 행태 자체를 문제 삼을 수는 없었습니다. 대신 표적을 요구했습니다. 성전 제도를 개혁할 수 있는 자격이 당신에게 있느냐는 질문입니다. 유대인들은 원래 진리에 대한 인식을 표적에서 찾았습니다. 바울도 고린도전서 1장 22절에서 유대인은 표적을 구하고 헬라인은 지혜를 찾는다고 말한 적이 있습니다. 유대인들이 생각하는 표적(세메이온)은 초자연적인 기적을 가리킵니다. 갈라진 홍해, 만나와 메추라기, 무너진 여리고 성벽, 갈멜산의 불같은 것들입니다. 하나님의 사람이라는 것을 증명하려면 이런 표적을 보여주어야만 했습니다. 예수님은 이런 요구를 대부분 거절하셨습니다. 마태복음 16장 1절 이하에 이런 이야기가 나옵니다. 바리새인과 사두개인들이 예수님에게 표적을 요구했습니다. 예수님의 답변입니다. "악하고 음란한 세대가 표적을 구하나 요나의 표적 밖에는 보여줄 표적이 없느니라." 예수님은 거짓 그리스도와 거짓 선지자들도 이런 이적과 기사를 행할 수 있다고 말씀하시기도 했습니다(막 13:22). 표적을 진리의 기준으로 삼을 수 없다는 뜻입니다.

표적을 보이라는 유대인들에게 예수님은 "너희가 이 성전을 헐라 내가 사흘 동안에 일으키리라"고 대답하셨습니다. 예루살렘 성전을 사흘 만에 세울 수 있다면 그것이야말로 표적 중의 표적입니다. 그러나 그것을 확인하기 위해서 성전을 허물 수는 없었습니다. 유대인들의 입장이 참 애매하게 되었습니다. 그래서 그들은 에둘러 성전 건축 기간이 46년이라는 사실을 강조했습니다. 예루살렘 성전을 자랑하는 말이기도 하고, 성전을 허물어야 표적을 보일 수 있다는 예수님의 말씀 앞에서 할 말이 없다는 뜻이기도 합니다.

표적과 우상

예수님이 성전을 허물라고 하신 말씀과 46년 운운한 유대인들의 말을 좀더 깊이 생각해보십시오. 예수님이 성전을 허물라고 말씀하셨지만 유대인들이 실제로 그렇게 할 것이라고는 아무도 기대하지 않았습니다. 예루살렘 성전은 유대인들에게 자신들이 하나님의 백성이며, 하나님이 살아 계시다는 표적이었습니다. 유대인들의 모든 종교적, 정치적 업적이 거기에 담겨 있습니다. 원래 예루살렘 성전은 솔로몬이 건축했지만 기원전 587년 바벨론에 의해 파괴되었다가 다시 재건되었고, 또 파괴됩니다. 예수님 당시의 성전은 헤롯에 의해 복원된 것입니다. 유대인들의 모든 삶은 성전을 중심으로 전개되었습니다. 당시에는 그렇게 크고 화려한 건물이 없었습니다. 유대인들은 성전을 절대화하고, 그것을 자랑으로 여겼습니다. 성전을 중심으로 많은 제도가 만들어졌습니다. 성전을 드나드는 사람들에게 세를 받았습니다. 오늘 본문이 설명하듯이 이권이 걸린 시장도 열었습니다. 하나님의 표적이 이제는 우상이 되고 말았습니다. 표적의 왜곡이 곧 우상숭배입니다. 표적과 우상과의 차이는 종이 한 장입니다. 표적은 간직해야 하지만 우상은 허물어야 합니다. 그러나 일반적으로는 그것을 구분하기가 어렵습니다. 그래서 그것을 허물라는 예수님의 말씀은 유대교의 모든 것을 부정하는 말씀으로 들렸습니다. 그래서 그들은 예수님을 제거해야 할 대상으로 여겼고, 그 결과가 십자가 처형이었습니다.

　오늘도 표적과 우상이 혼동되고 있습니다. 은행, 주식시장, 기업체, 학교, 병원, 정치 집단, 예술단체, 티브이 프로그램 등을 보십시오. 유대인들이 섬기던 예루살렘 성전과 다를 게 없습니다. 가장 화려하고 가장 큰 건물을 만들고, 가장 화려하게 치장합니다. 높은 생산성을 올리기 위해서 모든 노력을 쏟습니다. 거기에서 구원이 나올 것처럼 선전해야 합니다. 거기에서 삶이 풍요로워질 것처럼 생각합니다. 이런 일에서 큰 업적을 보이는 사람들은 예언자이며, 메시아로 추앙받습니다. 예루살렘 성전에 결국 시장이 들어서듯이 오늘날 우리 삶의 모든 곳에 상업 논리가 지배합니다. 이런 시장주의가 21세기 들어서서 더 극심하게 그 영역을 넓혀가고 있습니다. 이게 인류의 숙명처럼 보일 정도입니다. 심지어 교회마저 성장주의에 물들어 버렸습니다. 46년 동안 지은 예루살렘 성전 건물에 영혼을 맡기는 유대인들의 행태와 똑같습니다.

　성전을 허물라는 주님의 말씀은 준엄합니다. 장사꾼들, 환전상들은 모두 쫓겨났습니다. 이런 장면을 보고 속이 후련하신가요? 역시 역사를 개혁하고 혁명을 이루어야 한다고 생각하시나요? 당연히 왜곡된 우상은 타파되어야 합니다. 역사를 바로 세우기 위해서 채찍이 필요할 때가 있습니다. 문제는 우리 자신 안에 장사꾼과 환전상이 그대로 들어 있다는 사실입니다. 호화롭고 장엄해 보이는 성전 건물에 대한 우상숭배를 단절해야 한다는 것입니다. 그렇게 하고 싶으시지요? 그렇지만 그게 잘 되지 않는다는 것도 아시지요? 46년 동안 지은 것을 어떻게 허물 수 있을까요? 평생 집중하던 그것을 어떻게 내려놓을 수 있을까요? 작은 생활 습관도 고치기 힘든데, 혼신의 힘을 다해서 추구하던 것을 포기하기는 불가능합니다. 더구나 그것은 자기 혼자만 추구한 것이 아니라 세상 모두가 추구하던 것입니다. 우리는 어쩔 수 없이 죽을 때까지 우상을 섬기게 될 것입니다. 겉으로는 하나님이 살아 계시다는 표적 같지만 실제로는 우상인 그것을 섬길 것입니다. 표적과 우상이 구분하기 힘들기 때문입니다.

지난 주일의 설교 본문을 기억하시나요? "누구든지 나를 따라오려거든 자기를 부인하고 자기 십자가를 지고 나를 따를 것이니라"(막 8:34). 자기를 부인하기는 불가능합니다. 자기를 부인하면 생명을 잃는 것으로 생각되기 때문입니다. 이것은 곧 우상이 된 예루살렘 성전을 허물 수 없는 것과 비슷합니다. 우리의 상황은 참으로 딱합니다. 불가능한 것을 요구받기 때문입니다. 어떻게 이런 상황에서 벗어날 수 있는지 알고 싶으신가요? 기대하지 마십시오. 우리가 살아 있는 한 벗어날 수는 없습니다. 억지로라도 벗어나기 위해서 자기 삶을 완전히 바꾼 사람들이 있긴 합니다. 그런 이들을 가리켜 성인이라고 합니다. 예컨대 아시시의 프란체스코 같은 사람입니다. 지중해 무역상의 아들이었습니다. 요즘 식으로 대기업 2세였습니다. 그는 모든 걸 포기하고 탁발승의 길을 갔습니다. 그게 바로 자기를 부인하는 길이라고 생각한 겁니다. 이런 특별한 경우를 제외하고 일반적인 삶을 살아가는 사람들은 죽을 때까지 우상이 된 성전 건물에 매력을 느끼면서 살아갈 수밖에 없습니다. 이 세상 자체가 우상 지향적이기도 하고, 표적과 우상을 구분하기 어렵기 때문이기도 합니다.

우리 모두처럼 평범한 사람들이 선택할 수 있는 길은 우상에 대한 관심을 줄이고 하나님이 함께 하시는 참된 표적에 대한 관심을 넓히는 것입니다. 그것이 무엇인지 여러분은 알고 있습니다. 오늘 본문에서 요한복음 기자는 성전을 허물면 삼일 만에 일으킬 것이라는 예수님의 말씀이 자신의 육체를 가리키는 것이며, 예수님의 부활 후에야 제자들도 이 사실을 이해할 수 있었다고 해석했습니다. 옳습니다. 초기 기독교인들은 예수님과 그에게 일어난 사건이 바로 하나님이 함께 하시는 유일한 표적이라고 생각했습니다. 예루살렘 성전처럼 사람이 만든 것은 아무리 위대해도 궁극적으로 표적이 될 수 없다는 뜻입니다. 이 사실에 근거해서 그들은 세상과 신앙을 다시 보게 되었습니다. 더 이상 예루살렘 성전에 매달리지 않게 되었고, 로마의 제국주의적 이데올로기인 '팍스 로마나'(로마의 평화)에 기만당하지 않을 수 있었습니다.

사랑하는 성도 여러분, 예수님과 그에게 일어난 일에 관심을 가지십시오. 그런 관심 때문에 오늘도 일상을 멈추고 예배에 참석하셨을 겁니다. 단지 의무적으로나 형식적으로가 아니라 영혼의 깊이에서 하나님께 예배하고, 영광을 돌리십시오. 우상을 완전히 떨칠 수는 없을 겁니다. 그러나 참된 표적인 예수 그리스도와 그 일을 행하신 하나님에 대한 관심이 대폭 늘어나면 우상은 여러분의 삶에서 능력을 행사하지 못합니다. 이 사실을 잊지 마십시오. 아멘.

사순절 넷째 주일
에베소서 2:1-10
2012년 3월 18일

구원은 선물이다

오늘 여러분은 왜 예배에 참석했습니까? 그 대답은 여기 모인 분의 숫자만큼 다를 것입니다. 습관적으로 나온 분도 있고, 친구나 가족 따라 오신 분도 있고, 심심해서, 또는 교회에서 맡은 일 때문에 나온 분도 있을 겁니다. 가장 모범적인 대답은 하나님께 영광을 돌리기 위해서 나왔다는 것이겠지요. 하나님께 영광을 돌려야 할 이유는 그분이 우리를 구원하셨다는 데에 있습니다. 우리 신앙생활의 토대는 바로 구원입니다. 구약은 하나님이 이스라엘을 구원하셨으며, 또 구원하실 것이라는 사실에 대한 증언이자 찬송입니다. 신약도 하나님의 아들인 예수 그리스도를 통해서 일어난 구원 사건에 대한 증언입니다. 여기까지는 우리 모두가 알고 있는 내용입니다. 그러나 그 구원이 구체적으로 무엇이냐 하는 질문 앞에서는 망설여질 것입니다. 잘 먹고 잘 사는 건가요, 죽어서 천당 가는 건가요, 지금 이 세상에서 착하게 사는 건가요, 여러 가지 복을 받는 건가요, 무병장수 하는 건가요?

사실 구원은 기독교만의 전유물은 아닙니다. 다른 모든 종교도 구원을 지향합니다. 구원은 종교적인 주제만도 아닙니다. 인간 행위는 기본적으로 구원론적입니다. 모든 사람들이 의식적이든 무의식적이든 구원을 지향하고 있습니다. 의학은 인간을 육체적 질병으로부터 구원해내려는 노력입니다. 소설과 시도 인간 구원을 추구합니다. 신경숙의《엄마를 부탁해》가 국내만이 아니라 외국에서도 많이 팔렸다고 합니다. 현대인들이 거기서 구원을 경험한다는 것입니다. 개그 콘서트도 일종의 구원 사건입니다. 사람들이 거기서 즐거움을 경험합니다. 정치는 훨씬 자극적인 구원 행위입니다. 히틀러의 나치즘은 당시 독일 사람들에게 일종의 구원 사건으로, 즉 메시아니즘으로 받아들여졌습니다. 21세기의 메시아는 돈과 자본이겠지요. 이런 점에서 기독교는 다른 종교 및 인간의 모든 구원 지향적 노력과 선의의 경쟁 관계에 있습니다. 만약 기독교 구원관이 설득력을 잃으면 언젠가는 역사에서 사라질 겁니다. 또는 지금의 무당종교처럼 주술적인 일부 사람들만 찾는 종교로 전락할 수도 있습니다. 설득력을 확보하려면 먼저 기독교 전통이 말하는 구원의 정체성이 무엇인지를 아는 게 중요합니다.

구원론의 차별성

신약성서는 그것에 대해서 일관된 입장을 피력합니다. 오늘 우리가 함께 읽은 에베소서 기자도 똑같이 말합니다. 8, 9절은 다음과 같습니다. "너희는 그 은혜에 의하여 믿음으로 말미암아 구원을 받았으니 이것은 너희에게서 난 것이 아니요 하나님의 선물이라 행위에서 난 것이 아니니 이는 누구든지 자랑하지 못하게 함이라." 여러분이 익숙하게 들었던 내용입니다. 로마서와 갈라디아서를 압축한 것처럼 보입니다. 에베소 기자는 바울의 제자이거나 바울에게서 큰 영향을 받은 사람임에 틀림없습니다. 그는 구원을 하나님의 선물이라고 했습니다. 사람이 노력해서 얻을 수 있는 게 아니라는 뜻입니다. 구원은 '너희에게서 난 것'이 아니고, 또한 '행위에서 난 것'도 아닙니다. 그렇습니다. 구원은 하나님이 주신 선물입니다. 이것이 세상의 구원과 어떻게 다른지를 생각해 보십시오.

우리가 살아가는 세상은 노력한 것만큼 대가를 주는 방식으로 작동됩니다. 우리는 그것을 당연한 것으로 받아들입니다. 고등학생들은 수능점수로 평가되고, 직장 다니는 사람들은 연봉으로 평가됩니다. 자신의 능력을 나타내는 것만큼 보상을 받는 세상입니다. 21세기 들어서서 이런 방식의 삶은 더 강화되고 있습니다. 며칠 전에 국립대학교 선생님들이 기술교육부장관 불신임 투표를 시작했다는 뉴스가 있었습니다. 대학교 선생님들에게 점수를 매겨서 연봉에 차등을 두려는 정책이 그 원인입니다. 초등학교 선생님들도 점수로 평가되고 있습니다. 선의의 경쟁을 통해서 생산성을 높이자는 철학이 우리 사회 전체를 지배하고 있습니다. FTA도 기본적으로 이런 경쟁 원리를 선한 것으로 여기는 경제 원리이자 철학입니다. 거기에는 인간이 자기 구원과 세계 구원을 위해서 뭔가를 할 수 있다고, 그리고 해야만 한다는 생각이 강하게 작용합니다. 스티브 잡스처럼 그런 부분에서 큰 능력을 이룬 이들은 메시아처럼 추앙받습니다. 기독교 신앙으로 사는 사람들도 알게 모르게 이런 데 영향을 받고 세뇌당하며 길들여집니다.

에베소서 기자를 비롯해서 신약성서 기자들은 모두 한결같이 사람에게는 자기와 세상을 구원할 능력이 없다고 말합니다. 그것이 구원은 하나님의 선물이라는 문장의 의미입니다. 9b절은 인간이 스스로 구원을 '자랑하지 못하게' 하려는 것이라고 합니다. 여기 말기 간암 환자가 있다고 합시다. 다행스럽게 암 이식 수술을 받았고 완치되었습니다. 그가 암에서 구원받은 것은 자기 능력이 아니라 간 제공자와 의사의 도움 덕분이었습니다. 이처럼 구원은 그 사람 밖에서 온 것입니다. 밖에서 일어난 일은 바로 예수 그리스도 사건입니다. 그를 통해서 우리가 구원을, 즉 생명을 얻었습니다. 예수 그리스도 덕분으로 우리는 말기 암을 극복하고 건강을 찾은 사람과 똑같습니다.

이런 설명은 너무 초보적인 것이어서 시시하게 들리시나요? 정말 신앙이 깊기 때문이라면 다행이지만, 너무 몰라서 또는 기독교 신앙을 상투적으로만 알아서 시시하게 들린다면 안타까운 일입니다. 여러분이 어느 쪽에 해당되는지 알려면 오늘 본문 1절을 보시면 됩니다. "그는 허물과 죄로 죽었던 너희를 살리셨도다." 구원이 선물이라는 사실은 바로 이 문장으로부터 시작되는 전체 기독교 교리의 결론입니다. 결론을 정확하게 아는지는 그 출발을 아는지에 달려 있습니다. 도대체 허물과 죄가 무엇인가요? 그것으로 죽었다는 게 무슨 말인가요? 허물과 죄가 있어도 시퍼렇게 살고 있지 않습니까. 죽었다는 말은 실제로 죽은 것을 의미하지 않는다는 건 분명합니다. 영혼이 죽었다는 뜻입니다. 영혼은 보이지 않는데 그것이 죽었는지 살았는지 어떻게 알 수 있을까요? 그걸 확인하기는 불가능합니다. 바리새인들도 영적으로 건강한 사람들처럼 보였지만 예수님의 관점으로는 죽은 사람들입니다. 유럽 교회가 죽었다는 말을 한국교회가 자주 하는데, 이런 관점으로는 교회가 부흥하지 않으면 죽은 것입니다. 우리는 영혼이 죽은 사람입니까, 살아 있는 사람입니까?

에베소서 기자는 허물과 죄로 죽은 삶을 세속에 기울어진 삶이라고 말합니다. '세상풍조'를 따르는 것입니다. 공중의 권세 잡은 자를 따르는 것입니다(2절). 또 육체의 욕심을 따라 사는 것도 거기에 포함됩니다. 세상풍조는 그 시대정신이라고 보면 됩니다. 초기 기독교가 자리를 잡을 때는 로마정신이 지배했습니다. 로마 정신은 매력적입니다. 매우 지성적이고 문화적입니다. 로마는 군사적으로 주변 세계를 지배했을 뿐만 아니라 정신적으로도 지배했습니다. 관용 정신도 뛰어났습니다. 로마법과 의학과 건축 등은 요즘도 모범으로 인정받습니다. 당시에 로마 정신을 따라서 산다는 것은 가장 보편적이고 세련되게 산다는 뜻이었습니다. 요즘 식으로 말하면 대한민국 체제에서 출세한 삶입니다. 누구나 원하는 것입니다. 그런데 에베소서 기자는 그런 삶을 가리켜 허물과 죄로 죽은 것이라고 말했습니다. 이런 말씀이 설득력이 있을까요? 기독교인들은 세상의 삶을 완전히 포기하고 수도사처럼 살아야 한다는 말일까요?

죽음과 생명

잘 생각하십시오. 세상풍조를 따르는 삶이 결국 죽음이라는 말을 오해하거나 낭만적으로 생각하면 안 됩니다. 또 '육체와 마음이 원하는 것'이라는 표현도 오해하면 곤란합니다. 이것은 단순히 파렴치한 삶, 이기적인 삶, 파괴적인 삶만을 가리키는 게 아닙니다. 성서는 더 근원적인 것을 말합니다. 세상풍조와 육체와 마음이 원하는 것은 아주 세련된 것일 수 있습니다. 그런데 어떤 것이든지 그 마지막은 죽음입니다. 평생 인기를 끄는 배우나 가수로 산 사람이라 하더라도, 그리고 늙어 죽을 때까지 미모를 잃지 않았던 여자라 하더라도 죽습니다. 그가 추구하던 모든 것들은 시간과 더불어 녹슬고, 늙고, 해체됩니다. 자기를 중심으로 놓았던 모든 열정적인 삶은 허무로 돌아갑니다. 순간적인 열정으로 뭔가 얻을 것처럼 보이지만 결국은 아무것도 남는 것이 없습니다. 허물과 죄로 죽는다는 말씀입니다. 그런 열정들이 허물과 죄입니다. 여기서 벗어나는 사람은 하나도 없습니다. 잘못을 많이 한 사람은 그 많은 잘못과 함께 죽을 것이고, 잘한 일이 많은 사람은 그 잘한 일과 함께 죽을 것입니다. 아직은 죽지 않고 살아 있다고 해도 곧 죽는다면 이미 죽은 거와 다를 게 없습니다. 오늘 여기 예배에 참석한 분들 중에서 아주 짧은 순간인 100년 뒤에 살아남을 분은 없지 않습니까. 이런 차원에서 보면 인간의 삶은 근본적으로 절망적입니다. 마지막이 죽음이니까요.

에베소서 기자는 하나님이 죽었던 우리를 살리셨다고 증언합니다. 5절을 보십시오. "허물로 죽은 우리를 그리스도와 함께 살리셨고…" 그뿐만 아니라 우리를 그리스도 예수 안에서 그와 함께 하늘에 앉히셨다고 하십니다. 그래서 선물입니다. 그런데 허물로 죽었다는 말은 이해하기 어렵지 않지만, 그리스도와 함께 살렸다거나 하늘에 앉히셨다는 말은 이해하기가 좀 까다롭지요? 더구나 우리가 예수님을 믿는데도 여전히 실수하고, 여전히 이기적이고, 자기중심적입니다. 달라진 것이 별로 없어 보입니다. 그리스도와 함께 살았다는 말은 실감이 가지 않습니다. 그래서 많은 사람들이 신앙적인 열광주의에 빠집니다. 구원의 확신을 얻어 보려고 열광적으로 매달리는 겁니다. 그런 태도로 기도도 열광적으로 하고, 찬송도 그렇게 부르고, 단기 선교를 그렇게 다녀옵니다. 모두 귀한 종교 행위들입니다. 거기에 진정성도 있고, 구원에 대한 확신을 경험하기도 합니다. 그러나 그것으로 모든 문제가 늘 해결되는 것은 아닙니다. 그 이유가 무엇일까요?

종교적 열정이 하나님에 대한 관심이 아니라 결국 자기에 대한 관심에서 나오기 때문입니다. 사람의 마음은 자기를 속일 정도로 영악하기도 하고 미련하기도 합니다. 하나님을 앞에 내세우는 것 같은데 속에는 자기가 자리하고 있습니다. 예수님은 바리새인들과 서기관들의 행태가 그렇다고 말씀하셨습니다. "그들의 모든 행위를 사람에게 보이고자 하나니 곧 그 경문 띠를 넓게 하며 옷술을 길게 하고"(마 23:5) 자신들이 경건하다는 것을 사람들에게 보이려고 한다는 겁니다. 결국 그들의 관심은 자기 자신입니다.

그렇다면 우리는 어떻게 해야 할까요? 하나님이 하신 일에 영혼을 집중시키는 것입니다. 자기에 대한 관심은 줄이고 하나님에 대한 관심을 늘려야 합니다. 그 관심이 믿음입니다. 8절에서 그 믿음으로 구원을 얻는다고 했습니다. 따라서 영적 관심(spiritual concern)으로 구원을 얻는다고 말할 수 있습니다. 하나님의 일에 관심을 기울인다는 것은 하나님의 일을 신뢰한다는 뜻입니다. 어떤 사람의 중심을 알려면 그 사람의 관심이 무엇인지를 보면 되는 것처럼 우리가 구원을 받은 사람인지 아닌지를 알려면 우리의 관심이 어디에 있느냐를 보면 됩니다.

사랑하는 성도 여러분, 우리는 허물과 죄로 죽었다가 하나님의 은혜로 생명을 얻은 사람들입니다. 우리는 예수님에게 일어났던 동일한 부활 생명에 참여하게 될 것입니다. 종말에 그 생명은 실체가 되고 완성됩니다. 우리는 그 종말의 순간이 온 것처럼, 즉 예수님의 생명 사건에 참여한 것처럼 '지금 여기서' 살아야 합니다. 그게 가능할까요? 가능하지 않은가요? 가능합니다. 성서 기자들과 기독교 2천년 역사에 살았던 뛰어난 신앙인들이 그것을 증언하고 있습니다. 구원이 예수 그리스도를 통한 하나님의 선물이라는 놀라운 사실 안으로 더 깊이 들어가서 살아 보십시오. 생명의 영이신 성령이 여러분의 영혼을 신비로운 생명의 능력으로 풍성하게 하실 것입니다.

사순절 다섯째 주일
예레미야 31:31-34
2012년 3월 25일

옛 언약, 새 언약

오늘 우리는 본문으로 예레미야의 한 부분을 읽었습니다. 예레미야는 기원전 7세기 초부터 6세기 말까지 유다에서 활동하던 선지자입니다. 그가 활동하던 그 시대의 유다는 어려운 처지에 있었습니다. 요시아 왕이 갑자기 죽는 바람에 개혁운동이 실패하고 나라의 기운이 점점 떨어지고 있었습니다. 결국 기원전 587년에 유다는 바벨론에 의해서 멸망당합니다. 나라가 혼란스러우면 많은 사람들이 '백가쟁명식'으로 대안들을 쏟아놓기 마련입니다. 당시 여러 선지자들이 하나님으로부터 받은 신탁을 선포했습니다. 요즘도 대한민국이 북한, 중국, 미국, 일본과의 외교적 관계를 어떻게 끌고 가는가에 대한 진단과 방향 제시가 서로 다른 것과 비슷합니다. 미국과의 관계를 더 중요시할 것인지, 중국과의 관계를 중요시할 것인지 서로 다릅니다. 북한에 대해서도 지난 두 정권이 취한 햇볕정책이 좋은지, 지금 이명박 정권이 취하는 압박 정책이 좋은지 서로 다릅니다. 예레미야도 비슷한 상황에서 여러 선지자들과 갈등을 겪었습니다.

예레미야와 완전히 반대되는 예언을 한 사람은 하나냐입니다. 물론 그 사람도 선지자입니다. 예레미야와 하나냐의 서로 다른 입장이 예레미야 28장에 자세하게 나옵니다. 유대의 마지막 왕 시드기야 재위 4년에 '기브온앗술의 아들 선지자 하나냐가 여호와의 성전에서 제사장들과 모든 백성이 보는 앞에서' 예레미야에게 이렇게 공개적으로 말했다고 합니다(렘 28:1). 여호와 하나님이 바벨론 왕의 멍에를 꺾었고, 예루살렘 성전에서 빼앗아간 모든 기구를 2년 안에 돌려보내게 될 것이라고 말입니다. 그 말을 들은 예레미야는 하나냐를 거짓 선지자로 비판하면서 하나냐의 예언이 이루어지기 전에 자기 민족인 유다에 큰 재앙이 임할 것이라고 말했습니다. 이렇게 서로 논쟁을 이어갑니다. 예레미야의 입장은 분명합니다. 하나님이 곧 구원하실 거라는 기대는 낭만적인 것이며, 오히려 바벨론에게 망할 것이고 수치를 당하는 것이 실제적인 것이라고 합니다. 그런 뒤에야 구원이 임할 것이라고 했습니다.

예레미야는 유다의 한계를 분명하게 보았습니다. 그것을 못 본척하고 좋은 게 좋다는 식으로 예언할 수는 없었습니다. 그는 아주 현실적으로 세상을 보았습니다. 유다가 지금 망한다는 것이 현실이었습니다. 망해야 할 이유를 단순히 국내외 정치적인 차원에서 찾지 않았습니다. 하나님과의 관계가 중요했습니다. 하나님과의 관계가 옳으면 유다가 구원을 받을 것이고, 관계가 잘못되면 구원을 받지 못한다는 주장입니다. 하나님과의 관계를 가리키는 성서적 개념은 '언약' 입니다. 언약은 양쪽이 서로 지켜야만 효력이 있습니다. 유다가 이 언약을 깼습니다 (32절). 그래서 유다가 바벨론에 의해서 멸망당하게 된 것입니다.

이것으로 유다와 하나님과의 관계는 끝장 난 것일까요? 선지자 예레미야는 그렇지 않다고 말합니다. 예레미야 31장 31절은 다음과 같습니다. "여호와의 말씀이니라 보라 날이 이르리니 내가 이스라엘 집과 유다 집에 새 언약을 맺으리라." 하나님은 새 언약으로 유다와의 관계를 새롭게 했습니다. 새 언약을 알려면 먼저 옛 언약을 알아야 합니다. 옛 언약은 구약성서 곳곳에 나옵니다. 아브라함, 이삭, 야곱과의 언약이 있습니다. 창세기에 그 내용이 자세하게 나옵니다. 이스라엘 민족은 시내산에서 언약을 받았습니다. 십계명을 비롯한 율법이 그것입니다. 옛 언약의 중심 개념은 분명합니다. 하나님의 말씀대로 살면 복을 받고 그렇게 살지 않으면 망한다는 것입니다. 유다가 바벨론에 의해서 망하게 된 이유도 역시 이 옛 언약을 지키지 않았다는 데에 있습니다.

하나님과의 약속인 율법을 왜 잘 지키지 않았을까 이상하게 생각되시나요? 그게 쉽지 않습니다. 율법을 실정법이라고 생각해 보십시오. 여러분은 실정법을 완벽하게 지키고 살 수 있으신가요? 도로교통법을 완전하게 지키시나요? 요즘 선거철입니다. 불법 경선이라는 말도 많이 나옵니다. 법은 제도입니다. 그러나 제도로 모든 것을 완전하게 만들 수는 없습니다. 제도가 이용당하기 때문입니다. 사람이 상황에 영향을 받는다는 것도 큰 이유입니다. 어떤 상황에 들어가면 자신의 행위가 옳은지 그른지 판단하지 못합니다. 예컨대 십자군 전쟁, 마녀사냥, 미국의 노예제도, 대한민국의 레드 콤플렉스 같은 것이 그렇습니다. 유대 민족이 옛 언약인 율법을 지키지 못한 이유는 믿음이 없다거나 지성적으로 게으르다거나 천성이 부도덕하기 때문이 아닙니다. 법과 인간의 본질적인 한계 때문에 어쩔 수 없는 일입니다.

이 문제는 기독교의 복음을 이해하는데도 중요합니다. 다음과 같이 질문해 보십시오. "법이 인간을 구원하나?" 문명사회의 척도는 얼마나 건강한 법이 작동되는가에 달려 있습니다. 국회는 그런 법을 만드는 기구입니다. 법이 인간을 구원하는지 생각해 보십시오. 오늘날 법이 얼마나 악용되는지 아실 겁니다. 이건 국제법도 마찬가지입니다. 유엔이 세계 모든 나라에 동등한 법을 적용하고 있을까요? 힘 있는 나라에 유리하게 적용하고 있지는 않을까요? 10년 전 이라크 전쟁을 일으켜 수많은 사람들을 죽음으로 몰아넣고, 더 많은 사람들의 삶을 파괴한 미국의 책임을 국제사회가 묻지 못합니다. 법이 인간을 구원하지 못한다는 증거입니다. 유대가 율법이라는 옛 언약을 지키지 못한 것은 자연스러운 일입니다.

새 언약

예레미야는 이제 옛 언약을 포기합니다. 그것으로는 인간 구원, 민족 구원이 불가능하다는 사실을 알았기 때문입니다. 그는 새 언약을 외칩니다. 옛 언약은 돌이나 양피지에 기록되지만 새 언약은 마음에 기록됩니다(33절). 예레미야는 할례를 말할 때도 '마음 가죽'을 베라고 했습니다(렘 4:4). 마음에 기록된 새 언약은 구체적으로 무엇인가요? 양심인가요, 영적 통찰력인가요, 온전한 믿음인가요, 순종인가요? 예레미야는 그것을 구체적으로 설명하지 않습니다. 그럴 수밖에 없습니다. 새 언약은 옛 언약과 차원이 전혀 다르기 때문입니다. 이는 마치 법정의 논리와 수도원의 논리가 다른 것과 비슷합니다. 전자는 실증적인 논리라면 후자는 은총의 논리입니다. 전자는 생물학이라면 후자는 시(詩)와 같습니다.

예레미야는 새 언약을 34절에서 간접적으로 설명합니다. 두 가지입니다. 첫째, 새 언약의 세계에서는 사람들이 "각기 이웃과 형제를 가르쳐 이르기를 너는 여호와를 알라 하지 아니하리니 이는 작은 자로부터 큰 자까지 다 나를 알기 때문이라." 전도할 필요가 없다는 겁니다. 모든 사람들이 하나님을 인식하고 있기 때문입니다. 이런 표현은 심층적인 것입니다. 실제로 온 세상 사람들이 여호와 하나님을 알고 믿게 된다는 뜻은 아닙니다. 여호와라는 이름으로 부르지는 않는다고 해도 인류 역사를 끌어가는 절대자가 있다는 사실이 만천하에 드러난다는 뜻입니다. 그것은 구체적으로 페르시아에 의한 바벨론의 붕괴입니다. 유대를 비롯해서 많은 나라를 멸망시키고 당시 근동의 헤게모니를 잡았던 막강 바벨론 제국이 페르시아에 의해서 무너지리라는 건 아무도 예측하지 못했습니다. 절대 권력의 붕괴는 그 절대 권력을 초월하는 능력이 역사를 주관한다는 증거입니다. 그걸 뚫어보는 사람은 바로 여호와 하나님을 알고 있는 사람입니다. 페르시아 첫 왕인 고레스는 바벨론에 의해 포로로 잡혀왔던 각국 사람들을 모두 복귀시키는 칙령을 내렸습니다. 이 칙령에 따라 유대인들도 예루살렘으로 돌아올 수 있었습니다. 유다가 바벨론에 포로가 된지 50년 만인 기원전 538년에 이런 일이 일어났습니다. 옛 언약은 율법 조항을 지키는 것으로 하나님과의 관계를 맺는 방식이라면, 새 언약은 이처럼 역사로 자신을 계시하시는 하나님을 인식하는 것으로 하나님과의 관계를 맺는 방식입니다.

어떤 분은 율법을 지키는 옛 언약보다 역사를 통한 새 언약이 더 어렵다고 생각할지 모릅니다. 역사를 뚫어보려면 학식이 깊어야 하지 않느냐고 말입니다. 그렇지 않습니다. 이것은 학식과 아무 관계가 없습니다. 학식이 오히려 우리의 눈을 가릴 수 있습니다. 마치 율법에 대한 학식이 많았던 바리새인들과 율법학자들이 예수님을 알아보지 못한 것과 같습니다. 중요한 것은 예레미야가 말했듯이 양피지의 법이 아니라 마음의 법입니다. 여기서 역사라는 것을 단순히 세계 역사로만 생각하지 말아야 합니다. 삶의 중심을 가리킵니다. 이제 봄이 왔습니다. 겨울철 내내 움츠렸던 땅이 녹았고, 생명체들이 나올 준비를 합니다. 따뜻한 바람에서 생명의 깊이를 느낄 수 있습니다. 곧 꽃이 피겠지요. 그 꽃 한 송이에 우주가 연결되어 있다는 사실은 촌부들도 알 수 있습니다. 거기에서 신비를 경험합니다. 그게 역사를 보는 눈입니다.

둘째, 새 언약의 세계에서는 하나님께서 "그들의 악행을 사하고 다시는 그 죄를 기억하지 아니" 할 것입니다. 옛 언약의 세계에서 악행은 벌을 받아야 합니다. 죄는 기억되어야 합니다. 옛 언약에 따라서 유다는 지금 멸망 직전까지 왔고, 결국 멸망당합니다. 이게 옛 언약의 패러다임입니다. 이게 옛 언약에서 정의를 이루어가는 방식이었습니다. 그런데 새 언약의 세계에서는 이런 것들이 모두 무효가 됩니다. 정말 다행입니다. 여러분도 안도의 숨을 돌릴 겁니다. 만약 우리의 악행이 그대로 벌을 받아야 한다면 아무도 살아남지 못합니다. 죄가 그대로 기억된다면 아무도 부끄러워서 얼굴을 들지 못할 겁니다.

예레미야가 보는 이런 새 언약의 세계는 실제로 가능한 걸까요? 하나님이 왜 이런 방식으로 구원하시겠다는 걸까요? 이런 방식으로 도대체 세상에서 정의가 세워질 수 있을까요? 많은 질문이 뒤따를 겁니다. 예레미야는 인간이 기본적으로 악하다는 사실을, 그래서 의를 세울 수 없다는 사실을 꿰뚫어 보았습니다. 바울도 로마서에서 그것을 분명하게 말했습니다. 사람은 율법 없이 죄를 범하고 율법을 갖고도 죄를 범한다고 말입니다. 그런 기준으로만 본다면 인간은 죄로 멸망당할 수밖에 없습니다. 창조의 하나님이 인간 멸망을 그냥 내버려두실 리가 있습니까. 전혀 새로운 차원에서 구원받을 수 있는 길을 여신 겁니다. 하나님이 인간의 악행을 평가하지 않으시고 일방적으로 구원하신다는 겁니다. 구원 주도권의 극대화입니다. 예레미야는 인간 구원의 빛을 바로 거기서 본 것입니다. 그는 놀라운 선지자입니다.

예레미야가 왜 놀라운 선지자라고 제가 말했는지 여러분도 이심전심으로 느끼셨을 겁니다. 그는 자신도 모르는 가운데 복음을 전한 겁니다. 보십시오. 예레미야는 예수님보다 6백여 년 전에 활동한 인물입니다. 예수님의 복음과는 거리가 먼 시대의 사람입니다. 그런데 복음의 진수를 전했습니다. 이런 유다의 선지자들 덕분에 예수님이 역사에 등장하실 수 있었겠지요. 예레미야의 새 언약 개념은 예수님에 의해서 성취되었습니다. 이것이 하나님이 이끌어 가시는 역사의 신비입니다.

오늘은 사순절 다섯째 주일입니다. 다음 주일은 종려주일이고 그 다음 주일은 부활절입니다. 예수님은 십자가에 처형당하셨습니다. 제자들과 초기 기독교인들은 그 이유를 몰랐습니다. 예수님 스스로도 받아들이기 어려운 일이었습니다. 초기 기독교인들은 나중에 그 이유를 알게 되었습니다. 예수님의 십자가 죽음은 인류의 죄가 용서받는 유일한 길이라고 말입니다. 예수님의 십자가 처형 덕분으로 우리의 악행은 용서받게 되었습니다. 예수님의 부활로 이제 우리의 죄는 기억되지 않게 되었습니다. 십자가와 부활은 역설적인 사건입니다. 십자가는 죄가 확인되는 사건이라면 부활은 그것이 무효화되는 사건입니다. 인간은 무죄한 이를 십자가에 달지만 하나님은 그것을 기억조차 하지 않는 방식으로 해결하십니다. 우리가 부활체가 되었다고 생각해 보십시오. 우리가 모두 나비가 되었다고 상상해 보십시오. 애벌레였을 때의 그 비루한 모습들이 기억조차 나지 않을 겁니다.

　사랑하는 성도 여러분, 우리는 예수님을 통해서 완전히 새로운 언약을 받은 사람들입니다. 기뻐하십시오. 그 언약 안에서 살아가십시오. 그것을 누리십시오.

종려주일
마가복음 15:1-15
2012년 4월 1일

메시아 살해 음모

　　1975년 4월 9일 반공법 위반으로 도예종을 비롯한 8명이 사형당했습니다. 소위 인혁당 사건입니다. 대법원에서 사형판결이 난지 18시간 만에 사형이 집행되었다고 합니다. 제네바 국제법학자학회는 이 날을 사법 역사상 '암흑의 날'로 규정했습니다. 당시는 유신독재가 한창 기승을 부리고 있을 때였습니다. 2007년 1월 23일에 서울중앙지법은 유가족이 낸 재심청구를 받아들여 사형당했던 이들을 무죄로 선고했습니다. 당시 사형을 구형한 검사와 선고한 판사들은 무슨 생각으로 그렇게 했을까요? 그리고 지금은 어떤 생각을 할까요? 이건 인격적인 문제가 아닙니다. 그들도 나름의 법 정신으로 그렇게 했습니다. 법은 사람을 살리기도 하지만 죽이기도 합니다.

　　예수님을 십자가에 처형시킨 이들도 법을 근거로 그런 일을 저질렀습니다. 마가복음 14장 53절 이하에 따르면 체포당한 예수님은 당일 밤에 재판을 받았습니다. "대제사장들과 온 공회가 예수를 죽이려고 그 증거를 찾되 얻지 못하니…"(막 14:55). 많은 거짓 증언들이 나왔습니다. 예수님이 성전을 헐고 삼일 만에 다시 지을 수 있다고 말했다는 증언도 나왔습니다. 예수님은 실제 성전을 허물라고 한 것이 아니라 자기의 운명에 대해서 말한 것이었습니다. 대제사장은 예수님에게 이런 고발에 대답하라고 요구합니다. 그러나 예수님은 침묵을 지켰습니다. 대제사장은 직접 심문합니다. "네가 찬송 받을 이의 아들 그리스도냐?" (막 14:61) 하나님의 아들이냐, 메시아냐 하는 질문입니다. 대답에 따라서 예수님의 유, 무죄가 결정됩니다. 예수님은 두 가지로 대답하십니다. 하나는 "내가 그니라"입니다. 이것만 보면 예수님이 자신을 그리스도로 인정한 것처럼 보입니다. 복음서에 그렇게 받아들일만한 표현이 나오기는 하지만 실제로 예수님이 자신을 그리스도로 내세운 것은 아닙니다. 그런 문장은 예수님의 부활 이후 초기 기독교가 고백한 것입니다. 다른 하나는 인자, 즉 '사람의 아들'에 대한 묘사입니다. 마지막 때에 예수님이 메시아라는 사실이 만천하에 드러난다는 뜻입니다. 이 말을 들은 대제사장은 자기 옷을 찢었습니다. 이것은 산헤드린 법정에서 일어나는 의례적인 행동입니다. 이런 과정을 거쳐서 결국 산헤드린은 예수님을 신성모독자로 정죄했습니다. 신성모독자는 돌에 맞아 죽어야 합니다. 산헤드린이 예수님을 돌로 칠 수는 없었습니다. 당시 유대 총독인 빌라도에게 신병을 넘겨야만 했습니다.

빌라도 재판

빌라도는 예수님에게 묻습니다. 당신이 유대인의 왕이오? 산헤드린이 빌라도에게 그 죄목으로 고발했기 때문에 질문을 한 것입니다. 예수님은 대답하십니다. "네 말이 옳도다." 루터는 "Du sagst es."(두 작스트 에스)라고 번역했습니다. '당신이 그렇게 말하고 있소.', 또는 '그것은 당신의 말이오'라는 뜻입니다. 성서 학자들의 설명에 따르면 예수님의 이 대답은 긍정도 부정도 아니라고 합니다. 이어서 대제사장들이 여러 가지로 고발했습니다. 이러저런 소문을 다 끌어들였겠지요. 예수님이 사회를 소란하게 만드는 선동가로 보이게 하려는 것이었습니다. 빌라도는 예수님에게 말합니다. 이 사람들의 고발에 대해서 자신을 방어해 보시오. 예수님은 아무 말씀도 하지 않으셨습니다. 빌라도는 이런 사태를 이해할 수 없었습니다. 고민을 많이 했겠지요. 산헤드린의 고발에 아무 근거가 없는 것도 아니고, 그렇다고 사형 선고를 내릴만한 사안도 아니었습니다. 빌라도의 입장이 곤란했습니다.

마침 예루살렘 민중들이 유월절 특사를 요구하게 되었습니다. 우리나라에서도 특별한 날에 대통령이 특별 사면을 내리는 것과 같습니다. 민중들은 바라바가 사면되기를 원했습니다. 빌라도는 이 기회를 이용해서 예수 문제를 해결해 볼 생각으로 민중들에게 이렇게 묻습니다. "너희는 내가 유대인의 왕을 너희에게 놓아주기를 원하느냐?" 빌라도는 대제사장들의 시기심으로 예수가 고발당했다는 것을 알고 있었기 때문입니다. 그러나 민중들은 대제사장들의 사주를 받아 바라바를 놓아달라고 요구합니다. 빌라도의 질문이 이어집니다. 그러면 유대인의 왕이라 하는 예수를 어떻게 하는 게 좋은가? 민중들이 소리를 지릅니다. "그를 십자가에 못 박게 하소서." 빌라도는 다른 선택의 여지가 없었습니다. 아무리 총독이지만 민중들의 요구를 무시할 수는 없습니다. 오늘 설교 본문은 그 상황을 이렇게 정리합니다. "빌라도가 무리에게 만족을 주고자 하여 바라바는 놓아 주고 예수는 채찍질하고 십자가에 못 박히게 넘겨 주니라"(막 15:15). 그 뒤로 예수님의 십자가 처형은 로마법에 따라서 기계적으로 진행되었습니다. 이것이 복음서가 전하는 예수님의 공생애 마지막에 일어난 재판의 전말입니다. 우리는 이제 좀더 근본적인 질문을 하려고 합니다.

빌라도는 왜 예수님에게 십자가형을 선고한 것일까요? 표면적으로만 본다면 유대교의 최고 법정인 산헤드린의 고발과 민중들의 요구를 물리칠 수 없었다는 게 대답입니다. 그렇게만 보면 성서 텍스트를 너무 안이하게 보는 겁니다. 당시의 총독은 로마 지방장관으로서 로마의 이념에 철저한 사람들이었습니다. 산헤드린과 예루살렘 민중의 압박이 아무리 강했다고 해도 그것이 로마 이념을, 즉 '팍스 로마나'(로마의 평화)를 넘어설 수 없었습니다. 빌라도는 예수님이 로마 체제를 위태롭게 할 인물로 판단했다는 게 가장 정확한 대답입니다. 기독교와 로마 체제가 갈등을 겪었다는 의미입니다. 가벼운 갈등이 아니라 정체성 자체의 충돌이라고 할 수 있습니다. 여러분이 잘 알고 있는 대로 당시 유럽과 근동을 완벽하게 지배하고 있던 체제가 바로 로마였습니다. 사도신경은 예수님의 고난과 십자가 처형의 책임을 다루는 대목에서 산헤드린에 대해서는 일언반구도 없고 오직 본디오 빌라도만 거론합니다. 초기 기독교가 누구와 대립하고 있었는지를 거기에서 알 수 있습니다. 빌라도로 대표되는 로마, 로마법, 로마 체제는 신이나 마찬가지였습니다. 로마 황제에게만 '퀴리오스', 즉 '주님'이라는 명칭을 붙였습니다. 그러나 기독교는 로마 황제가 아니라 예수 그리스도에게만 그 칭호를 붙였습니다. 로마 황제와 예수 그리스도는 경쟁 관계입니다. 마치 구약에서 가나안 바알과 하나님이 경쟁 관계였던 것처럼 말입니다. 이것을 간파한 빌라도는 산헤드린과 예루살렘 민중의 요구를 핑계 삼아 나사렛 예수에게 당시 로마인이 아닌 사람으로 반역을 일으킨 사람에게만 해당되는 십자가형을 선고했습니다. 이것은 역사적 사실이었습니다.

산헤드린으로 대표되는 유대교에는 예수님의 십자가 처형에 대한 책임이 하나도 없을까요? 물론 그렇지 않습니다. 그들은 초기 기독교와 끊임없이 예수님의 정체성을 중심으로 대립하고 있었습니다. 지금도 그들은 예수님을 메시아로 인정하지 않습니다. 여러 예언자 중 한 사람으로만 인정합니다. 예수님이 빌라도 법정에서 재판을 받고 있다는 사실을 산헤드린도 알고 있었을 겁니다. 만약 그들이 예수님을 지켜야겠다고 생각했다면 상응하는 조치를 취했겠지요. 산헤드린 대표를 빌라도에게 보내서 선처를 바란다는 뜻을 전할 수도 있고, 앞에서 거론한 유월절 특사로 예수님을 선택해 달라고 요구할 수도 있었을 것입니다. 그러나 복음서의 설명에 따르면 산헤드린은 오히려 반대되는 행동을 했습니다. 그들이 구체적으로 어떤 태도를 취했는지는 알 수 없습니다. 다만 산헤드린이 로마 총독 법정에서 재판을 받고 있던 예수님을 지켜낼 생각이 강하지 않았다는 것만은 분명합니다. 빌라도는 메시아 살해에 직접적인 책임이 있다면 산헤드린으로 대표되는 유대교는 최소한 방조의 책임이 있습니다. 이런 일들은 오늘날에도 알게 모르게 흔히 일어납니다.

기독교와 로마

빌라도는 어떤 근거로 예수님이 로마 체제를 위태롭게 할 인물로 본 것일까요? 예수님이 직접적으로 로마 정권과 투쟁한 것은 아닙니다. 로마 황제에게 세금을 내야 하는지에 대한 질문에 대해서 예수님은 이렇게 대답하신 적이 있습니다. "케사르의 것은 케사르에게, 하나님의 것은 하나님에게!" 예수님을 무력적으로라도 로마를 몰아내고 유대의 독립을 이루려는 혁명 지도자로 보면 곤란합니다. 무정부주의자도 아닙니다. 예수님은 로마 정치에 아무런 관심도 없었습니다. 예수님의 관심은 오직 한 가지, 하나님 나라입니다. 그에게는 하나님 나라만이 절대적인 나라였습니다. 예수님이 공생애를 시작하면서 제일 먼저 선포한 메시지가 바로 그것입니다. "회개하라, 하나님 나라가 가까이 왔다." 초기 기독교는 바로 그 사실에 자신들의 미래를 걸었습니다. 빌라도는 바로 그 하나님 나라가 로마 체제를 위태롭게 한다고 판단한 것입니다. 그가 정확하게 판단한 것일까요? 아니면 세기의 오판일까요?

하나님 나라는 눈에 보이지 않아서 신자들이 별로 진지하게 생각하지 않습니다. 기껏해야 죽어서 천당에 가는 것쯤으로 생각합니다. 예수님의 비유는 모두 하나님 나라에 대한 것입니다. 그의 치유와 축귀와 사죄 선포도 모두 임박한 하나님 나라로부터만 나올 수 있었습니다. 하나님 나라는 하나님의 통치입니다. 생명의 통치이며, 살리는 능력입니다. 이런 하나님 나라 앞에서는 인간의 모든 체제와 질서는 상대화됩니다. 안식일이라는 유대법도 상대화됩니다. 안식일에 생명을 구하는 것과 죽이는 것, 어느 것이 옳으냐고 예수님이 질문하신 적이 있습니다. 이에 반해서 빌라도의 로마 이념은 자기들의 체제를 절대화합니다. 거기에 도전하는 세력을 향해서는 가차 없이 응징을 가했습니다. 이런 로마 체제 아래서 예수님의 하나님 나라는 불가능했습니다. 거꾸로 하나님 나라 아래에서 로마 체제도 불가능했습니다.

이런 이야기가 우리의 삶과 거리가 멀게 들리시나요? 오늘의 빌라도가 누구인지를 돌아보십시오. 오늘의 로마 체제가 무엇인지 보십시오. 오늘 우리의 삶을 가장 강력한 힘으로 억압하는 대상이 누구이며, 또는 무엇인지 보십시오. 자기를 절대화하는 이념이 무엇이며, 그것을 강압하는 사람이 누구인지 보십시오. 각각 경우가 다를 겁니다. 자본주의가 그 중심에 서 있습니다. 요즘은 신자유주의라고 말합니다. 우리 모두가 돈의 유혹, 또는 폭력에 일방적으로 종속되어 있습니다. 개인이 뚫고 나갈 수 없을 정도로 막강한 힘입니다. 이런 체제 아래서 예수님은 십자가에 달릴 수밖에 없습니다. 이런 체제 아래서는 교회의 문을 닫아야 합니다. 그런데 한국교회가 여전히 잘 되고 있다는 것은 하나님 나라와 상관없이 작동된다는, 즉 로마 체제에 순응하고 있다는 증거입니다.

2천 년 전 하나님의 아들이시며 메시아이신 예수님은 십자가에 처형당했습니다. 빌라도는 로마법을 잘 아는 사람이었습니다. 그 법 정신에 따라서 메시아 살해의 장본인이 되었습니다. 빌라도만이 아니라 오늘도 우리를 비롯해서 많은 이들이 법으로 사람을 죽입니다. 산헤드린의 유대교 지도자들은 예수님을 오해해서 결국 십자가 처형의 방조자들이 되고 말았습니다. 하나님 나라는 이런 방조자들로 인해 방해를 받습니다. 예루살렘 민중들은 판단 능력이 없었습니다. 종교적으로, 정치적으로 세뇌당하거나 사주당합니다. 이런 일들이 지금 우리 주변에서도 얼마나 흔하게 일어나는지 일일이 설명하지 않겠습니다.

오늘 설교의 결론이 무엇이냐고요? 따로 없습니다. 당시 상황을 말씀드렸을 뿐입니다. 결론은 여러분이 찾아야 합니다. 제 입장에서 말씀드리면 이렇습니다. 소극적으로는 메시아 살해 음모에 끼지 말라는 것입니다. 무죄한 자의 죽음에 연루되지 말아야 합니다. 적극적으로는 메시아 살해 음모를 분쇄하는 것입니다. 각자 처해진 자리에서 생명을 죽이는 일을 거절하고, 살리는 일에 참여하십시오.

부활절

155	부활 신앙의 근본	고전 15:1-11,	부활주일
162	보는 믿음, 듣는 믿음	요한 20:19-29	부활절 둘째 주일
169	하나님 자녀의 비밀	요일 3:1-6	부활절 셋째 주일
176	나사렛 예수는 그리스도다	사도 4:5-12	부활절 넷째 주일
183	예수 그리스도와의 일치	요한 15:1-8	부활절 다섯째 주일
190	사랑과 믿음	요일 5:1-6	부활절 여섯째 주일
197	세상에서 예수 제자로 살기	요한 17:6-19	부활절 일곱째 주일

부활주일
고린도전서 15:1-11
2012년 4월 8일

부활 신앙의 근본

　오늘은 부활절입니다. 십자가에 처형당하신 예수님이 죽은 자로부터 다시 살아나신 사건을 기억하는 날입니다. 기독교의 모든 것은 부활에 달려 있습니다. 십자가도 중요합니다만 십자가는 부활에 근거해서만 의미가 있습니다. 부활이 없었다면 십자가는 그야말로 예수님의 사명이 실패했다는 사실을 확증하는 사건으로 끝나고 말았을 겁니다. 예수님의 공생애에 있었던 치병, 축귀 등도 그것 자체로는 큰 의미가 없습니다. 그렇습니다. 기독교의 복음은 부활에서 나오고 부활을 향합니다. 바울은 부활을 논하는 고린도전서 15장에서 그 복음의 진수를 이렇게 서술합니다. "이는 성경대로 그리스도께서 우리 죄를 위하여 죽으시고 장사지낸 바 되셨다가 성경대로 사흘 만에 다시 살아나사…"(고전 15:3, 4). 이 짤막한 문장이 기독교의 복음의 핵심입니다. 기독교의 모든 것은 바로 이 문장에 자리합니다.

부활을 믿지 않는 사람들

여러분은 '그리스도께서 … 사흘 만에 다시 살아났다'는 말을 들으면 어떤 생각이 드시나요? 각각 생각이 다르겠지요. 어떤 분들은 성경에 그렇게 기록되었으니까 '그런가 보다' 하고 생각할 겁니다. 이 문제를 진지하게 생각할 필요를 느끼지 않습니다. 이런 분들에게 부활절은 일 년에 한 번 부활절에 부활 찬송을 부르고 부활 설교를 듣는 것으로 끝나버립니다. 또 어떤 분들은 부활을 '확신' 하겠지요. 죽은 다음에 다시 살아나 영원한 천국에 가서 잘 먹고 잘 살게 될 거라고 믿습니다. 부활을 확신하는 것은 좋지만 '묻지 마' 식으로 믿는 게 반드시 좋은 건 아닙니다. 부활을 오해할 수도 있습니다. 또 어떤 분들은 부활을 부정합니다. 별로 의미가 없는 교리라고 생각합니다. 노골적으로 부정하지는 않는다고 해도 마음속으로는 동의하지 않습니다. 현대의 불가지론적인 지성인들에게 이런 생각이 많습니다. 솔직하게 스스로에게 질문해 보십시오. 예수 그리스도의 부활은 도대체 우리 자신과 무슨 상관이 있는 걸까요?

바울이 고린도전서 15장에서 부활 문제를 다루는 이유는 고린도교회 신자들 중에서 부활을 믿지 않는 사람들이 있었기 때문입니다. 오늘 설교 본문의 다음 구절인 12절은 이렇습니다. "그리스도께서 죽은 자 가운데서 다시 살아나셨다 전파되었거늘 너희 중에서 어떤 사람들은 어찌하여 죽은 자 가운데서 부활이 없다 하느냐?" 초기 기독교인들 중에서도 이렇게 부활을 믿지 않는, 또는 믿지 못하는 사람들이 있었습니다. 이것은 두 가지 상황을 가리킵니다. 첫째, 부활은 믿기 어려운 교리입니다. 둘째, 부활을 믿지 않으면서도 신앙생활은 가능합니다.

첫째 문제부터 생각해 보십시오. 지금 우리는 아무도 부활을 직접적으로 경험해보지 못했습니다. 초기 기독교에서는 바울이 오늘 본문 5-8절에서 목록으로 제시한 일부의 사람들만 예수님의 부활을 경험했습니다. 게바, 열두 제자, 오백여 형제, 야고보, 모든 사도, 바울이 그들입니다다. 초기 기독교 공동체에서 그들이 살아 있을 때는 부활 신앙이 생생했지만 그들이 죽은 뒤에는 점점 희미해질 수밖에 없습니다. 그뿐만 아니라 부활 자체는 실증적인 사건이 아닙니다. 실험실에서 실험을 통해서 똑같이 반복될 수 있는 사건이 아니었기 때문입니다. 부활의 주님은 로마 총독과 대제사장 가야바에게 나타나지 않으셨다는 데서 이를 알 수 있습니다. 예수님의 부활은 신문기자가 보도할 수 있는 사건이 아니라는 뜻입니다. 그것을 쉽게 이해하고 믿을 수 있을까요?

부활 신앙 없이도 신앙생활이 가능하다는 둘째 문제는 좀더 실제적인 것입니다. 오늘의 신앙생활과도 밀접하게 연관됩니다. 신앙생활의 동기가 무엇인지를 생각해 보십시오. 가장 큰 동기는 기복주의입니다. 복 받는 것이 최대의 목표입니다. 오죽 했으면 '삼박자 축복'이라는 말까지 나왔겠습니까. 모든 것이 잘 된다는 유혹은 사람들의 종교 심리를 자극합니다. 부도 직전에 몰렸다가 기사회생했다거나 죽을 병에 걸렸다가 치료되었다는 간증 류의 신앙이 대세를 이루고 있습니다. 이런 사람들에게는 부활 신앙이 없어도 아무 상관이 없습니다. 복음의 진수를 모른 채 그냥 교회에 나오는 것입니다. 그 외에도 도덕적으로 착하게 살기 위해서, 마음의 평화를 얻기 위해서 신앙생활을 한다는 사람들도 있습니다. 심지어는 외로움을 해결하기 위해서, 좋은 사람들을 만나기 위해서 교회에 나올 수도 있습니다. 또는 모태 신앙이니까 습관적으로 교회에 나올 수 있습니다. 이런 분들에게 부활 신앙은 있어도 그만 없어도 그만입니다.

부활을 믿지 않는 사람들이라고 바울이 지적하고 있는 고린도교회 신자들의 범주에는 초기 기독교의 큰 틀에서 볼 때 영지주의 신자들이 포함됩니다. 영지주의 신자들은 신앙적으로 진지한 사람들이었습니다. 그들은 믿음이 없는 사람이 아니며 기독교 신앙에 냉소적인 사람도 아니고 기복적인 사람들도 아니었습니다. 기독교 신앙에 철저한 사람들이었습니다. 그러나 부활을 믿지 못했습니다. 정확하게 말하면 그들에게는 부활 신앙이 성립되지 않습니다. 왜냐하면 예수님은 구체적인 몸을 가지신 분이 아니라 영적인 존재라고 믿었기 때문입니다. 그들은 예수님이 영원한 하나님의 아들이라는 사실과 온 인류의 구원자라는 사실은 인정하지만 우리와 똑같이 죽고 땅에 묻힌다는 사실은 인정할 수 없었습니다. 그들에게 고난당하는 하나님, 죽어 땅에 묻히는 하나님은 불가능합니다. 일리가 있는 주장입니다. 현대 기독교인들도 많은 경우에 예수님과 예수님의 부활을 그런 식으로 이해합니다. 예수님은 전능하신 분이니까 죽을 수 없는 분이라고 말입니다. 죽었다고 하더라도 무덤 속에서 벌떡 일어나서 무덤 문의 돌을 밀어내고 걸어 나오셨다고 말입니다.

　기독교의 정통 신앙을 가르친 교부들은 영지주의자들과 싸웠습니다. 가현설적인 그들의 신앙을 교회 밖으로 밀쳐냈습니다. 무슨 말인가요? 부활신앙은 죽음을 전제합니다. 임사(臨死)나 가사(假死)가 아니라 실제의 죽음을 전제합니다. 그래서 기독교 신조는 언제나 예수님이 죽으시고 땅에 묻히셨다는 사실을 확인합니다. 사도신경도 '십자가에 못 박혀 죽으시고 장사한지…' 라고 말하고, 오늘 본문도 '장사 지낸 바 되셨다' 고 말합니다(4절). 예수님이 실제로 죽었다는 의미입니다. 절망입니다. 예수님 자신도 다시 부활할 것이라고 생각하지 못했습니다. 부활을 확신했다면 겟세마네 동산에서 '이 잔을 물리쳐 달라' 고 기도하거나 골고다 십자가 위에서 '엘리 엘리 라마 사박다니' 라고 외치지 않으셨을 겁니다. 부활 신앙의 전제는 절망적인 죽음입니다. 이 세상과의 모든 관계가 완전히 해체되는 사건입니다. 이해하시지요? 고대 영지주의자들과 오늘의 유사 영지주의자들은 죽음까지 낭만적으로 해석합니다. 잠시 숨을 거두었다가 다시 살아가는 것이라고 말입니다. 기독교는 죽음을 아주 무겁게 받아들입니다. 모든 것이 끝장나는 사건으로 받아들였습니다. 예수님의 완전한 죽음을 조금이라도 약화시키는 주장들은 모두 교회에서 쫓아냈습니다.

헛된 믿음을 넘어서

사실 부활을 복음의 중심으로 삼는 것은 선교 전략적으로 지혜롭지 못합니다. 그것보다는 차라리 기복신앙과 도덕주의적 교훈을 핵심으로 삼는 게, 불교처럼 내면의 불성을 찾으라고 하는 게 더 효과적으로 보입니다. 이런 점에서 고린도교회 신자들 중에서 어떤 이들이 부활을 부정한 것은 나름으로 타당성이 있는 겁니다. 그러나 바울은 그들의 신앙을 가리켜 '헛되다'고 말합니다. 2절 말씀은 이렇습니다. "너희가 만일 내가 전한 그 말을 굳게 지키고 헛되이 믿지 아니하였으면 그로 말미암아 구원을 받으리라." 여기서 두 가지 믿음이 대별됩니다. 하나는 헛되게 믿는 것이며, 다른 하나는 구원을 받는 믿음입니다. 헛되이 믿으면 구원을 받지 못한다는 말이겠지요. 구원을 받는 믿음은 바로 부활을 받아들이는 것입니다. 거꾸로 부활이 없다고 말하는 신자들은 구원을 받지 못한다는 뜻입니다. 이런 말을 들으면 사람들은 설마 그럴까 하고 생각합니다. 그냥 착하게 잘 살고 교회에 잘 나오면 되지 않느냐고 생각합니다. 그렇지 않습니다. 부활이 없으면 복음 자체가 성립되지 않습니다. 복음이 성립되지 않으면 구원도 없습니다. 복음은 아주 극단적으로 이 사실을 주장합니다.

왜 그럴까요? 구원이 무엇인지를 일단 생각해보십시오. 그것은 생명을 얻는 것입니다. 지금 우리는 물론 생명이 있습니다. 그러나 곧 그것은 끝납니다. 그 어떤 방식으로도 끝을 피할 수는 없습니다. 순서도 정해지지 않았습니다. 젊은 사람이나 늙은 사람이나 시간의 차이만 있을 뿐이지 모두 순식간에 생명을 잃습니다. 젊다고 자랑할 게 하나도 없습니다. 세상에서 업적을 쌓았어도 죽음 앞에서는 업적이 없는 사람과 아무런 차이가 없습니다. 국회의원으로 죽는 거나 일용직 노동자로 죽는 거나 다를 게 없습니다. 그 죽음은 우리가 도저히 감당할 수 없는 폭력으로 우리를 지배합니다. 그렇다면 지금 우리는 생명이 있으나 없는 것과 마찬가지입니다. 도대체 왜 우리는 죽어야 할까요? 그래서 우리의 모든 삶이 허무로 빠져들게 된 것일까요?

성서는 죄가 그 원인이라고 말합니다. 죄로 인해서 하나님과의 관계가 단절되었습니다. 그 단절이 곧 죽음입니다. 이 죄를 단순히 겉으로 나타난 파렴치한 행위나 부도덕한 행위로 한정하면 죄의 본질을 놓치는 겁니다. 죄는 존재론적인 능력입니다. 아무리 율법적으로 철저하게 훈련을 거친 사람이라 해도 죄의 지배에서 벗어날 수 없습니다. 율법 없이 자유롭게 살아도 역시 마찬가지입니다. 이런 설명이 교리적으로만 들리시나요? 생각해 보십시오. 기독교인이 되었다고 해도 여전히 이기심에서 벗어날 수 없습니다. 도사처럼 말을 하는 사람들도 여전히 내면적으로 불안해합니다. 모든 걸 자기를 중심에 놓고 생각합니다. 철이 나지 않은 사람들에게는 이런 모습이 적나라하게 나타나고 철이 든 사람은 세련되게 나타난다는 차이만 있습니다. 기독교는 그것을 가리켜 원죄라고 말합니다. 아무도 거기서부터 벗어날 수 없는 악한 능력입니다. 그 결과는 죽음입니다.

부활은 죄로 파괴된 삶이 새로운 생명으로 변화되는 것을 가리킵니다. 질적으로 다른 삶으로의 변화입니다. 질적으로 다르다는 말을 기억하십시오. 지금의 몸은 먹고 마셔야만 만족하지만 부활의 몸은 그런 것에 지배당하지 않고 만족합니다. 여기서는 사람들의 관심을 받아야만 만족하지만 부활 세계에서는 하나님의 생명 통치에 일치되어 절정의 기쁨을 얻습니다. 여기서는 경쟁력이 높아야만 좋은 대우를 받지만 거기서는 경쟁력 따위가 문제가 되지 않습니다. 모든 이들이 생명의 능력에 붙잡히게 됩니다. 놀랍지요? 기대가 되지요?

이런 부활이 예수님에게 일어났습니다. 그는 부활의 첫 열매가 되신 분이십니다. 하나님께서 죽음의 절망에 떨어졌던 예수님을 죽은 자 가운데서 살리셨습니다. 예수님 스스로 부활하신 게 아니라 하나님께서 그 일을 행하신 겁니다. 세상을 무로부터 창조하신 분만이 할 수 있는 능력으로 예수님을 죄와 죽음의 어둠으로부터 의와 생명의 빛으로 끌어내셨습니다. 부활 신앙은 새로운 창조에 대한 강력한 기대와 신뢰입니다. 요한계시록 기자는 그 세상을 새 하늘과 새 땅이라고 묘사했습니다. 적당하게 개량된 세상이 아니라 완전히 새로운 세상이라고 말입니다. 질적으로 새로운 세상을 향한 희망과 신뢰가 바로 부활 신앙의 근본입니다.

여러분은 그런 희망으로 오늘을 살아가고 있습니까? 모두 그러실 줄로 믿습니다. 그것은 단지 희망만으로 끝나지 않습니다. 지금 여기서 이미 우리는 부활의 빛에 사로잡혀서 살아갈 수 있습니다. 하나님께서 행하실 새로운 생명이 우리의 영혼을 사로잡는다면 죽음과 같은 오늘의 현실에서도 부활 생명의 기쁨을 누릴 것입니다. 사랑하는 성도 여러분, 기뻐하십시오. 우리 주님께서 부활하셨습니다. 아멘.

부활절 둘째 주일
요한복음 20:19-29
2012년 4월 15일

보는 믿음, 듣는 믿음

기독교 신앙에서 핵심은 부활입니다. 바울은 그리스도의 부활이 없으면 복음이 헛것이고, 기독교인의 믿음도 헛것이라고 말했습니다(고전 15:14). 기독교 신앙은 단순히 마음의 평안을 얻거나 복을 얻거나 사회봉사를 하는 것에 머물지 않는다는 뜻입니다. 그런 것들은 오히려 주변적인 것들입니다. 부활은 필수불가결의 요소입니다. 이렇게 가장 핵심적인 내용인데도 복음서에는 예수 그리스도의 부활에 관한 이야기가 예상 외로 많이 나오지 않습니다. 그리고 연대기적으로 일목요연하게 정리되어 있지도 않습니다. 오히려 산만하게 보일 정도입니다. 부활 이야기들이 서로 연결되지 않습니다. 그 이유는 부활이 아무도 예상하지 못한 사건이었다는 데에 있습니다. 십자가는 예상할 수 있지만 부활은 전혀 그렇지 못합니다. 지금도 우리는 부활의 실체를 다 알지 못합니다. 예수님에게서 단 한번 일어난 종말론적 생명 사건이기 때문입니다. 따라서 복음서 기자들이 그것을 두서없이 묘사했다는 것은 당연한 겁니다. 이는 마치 사랑에 빠진 사람이 그 경험을 구체적이고 일목요연하게 설명할 수 없는 것과 비슷합니다.

요한복음 20장 19-29절에서 이를 확인할 수 있습니다. 본문은 두 대목입니다. 첫 대목은 요한복음 20장 19-23절입니다. 예수님이 십자가에 처형당하시고 아리마대 요셉의 무덤에 묻힌 뒤에 제자들은 어느 집에 숨어 있었다고 합니다. 그들이 유대인들을 두려워했기 때문입니다. 그럴 만도 합니다. 당시의 십자가 처형은 가장 모욕적인 죽음, 아무에게도 동정을 받을 수 없는 죽음이었습니다. 제자들은 자신들에게도 어떤 불이익이 닥칠지 모른다고 생각했습니다. 문을 모두 닫아걸고 숨을 죽인 채 숨어 있었습니다. 그날은 안식 후 첫날 저녁이었습니다. 오늘로 따지만 주일 저녁입니다. 갑자기 예수님이 제자들에게 나타나시어 평화의 인사를 건네셨습니다. 그리고 손과 옆구리를 보여주셨습니다. 십자가 처형 당시에 못을 박은 자리가 손이고, 창에 찔린 자리가 옆구리입니다. 이 상황을 상상해 보십시오. 죽은 시체로 무덤에 있어야 할 예수님이 제자들에게 나타난 것입니다. 제자들이 얼마나 놀랬을지 상상이 갑니다. 유령이라고 소리를 쳤을까요? 아니면 너무 반가운 나머지 와락 끌어안으려고 했을까요? 복음서 기자는 제자들의 감정에 대해서는 많은 말을 하지 않습니다. 단순히 그들이 '주를 보고 기뻐하더라'고만 말합니다. 이런 표현이 그렇게 자연스럽지는 않습니다. 이것은 훗날 예수님의 부활을 더 정확하게 경험하고 인식한 뒤에 나온 초기 기독교의 신앙고백입니다. 성령을 받으라는 22절과 사도들의 사죄 권한을 서술한 23절의 말씀을 보면 부활의 주님을 보고 기뻐했다는 표현이 후대의 기록이라는 게 더 분명해집니다. 죽은 사람을 며칠 만에 다시 만나는 건 놀라운 일이지 기쁜 일은 아니니까요.

둘째 대목은 24-29절입니다. 도마와 연관된 이야기입니다. 안식 후 첫날에 제자들이 부활의 주님을 만났을 때 도마는 그 자리에 없었습니다. 도마는 그 사실을 믿지 못하겠다고 고집을 피웠습니다. "내가 그의 손의 못 자국을 보며 내 손가락을 그 못 자국에 넣으며 내 손을 그 옆구리에 넣어 보지 않고서는 믿지 아니하겠노라"(25절). 여드레가 지난 다음 도마를 포함해서 제자들이 다시 모였을 때 부활의 주님이 다시 나타나셨다고 합니다. 평화의 인사를 주시고 도마에게 손과 옆구리 이야기를 하셨습니다. "네 손가락을 이리 내밀어 내 손을 보고 네 손을 내밀어 내 옆구리에 넣어 보라 그리하여 믿음 없는 자가 되지 말고 믿는 자가 되라"(27절). 도마는 부활의 주님의 몸에 실제로 손을 댔을까요? 그것은 불가능한 이야기입니다. 본문 앞에 나오는 막달라 마리아의 부활 경험 이야기에서는 예수님이 마리아에게 이렇게 말씀하셨습니다. "나를 붙들지 말라. 내가 아직 아버지께로 올라가지 아니하였노라"(요 20:17). 요한복음이 첫 대목에서도 그랬고 둘째 대목에서도 그런 것처럼 예수님의 손과 옆구리를 강조하는 이유는 부활의 주님이 바로 역사적 예수라는 사실을 강조하려는 것입니다. 이것은 초기 기독교에서 벌어졌던 영지주의와의 논쟁과 연관됩니다. 영지주의자들은 하나님의 아들이 실제로 죽었다는 사실을 받아들일 수 없었습니다. 예수님의 몸은 가현(假現)된 것이라고 주장했습니다. 이에 반해 정통 기독교는 손에 못 자국이 있고 옆구리에 창 자국이 있는 역사적 예수가 바로 하나님의 아들이며, 그가 바로 부활한 그분이라고 주장했습니다. 도마는 예수님에게 이렇게 말합니다. "나의 주님이시오 나의 하나님이시나이다." 예수님은 그에게 다시 말씀하십니다. "너는 나를 본고로 믿느냐 보지 못하고 믿는 자들은 복되도다"(29절).

도마의 신앙

도마는 자기가 직접 확인해야만 믿는 사람입니다. 자기에게 설득이 되어야 믿을 수 있다는 주장은 이상한 게 아닙니다. 이런 주장은 도마에게만 한정된 게 아니라 초기 기독교의 많은 사람들에게 해당됩니다. 요한복음이 기록되던 기원 후 90-100년 어간에 예수 부활을 직접 경험한 사람은 하나도 없었습니다. 원래 부활을 경험한 사람들은 일부였습니다. 바울이 전하는 부활 경험자들의 목록에 따르면 5백여 명에 불과합니다. 그들이 살아 있을 때는 교회에서 부활 신앙이 흔들리는 일은 별로 없었습니다. 그러나 그들이 모두 죽었습니다. 부활에 관해서는 이제 아무도 직접적으로 증거할 사람이 없었습니다. 부활을 믿지 못하겠다고 주장하는 사람들이 많이 나온 것은 당연합니다. 사실은 그 이전의 상황도 비슷합니다. 바울은 고린도전서 15장 12절에서 그 상황을 이렇게 전합니다. "그리스도께서 죽은 자 가운데서 다시 살아나셨다 전파되었거늘 너희 중에서 어떤 사람들은 어찌하여 죽은 자 가운데서 부활이 없다 하느냐." 부활을 경험한 사람들이 여전히 활동하고 있던 시절에도 부활을 믿지 못하겠다고 생각하는 사람들이 있었다는 말씀입니다. 부활 경험자들이 모두 죽은 다음에는 그런 주장이 더 강하게 나올 수밖에 없습니다.

오늘 우리는 부활 사건으로부터 2천 년이 지난 시대를 살고 있습니다. 예수 그리스도의 부활을 믿는 게 가능할까요? 각자 다를 겁니다. 믿는다고 생각하는 분들도 있고, 믿지 못하겠다고 생각하는 분들도 있고, 잘 모르겠다고 생각하는 분들도 있을 겁니다. 솔직하게 말하면 믿기 힘듭니다. 믿지 않아도 신앙생활 하는데 아무런 지장이 없습니다. 겉으로 아무리 믿는다고 큰소리를 쳐도 실제로는 믿지 않습니다. 그게 삶으로 모두 드러납니다. 만약 한국의 기독교인들이 부활을 실제로 믿는다면 지금처럼 살지는 않겠지요. 교회가 얼마나 세속적인 방식으로 작동되는지 여러분도 아실 겁니다. 정치권처럼 이전투구도 서슴지 않습니다. 교회의 빈익빈부익부 현상이 점점 더 심해지고 있습니다. 종교적인 욕망에 사로잡힙니다. 모두 부자가 되고, 출세하고, 모두 건강하고, 모두 엘리트가 되고, 타종교를 멸시하고, 성적 소수자를 무시하고, 교회 이기주의에 매몰됩니다. 물론 현실 교회는 경우에 따라서 잘못이 있을 수는 있으나 그런 것들이 정화될 기미가 보이지 않는다는 점에서 오늘 부활 신앙은 허울뿐이라는 사실이 분명한 게 아닐는지요.

부활을 믿기 힘든 이유는, 그리고 겉으로는 믿는다고 말해도 실제로는 그렇게 살지 못하는 이유는 현대인들이 세상을 실증적으로만 받아들인다는 데에 있습니다. 손으로 만지고 눈으로 보아야만 확실한 것으로 믿는 사고방식입니다. 그런 방식의 세계관에 우리가 완전히 길들여졌습니다. 거기에만 시각이 고정되었습니다. 그렇게 고정된 시각으로는 그것 너머의 세계를 볼 수 없습니다. 아무리 노력해도 보이지 않습니다. 보십시오. 지금 우리가 무엇을 확실한 것(reality)으로 여기고 살아갑니까? 여러분의 삶이 실제로 의존하고 있는 것이 무엇입니까? 모두 눈으로 확인할 수 있는 것들입니다. 노골적으로 말하면 돈입니다. 권력입니다. 지난 수요일에 총선이 있었습니다. 4년 반 전에는 대통령 선거도 있었습니다. 이런 선거 결과를 관통하는 키워드가 무엇인가요? 잘 살게 해달라는 것입니다. 돈은 모든 가치를 재단하는 절대적 기준입니다. 좀 못살아도, 또는 경제발전이 늦어도 정의로운 세상이 되도록 합시다라고 주장하는 후보나 정당은 선택받지 못합니다. 이번 선거에서 녹색당, 진보신당은 최소한의 득표도 못해서 해체되고 말았습니다. 아마 기독교인들도 대개는 이런 관점으로 투표를 했겠지요. 보이는 것만을, 손에 넣을 수 있는 것만을 기준으로 살아가면서 보이지 않는 부활을 믿는다고 말할 수 있을까요? 그렇게 말한다면 그는 거짓말을 하는 것이며, 아니면 자기 최면에 빠진 겁니다.

듣는 신앙

예수님이 도마에게 한 말씀을 들어보십시오. "너는 나를 본고로 믿느냐 보지 못하고 믿는 자들은 복되도다." 여기서 보지 못하고 믿는 사람들은 지난 2천 년 기독교 역사에서 살았던 모든 사람들입니다. 그들은 부활을 보지 못했습니다. 그러나 부활을 믿어야 합니다. 보지 못하고 믿기는 힘듭니다. 그렇다고 해서 그것이 불가능한 것은 아닙니다. 보지 못하고 믿는 것이 무조건 어리석은 것도 아닙니다. 이 세상은 눈으로 보고 손으로 만져봐야만 확실한 것도 아닙니다. 이번 총선에서 민통당

비례대표 1번은 전순옥 박사입니다. 영국에서 노동 문제를 주제로 박사학위를 받은 분입니다. 그분의 오빠가 고 전태일 씨입니다. 전태일 씨를 여러분은 보지 못했습니다. 저도 마찬가지입니다. 저는 故 조영래 변호사가 쓴 《전태일 평전》을 읽었습니다. 그 책을 통해서 전태일과 연관된 일들을 알게 되었습니다. 제가 지금 전태일을 직접 보지 못했다고 해서 그가 역사적 인물이 아니라고 말할 수는 없습니다. 조영래 씨도 전태일 씨가 살아 있을 때는 한 번도 만나본 적이 없었다고 합니다. 어쨌든 제가 말씀드리고 싶은 것은 자기가 직접 확인할 수 있어야만 확실한 것은 아니라는 말씀입니다.

부활의 주님을 보지 못하고 믿는다는 것은 '듣고' 믿는다는 뜻입니다. 듣고 믿는 게 보고 믿는 것보다 훨씬 정확합니다. 이런 설명이 여전히 이상한가요? 일상에서는 듣는 것이 위험하기도 합니다. 티브이 광고에 속기도 합니다. 그러나 궁극적인 진리에서는 듣는 것이 최선입니다. 여기서 본다는 것은 개인이 직접 확인한다는 뜻이라면, 듣는다는 것은 역사적 전통에 기대 있다는 뜻입니다. 유럽의 각성운동, 청교도운동, 그리고 미국의 부흥운동은 전반적으로 직접적인 경험에 무게를 둡니다. 성령 체험도 강조합니다. 구원의 확신을 강조합니다. 한국교회도 대부분 이런 경향이 있습니다. 이런 신앙은 개인을 강조하고, 지금 여기서의 실존적 경험을 강조합니다. 이게 보는 신앙입니다. 무언가 변화가 당장 일어나는 것을 확인합니다. 듣는 신앙은 교회 역사에 무게를 둡니다. 그 역사에 성경이 있고, 신조가 있고, 신학논쟁이 있습니다. 전자는 개인 영성이고, 후자는 공동체 영성입니다. 전자는 실존적 영성이라면 후자는 역사적 영성입니다. 보지 못하고 믿는다는 말은 교회 역사가 전해주는 말에 귀를 기울이는 신앙을 가리킵니다. 그런 사람들은 복이 있습니다.

교회에서는 두 가지 신앙이 충돌합니다. 오늘 본문이 말하듯이 보고 믿는 것과 보지 않고 믿는 것입니다. 보고라도 믿을 수 있으면 좋습니다. 예수님도 도마에게 손을 넣어 보고 믿음 없는 자가 되지 말고 믿는 자가 되라고 말씀하셨습니다. 그러나 바람직한 신앙은 보지 않고 믿는 것입니다. 여러분은 어느 쪽에 있습니까? 어느 쪽을 택하겠습니까? 무언가 구체적인 것이 보이지 않는다고 해서 불안해하지 마십시오. 손에 잡히는 것이 없다고 해서 걱정하지 마십시오. 보는 것에 신경을 너무 쓰지 마십시오. 확증을 구하려고 하지 마십시오. 거꾸로, 들으려고 하십시오. 성서가 무엇을 말하는지를 듣도록 하십시오. 2천 년 기독교 역사가 무엇을 우리에게 전승해주고 있는지 귀를 기울이십시오. 부활의 주님은 이제 보이지 않는 방식으로, 즉 말씀과 교회 전통을 통해서 우리와 만나십니다.

부활절 셋째 주일
요한일서 3:1-6
2012년 4월 22일

하나님 자녀의 비밀

　기독교인을 가리켜 하나님의 자녀라고 합니다. 오늘 설교 본문 요한일서 3장 1절을 보십시오. "보라 아버지께서 어떠한 사랑을 우리에게 베푸사 하나님의 자녀라 일컬음을 받게 하셨는가." 2절에도 똑같은 말이 나옵니다. "사랑하는 자들아, 우리가 지금은 하나님의 자녀라." 하나님의 자녀라는 단어가 우리에게 익숙하기는 하지만 실제로는 이해하기가 쉽지 않습니다. 헬라어로 '테크나 데우'이고, 영어로 '칠드런 오브 갓'이라고 합니다. 하나님의 자식들이라는 뜻입니다. 생각해 보십시오. 하나님에게 자식이 있을 수 있나요? 헬라 신화의 신들은 사람과 똑같이 결혼하고 자식을 낳지만 성서의 하나님은 그런 일이 없습니다. 초기 기독교인들은 왜 자신들을 하나님의 자녀들이라고 생각했을까요? 지금 여러분은 그들과 마찬가지로 자신을 하나님의 자녀라고 여기시나요? 그 근거가 무엇입니까?
　기독교의 '하나님의 자녀'라는 개념에 영향을 끼친 주변의 사상은 두 가지입니다. 하나는 유대인들의 사상입니다. 그들은 자신들을 하나님의 백성이라고 생각했습니다. 선민사상입니다. 온 세상에 많은 민족들이 있지만 그중에서 유대민족만을 하나님이 선택하셨다는 주장입니다. 그런 이야기는 구약에 흔하게 나옵니다. 대표적으로 하나님이 아브라함을 찾아오셔서 약속을 맺으셨고, 모세를 찾아와서 출애굽 사명을 맡기시고 또 약속을 맺으셨습니다. 유대인들은 자신들이 다른 민족보다 도덕적으로 더 뛰어나거나 머리가 좋아서가 아니라, 아무 이유 없이 하나님이 선택하셨다고 믿었습니다. 하나님께서 유대민족이 살아갈 수 있는 땅을 주시고 후손을 많게 해주셨다고 믿었습니다. 간혹 하나님의 백성이라는 믿음이 크게 흔들린 적이 있었습니다. 대표적으로는 바벨론에 의한 예루살렘 파멸과 포로생활이 있었을 때입니다. 그런 상황에서도 그들은 자신들이 하나님의 말씀을 따르지 않았기 때문에 그런 일이 벌어졌다고 생각했습니다. 그들은 어떤 경우에도 하나님의 백성이라는 사실을 완전히 포기한 적은 없습니다. 기독교인들은 유대인들의 이런 주장을 부분적으로만 인정합니다. 유대인들이 하나님께서 보내신 하나님의 아들이신 예수님을 그리스도로 인정하지 않았기 때문입니다. 하나님은 이제 예수 그리스도를 믿는 기독교인들을 선택했습니다. 그래서 유대인들이 아니라 바로 기독교인들이 하나님의 새로운 백성이 되었습니다. 그 백성이 곧 하나님의 자녀입니다.

다른 하나는 영지주의입니다. 영지주의(그노시시즘)는 지식이라는 뜻의 헬라어 '그노시스'에서 왔습니다. 일반적인 지식이 아니라 신비한 지식입니다. 그런 신비한 지식의 눈으로 보면 이 세상은 선과 악의 대립입니다. 영과 육이 대립합니다. 거룩한 영과 악한 영이 대립합니다. 하나님의 자녀와 마귀의 자녀가 대립합니다. 하나님의 자녀는 빛의 자녀이고, 마귀의 자녀는 어둠의 자녀입니다. 이런 사실이 그냥 깨달아지지는 않습니다. 빛에 속한 사람들만 이것을 깨달을 수 있습니다. 그것이 영적인 깨달음입니다. 영지주의의 이런 입장은 초기 기독교 입장과 별로 다른 게 없어 보입니다. 그렇습니다. 초기 기독교는 영지주의로부터 영향을 크게 받았습니다. 요한복음과 요한서신에는 하나님의 자녀와 빛의 자녀라는 표현이 자주 나옵니다. 초기 기독교는 영지주의를 통해서 기독교인들이 마귀 자녀들과 대립하는 하나님의 자녀이고, 어둠의 세계와 대립하는 빛의 세계에 속한다고 생각했습니다. 거기까지만 비슷합니다. 원래 이단은 전부 다른 게 아니라 끝만 다릅니다. 그래서 신자들이 구분하지 못합니다. 무엇이 다를까요?

이미, 아직 아닌

영지주의는 자신들이 이미 하나님의 자녀라는 사실에만 초점을 맞추었습니다. 이미 빛에 속해 있습니다. 그래서 어둠과는 아무런 상관이 없습니다. 이미 신성이 그들에게 임했다는 겁니다. 이제 그 사실을 뚫어보기만 하면 됩니다. 그들이 아무리 그렇게 주장한다고 해도 실제로는 자신들이 죄를 짓고 실수할 때가 많다는 사실을 외면할 수는 없습니다. 사람이 죽지 않는 한 악에서 완전히 자유로울 수 없기 때문입니다. 수도원이나 수녀원에서 생활하는 분들이라 하더라도 정도의 차이만 있을 뿐이지 악의 지배를 받습니다. 인간은 선에 속했으면서도 악을 행한다는 딜레마를 벗어날 수는 없었습니다. 영지주의자들은 빛에 속했다는 사실과 어둠에 속했다는 사실을 이원론적으로 분리함으로써 이 딜레마를 해결합니다. 자신들이 악의 지배를 받는 것은 실제가 아니라 가짜라는 겁니다. 악에 지배당하는 몸은 실제의 자신이 아닙니다. 그들은 현재 이미 몸을 떠나 완전히 영에 속해 있기 때문에 육에 의한 잘못은 자신들의 죄가 아니라고 생각했습니다. 참으로 편리한 생각입니다. 그래서 매력적입니다. 한국에서 귀신론으로 통칭되는 김기동 목사의 주장이나 구원파로 통칭되는 박옥수 목사의 주장 역시 유사 영지주의입니다. 귀신론을 아시지요? 모든 악한 일은 귀신 책임입니다. 길을 가다가 돌에 걸려 넘어져도 귀신의 장난으로 봅니다. 심지어 감기도 역시 귀신입니다. 이런 식이라면 인간에게는 아무 책임이 없습니다. 구원파에게도 죄에 대한 책임은 없습니다. 이미 구원을 받았기 때문에 그 이후에 벌어지는 죄는 죄도 아닙니다. 철저한 영육 이원론에 기울어진 것입니다.

정통 사도들과 교부들은 하나님의 자녀라는 사실을 영지주의자들과는 다르게 생각했습니다. 이미 하나님의 자녀라는 사실은 똑같이 중요한 것으로 받아들였습니다. 그러나 그것으로 모든 문제가 끝나지 않습니다. 하나님의 자녀가 아직 완전한 게 아니라는 말씀입니다. 2절 말씀을 보십시오. "우리가 지금은 하나님의 자녀. 장래에 어떻게 될지는 아직 나타나지 아니하였으나…" 우리 개역개정역은 신학적으로 애매합니다. 루터는 이렇게 번역했습니다. "우리는 이미 하나님의 자녀입니다. 그러나 우리가 어떻게 될지는 아직 계시되지 않았습니다." 이 문장에 나오는 두 가지 부사가 중요합니다. 하나는 schon(숀, 영-already)이고, 다른 하나는 noch nicht(노흐 니히트, 영-not yet)입니다. '이미'와 '아직 아님'의 변증법적 긴장이 있습니다. 영지주의는 '이미'에만 절대적인 무게를 둔다면 교부들은 '아직 아님'과의 긴장에 무게를 두었습니다.

어떤 분들은 이런 차이가 별 것 아니라고 생각합니다. 그건 단순히 강조점의 차이일 뿐이지 실제로 기독교인들이 하나님의 자녀라는 사실에는 차이가 없다고 말입니다. 그렇지 않습니다. 작게 보이는 차이가 결국은 결정적인 차이로 나타납니다. '아직 아님'이라는 부분이 약화되면 죄가 추상화됩니다. 몇 년 전부터 한국교회에 '영적 싸움'이라는 말이 나돌았습니다. 선한 영과 악한 영의 싸움이 벌어지고 있다는 것입니다. 적그리스도와 싸우는 것이 오늘 하나님의 자녀들에게 주어진 사명이라고 합니다. 그래서 가깝게는 한국에서 불교를 적대시하고, 멀게는 이슬람권을 적대시합니다. 이런 생각으로 벌이는 퍼포먼스가 속칭 '땅밟기'입니다. 이런 주장은 일종의 기독교 패권주의와 다를 게 없습니다. 그리고 신앙적으로는 영지주의적 사고방식입니다. 이들에게는 구체적인 역사와 삶이 실종됩니다. 오늘 한국교회가 비정규직 문제, 사회 소수자, 경제 민주화, 통일문제, 그리고 핵 문제와 생태 문제에 대해서 진지하게 성찰하지 않습니다. 미자립 교회 문제는 강 건너 불로 여긴 채 해외 선교사 파송에 열을 올립니다. 제가 자주 강조하는 문제인데, 미자립 교회를 방관하는 것 자체가 죄입니다. 그런 현상을 별로 심각하게 생각하지 않는다는 것은 죄가 추상화되었다는 뜻입니다. 영지주의의 유산입니다.

초기 기독교의 정통 교부들은 영지주의자들과 달리 인간의 죄, 역사적 책임, 악과의 투쟁을 엄중하게 다루었습니다. 하나님의 자녀가 '아직 아님'이라는 사실을 분명하게 인식하고 있었기 때문입니다. 하나님의 자녀들도 역시 죄의 지배로부터 벗어난 게 아니라는 사실을 알고 있었기 때문입니다. 죄의 지배는 영지주의자들의 주장처럼 악한 몸에 한정되는 게 아니라 총체적인 부패입니다. 오늘 본문 4절을 보십시오. "죄를 짓는 자마다 불법을 행하나니 죄는 불법이라." 죄는 실질적으로 옳지 못한 일이라는 뜻입니다. 6절은 이렇습니다. "범죄하는 자마다 그를 보지도 못하였고 그를 알지도 못하였느니라." 하나님의 자녀라고 하면서 죄를 행하는 것은 말이 되지 않습니다. 죄는 자기의 책임입니다.

종말론적 희망

하나님의 자녀가 '아직 아님'이라는 사실 때문에 기독교인들이 이 세상에서 여전히 죄의 지배를 받는다면 세상 사람들과 무슨 차이가 있을까요? 그 차이가 눈에 보이지는 않습니다. 기독교인들은 머리에 사슴처럼 아름다운 뿔이 달리거나 눈에 광채가 나는 게 아닙니다. 방언, 입신도 증거가 아닙니다. 큰 교회당도 그런 표시가 될 수 없습니다. 결정적인 차이는 종말론적 영성입니다. "주를 향하여 이 소망을 가진 자"(3절)가 바로 기독교인입니다. 이 소망은 우리가 종말에 예수 그리스도와 같아지는 것에 있습니다. 그 예수 그리스도는 부활의 주님이십니다. 종말에 우리는 예수 그리스도처럼 부활체로 변화됩니다. 우리는 그 소망으로 삽니다. 그게 결정적인 차이입니다. 그 소망으로 우리는 세상에서 하나님의 자녀답게 사는 일에 최선을 다 합니다. 그래서 악과 투쟁합니다.

종말이라는 말이 너무 멀게 느껴지시나요? 2b절을 보십시오. "우리가 그와 같을 줄을 아는 것은 그의 참모습을 그대로 볼 것이기 때문이니…" 종말은 예수 그리스도의 참모습을 볼 수 있는 순간이며, 바로 그 사건입니다. 부활체를 직접 볼 수 있다는 뜻입니다. 지금은 아직 보지 못합니다. 하나님을 본 자는 죽는다는 말처럼 살아 있는 한 아무도 부활의 주님을 직접 볼 수 없습니다. 부활의 주님은 이미 승천하시고 하나님 우편에 계십니다. 간혹 주님을 직접 보았다고 주장하는 사람도 있지만 그것은 가능하지 않습니다. 천당을 보고 왔다는 말도 가능하지 않습니다. 그런 사람들의 주장은 거짓말이든지 아니면 자기 착각입니다. 부활의 주님을 본다는 것은 궁극적인 생명을 본다는 것인데, 그것은 종말에만 가능합니다. 그때가 되어야 우리는 부활 생명을 직면하게 될 것입니다. 기대가 되지요? 마음이 설레지요? 세상살이가 너무 재미 있어서 그런데 관심을 기울일 여유가 없으신가요? 오해는 마십시오. 허무주의에 빠지거나 경쟁 중심의 세상살이에 지쳐서 현실도피적으로 종말의 부활을 희망한다는 뜻이 아닙니다. 종말 신앙을 아는 사람은 지금 여기서의 삶에서도 희열을 느낍니다. 천상병 시인의 표현처럼 세상살이를 '소풍' 처럼 여기며 삽니다. 그러나 부활 생명은 이런 것과 질적으로 완전히 다른 생명입니다. 플라톤의 비유로 말씀드리면 동굴 안이 아니라 동굴 밖의 생명입니다. 그게 기다려지시나요? 거기에 영적인 관심이 기울어져 있으신가요? 하나님의 자녀인지 아닌지를 분별할 수 있는 가장 중요한 질문이 그것입니다.

    이런 종말론적 희망에 대해서 세상 사람들은 알지 못하고 동의하지도 않습니다. 요한일서 3장 1b절이 이렇게 말합니다. "세상이 우리를 알지 못함은 그를 알지 못함이라." 세상은 하나님도 모르고, 하나님의 통치도 모르고, 부활 생명도 모릅니다. 그들은 거기에 동의하지 않습니다. 종말의 부활 생명을 희망하는 우리를 그들은 알지 못합니다. 모르는 게 당연합니다. 그들이 우리를 너무 잘 알면 우리 신앙에 문제가 있다는 의미입니다. 그들은 우리가 하나님의 자녀라는 사실을 인정하지 않습니다. 왜냐하면 그것은 비밀이기 때문입니다. 부활 생명은 비밀이기 때문입니다. 이 비밀을 여러분은 실제로 알고 있으신가요? 그걸 모른다면 하나님의 자녀가 아닙니다. 종말에 우리가 부활의 주님과 같아진다는 이 비밀을 알고 있는 사람은 살아있을 동안에 자기를 깨끗하게 합니다 (3절). 왜냐하면 지금 이런 육신을 안고 사는 우리가 부활체로 변화될 것을 알고, 희망하기 때문입니다. 마치 결혼을 앞둔 예비 신랑, 신부처럼 말입니다.

부활절 넷째 주일
사도행전 4:5-12
2012년 4월 29일

나사렛 예수는 그리스도다

 톨스토이의 대표작인 《부활》에는 재판 장면이 자주 나옵니다. 주인공 카츄샤가 살인절도 혐의로 형사재판을 받기 때문입니다. 네흘류도프 공작은 피의자가 누군지 모르는 가운데 그 재판의 배심원으로 나왔다가 카츄샤를 발견하고 깜짝 놀랍니다. 네흘류도프 공작은 젊은 시절 객기로 카츄샤를 농락해서 임신하게 만듭니다. 결국 카츄샤는 하녀 겸 양녀로 있던 집에서 쫓겨나 창녀가 되고 말았습니다. 카츄샤의 운명에 대한 책임이 자신에게 있다고 생각한 네흘류도프 공작은 카츄샤가 실형을 선고 받아 유형을 떠난 시베리아까지 따라가서 뒷바라지를 하면서 영혼의 자유를 얻습니다. 그게 책 제목인 부활을 가리킵니다.
 톨스토이는 당시 법정의 한 장면을 이렇게 묘사합니다. 검사와 변호사가 카츄샤의 범죄 사실을 놓고 공방을 벌이는 동안에 판사들은 그 말에 귀를 기울이지 않고 다른 생각을 합니다. 어떤 판사는 자기 아내와의 싸움을 걱정하고, 어떤 판사는 빨리 재판을 끝내고 정부를 만나러 갈 일에 정신이 팔려 있습니다. 억울한 누명을 쓴 카츄샤의 운명이 걸린 재판이 판사들에게는 아침에 마시는 커피 한잔에 불과했습니다. 모든 법조인들이 다 그런 것은 아니지만 이런 일이 없는 것은 아닙니다. 지금 한국에서도 그런 일들은 반복됩니다. 실화를 바탕으로 만들어진 영화「부러진 화살」도 그걸 주제로 합니다. 대학교에서 수학을 가르치던 교수가 억울하게 재임용에 탈락한 사건이 블랙 코미디와 같은 그 전체 이야기의 단초입니다. 정의의 보루여야 할 법정이 늘 정의로운 게 아닙니다. 때로는 의도적으로, 때로는 무의식적으로 불의 편에 섭니다. 예수님을 십자가에 처형한 이들도 당시의 판사이고 검사였습니다.

오늘 설교 본문의 배경도 법정입니다. 사도행전 4장 5, 6절에 일련의 사람들이 열거됩니다. 관리, 장로, 서기관, 대제사장 안나스, 가야바, 요한, 알렉산더, 대제사장의 문중이 그들입니다. 당시 71명으로 구성된 유대의 최고 법정인 산헤드린의 구성원들입니다. 이들은 감옥에 갇혀 있던 베드로와 요한을 불러내서 재판을 열었습니다. 이때의 분위기가 어땠을지 상상이 갑니다. 산헤드린 의원들은 최고 엘리트들입니다. 지금의 대법관과 같습니다. 이들에 비해서 베드로와 요한의 위치는 초라합니다. 원래는 어부였다가 나중에 예수님의 제자들이 되었을 뿐입니다. 산헤드린 회원들은 베드로와 요한을 가운데 놓고 빙 둘러 앉았습니다. 이들은 사도들에게 이렇게 물었습니다. "너희가 무슨 권세와 누구의 이름으로 이 일을 행하였느냐?"(행 4:7) 권세와 이름은 똑같은 의미입니다. 황제의 이름은 황제의 권위를, 총독의 이름은 총독의 권위를 나타냅니다. 이들이 이렇게 물은 데에는 다 이유가 있습니다. 대답을 찾으려면 우선 베드로와 요한이 왜 감옥에 갇혔으며, 지금 왜 재판을 받게 되었는지를 알아야 합니다.

오늘 재판 이야기는 사도행전 3장 1절 이하에 보도된 장애인 치유 사건과 직접 연관됩니다. 베드로와 요한은 유대인들의 기도 시간을 따라서 오후 3시에 기도하러 예루살렘 성전으로 올라가다가 성전의 미문에 걷지 못하는 장애인이 앉아서 구걸하고 있는 걸 보았습니다. 이 사람은 베드로와 요한에게도 구걸했습니다. 베드로는 그 자리에서 "은과 금은 내게 없거니와 내게 있는 이것을 주노니 나사렛 예수 그리스도의 이름으로 일어나 걸으라"고 명령을 내려서 그를 고쳤습니다. 그리고 거기 모인 사람들에게 예수 그리스도를 전했습니다. 이 소문이 산헤드린 당국자들의 귀에 들어갔습니다. 베드로의 설교 내용이 그들 마음에 들지 않았습니다. 특히 예수를 통해서 죽은 자의 부활이 있을 거라는 내용을 못마땅해 하였습니다. 그러나 장애인이 고침을 받은 것은 사실이었기 때문에 그것 자체를 금지시킬 수는 없었습니다. 그래서 그들은 지금 권세와 이름을 내세운 것입니다. 자격이 없는 사람들이 장애인을 고친 행위가 잘못이라는 뜻입니다. 말하자면 의사 자격증이 없는 사람이 의료 행위를 했다는 트집이었습니다.

치유의 근원

베드로는 산헤드린 앞에서 기 죽지 않고, 성령이 충만하여 대답했다고 합니다. 성령이 충만했다는 말은 진리의 영에 사로잡혔다는 뜻입니다. 그의 대답은 아주 명백했습니다. 장애인의 치유는 나사렛 예수 그리스도의 이름으로 된 것이라고 했습니다. "나사렛 예수 그리스도의 이름으로 이 사람이 건강하게 되어 너희 앞에 섰느니라"(10b절). 이 문장에 초기 기독교의 신앙이 담겨 있습니다. 예수님은 우리를 건강하게 하신다는 신앙입니다. 이것을 단순히 장애 치유 같은 것으로만 생각하면 오해입니다. 장애나 질병은 우리의 삶을 왜곡시키는 많은 요소 중 하나입니다. 예수를 믿는다고 해서 이런 문제가 기계적으로 해결되지는 않습니다. 더 근본적으로는 모든 사람들이 병에 안 걸리고, 늙지도 않고, 죽지 않는다고 해도 무조건 행복한 것은 아닙니다. 죽음이 없다면 삶도 의미가 없고, 아프지 않으면 건강도 의미가 없습니다. 기독교 신앙은 그런 문제들을 근본적으로 해결해주는 도구가 아닙니다. 그러나 훨씬 근원적인 차원에서 사람들을 건강하게 한다는 것은 분명합니다. 그런 건강은 영적인 것입니다. 삶에 대한 총체적인 태도를 가리킵니다. 장애를 지닌 채 건강한 사람도 있고 비장애이면서 건강하지 못한 사람도 많습니다. 가난하면서도 총체적으로 건강하게 살아가는 사람이 있고 부자이면서도 오히려 건강하지 못하게 살아가는 사람도 있습니다. 몸도 건강하고, 돈도 많고, 영적으로도 건강하게 살고 싶으십니까? 그렇게 할 수 있다면 오죽 좋겠습니까만 실제로는 그게 불가능합니다. 왜 그런지는 인생을 좀 살아본 사람들은 알 겁니다.

오늘 본문은 장애인이 치유되었다는 사실 자체가 아니라 그런 치유의 근원이 누구인가에 초점이 있습니다. 그 근원은 예수 그리스도입니다. 본문은 이 예수 그리스도가 누군지를 정확하게 설명합니다. 10절은 이렇습니다. "너희가 십자가에 못 박고 하나님이 죽은 자 가운데서 살리신 나사렛 예수 그리스도…." 사람들이 그를 죽였다는 사실과 하나님이 살렸다는 사실이 대비됩니다. 본문은 그것을 다시 시편 118편 22절을 인용해서 강조합니다. "이 예수는 너희 건축자들의 버린 돌로서 집 모퉁이의 머릿돌이 되었느니라." 예수님은 사람들에 의해서 버림받았습니다. 예수님은 역사에서 반복된 무죄한 이들의 고통을 대표합니다. 이런 근원적인 죄성에 의한 삶의 왜곡은 사람의 손으로 해결될 수 없습니다. 원수를 갚는다고 해서 해결되지도 않습니다. 예수를 못 박은 사람들을 찾아내서 엄벌에 처한다고 해서 문제가 해결되는 것도 아닙니다. 신약성서는 전혀 다른 해결책을 제시합니다. 하나님이 예수님을 죽은 자 가운데서 살리셨다는 것입니다. 이것은 사람이 할 수 있는 일이 아니라, 이 세상을 무로부터 창조하신 분만 할 수 있는 일입니다. 예수의 부활은 바로 창조 사건입니다. 수명을 늘리거나 건강을 유지하거나 복지를 높이는 수준이 아니라 그런 것과 전혀 다른 궁극적인 생명으로 변화되는 것입니다. 모든 치유의 근원은 바로 여기에 있습니다. 부활 생명으로의 변화입니다.

그것이 무슨 뜻인지 지금은 손에 잡히지 않을지도 모릅니다. 우리는 지금의 이런 삶의 형식에 길들여졌기 때문입니다. 이는 마치 소유를 통해서만 행복을 추구하는 세상에서 무소유를 말하는 것과 비슷합니다.

예수의 부활 사건을 이해하려면 지금의 생명 경험을 표면적으로 생각하지 말고 심층적으로 생각해야 합니다. 요한복음은 그것을 영생이라는 말로 표현했고, 요한계시록은 새 하늘과 새 땅이라고 표현했습니다. 전적으로 새로운 생명이며 세상입니다. 우리가 만든 것이 아니라 우리에게 오는 세상입니다. 오해는 마십시오. 지금 여기서 인간답게 살아가려고 노력하는 것 자체를 과소평가하는 게 아닙니다. 오늘의 삶을 정확하게 이해하고 의미 있게 살아가기 위해서라도, 오늘 본문에 나오는 사람처럼 '건강하게 되어' 살아가기 위해서라도 궁극적 미래에 참여하게 될 부활 생명을 생각해야 합니다. 그 희망을 놓치지 말아야 합니다. 초기 기독교는 이 사실에 집중했습니다.

구원자 예수

치유의 근원이 예수라는 이 진술은 예수가 바로 그리스도라는 의미입니다. 그리스도는 구원자라는 뜻입니다. 본문 12절을 보십시오. 이 구절에 초기 기독교와 지금 우리의 모든 것이 걸려 있는 말씀입니다. "다른 이로써는 구원을 받을 수 없나니 천하 사람 중에 구원을 받을 만한 다른 이름을 우리에게 주신 일이 없음이라." 오직 예수 그리스도만이 구원을 주신다는 뜻입니다. 이것은 메시아니즘에 대한 질문입니다. 지금 베드로와 요한을 심문하고 있는 유대인들은 메시아를 기다리고 있습니다. 그들은 이집트, 앗시리아, 바벨론, 로마제국으로부터 억압을 받았습니다. 메시아가 오면 그 모든 제국의 억압 구조를 제압하고 예루살렘이 세계의 중심 도시가 되는 세상을 만들 것이라고 생각했습니다. 베드로는 지금 유대인들이 대망하고 있는 메시아, 즉 그리스도가 바로 나사렛 예수라고 말했습니다.

유대인들만이 아니라 동서고금을 막론하고 인류는 늘 메시아를 대망했습니다. 수많은 정치와 전쟁의 영웅호걸들이 메시아를 자처했습니다. 인류를 자신들이 구원할 수 있다고 주장했습니다. 민중들은 그들에게 열광했습니다. 그중에는 사이비도 많습니다. 구원이 아니라 인류를 파멸로 몰아넣은 이들도 많습니다. 자신의 정치적 목적을 위해서, 또는 민족주의적 패권을 위해서 전쟁을 부추기는 영웅들은 모두 사이비입니다. 히틀러도 20세기 초반 독일 사람들에게는 메시아였습니다. 그는 세계 전체를 죽음의 광기로 몰아넣습니다. 오늘날은 새로운 메시아가 나타납니다. 작년에 죽은 애플의 스티브 잡스 같은 이들은 현대판 메시아입니다. 5년 전 어떤 사람들은 이명박 씨에게서 메시아 경험을 했겠지요. 오늘은 박근혜 씨나 안철수 씨가 어떤 이들에게 메시아처럼 느껴질지도 모릅니다. 그들이 어떤 부분에서 뛰어나기 때문이기도 하겠지만 기본적으로는 민중이 메시아를 그리워하기 때문입니다. 인류 역사에 나타난 영웅들이 좋은 역할을 하기도 했습니다. 성인으로 추앙받는 이들도 있습니다. 그러나 아무도 궁극적인 생명을 주지는 못했습니다. 누구도 인류를 생명으로부터 소외시키는 죄 문제를 해결하지 못했습니다. 그 모든 유사 메시아들은 죄로 인해 죽었습니다. 역사에 크고 작은 이름을 남기기는 했으나 그것으로 그만이었습니다.

그러나 예수님은 다릅니다. 그는 참된 그리스도이십니다. 그래서 초기 기독교는 예수 이외에는 구원자가 없다고 용감하게 선포했습니다. 이 사실을 유대인들은 아직도 받아들이지 않고 여전히 메시아를 기다리고 있습니다. 물론 세상 사람들도 받아들이지 않고 메시아를 찾고 있습니다. 이런 점에서 우리 기독교인들은 타종교 및 세상의 학문 및 사상들과 메시아 논쟁을 벌이고 있습니다. 산헤드린을 향해서 예수 그리스도를 전한 베드로처럼 나사렛 예수가 왜 그리스도인지를 오늘 우리는 변증해야만 합니다. 그것이 바로 전도이고 선교입니다.

그런 건 전문적인 신학자나 목사, 선교사의 몫이지 세상살이에 바쁜 일반 신자들에게는 어려운 일이 아니냐고 생각할 수도 있습니다. 각자 삶이 다르기는 하지만 모든 기독교인들은 예외 없이 그리스도를 변증해야 할 사명이 있습니다. 가장 핵심적인 전도와 선교는 본문이 말하듯이 나사렛 예수 그리스도의 이름으로 건강한 삶을 사는 것입니다. 그것이 바로 나사렛 예수가 그리스도라는 사실의 가장 중요한 증거입니다. 그것도 자신이 없으신가요? 실수가 많아서 불안하십니까? 걱정하지 마십시오. 나사렛 예수가 그리스도라는 사실을 실제로 알고 경험한다면 여러분은 모두 총체적으로 건강한 사람이 될 것입니다. 이미 그런 사람이 되었습니다. 예수를 그리스도로 알고 믿는 것 자체가 영적으로 건강하다는 증거입니다. 아멘.

부활절 다섯째 주일
요한복음 15:1-8
2012년 5월 6일

예수 그리스도와의 일치

전체 신약성경 27권 중에서 4권이 예수님의 공생애를 서술한 복음서입니다. 각각의 복음서에 특징이 있습니다. 그중에 요한복음이 가장 두드러집니다. 예컨대 "나는…이다"라고 하는 정형화된 표현이 자주 나옵니다. 헬라어로 "에고 에이미…"라고 합니다. 오늘 본문 요한복음 15장 1절은 이렇게 시작합니다. "에고 에이미 헤 암펠로스 헤 알레티네…" (나는 참포도나무요…) 포도나무는 유대인들에게 특별한 의미가 있습니다. 유대인들만이 아니라 당시 유럽 사람들에게 포도나무는 살아가는 데 아주 중요했습니다. 포도주는 일상적으로 마실 수 있는 가장 중요한 음료였습니다. 구약성경에도 포도나무에 대한 이야기가 자주 나옵니다. 예수님의 비유에도 포도나무와 관련된 게 많습니다. 특히 포도나무는 포도주가 사용되는 성찬예식과 깊이 연관됩니다. "나는 참포도나무요…"라는 멘트는 예수님의 유월절 만찬에서 제자들에게 하신 "이것은 내 몸이요,… 이것은 내 피라"는 말씀과 같은 의미입니다(마 14:22, 24). 기독교인은 나사렛 예수 그리스도와의 일치를 통해서만 생명을, 즉 구원을 얻을 수 있다는 뜻입니다.

그리스도와의 일치라는 말을 피상적으로만 이해하면 곤란합니다. 이것은 우선 구원이 나사렛 예수라는 인격체에게서 시작된다는 뜻입니다. 예수 그리스도에게서 일어난 사건이 바로 구원의 토대입니다. 초기 기독교는 이런 신앙의 중심을 세우기 위해서 치열하게 투쟁했습니다. 다른 종교와의 차이점도 여기에 있습니다. 예컨대 불교 신자들에게 부처는 절대적이지 않습니다. 부처의 깨달음만이 중요합니다. 그러나 기독교인들에게는 예수 그리스도 자체가 절대적입니다. 이런 신앙을 유지하기가 쉽지 않습니다. 왜냐하면 기독교 신앙의 본질에 대한 관심보다는 자기에 대한 관심이 본능적으로 더 강하기 때문입니다. 자아에 대한 관심입니다.

이런 신앙적 태도는 두 가지 극단으로 나타납니다. 하나는 '예수 영접'에만 초점을 두는 신앙입니다. 이런 신앙이 보수적인 한국교회의 대세입니다. 이들은 예수 영접이라는 말을 입에 붙이고 삽니다. 표면적으로는 예수님에 대한 관심이 큰 것처럼 보이지만 결국은 자기에 대한 관심에 머물 때가 많습니다. 예수님이 누군지, 그에게 일어난 일이 무엇인지를 깊이 있게 아는 노력은 기울이지 않고 단순히 그를 믿고 있다는 자기 자신을 확대하고 강화하는 일에 매달리는 데서 이를 확인할 수 있습니다. 이런 신앙으로는 그리스도와의 일치가 불가능합니다.

다른 하나는 사람과 사회의 변화에만 초점을 두는 신앙 행태입니다. 이들은 예수 그리스도보다는 그의 가르침을 따르기만 하면 된다고 주장합니다. 믿음보다는 그 믿음에 걸맞은 변화된 삶이 중요하다는 주장입니다. 일리가 있습니다. 기독교인들이 믿는다는 말만 크게 할 뿐이지 실제 삶은 세속적인 경우가 많습니다. 그러나 이런 주장도 결국은 예수 영접에만 몰입하는 사람들의 경우처럼 예수 그리스도보다는 사람에게 관심을 기울인다는 점에서 바른 신앙은 아닙니다. 기독교는 구원 문제에서 예수 그리스도에게, 그리고 그에게서 일어난 사건에 집중했습니다. 그와의 일치를 통해서만 구원이 가능하다고 보았습니다. 구원은 'extra nos'(우리 밖에서), 그리고 'in Christo'(그리스도 안에서) 일어난다는 믿음입니다. 이런 믿음이 세례와 성만찬이라는 종교 의식으로 자리를 잡았습니다. 그리스도와 함께 죽고 사는 것이 세례이며, 그 세례의 반복이 성만찬입니다.

오늘 본문도 반복해서 예수 그리스도와의 일치를 강조합니다. 기독교인은 포도나무인 예수에게 붙어 있는 포도나무 가지입니다. 가지가 포도나무에 붙어 있지 않으면 열매를 맺을 수 없고, 열매를 맺지 못하는 가지는 쓸모없는 가지가 되어 불에 태워집니다. 4절 말씀을 들어보십시오. "내 안에 거하라 나도 너희 안에 거하리라 가지가 포도나무에 붙어 있지 아니하면 스스로 열매를 맺을 수 없음 같이 너희도 내 안에 있지 아니하면 그러하리라." 7절에도 똑같이 말씀하십니다. "너희가 내 안에 거하고 내 말이 너희 안에 거하면 무엇이든지 원하는 대로 구하라. 그리하면 이루리라." 이런 말씀은 기독교인과 예수 그리스도와의 상호내주(相互內住)를 가리킵니다. 이런 상호내주 사상은 요한복음만이 아니라 바울 신학 사상의 중심이기도 합니다. "내가 그리스도와 함께 십자가에 못 박혔나니 그런즉 이제는 내가 사는 것이 아니요 오직 내 안에 그리스도께서 사시는 것이라"(갈 2:20). "그리스도 예수 안에 있는 자에게는 결코 정죄함이 없나니…"(롬 8:1).

그리스도 안에

그리스도 안에 있다는 말이, 즉 그리스도와의 일치라는 건 무슨 뜻일까요? 사전적인 의미는 어렵지 않지만 실제적인 의미나, 더 나가서 그것에 대한 경험은 간단하지 않습니다. 어떤 사람들은 마음속으로 그것을 느낄 수 있다고 생각할 겁니다. 마치 사랑에 빠진 사람이 늘 상대방을 그리워하듯이 말입니다. 틀린 말은 아니지만 충분한 것도 아닙니다. 사랑의 감정이라는 것이 늘 옳은 게 아니기 때문입니다. 오빠부대 소녀들이 스타들의 공연을 위해서 밤새도록 줄을 서면서 느끼는 감정은 허상일 가능성이 많은 것과 비슷합니다. 예배, 기도, 묵상, 찬송 등등의 경건생활에 열광적으로 매달리는 것을 통해서 그리스도 안에 있다는 사실을 경험한다고 주장하는 사람들도 있습니다. 그들은 매일 교회에 가서 살든지, 매일 성경을 끼고 삽니다. 이런 경건생활이 중요하긴 합니다. 사람은 종교 형식을 통해서 본질을 만나기도 합니다. 그러나 남편과 아내가 늘 붙어산다고 해서 일치되어 있다고 말할 수 없는 것처럼 경건생활 자체가 그리스도와의 일치를 완전히 보장해주지는 않습니다. 어떤 사람은 신앙의 이름으로 사회봉사에 매달립니다. 일종의 휴머니즘의 발현입니다. 아름다운 모습입니다. 그러나 그것도 충분한 것은 아닙니다. 자기희생적인 박애주의도 이기심의 발로인 경우가 적지 않습니다. 꿈이나 환상으로 예수 그리스도를 만나거나 어떤 초자연적인 현상을 경험하는 것이 곧 그리스도 안에 있다는 증거일까요? 우리는 위에서 열거한 그 어떤 것으로도 그것을 확인할 수 없습니다. 내가 누구를 사랑한다는 사실을 객관적인 사건으로 증거 삼을 수 없는 것과 비슷합니다.

요한복음 기자의 대답을 들어보십시오. 포도나무 가지가 나무에 붙어 있는지 아닌지를 확인할 수 있는 길은 가지에 열매가 많이 맺혔는지를 보면 됩니다. 말로만 예수 그리스도에게 붙어 있다 하면서 아무런 열매가 없다면 그것은 허무한 주장이 되고 맙니다. 열매를 보면 가지 상태를 안다는 것입니다. 마태복음 기자도 나무와 열매의 비유를 설명하면서 열매로 그 나무를 알 수 있다고 설명했습니다. "그들의 열매로 그들을 알지니 가시나무에서 포도를, 또는 엉겅퀴에서 무화과를 따겠느냐…이러므로 그들의 열매로 그들을 알리라"(마 7:16-20). 나무가 좋아야 좋은 열매를 맺고, 좋은 열매를 맺어야 좋은 나무라는 게 증명된다는 말씀을 사람들은 믿음도 좋고, 삶의 행위도 좋아야 한다는 가르침으로 받아들입니다. 그래서 비교적 건강한 교회로 이름이 있는 교회는 이 두 가지를, 즉 믿음과 행위, 또는 칭의와 성화를 강조합니다. 과연 그럴까요? 기독교인은 이 두 가지에 매진해야 할까요?

그렇지 않습니다. 우선 나무와 열매의 비유가 어떤 상황에서 주어진 말씀인지를 보십시오. 이 비유는 거짓 선지자들을 배경으로 한 말씀입니다. "거짓 선지자들을 삼가라. 양의 옷을 입고 너희에게 나아오나 속에는 노략질하는 이리라"(마 7:15). 나무와 열매의 비유는 일반 대중에게 필요한 말씀이 아닙니다. '네 행동에 네 믿음이 다 드러나니까 똑바로 살아!' 하고 윤리적으로 충고하는 게 아닙니다. 예수님은 어느 한 순간에도 도덕군자처럼 가르치시거나 행동하신 적이 없습니다. 이것은 거짓 선지자들을 향한 비판입니다. 양의 탈을 쓴 이리와 같은 그들의 말에 속지 말라는 뜻입니다. "수고하고 무거운 짐 진 자들아…"(마 11:28)는 말씀에 나오는 수고와 무거운 짐은 당시 종교 권력자들이 내세운 율법이었습니다. 예수님은 사람에게 무거운 짐으로 작용하는 율법 주장에 현혹당하지 말라고 하신 겁니다.

일치의 존재론적 능력

잘 기억하십시오. 본문에서 열매를 많이 맺으라고 말한 것은 일반적인 관점에서 본이 되게 살아야 한다는 뜻이 아닙니다. 그런 것은 율법학자들과 바리새인들의 주장입니다. 일반 도덕 윤리학자들이 말하는 것입니다. 오늘 본문은 비슷한 말을 하고 있는 것처럼 보이지만 실제로는 전혀 다른 것을 말합니다. 열매 자체가 아니라 열매를 맺을 수 있는 전제 조건이 그것입니다. 포도나무에 붙어 있는 것이 중요합니다. 열매를 맺느냐 아니냐는 그 다음의 문제입니다. 가지가 포도나무에 붙어 있으면 당연히 포도를 맺습니다. 열매를 맺을 수 있는지 아닌지 걱정할 필요도 없습니다. 기독교 신앙에서 그리스도와의 일치가 핵심이라는 말씀입니다.

저는 앞에서 기독교 신앙의 핵심인 그리스도와의 일치를 확인할 수 없다고 말씀드렸습니다. 열매를 통해서도 확인할 수 없습니다. 왜 그럴까요? 그리스도와의 일치는 바람처럼 임의로 움직이는 생명의 힘으로 가능하기 때문입니다. 우리는 바람을 우리가 마음먹은 대로 불게 할 수 없습니다. 바람은 스스로 붑니다. 생명의 힘인 성령도 그와 비슷합니다. 그래서 초기 기독교인들은 '성령이여, 오소서!' 하고 기도하고 찬송을 불렀습니다. 보십시오. 예수 그리스도의 부활 생명과 일치한다는 것이 마음을 먹는다고 됩니까? 너무 거리가 먼 걸로 느껴질 겁니다. 그 의미는 대충 알 수 있고, 믿는 시늉은 할 수 있지만 그 세계 속으로 들어가는 건 전혀 다른 겁니다. 성령이 창조의 영이고, 종말의 영이며, 진리의 영이고, 생명의 영이라는 사실을 낱말 뜻으로는 알지만 그런 앎과 일치해서 사는 건 다른 차원입니다. 그 다른 차원의 삶은 성령 충만으로 가능합니다. 그리스도와의 일치는 존재론적 능력인 성령의 일이라는 뜻입니다. 그 영이 우리에게 임해야만 우리는 부활의 그리스도와 일치될 수 있습니다. 다른 길이 없습니다.

그렇다면 우리가 해야 할 일이 하나도 없다는 뜻일까요? 성령이 우리에게 임하기를 기도하기만 하면 될까요? 이 부분은 아무래도 비유적으로 설명해야겠습니다. 여러분이 시인을 꿈꾸는 청소년들이라고 생각해보십시오. 어떻게 시인이 될 수 있을까요? 억지로 될 수는 없습니다. 왜냐하면 시인은 '언어가 자기에게 말을 거는 경험'을 하는 사람들이기 때문입니다. 자기가 시를 쓰는 게 아니라 시가 자기에게 와야 하기 때문입니다. 그 청년이 해야 할 기본적인 과제는 좋은 시를 읽고 쓰고 외우는 것입니다. 좋은 시는 이미 검증이 끝난 것들입니다. 이런 과정을 통해서 이 청년은 언어와 일치되는 경험을 하게 될 것입니다. 그런 경험이 있으면 그는 좋은 시를, 좋은 열매를 자연스럽게 맺을 수 있습니다. 그건 억지로 되는 게 아니라 저절로 됩니다. 여러분의 삶도 그와 비슷하다는 것을 경험적으로 아실 겁니다. 아무리 착하게 살려고 해도 잘 안 됩니다. 잠시 흉내를 내는 것으로 해결될 문제가 아닙니다. 삶의 근원에서, 즉 영혼의 깊이에서 주어지는 것을 받아야만 가능합니다.

사랑하는 성도 여러분, 그리스도와의 일치에 마음을 더 두십시오. 포도나무 가지가 포도나무에 붙어 있지 않으면 아무것도 할 수 없습니다. "나를 떠나서는 너희가 아무것도 할 수 없음이라"(요 15:5). 그렇습니다. 생명의 근원과 붙어 있지 않다면 우리의 모든 일은 허무할 뿐입니다. 교향악단 단원들이 악보에 집중하지 않으면 아무리 개인기가 뛰어나더라도 잡소리를 내는 것과 같습니다. 잊지 마십시오. 예수 그리스도와의 일치가 곧 열매입니다. 생명의 열매입니다. 그와의 일치에서 여러분은 하나님의 생명을, 즉 구원을 얻습니다. 아니, 이미 얻었습니다. 이 사실을 굳게 믿으십시오.

부활절 여섯째 주일
요한일서 5:1-6
2012년 5월 13일

사랑과 믿음

    서양 사람들은 '사랑한다'는 말을 일상적으로 사용합니다. 이에 비해서 한국을 비롯해서 동양 사람들은 그런 말을 어색하게 생각합니다. 요즘 젊은이들은 영화나 티브이 영향 때문인지 그런 말을 스스럼없이 쓰는 것 같습니다. 가족관계를 치료하는 모임 등에서도 사랑한다는 말을 자주 하라고 권면합니다. 저는 젊은 시절 집사람에게 편지를 쓸 때 '사랑하는…에게'라고 하긴 했지만 직접 볼 때는 그런 말을 한 기억이 없습니다. 설교에서 공식적인 문구로 '사랑하는 성도 여러분!'이라고 말하지만 개인적으로 신자들에게 '사랑합니다'라고 말하지는 못합니다. 기독교 신앙을 깊이 알면 알수록 그런 말을 하기가 더 힘듭니다. 왜냐하면 사랑한다는 사실의 무게를 제가 감당할 수 없기 때문입니다. 도대체 사랑이 무엇일까요?
    신약성서 언어인 헬라어로는 사랑이라는 단어가 세 가지로 표현됩니다. 아가페, 필로스, 에로스입니다. 아가페는 신적인 사랑을, 필로스는 우정에 근거한 사랑을, 에로스는 연인 사이의 사랑을 뜻한다고 알려져 있습니다. 그래서 사람들은 에로스를 본능적인 차원으로, 필로스를 인격적인 것으로, 아가페를 이타적인 것으로 봅니다. 기독교인들은 아가페를 수준 높은 것으로, 에로스를 천한 것으로 여깁니다. 과연 사랑이 이렇게 나뉠 수 있을까요? 그렇지 않습니다. 사랑은 하나입니다. 헬라인들은 사랑의 특징을 구별한 것뿐이지 세 가지 종류의 사랑이 따로 있다고 말한 게 아닙니다.

에로스만 보더라도 그렇습니다. 헤르만 헤세의 《지와 사랑》에 두 사람이 주요 인물로 나옵니다. 나르찌스와 골드문트입니다. 나르찌스는 지(知)를 가리키고 골드문트는 사랑을 가리킵니다. 골드문트의 사랑은 에로스입니다. 에로스는 삶의 미학입니다. 예술가, 시인, 과학자들의 열정이 모두 에로스입니다. 마르쿠제는 《에로스와 문명》에서 에로스가 인간 문명의 원초적 에너지라고 말합니다. 남녀가 만나서 격정적인 몰입의 관계로 들어가는 것도 에로스의 능력입니다. 이런 능력에 의해서 그들은 아기를 낳고 인류 생명을 이어갑니다. 그렇다면 에로스 역시 하나님의 창조 능력이라고 할 수 있습니다. 도대체 사랑은 무엇일까요?

사랑의 존재론적 능력

개정개역 우리말 성경 요한일서 4장 7-21절에는 '하나님은 사랑이시다'는 소제목이 달려 있습니다. 사랑 예찬이라는 이름으로 불리는 바울의 고린도전서 13장에 버금갈 정도로 사랑을 깊이 있게 다루고 있습니다. 7, 8절만 인용해도 그 아름다운 표현들에 감동을 느낄 겁니다. "사랑하는 자들아 우리가 서로 사랑하자 사랑은 하나님께 속한 것이니 사랑하는 자마다 하나님으로부터 나서 하나님을 알고 사랑하지 아니하는 자는 하나님을 알지 못하나니 이는 하나님은 사랑이심이라." 하나님은 사랑이시라는 표현이 요한일서 4장 16절에도 반복됩니다. 전체 단락은 이렇게 끝납니다. "하나님을 사랑하는 자는 또한 그 형제를 사랑할지니라." 이런 구절 외에도 성경에는 사랑에 대한 이야기가 지천입니다. 예수님은 율법 중에서 가장 큰 계명이 무엇이냐고 묻는 율법학자에게 신명기 6장 5절을 인용해서, 마음과 목숨과 뜻을 다하여 하나님을 사랑하고 이웃을 '네 자신과 같이' 사랑하는 것이라고 대답하셨습니다(마 22: 34-40). 구약과 신약을 총괄하는 하나의 키워드를 찾으라고 하면 사랑입니다. 초기 기독교는 예수의 십자가 사건을 하나님의 사랑이라고 받아들였습니다. 도대체 사랑이 무엇일까요? 손에 잡힙니까?

성경으로부터 사랑하라는 말을 들을 때마다 우리는 좀 불편하다는 생각이 듭니다. 그 이유는 사랑한다는 게 말처럼 쉽지 않기 때문입니다. 이웃을 '네 자신과 같이' 사랑하는 것은 사실 불가능합니다. 물론 아주 특별한 경우에 그런 일들이 있긴 합니다. 자기 자식을 죽인 살인자를 양자로 삼은 경우가 그것입니다. 이런 일들은 일반 사람들에게 가능하지 않습니다. '네 자신과 같이'는 아니라 하더라도 역지사지도 쉽지 않습니다. 경쟁하지 않고 싸우지 않으면서 살기도 어렵습니다. 우리의 일상은 오히려 반대입니다. 만인에 대한 만인의 투쟁이라는 말처럼 서로를 극복해야 할 대상으로 여깁니다. 오늘의 신자유주의가 바로 그런 경쟁을 토대로 삼고 경제발전을 추구하고 있습니다. 대신 극한의 휴머니즘에 근거한 공산주의는 실패하고 말았습니다.

이런 현실에서 기독교인은 성서로부터 사랑하라는 명령을 받습니다. 어떤 사람은 억지로라도 사랑하려는 시늉을 합니다. 형제님, 자매님, 사랑합니다라는 말을 입에 달고 삽니다. 결식자에게 밥을 주고, 시설을 찾아다닙니다. 귀한 일입니다. 이 세상을 밝게 하는 데는 그런 실천이 필요합니다. 그러나 그것으로 영혼의 만족을 경험할 수는 없습니다. 그런 것으로 우리 영혼이 채워지지 않기 때문입니다. 또 어떤 사람은 아예 그것과는 상관없이 삽니다. 사랑하라는 말은 단순히 종교적인 훈계에 불과한 것으로 치부하고 철저하게 세상 논리로 살아갑니다. 완전히 세속적인 삶에 기울어집니다. 양쪽 모두 건강한 신앙은 아닙니다. 양쪽 모두 영혼의 자유를 경험할 수 없습니다. 도대체 성경이 강조하고 있는 사랑은 무엇일까요? 우리로 하여금 어떻게 살라는 것일까요?

우선 여러분은 스스로 사랑을 실천할 능력이 없다는 사실을 인정해야 합니다. 안 되는 걸 억지로 하면 병이 되고 위선이 됩니다. 성서는 인간을 피조물이며 죄인이라고 말합니다. 이런 두 속성을 지닌 인간에게 사랑은 불가능한 미션입니다. 그런데 왜 성서는 사랑하라고 반복해서 명령하는 걸까요? 예수님께서 네 이웃을 '네 몸과 같이' 사랑하라고 말씀을 누구에게 했는지를 보십시오. 예수님을 시험하려고 질문한 바리새인 율법학자에게 주신 말씀입니다. 하나님의 율법과 계명에 대해서 이론적으로 따지면서 다른 사람에게 무거운 율법의 짐을 얹어놓지 말고 그들의 삶을 받아들이라는 뜻입니다. 바울이 고린도전서 13장에서 언급한 사랑은 예수 그리스도에 대한 해명입니다. 즉 인간에게 부과된 사랑의 보편적인 명령이 아니라 하나님의 사랑에 대한 기독론적 진술입니다. 사랑은 하나님의 일이지 인간의 일이 아닙니다. "하나님은 사랑이심이라"는 요한일서의 대명제를 보십시오. 이런 명제를 사랑하라는 명령으로 읽는다면 정확한 게 아닙니다. 이 명제는 하나님만이 사랑의 능력이 있다는 의미입니다. 즉 사랑은 하나님의 존재론적 능력이지 사람이 행할 수 있는 성품은 아닙니다. 구원의 은혜이지 봉사의 은사가 아닙니다. 하나님이 우리를 통해서 행하시는 생명 창조의 능력이지 우리가 노력해서 개발하거나 확산시킬 수 있는 인간적인 소질이 아닙니다.

그렇다면 사랑하라는 성경의 명령은 잘못된 것이냐 하는 질문이 가능합니다. 바로 앞에서 '네 몸과 같이' 사랑하라는 예수님의 말씀이 바리새파 율법학자에 대한 경고라고 말씀드린 데서 어느 정도 대답이 주어졌습니다. 좀더 구체적으로 설명하겠습니다. 초기 기독교에는 영지주의에 기울어진 교회 스승들이 많았습니다. 그들은 일방적으로 신적인 사랑만을 강조했습니다. 세상은 악합니다. 사람의 육체는 악합니다. 그렇게 악한 것들은 무시하면 됩니다. 오직 영적인 것에만 관심을 기울여야 한다고 주장했습니다. 예수님도 육체가 없는 영적인 존재였다는 겁니다. 예수의 육체는 실체가 아니라 가짜였습니다. 초기 기독교의 정통 교부들은 이들과 싸웠습니다. 그 과정에서 형제를 사랑하라는 말씀이 나온 겁니다. 보이는 형제를 사랑하지 않으면서 하나님을 사랑한다고 말하는 것은 거짓말이라는 겁니다. 사랑하라는 명령은 영지주의의 신앙적 위험성에 대한 경고이지 휴머니즘을 실현하라는 일반적인 훈계가 아닙니다.

오해는 마십시오. 휴머니즘을 실천하지 않아도 좋다는 뜻이 아닙니다. 그것은 기독교인이 되지 않았다고 하더라도 인간이라면 누구나 행해야 할 상식입니다. 그 상식을 기독교 신앙으로 대체할 수는 없습니다. 예를 들어, 5월은 한국교회에서 주로 가정을 주제로 행사들이 벌어집니다. 설교도 대개 그렇습니다. 어린이 주일, 어버이 주일, 심지어는 부부 주일도 있습니다. 자식을 잘 키우고, 부모에게 효도하고 부부가 서로 사랑하라고 설교하기도 합니다. 저는 그런 설교는 설교가 아니라 교양강좌라고 생각합니다. 교양강좌는 좋은 이야기이기는 하지만 복음의 진수, 복음의 중심은 아닙니다. 그 복음의 중심은 하나님과의 관계를 가리키는 믿음입니다.

믿음의 능력

그래서 요한은 요한일서 4장 7-21절에서 하나님 사랑과 형제 사랑을 말한 뒤에 요한일서 5장 1절 이하에서 믿음을 강조하고 있습니다. 사랑은 "예수께서 그리스도이심을 믿는" 데서 나온다는 뜻입니다. 더 나가서 그는 믿음으로 세상을 이긴다고 말합니다. 세상을 이기는 그 믿음의 내용은 "예수께서 하나님의 아들이심"에 대한 것입니다. 이 두 가지 사실을 기억하십시오. 예수께서 그리스도이심을 믿는 것이 형제 사랑의 토대이고, 예수께서 하나님의 아들이심을 믿는 것이 세상을 이길 수 있는 능력의 토대입니다. 기독교인의 모든 삶을 규정하는 중심은 예수가 그리스도라는 사실에 대한 믿음이라는 뜻입니다.

결국 예수님을 잘 믿으라는 말이로구나 하고 생각하실 겁니다. 옳습니다. 그러나 문제는 그 사실을 믿고 산다는 게 쉽지 않다는 것입니다. 우선 예수를 그리스도로 믿는다는 게 무슨 뜻인지를 이해해야 합니다. 초기 기독교부터 이것이 오해된 적이 있습니다. 기독고 신앙과 가장 가까우면서도 가장 크게 오해된 신앙은 앞에서 언급된 영지주의 신앙입니다. 오늘 본문 6절은 우리가 믿어야 할 예수 그리스도에 대해서 이렇게 설명합니다. "이는 물과 피로 임하신 이시니 곧 예수 그리스도라." 영지주의를 염두에 둔 진술입니다. 물은 예수의 공생애 일반이고, 피는 십자가 사건입니다. 영지주의자들에게는 하나님의 아들이신 예수는 십자가에서 죽을 수 없었습니다. 영원자존하신 하나님이 죽을 수 있다는 사실을 받아들이지 못한 겁니다. 그러나 정통 교부들은 그것마저 받아들였습니다. 하나님이 십자가에서 죽었다고 말입니다.

그렇습니다. 초기 기독교는 갈릴리에서 하나님 나라를 선포하다가 로마 총독 빌라도에 의해 십자가에 달려 죽은 역사적 예수가 바로 그리스도라는 사실을 확실하게 붙들었습니다. 이것은 두 가지 사실을 가리킵니다. 하나는 그리스도가 공중에서 내려온 초월적인 존재가 아니라 우리와 똑같이 인간의 모든 한계를 그대로 지닌 채 역사에서 목수로 살았던 예수라는 사실입니다. 다른 하나는 그리스도는 민중의 마음을 사로잡거나 그들의 삶의 조건을 향상시킨 어떤 영웅이나 위인이 아니라 2천 년 전 갈릴리에서 살았던 나사렛 예수라는 사실입니다. 혹시 그게 왜 중요한지, 왜 본질적인지 대답이 필요하신가요? 기독교 신앙은 아주 구체적인 인물과 연관되어 있습니다. 어떤 사상이나 종교체계나 감동적인 도덕성이 아니라 구체적인 인물이 중요합니다. 그 인물에게 일어난 하나님의 구원 사건과 구원 행위가 중요합니다. 그래서 요한은 예수께서 그리스도이심을 믿는 자마다 하나님께로부터 태어난 자라고 했고, 예수께서 하나님의 아들이심을 믿는 자가 세상을 이긴다고 선포했습니다.

여러분은 인생을 살면서 어떻게 살아야 하는가 하고 한편으로 고민하고, 때로는 그냥 열심히 살면 되겠지 하고 생각하실 겁니다. 조금 더 나가서 다른 사람에게 좋은 영향을 끼쳐야 하지 않을까, 하나님이 주신 선교 사명을 어떻게 감당해야 하나 하는 걱정 아닌 걱정을 할지도 모릅니다. 모든 일들을 신앙적으로 해결할 수는 없습니다. 정치적으로도 그렇습니다. 보수적인 분이 있고 진보적인 분도 있습니다. 각자 다른 입장으로 삽니다. 모두 좋습니다. 그러나 그 모든 것의 신앙적인 토대는 놓치지 마십시오. 그 토대는 하나님의 사랑입니다. 그 사랑이 여러분과 세상을 살립니다. 그 사랑에 참여하고 싶으신가요? 예수가 그리스도라는 사실을 바르게, 굳게 믿으십시오. 예수님에게 일어난 일에 집중하십시오. 사랑의 능력이 여러분을 사로잡을 것입니다.

부활절 일곱째 주일
요한복음 17:6-19
2012년 5월 20일

세상에서 예수 제자로 살기

공관복음서는 예수님께서 종종 조용한 곳에 홀로 가셔서 기도하셨다고 전합니다. 제자들에게 기도를 가르쳐주신 것에 대한 언급은 있지만, 예수님 당신이 스스로 무슨 기도를 드렸는지에 대해서는 별로 말이 없습니다. 단 한 군데 기도의 구체적인 내용이 나옵니다. 예수님이 십자가에 처형당하기 전날 밤에 겟세마네 동산에서 기도하신 이야기입니다. 예수님은 가능하면 십자가 사건을 지나가게 해달라고 하시면서 "그러나 나의 원대로 마시옵고 아버지의 원대로 하옵소서"라고 기도하셨습니다(막 14:36). 아주 짤막한 기도입니다.

이에 반해서 요한복음 기자는 오늘 설교 본문에서 알 수 있듯이 아주 긴 기도문을 실었습니다(요 17:1-26). 요한복음은 모든 부분에서 공관복음과 차이가 있습니다. 요한복음은 복음서 중에서 가장 늦게 기록된 말씀입니다. 기원 후 100년 전후입니다. 그 시절은 이미 예루살렘 교회가 힘을 잃고 이방인 교회가 주류로 자리를 잡을 때였습니다. 따라서 요한복음에는 당시 헬라파 교회의 상황이 크게 반영되었습니다. 그 상황이 오늘 본문에서 예수님의 기도 형식으로 자리를 잡았습니다. 이 기도문에서 우리는 세상에서 살아가야 할 기독교인의 형편이 어떤지를 읽을 수 있습니다.

이 기도문은 크게 세 대목으로 구성됩니다. 1) 하나님께서 맡긴 사명을 다 이룬 것에 대한 예수님의 감사기도(1-5), 2) 제자들을 위한 기도(6-19), 3) 제자들 이후의 기독교인들을 위한 기도(20-33). 전체적으로 보면 세상에서 기독교인으로 산다는 것이, 즉 예수의 제자로 산다는 것이 무엇인지에 대한 해명입니다. 이게 요한 공동체에게 시급한 문제였습니다. 오늘 우리도 역시 마찬가지입니다. 이런 문제를 진지하게 생각하는 사람은 기독교 신앙 안으로 들어가려고 노력하는 사람이고, 그런 문제 의식이 없는 사람이라면 형식적인 기독교인에 불과하겠지요. 우리는 어떤 쪽에 속합니까?

세상과의 충돌

예수님이 제자들을 위해서 기도한 이유는 예수님이 세상을 떠나고 제자들만 홀로 세상에 남아야 하기 때문입니다. 어린 자녀를 남겨두고 죽을 병에 걸린 사람의 심정을 생각해 보십시오. 어린 자녀들이 앞으로 살아갈 일에 대해서 걱정하지 않을 수 없습니다. 예수님은 이렇게 기도하셨습니다. "나는 세상에 더 있지 아니하오나 그들은 세상에 있사옵고 …지금 내가 아버지께로 가오니…"(요 17:11, 13). 어떻게 보면 예수님의 이런 염려는 노파심처럼 들립니다. 제자들도 이미 어른들이고, 요한복음 16장에서 이미 성령 보혜사를 보내신다고 하셨으니 크게 염려하지 않아도 되지 않겠습니까. 실제는 그렇지 않습니다. 초기 기독교가 역사에 자리 잡는 동안 위기가 많았습니다.

초기 기독교에 닥친 위기 중 가장 결정적인 것은 기독교 신앙의 본질로부터 왔습니다. 기독교는 예수님의 귀한 가르침이 아니라 예수님 자체에서 출발했습니다. 예수님의 교훈만으로는 교회가 유지될 수 없었습니다. 이게 기독교가 다른 종교와 구별되는 가장 결정적인 요인입니다. 다른 종교는 창시자의 가르침만으로 유지될 수 있지만 기독교는 전혀 그렇지 않습니다. 예수님 자체가 절대적으로 중요합니다. 어떤 신자들은 예수님의 말씀대로 살게 해달라고 기도합니다. 기독교인답게 살고 싶다는 생각입니다. 그런 생각이 중요하긴 하지만 기독교의 핵심은 아닙니다. 왜냐하면 기독교는 어떻게 사는가의 문제가 아니라 예수님과의 관계를 그 정체성으로 하기 때문입니다. '어떻게'의 차원이 아니라 '무엇'의 차원이 핵심입니다. 어떻게 사는가가 아니라 어떤 사람이 되는가가 핵심입니다. 방법론의 문제(how)가 아니라 존재의 문제(what, 혹은 to be)입니다. 그래서 기독교는 처음부터 마지막까지 믿음을 강조합니다. 그 믿음이 바로 존재의 문제이기 때문입니다. 이런 설명을 들으면 너무 관념적이라고 생각할 분들도 있을 겁니다. 그렇지 않습니다. 더 근원적이고 심층적인 사태를 말하는 겁니다. 쉽게 이렇게 생각해보십시오. 여러분이 예수님 말씀대로 살려고 노력했지만 그게 잘 되지 않는다는 것을 인정하실 겁니다. 세상살이가 그렇게 간단한 게 아닙니다. 각자 처한 상황도 다르고 그것에 대한 판단도 다릅니다. 예를 들어 무저항 윤리, 비폭력 윤리를 실천하기 위해서 감옥에 갈지언정 군대에 가지 않는 것이 옳은지, 분단 체제에서는 기독교인이라 하더라도 군대에 가야 하는지, 그렇게 분명하게 답을 내릴 수 없습니다. 어떻게 사느냐가 그를 구원하지 못합니다. 왜냐하면 그것은 너무나 작기 때문입니다. 기독교인들에게는 예수님과의 관계에 집중하는 것이 핵심입니다. 그것은 마치 사람이 생명을 부지하려면 숨을 쉬어야 하듯이 생명을 얻는 유일한 길입니다.

    예수님과의 일치만이 구원의 길이라고 믿는 초기 기독교인들에게 예수님은 지금 부활 승천 이후 함께 하지 않으십니다. 마음으로만 예수님께서 하신 일과 그의 말씀을 단순히 기억하면 될까요? 성찬식을 바르게 거행하면서 예배만 잘 드리면 예수님과 함께 하는 게 될까요? 흔하게 말하듯이 성령을 받으면 문제가 해결될까요? 이 세 가지 질문은 신학적으로 중요하고, 기독교의 삶에서도 중요합니다. 이런 것을 염두에 두고 신앙생활을 해야 합니다. 그러나 이것만으로는 현실 문제를 해결할 수 없습니다. 기독교인들이 세상에서 신앙적으로 사는 것은 만만하지 않습니다. 아무리 신앙적으로 무장해도 끊임없는 어려움에 빠지게 됩니다.

이런 상황을 오늘 본문은 "세상이 그들을 미워하였사오니…"(17:14) 라고 표현합니다. 세상과의 충돌입니다. 이게 요한복음 공동체에 속한 사람들의 현실이었습니다. 요한 공동체만이 아니라 초기 기독교의 전반적인 상황이었습니다. 기독교가 313년 밀라노 칙령으로 공인을 받기 전까지 그 시대정신인 로마와 계속해서 충돌했습니다. 초기 기독교의 역사가 순교의 피로 얼룩져 있다는 것은 역사적 사실입니다. 거창한 순교만을 가리키는 게 아닙니다. 기독교 신앙이 당시 많은 사람들에게 불편했습니다. 예수님이 십자가 처형을 당하셨다는 것은 예수님의 모든 행위와 가르침이 유대교 권력자들과 로마정치 권력자들에게 불편했다는 의미입니다. 그게 이상하게 생각되실 겁니다. 예수님은 사랑을 전하시고 모든 사람들의 구원을 전하셨는데 사람들이 왜 불편해했느냐고 말입니다. 진리 앞에서 진리 아닌 것은 불편하기 마련입니다. 안식일 논쟁만 해도 그렇습니다. 안식일에 장애인을 고치지 말고 그 다음날 고쳤으면 유대교 당국자도 좋고 예수님에게도 어려움이 없었을 것입니다. 그런데 예수님은 시비를 걸려면 걸어봐라 하는 식으로 안식일에 장애인을 고치셨습니다. 사람을 위해서 안식일이 있지 안식일을 위해서 사람이 있는 게 아니라고도 말씀하셨습니다. 이런 충돌은 요즘도 마찬가지입니다. 로마 가톨릭교회처럼 개신교회도 교회의 보편성과 단일성을 제도적으로 정착시켜야 한다고 말한다면 그걸 불편하게 생각하는 교회와 교회 지도자들이 많을 겁니다. 큰 교회와 작은 교회 목사의 사례비에 차이를 두지 않는 제도나 담임목사를 청빙이 아니라 파송 식으로 바꾸는 제도를 누가 반대할지 생각해 보십시오. 만약 오늘날 교회가 예수님 말씀대로 산다면 당연히 미움을 당하게 될 겁니다. 거꾸로 미움을 당하지 않는다는 것은 소금의 맛을 잃었다는 증거입니다. 요한 공동체의 영적 실존은 바로 오늘 우리의 영적 실존과 같습니다.

거룩한 존재

충돌할 수밖에 없는 세상에서 기독교인은 어떻게 살아야 할까요? 세상과 계속해서 싸워야 할까요? 경우에 따라서는 그런 싸움이 필요합니다. 인간이 인간답게 사는 일을 위해서, 자연을 파괴하지 않도록 하는 일을 위해서, 빈부의 격차를 해소하기 위해서, 인간을 수단으로 삼는 악한 힘에 대항해야 합니다. 그러나 그런 싸움에만 매달리는 것으로는 기독교인으로 사는 데 한계가 있습니다. 신약성서는 오히려 악을 악으로 갚지 말라고 했습니다(롬 12:17). 아무리 명분이 있는 싸움이라 해도 세상에서의 싸움은 결국 가시적, 불가시적인 폭력을 수반하게 됩니다. 폭력적인 세상에서 기독교인이 어떻게 그것을 거부하고 살 수 있을까요? 그게 가능할까요? 무조건 참으라는 말씀인가요? 세상을 너무 나이브하게 보고 있는 걸까요?

오늘 본문은 제자들이 세상에 속하지 않았다고 말합니다. "내가 세상에 속하지 아니함 같이 그들도 세상에 속하지 아니하였사옵나이다"(요 17:16). 놀라운 고백입니다. 이것은 세상과 인간에 대한 기독교의 고유한 통찰입니다. 기억하십시오. 우리는 세상에서 살지만 세상에 속하지 않았습니다. 예수님은 빌라도의 심문을 받으면서 이렇게 말씀하신 적이 있습니다. "내 나라는 이 세상에 속한 것이 아니니라"(요 18:36). 바울도 이렇게 빌립보 교우들에게 이렇게 말했습니다. "우리의 시민권은 하늘에 있는지라"(빌 3:20). 세상에 속하지 않았다는 사실이 분명하다면 기독교인들이 세상에서 미움당하는 것은 별로 심각한 문제가 못됩니다. 동네 아이들이 모여서 서로 싸우면서 노는 장면을 생각해 보십시오. 자기 집에서 사랑을 받는 아이라고 한다면 비록 친구들에게 따돌

림을 당한다 해도 극복할 수 있을 겁니다. 이 세상에 살면서 세상에 속하지 않았다는 말이 무슨 뜻인가요? 그것이 가능한 일일까요? 이런 말씀이 오해될 수 있습니다. 어떤 신자들은 세상 일을 거들떠보지도 않고 마치 산신령처럼 살아갑니다. 세상과 완전히 격리된 것처럼 사는 겁니다. 주로 밀의적인 소종파들에게서 이런 모습을 봅니다. 그러나 정통 교회의 신자들에게도 비슷한 현상이 일어납니다. 철저하게 교회의 프로그램에만 매몰되어 있는 신앙이 그것입니다. 기독교인은 이 세상을 떠날 수 없습니다. 예수님도 제자들을 세상에 보낸다고 말씀하셨습니다.

기독교인이 세상으로 보냄을 받았지만 세상에 속하지 않았다는 말이 무슨 뜻인지를 잘 생각해야 합니다. 예수님은 제자들을 위해서 이렇게 기도하셨습니다. "그들을 진리로 거룩하게 하옵소서"(요 17:17). 이 기도를 19절에서 반복하셨습니다. "또 그들을 위하여 내가 나를 거룩하게 하오니 이는 그들도 진리로 거룩함을 얻게 하려 함이니이다." 세상에 속하지 않았다는 말은 세상 안에 있지만, 그리고 당연히 세상에서 살아야 하지만 그 안에서 거룩하게 되는 것입니다. 세상 밖이 아니라 안에서의 거룩한 삶입니다.

그렇습니다. 우리가 예수의 제자로 산다는 것은 세상 안에서 진리로 거룩해지는 것을 가리킵니다. 진리로 거룩해진다는 말이 혹시 복잡하게 들리시는 분들이 계신가요? 성경은 전혀 복잡하지 않습니다. 성경은 추상적이지 않고 명백합니다. 다만 우리의 안목이 다른 것에 길들여져서 그 말씀을 외면하거나 오해하는 게 문제입니다. 보십시오. 우리 스스로는 거룩해질 수 없습니다. 거룩한 분은 오직 하나님이십니다. 하나님이 우리를 거룩하게 인정하실 때만 거룩하게 됩니다. 이것은 기독교 신앙의 초보와 연관됩니다. 예수를 믿음으로 의롭다고 인정받는다는 가르침이 초보입니다. 의롭다고 인정받는 것이 곧 거룩해지는 것입니다. 예수님을 통해서 우리는 의로워지고, 거룩해집니다. 너무 간단해서 시시한가요? 아닙니다. 이것이 기독교 신앙의 본질이고, 가장 명백한 현실입니다. 이 사실을 명백하게 깨달은 사람은 세상에서 살지만 세상에 속하지 않은 사람입니다. 더 구체적인 설명이 필요하신가요?

사랑하는 성도 여러분, 요한복음 공동체는 제자로 산다는 것을 아주 심각하게 생각했습니다. 우리는 그런 고민조차 없는지 모르겠습니다. 이런 문제 의식이 없으면 신앙의 성장도 없습니다. 오늘 말씀에 다시 귀를 기울이십시오. 여러분이 제자로 사는 출발은 진리로 거룩해지는 것에 있습니다. 예수 그리스도를 통해서 우리는 의로워지고 거룩해졌습니다. 그를 통해서 이미 생명을 얻었습니다. 이 놀라운 사실을 잊지 마십시오. 아멘.

207	여호와의 영, 생명의 영	에스겔 37:7-14	성령강림절 주일
214	성령의 증언	로마 8:12-17	성령강림절후 첫째 주일
221	성령을 모독하는 죄	마가 3:20-30	성령강림절후 둘째 주일
228	성령의 사람	삼상 16:1-13	성령강림절후 셋째 주일
235	거룩한 두려움	마가 4:35-41	성령강림절 후 넷째 주일
242	헌금의 본질과 원리	고후 8:7-15	성령강림절후 다섯째 주일
249	권능의 조건	마가 6:1-13	성령강림절후 여섯째 주일
256	법궤와 하나님의 현존	삼하 6:1-11	성령강림절후 일곱째 주일
263	예수는 세상의 평화	에베 2:11-18	성령강림절후 여덟째 주일
270	예수 그리스도의 왕권	요한 6:1-15	성령강림절후 아홉째 주일
277	만물의 완성과 예수	에베 4:1-16	성령강림절후 열번째 주일
284	다윗과 압살롬	삼하 18:24-33	성령강림절후 열한번째 주일
291	영원한 생명의 밥	요한 6:52-59	성령강림절후 열두번째 주일
298	"너희도 가려느냐?"	요한 6:60-71	성령강림절후 열세번째 주일

성령강림절 주일

성령강림절 주일
에스겔 37:7-14
2012년 5월 27일

여호와의 영, 생명의 영

　오늘은 모든 세계 기독교회가 성령강림절로 지키는 주일입니다. 성탄절, 부활절과 더불어 기독교의 삼대 절기에 해당됩니다. 성탄절은 예수님이 탄생하신 날을 기리고, 부활절은 예수님께서 부활하신 날을 기린다면, 성령강림절은 초기 기독교에 처음으로 성령이 강림한 날을 기립니다. 성령강림 사건에 대한 이야기는 사도행전 2장 1절 이하에 나옵니다. 예수님의 부활 승천 이후 예수님을 따르던 제자들이 오순절에 한 곳에 모였을 때 성령이 바람과 같은 소리, 그리고 불의 혀 같은 모습으로 강림했다는 것입니다. 초기 기독교는 성령강림으로 아주 역동적인 공동체로 자리를 잡게 되었습니다. 이런 점에서 초기 기독교와 그 뒤를 잇는 오늘의 기독교는 성령 공동체라고 할 수 있습니다.
　여러분은 성령강림이라는 말을 들으면 어떤 생각이 떠오르십니까? 가장 일반적으로는 초자연적인 은사 활동일 겁니다. 방언, 신유, 투시 등입니다. 한국에서 이런 현상을 가장 중요하게 여기는 교회는 '하나님의 성회', 일명 순복음교회입니다. 모든 순복음교회가 그런 건 아니지만 전체적으로 방언과 신유를 강조합니다. 이런 현상은 성경에도 종종 나옵니다. 방언 현상은 주로 열광적인 경향이 강했던 고린도교회에 두드러졌습니다. 사도행전에도 그에 대한 간단한 언급이 자주 나옵니다. 신유는 신적 능력으로 병이 치료되는 현상인데, 복음서에 많이 나옵니다. 성경에 나온 현상이라고 해서 그것이 오늘 우리에게도 똑같이 반복되는 것은 아닙니다. 어떤 사람은 갈릴리 호수 위를 걸었던 베드로처럼 자신도 믿음으로 한강을 걸어서 건너보겠다고 시도했습니다. 마가복음 16장 18절에 따르면 믿는 자들은 무슨 독을 마시든지 죽지 않는다고 했습니다. 성경이 기록되던 시대의 사람들은 지금 우리와 전혀 다른 세계관에서 살았습니다. 우주가 하늘과 땅과 땅속이라는 삼층으로 되었다고 보았고, 지구가 도는 게 아니라 태양과 별들이 지구를 중심으로 돈다고 생각했습니다. 그리고 땅속과 바닷속이 바로 지옥이며, 자연에 주술적인 힘이 있다고 생각했습니다. 대다수 고대 종교는 태양을 신으로 섬겼습니다. 성경이 기록되는 시대의 사람들이 방언과 신유를 성령강림 현상으로 이해한 것은 어쩔 수 없습니다. 그렇다고 해서 성경이 잘못되었다고 말하면 안 됩니다. 비록 고대의 물리적 한계를 그대로 담고 있지만 하나님 경험이라는 차원에서 성경은 진리입니다. 성경은 달을 가리키는 손가락과 같은 겁니다. 손가락에 흠집이 있다고 해도 달을 정확하게 가리키고 있기 때문에 우리는 성경을 하나님의 말씀으로 믿습니다. 중요한 건 손가락만 볼 게 아니라 손가락이 가리키고 있는 달을 봐야 한다는 사실입니다. 초기 기독교는 바람과 불의 현상을 통해서 성령을 경험했습니다. 그 사건을 우리는 오순절 성령강림이라고 말합니다.

그런 경험이 구약에도 나옵니다. 에스겔은 어떤 환상을 경험합니다. 에스겔 37장 1절은 이렇습니다. "여호와께서 권능으로 내게 임재하시고 그의 영으로 나를 데리고 가서 골짜기 가운데 두셨는데 거기 뼈가 가득하더라." 뼈들이 많았고 아주 말랐다고 합니다. 어떤 독재자가 주민들을 집단적으로 살해한 장소일까요? 전쟁 중에서 죽은 사람들의 시체일까요? 에스겔 선지자는 여호와의 말씀을 듣습니다. "내가 생기를 너희에게 들어가게 하리니 너희가 살아나리라"(겔 37:5). 생기는 살아 있는 기운입니다. 그 뒤로 모든 일들이 그대로 진행되었습니다. 뼈들이 서로 연결되면서 사람의 형태를 이루어갑니다. 힘줄이 생기고 살이 붙었고 가죽이 덮였습니다. 그러나 '생기'는 없었습니다. 생기가 없었다는 말은 숨을 쉬지 못했다는 뜻입니다. 그 숨은 곧 영입니다. 에스겔은 생기에게 여호와의 말씀을 전하라는 명령을 듣습니다. 생기가 그들에게 들어가자 그들이 모두 살아나서 큰 군대를 이루었다고 합니다.

에스겔 선지자가 전하고 있는 이 이야기가 무엇을 가리킬까요? 이런 이야기를 실제로 일어난 사실이라고 생각하는 분들은 없겠지요. 이것은 에스겔 선지자의 예언자적 상상력입니다. 그 시대를 향한 설교이며 시적 상상력입니다. 상상력이라는 표현을 오해하지 마십시오. 망상이나 야망이라는 뜻이 아닙니다. 영적 희망이라고 말하는 게 좋습니다. 에스겔은 11절 이하에서 자기가 본 환상을 해석합니다. 골짜기에 널려 있는 뼈들은 이스라엘 온 족속입니다. 뼈들이 마른 것처럼 이스라엘에게 희망이 없습니다. 여호와께서 에스겔에게 이렇게 말씀을 주십니다. "내 백성들아 내가 너희 무덤을 열고 너희로 거기에서 나오게 하고 이스라엘 땅으로 들어가게 하리라"(겔 37:12). 이런 일이 일어나면 이스라엘은 여호와를 알게 될 것이라고 했습니다. 에스겔은 마지막으로 이렇게 여호와의 말씀을 전합니다. 이게 바로 에스겔 선지자가 이스라엘 백성들에게 하고 싶은 중심 메시지였습니다. "내가 또 내 영을 너희 속에 두어 너희가 살아나게 하고 내가 또 너희를 너희 고국 땅에 두리니 나 여호와가 이 일을 말하고 이룬 줄을 너희가 알리라. 여호와의 말씀이니라"(14절).

지금 에스겔과 이스라엘이 어떤 상황에 처했는지를 보십시오. 에스겔 선지자가 활동하던 시기는 기원전 597-571년입니다. 예루살렘이 바벨론에 의해서 초토화된 587년을 전후한 시기입니다. 당시는 마른 뼈가 골짜기에 뒹구는 것과 같은 패배주의와 냉소주의가 팽배했습니다. 그럴 만했습니다. 예루살렘은 이스라엘의 실제적인 수도이지만 정신적인 지주이기도 했습니다. 그곳에 왕궁이 있었고 성전도 있었습니다. 예루살렘의 모든 것이 파괴되었습니다. 지도자들은 바벨론에 포로로 잡혀 갔고, 예루살렘은 바벨론 관리들에 의해서 식민통치를 받았습니다. 완전히 나라가 망했습니다. 구원의 조짐이 전혀 보이지 않습니다. 이제 그들은 모든 걸 체념한 채 세월이 가기만 기다릴 뿐이었습니다. 그런 방식으로 역사에서 사라진 민족들은 많습니다.

이런 상황에서 이스라엘은 신학적인 질문을 하게 되었습니다. 자신들이 하나님의 백성이 맞는지 질문을 한 것입니다. 만약 하나님의 백성이라고 한다면 하나님이 그들을 지켜줘야만 했습니다. 그런데 지금 완전히 망했습니다. 어디에 문제가 있을까요? 하나님이 이스라엘을 지켜줄만한 능력이 없으셨을까요? 이런 질문은 당연한 겁니다. 이스라엘 선지자들과 학자들은 이런 질문에 대한 대답을 찾았습니다. 그들 중의 한 사람이 에스겔입니다. 그는 마른 뼈 이야기를 통해서 이스라엘 민중들에게 대답했습니다.

살리는 영

본문은 그 대답을 명확하게 제시합니다. 이스라엘이 지금은 골짜기에 쌓여 있는 마른 뼈처럼 절망적이지만 여호와께서 생기를 불어넣어 살리신다는 것입니다. 그들이 살아난다는 것은 바벨론 포로의 운명에서 벗어나 고국으로 돌아가는 것입니다. 지금은 여호와께서 무능한 것처럼 보이지만 실제로는 전혀 그렇지 않습니다. 여호와께서 곧 이스라엘에게 영을 주시고, 그래서 그들이 살아납니다.

이런 에스겔의 영적 통찰력은 그렇게 간단히 주어지는 게 아닙니다. 에스겔은 특별한 영적 감동을 통해서 그걸 뚫어보았습니다. 그뿐만 아니라 이런 메시지를 전하는 것도 쉽지 않습니다. 사람들이 귀를 기울이지 않기 때문입니다. 사람들은 대개 두 가지 방식으로 세상을 읽고 생각하면서 살아갑니다. 하나는 현재의 상황만 보는 것입니다. 바벨론 포로라는 상황은 대다수 사람들을 절망하게 합니다. 그런 상황에 대충 어울려서 살게 됩니다. 다른 하나는 과거를 보고 미래를 보는 것입니다. 역사학자들은 이런 방식으로 미래를 예측합니다. 역사학자들의 방식으로 본다 하더라도 이스라엘에는 아무런 희망이 없습니다. 바벨론 제국은 결코 허물어지지 않을 것이기 때문입니다. 에스겔은 전혀 다른 차원에서 역사를 보았습니다. 현재의 억압적인 상황에만 머물러 있지 않았고, 또는 역사과학적인 차원에만 머물지 않았습니다. 그는 영적인 차원으로 들어갔습니다. 이런 선지자들의 경험을 신탁(神託)이라고 부릅니다. 그것은 하나님의 말씀에 대한 경험입니다. 선지자들은 다른 사람들이 알아듣지 못한다고 해도 자신의 그런 신탁 경험에 의지해서 하나님 말씀을 대언했습니다.

에스겔은 하나님의 영이 고유한 방식으로 세상을 통치한다고 보았습니다. 하나님이 자신의 영을 선택한 백성들에게 주신다는 것입니다. 그 영은 사람과 세상을 살립니다. 그렇습니다. 하나님의 영인 성령은 기본적으로 생명의 영, 즉 살리는 영입니다. 살리는 능력입니다. 에스겔은 그 사실을 마른 뼈가 여호와의 생기를 통해서 큰 군대를 이루는 환상에서 보았습니다. 초기 기독교의 오순절 성령강림 사건도 곧 살리는 힘이 그들과 함께 했다는 뜻입니다.

생명의 영, 살리는 영이라는 말은 무슨 뜻일까요? 우리는 이것을 보통 세상살이 문제로 생각합니다. 불치병에 걸렸던 사람이 치료되었다거나 부도에 몰렸다가 기사회생했다거나, 실연의 슬픔에서 다시 힘을 얻는 것들입니다. 오랫동안 취업을 못하던 사람이 마음에 드는 직장을 얻는 것도 중요합니다. 성령은 분명히 이런 일상의 능력을 주십니다. 그 일상은 지금 우리가 세상에서 생명을 경험하는 실체입니다. 이런 생각은 기본적으로 옳지만 극단적으로 나가면 기복주의에 빠집니다. 모든 일상이 다른 사람보다 더 월등해야만 살아갈 힘을 얻게 됩니다. 지금 우리가 살아가고 있는 현대사회가 그렇습니다. 소유와 소비를 늘리는 방식으로만 생명을 경험하려고 합니다. 모두 경쟁의 대열에서 낙오되지 않으려고 무한정 힘을 쏟습니다. 어떻습니까? 이런 방식의 삶에서 우리가 생명의 충만감을 경험할 수 있을까요? 아니면 경쟁심리만 자극되고 있는 건 아닐까요? 생명의 영인 성령이 무엇인지를 알려면 생명이 무엇인지를 깊이 생각해야 합니다. 우리가 어떻게 생명을 경험할 수 있는지를 생각해야 합니다.

생명은 사람이 만들어내는 게 아니라 하나님에 의해서만 주어진다는 사실이 중요합니다. 이건 더 긴 설명이 필요 없이 분명한 사실입니다. 여호와 하나님만이 창조주이십니다. 그리고 우리는 피조물입니다. 기독교 신앙의 대전제가 이것입니다. 우리는 생명을 받을 뿐입니다. 이는 생명이 우리 생각을 뛰어넘는 사건이라는 뜻입니다. 하나님을 향해서 세상을 왜 이렇게 창조했느냐고 따질 수 없습니다. 소풍가기로 한 날인데 왜 비가 내리느냐고 불평할 수 없는 것과 같습니다. 궁극적으로, 생명이 무엇인지 우리는 아직 모릅니다. 하나님의 영이 실행되어야만 우리가 알아챌 수 있습니다. 이런 설명이 복잡하게 들리시나요? 실감이 가지 않으시나요? 이게 얼마나 큰 은총인지 아시는 분들은 아실 겁니다. 쉽게 말해서 부자이며 건강한 사람만 생명 충만감을 느낄 수 있다면 그런 세상이야말로 불행합니다. 그런데 실제로는 전혀 그렇지 않습니다. 행복할 것 같지 않은 조건에 사는 사람들이 행복하기도 합니다. 전혀 어울리지 않는 부부처럼 보이는데도 아주 잘 어울리기도 합니다. 생명의 능력이 임의로 부는 바람처럼 우리의 예상과 다르게 움직인다는 작은 증거들입니다.

기독교의 생명 경험은 한 가지로 집중됩니다. 그것을 여러분은 너무나 잘 아십니다. 예수 그리스도와 그에게 일어난 하나님의 구원 통치입니다. 복음서는 예수 그리스도가 바로 생명이라고 말합니다. 그를 통해서 죄의 용서가 가능해졌으며, 부활 생명에의 참여가 가능해졌기 때문입니다. 예수 그리스도가 생명이라면 바로 성령은 여호와의 영이면서 동시에 예수 그리스도의 영입니다. 여러분이 예수 그리스도를 통해서 생명 충만감을 경험한다면 일상도 전혀 새로운 빛을 내게 될 것입니다.

초기 기독교인들은 이런 경험으로 카타콤에 들어가서도 예배를 드렸고, 극단적인 상황에서는 순교도 마다하지 않았습니다. 그렇습니다. 에스겔에게 경험된 여호와의 영은 바로 예수 그리스도의 영입니다. 그 영은 죽음의 무덤을 여는 생명의 능력입니다. 그 영이 초기 교회에 강림했습니다. 오늘 우리와도 함께 하십니다. 그분을 찬양하십시오.

성령강림절후 첫째(삼위일체) 주일
로마서 8:12-17
2012년 6월 3일

성령의 증언

교회의 신학적 성격은 전통적으로 다음과 같이 세 가지입니다. 하나님의 백성, 그리스도의 몸, 성령의 피조물. 하나님의 백성이라는 말은 교회가 세상에서 한 국가의 국민으로 살지만 근본적으로는 하나님 나라의 시민이라는 뜻입니다. 그리스도의 몸이라는 말은 교회가 그리스도를 머리로 해서 유기적으로 움직이는 공동체라는 뜻입니다. 신자들은 교회의 지체들입니다. 성령의 피조물이라는 말은 교회가 세상의 친목 단체나 정치 결사체처럼 사상과 신념에 의한 것이 아니라 성령에 의해서 시작되고 이끌림을 받는다는 뜻입니다. 교회는 처음부터 하나님과 예수 그리스도만이 아니라 성령을 하나님으로 고백했습니다. 그 성령은 하나님의 영이면서 동시에 그리스도의 영입니다. 서방교회의 니케아신조에는 성령이 성부만이 아니라 성자로부터 오셨다는 구절이 있습니다. 소위 '필리오케'(그리고 아들로부터) 논쟁이 그것입니다. 이것이 서방교회와 동방교회가 분리된 중요한 신학 논쟁 중의 하나입니다. 오늘 우리의 눈으로 보면 별 것 아니거나 너무 사변적인 것이지만 기독교의 역사에서 보면 심각한 문제였습니다. 교회가 성령의 문제를 교파 분리를 각오할 정도로 중요하게 생각했다는 뜻입니다.

성령은 거룩한 영이라는 뜻입니다. 이걸 모르는 기독교인은 없습니다. 성령에 대한 말을 많이 들었습니다. 심지어 '성령을 받으라'는 말을 하기도 합니다. 어떤 신자들은 성령을 받았다고 큰소리치기도 하고, 어떤 신자들은 그런 경험이 없거나 확실하지 않아서 불안해하기도 합니다. 대다수의 신자들은 성령에 대해서 아예 관심이 없을 겁니다. 지금 세상살이가 힘들기도 하고, 또는 너무 재미있기 때문에 성령을 생각할 여유가 없습니다. 오늘 대한민국 기독교인들도 세상 사람들과 마찬가지로 온통 복지 논쟁에만 빠져 있어서 성경이 말하는 성령은 관심의 대상이 되지 못합니다. 이건 불행한 일입니다. 특히 성령의 피조물인 교회에 속한 기독교인들에게는 더 불행한 일입니다. 삶의 본질을 놓치고 껍데기에 매달리는 것이기 때문입니다. 학교 선생님들이 교육의 본질에 대해서는 아는 것도 없고 관심도 없으면서 학교를 운영하는 일에만 매달리는 것과 비슷합니다.

율법과 죽음

성령이 누구일까요? 우리가 어떻게 경험할 수 있을까요? 바울은 로마서 8장 13절에서 이렇게 말합니다. "너희가 육신대로 살면 반드시 죽을 것이로되 영으로써 몸의 행실을 죽이면 살리니…." 여기서 바울은 삶의 태도를 두 가지로 설명합니다. 하나는 육신대로 사는 것이고, 다른 하나는 영적으로 사는 것입니다. 육신의 삶은 그 결과가 죽음이고, 영적인 삶은 생명입니다. 바울은 이미 앞에서 이런 사실을 정확하게 말했습니다. "육신의 생각은 사망이요 영의 생각은 생명과 평안이니라"(롬 8: 6). 육신의 삶과 영적인 삶이 무엇인지, 그리고 그 두 삶이 어떻게 다른지를 알아야 성령이 누군지도 알 수 있습니다.

성령으로 '몸의 행실'을 죽이는 것을 사람들은 윤리 도덕적으로 성실하게 사는 것이라고 생각합니다. 육체의 본능을 거부하고 금욕적이고, 더 나가서 자학적으로 사는 것이라고 말입니다. 성경을 피상적으로 읽으면 그렇게 오해할 수 있습니다. 지난 18, 19세기 유럽의 기독교는 기독교 영성을 그런 방식으로 생각했습니다. 도덕주의적인 영성입니다. 청교도 영성이 바로 그것을 가리킵니다. 이런 신앙에 반복적으로 노출되면 그의 무의식에 죄의식이 자리합니다. 니체는 이런 신앙을 가리켜 '사육당하는 가축떼 윤리'라고 비판했고, 프로이트는 '집단적 노이로제 현상'이라고 비판했습니다. 이들의 비판에도 일리가 있습니다. 이런 영성은 생명을 살리는 게 아니라 죽이는 겁니다. 죽이는 영성을 성령의 일이라고 할 수는 없습니다.

그렇다면 육신대로 사는 것은 무엇일까요? 어떤 이들은 그것을 파렴치하거나 이기적으로 사는 것, 또는 육체의 본능에 따라서 사는 천박한 삶이라고 생각합니다. 아닙니다. 바울은 더 근본적인 것을 말합니다. 육신대로는 사는 것은 율법적으로 사는 것입니다. 앞에서 말씀드리는 도덕적 엄숙주의가 육신대로 사는 것입니다. 바울이 로마서에서 일관되게 전하는 핵심이 바로 그것입니다. 로마서 8장 2절에서 그는 '생명의 성령의 법'이 '죄와 사망의 법'에서 우리를 해방시켰다고 말합니다. 여기서 죄와 사망의 법이 바로 율법입니다. 율법은 가장 인간다운 삶을 위한 규범들입니다. 율법대로 살아야 하나님께 인정받는다는 율법주의는 법대로 살아야 세상이 바르게 돌아간다는 법치주의와 기본 개념이 똑같습니다. 모두 좋은 것들입니다. 율법적으로 성실하게 사는 사람들은 교회에서 인정받습니다. 세상의 실정법대로 성실하게 사는 사람들도 세상에서 인정받습니다. 그런데 바울은 그런 삶이 바로 육신대로 사는 것이라고 말합니다. 그런 삶은 결국 죄와 사망에 이른다고 말합니다. 일반적으로 받아들여지기 힘든 주장입니다. 혁명적인 선언입니다. 바울은 무엇을 근거로 이렇게 혁명적인 발언을 하는 것일까요?

바울은 율법의 속성을 정확하게 뚫어보았습니다. 율법 앞에 직면하면 할수록 인간은 율법을 성취할 수 없다는 사실을 절감하게 됩니다.

율법은 불가능한 것을 요구합니다. 바울은 로마서 앞부분에서 그 사실을 정확하게 짚었습니다. 율법을 최선으로 지켜보려고 노력한 이들이 유대인들입니다. 대표적으로는 바리새인들입니다. 그들도 율법을 다른 사람보다는 잘 지켰지만 완벽하게는 지키지는 못했습니다. 오늘 우리가 대한민국의 모든 법을 완벽하게 지키고 사는지를 보면 됩니다. 정치인들은 교도소 담장을 걷는다고 합니다. 법을 다루는 법관과 검찰, 변호사들도 법을 완벽하게 지키지 못합니다. 도로교통법을 여러분은 다 지키시나요? 상대적으로 성실하게 지키는 사람들이 있고 그렇지 못한 사람들로 구분될 뿐입니다. 만약 도로교통법을 한 번이라도 어기면 구원받지 못한다고 생각해 보십시오. 그건 끔찍한 일입니다. 죄와 죽음입니다. 그래서 바울은 이렇게 말했습니다. "육신의 생각은 하나님과 원수가 되나니…"(롬 8:7).

오해 마십시오. 율법과 실정법이 우리에게 아무런 의미가 없다는 뜻은 아닙니다. 그런 문제는 상식적으로 생각하면서 살아가면 됩니다. 효도하라는 말이 있다고 합시다. 그걸 모든 사람들이 똑같은 방식으로 지킬 수는 없습니다. 헌금도 마찬가지입니다. 모든 사람이 십일조를 해야 하는 것도 아닙니다. 그것은 공동체에 참여한 사람들이 상식적인 차원에서 자신들이 감당할 정도로 하면 됩니다. 상식과 교양에 속한 것들은 그런 원리에 따라서 처리하십시오. 이런 점에서 루터가 말한 '두왕국론'은 옳습니다. 교회가 영주의 일까지 일일이 간섭할 수 없다는 겁니다. 영주는 영지를 통치해야 하고, 군대를 운영해야 합니다. 개인적으로도 그렇습니다. 모든 세속의 일상을 신앙의 문제와 일치시킬 수 없습니다. 여기서 세속의 일상은 육신의 문제입니다. 거기에는 세속적인 원리가 있습니다. 그것에 몰두하면 결국 죄와 죽음에 이릅니다.

기독교 신앙은 전혀 새로운 삶의 패러다임으로 들어가는 것입니다. 육적인 삶에서 영적인 삶으로의 자리 이동입니다. 그래야만 생명을 얻기 때문입니다. 이 사실을 바울은 성령의 법이 죄와 죽음의 법에서 우리를 해방시켰다고 설명하기도 했고(롬 8:2), 영으로써 몸의 행실을 죽이면 산다고 설명했습니다(롬 8:13). 성령은 생명의 영이기 때문에 성령의 인도를 따라서 살면 생명을 얻습니다. 생명을 얻는다는 것을 바울은 14절 이하에서 다른 문장으로 설명했습니다. 하나님의 아들이 되는 것과 하나님을 아빠 아버지라고 부르는 것, 즉 하나님의 자녀가 되는 것입니다.

성령과 생명

성령의 인도를 받는다는 게 무슨 뜻일까요? 마찬가지로 죄와 죽음의 법에서 우리를 해방시키는 '생명의 성령의 법'이 무엇일까요? 로마서 8장 3절에서 바울은 아주 자세하고도 구체적으로 설명합니다. 율법이 할 수 없는 일에 매달리는 게 아니라 하나님이 하신 일에 집중하는 것이 대답입니다. 하나님은 당신의 아들을 우리에게 보내서 율법의 요구를 이루어지게 하셨습니다. 우리가 율법을 이룬 게 아니라 하나님이 이루셨다는 게 중요합니다. 하나님의 아들은 바로 예수 그리스도이십니다. 그에게 일어난 구원 사건을 믿고 따르는 것이 곧 성령의 인도를 받는 것이며, 그것이 곧 생명을 주시는 성령의 법입니다. 그 사실을 바울은 오늘 본문 로마서 8장 15절에서 종의 영이 아니라 양자의 영을 받았다고 설명했습니다. 예수 그리스도를 통해서 우리가 하나님의 양자가 되었다는 뜻입니다. 실제로는 죄로 인해서 하나님의 자녀가 될 수 없지만 예수 그리스도의 십자가와 부활로 하나님의 양자가, 즉 하나님의 자녀가 되었습니다. 그래서 기독교인은 종교적인 교양이나 세속적인 업적에 영혼의 중심을 두지 않습니다. 그것은 결국 율법의 한계를 벗어나지 못합니다. 하나님께서 예수님에게 행하신 구원 사건에 영혼을 걸어둡니다. 왜냐하면 거기서만 죄와 죽음의 법에서 해방된다는 사실을 알고 있기 때문입니다.

이런 설명이 너무 멀게 느껴지시는 분들이 있을지 모릅니다. 생명을 주는 성령의 법, 양자의 영, 생명과 평화 같은 단어들이 잘 와 닿지 않습니다. 우선 구체적인 삶에서 이 문제를 생각해 보십시오. 국내외에 걸친 온갖 뉴스를 들어보십시오. 모든 나라와 정부와 정당과 사회단체가 인간과 세계 구원을 위해서 방향을 제시하고 서로 투쟁합니다. 거기서 참된 평화와 해방을 경험할 수 있을까요? 현재 박근혜 씨와 안철수 씨가 올 대선 후보 중에서 가장 많은 지지를 받고 있습니다. 서로 지지하는 사람들도 다릅니다. 그들 중의 한 분이 대통령이 되면 대한민국이 멋진 나라가 될까요? 아무도 인간과 세상 문제를 근본적으로 해결하지 못합니다. 저는 정치 허무주의자는 아닙니다. 모두 투표를 통해서 자신의 입장을 표현해야 한다고 생각합니다. 그러나 정치로 모든 문제가 해결된다고는 전혀 생각하지 않습니다. 오히려 정치가 삶을 망칠 때가 많습니다. 개인의 인생을 놓고 볼 때도 마찬가지입니다. 사람들에게 존경받을만한 일을 많이 한 사람이라고 해도 그것으로 해방을 얻지는 못합니다. 자식들이 모두 출세해도 마찬가지입니다. 그래도 그게 바로 인생이 아니냐, 너무 절대적인 신앙의 차원에서만 생각하는 거 아니냐 하고 생각할 분들도 있을 겁니다. 그게 아닙니다. 우리의 삶을 현실적으로 직관하자는 것뿐입니다. 성서 기자들은 예수 그리스도를 통해서 행하신 하나님의 구원 사건이 우리를 해방시킨다고 말합니다. 성서의 가르침이 이해가 되십니까? 그게 믿어지십니까? 그런 경험이 있으신가요?

이게 억지로는 되지 않습니다. 그래서 바울은 로마서 8장 16절에서 성령이 이 사실을 증언한다고 말합니다. "성령이 친히 우리의 영과 더불어 우리가 하나님의 자녀인 것을 증언하시나니….' 예수 사건을 이해하고 동의하고 믿는 것은 성령의 일입니다. 성령을 받았다는 말은 바로 이런 경험이 있다는 뜻입니다. 어떤 이들은 성령 경험을 열광적인 은사에 사로잡히는 것으로 생각합니다만 그것은 별로 중요하지 않습니다. 성령은 오히려 이성적입니다. 바울은 성령이 '우리의 영'과 더불어 증언한다고 말했습니다. 우리의 '영'은 생명 현상 중에서 가장 포괄적이고 가장 심층적이며 가장 이성적인 차원을 가리킵니다. 예수에게 일어난 사건을 인식하는 것이 가장 이성적인 것입니다. 이런 것을 가능하게 하는 영이 곧 성령입니다.

　사랑하는 성도 여러분, 교회는 성령의 피조물입니다. 성령 공동체입니다. 가장 영적인 공동체입니다. 육신의 일이 아니라 하나님의 일에 집중함으로써 하나님의 자녀가 된 사람들의 모임입니다. 이 사실을 이해하고 믿을 수 있습니까? 그렇다면 여러분은 성령을 받은 사람들입니다. 겉으로 드러난 특별한 현상이 없다 하더라도 분명히 성령을 받은 사람들입니다. 삶과 죽음을 두려워하지 말고 성령의 증언에 온전히 의지하면서 살아가십시오. 아멘.

성령강림절후 둘째 주일
마가복음 3:20-30
2012년 6월 10일

성령을 모독하는 죄

오늘 설교 본문인 마가복음 3장 20-30절에 이어지는 3장 31-35절을 먼저 읽는 게 본문을 이해하는데 도움이 됩니다. 이 두 이야기는 한 묶음입니다. 예수님의 어머니와 동생들이 찾아왔습니다. 예수님이 사람들과 함께 있는 집안으로 들어오지는 못하고 사람들을 시켜서 만나보고 싶다고 했습니다. 그 이야기를 전해들은 예수님은 가타부타 말씀하지 않고 의외의 말씀을 하십니다. 그곳에 둘러앉은 사람들을 가리키면서 그들이 바로 '내 어머니와 내 동생들'이라고 하시면서 "누구든지 하나님의 뜻대로 행하는 자가 내 형제요 자매요 어머니이니라"고 하셨습니다. 이 말씀을 가족들이 들었다면 기분이 나쁠 것 같습니다. 가족이 아무런 의미가 없다는 뜻으로 이런 말씀을 하신 것은 아닙니다. 생명의 본질이 하나님과의 관계에 달려 있다는 뜻입니다. 예수님이 이런 특별한 말씀을 하신 데에는 속사정이 있습니다. 그것이 바로 오늘 설교의 성경 본문에 나오는 이야기입니다.

예수님이 어떤 사람의 집에 들어가셨습니다. 사람들이 많이 모였습니다. 예수님은 밥을 먹을 틈도 없었다고 합니다. 그런 와중에 친족들이 예수님을 붙잡으러 왔습니다. 예수님의 가족들도 이들 틈에 끼어 있었을 겁니다. 지금 예수님이 머문 곳은 갈릴리 호수를 끼고 있는 가버나움이고 예수님의 가족과 친족들이 살고 있는 곳은 나사렛입니다. 가버나움과 나사렛은 대략 30km 정도 됩니다. 하루 종일 걸어야 할 거리입니다. 왕복 이틀은 걸립니다. 이들이 이 먼 거리를 찾아온 이유는 예수님이 미쳤다는 소문을 들었기 때문입니다. 미친 예수를 빨리 고향으로 데리고 가서 더 이상 그런 소문이 나지 못하게 해야 한다고 생각했을지 모릅니다. 예수의 어머니를 불쌍하게 생각했을 수도 있습니다.

소문은 이상한 힘이 있습니다. 근거가 있을 때도 있지만 전혀 없을 때도 일파만파로 퍼집니다. 거기에는 군중심리가 작용합니다. 다른 사람의 약점을 알게 되었다는 쾌감이 작용해서 소문의 내용이 부풀려집니다. 근거가 없을 경우에는 대개 금방 잦아들지만 어떤 권위 있는 사람이나 집단이 개입하면 확대 재생산됩니다. 예수님의 경우에는 유대교 종교 권력자들에 의해 그런 일이 일어났습니다. 예루살렘에서 내려온 서기관들은 예수님이 바알세불에 사로잡혔고, 귀신의 왕을 통해서 귀신을 쫓아낸다는 것입니다. 예수님에게서 일어나는 능력들은 선한 게 아니라 악한 것이라는 뜻입니다. 일종의 마녀사냥처럼, 또는 인민재판처럼 예수님이 악령에 씌었다고 말하는 겁니다. 그런 소문이 결국 고향 친족과 가족들에게까지 퍼졌습니다.

예수님은 예루살렘에서 내려온 서기관들과 말씀하셨습니다. 그들과 신학 논쟁을 벌이셨다는 뜻입니다. 그들의 주장을 두 가지로 비판하셨습니다. 한 가지는 사탄이 사탄을 쫓아낼 수 없다는 사실입니다. "만일 나라가 스스로 분쟁하면 그 나라가 설 수 없고…"(막 3:24)라고 하셨습니다. 사탄끼리 싸울 수 없다는 겁니다. 다른 한 가지는 사탄보다 훨씬 강력한 능력으로만 사탄을 제압할 수 있다는 사실입니다. "사람이 먼저 강한 자를 결박하지 않고는 그 강한 자의 집에 들어가 세간을 강탈하지 못하리니…"(막 3:27)라는 말씀이 그 사실을 가리킵니다. 예수님이 행하신 치병과 축귀는 사탄이 아니라 바로 성령의 능력이었지만 서기관들은 이 사실을 몰랐습니다. 그럴 수밖에 없습니다. 예수님을 죽이려고 마음 먹고 있었기 때문입니다. 생각이 왜곡되어 있으면 실체적 진실을 바로 볼 수 없습니다.

성령 모독

예수님은 율법 전문가들인 서기관들의 주장을 신학적으로 정확하게 비판한 뒤에 아주 놀랍고도 중요한 말씀을 하십니다. "누구든지 성령을 모독하는 자는 영원히 사하심을 얻지 못하고 영원한 죄가 되느니라" (막 3:29). 마가복음 기자는 친절하게 다음과 같은 말을 덧붙입니다. "이는 그들이 말하기를 더러운 귀신이 들렸다 함이러라." 이 대목을 요약하면 다음과 같이 두 가지입니다. 첫째, 예수님을 귀신 운운하면서 비방하는 것은 성령을 모독하는 것이며, 둘째, 이런 죄는 영원히 용서받지 못한다는 것입니다. 이 말씀이 무슨 뜻인지를 깊이 생각해 보십시오.

예수님께서 더러운 귀신이 들렸다는 서기관들의 주장은 예수님의 하나님 나라 선포와 그 운동이 자신들의 종교적 기득권에 배치되었다는 데에 근거합니다. 자기들의 기득권에 부합했으면 그런 주장을 하지 않았을 겁니다. 그들의 종교적 기득권은 겉으로 드러난 종교 권력이기도 하고, 더 내면적으로는 율법주의이기도 합니다. 종교 권력은 쉽게 드러나기 때문에 덜 위험합니다. 어느 정도의 판단력만 있으면 문제점을 알 수 있습니다. 그러나 율법주의는 종교적 미덕으로 포장되어 있어서 눈치 채기 어렵습니다. 겉으로 그럴듯해 보인다는 말씀입니다.

오늘 본문 사건이 벌어지게 된 그 배경인 마가복음 3장 1절 이하에는 안식일 논쟁이 나옵니다. 안식일은 율법을 대표하는 규범입니다. 예수님이 가버나움 회당에 들어가셨을 때 사건이 벌어졌습니다. 회당 안에 한쪽 손이 장애인 사람이 있었습니다. 그 날은 마침 안식일이었습니다. 사람들은 예수님이 안식일에 이 사람을 고치는지 감시했습니다. 안식일 법을 위반하는지 본 것입니다. 예수님은 사람들에게 이렇게 말씀하셨습니다. "안식일에 선을 행하는 것과 악을 행하는 것, 생명을 구하는 것과 죽이는 것, 어느 것이 옳으냐?"(막 3:4) 그 사람들의 마음이 완악하다는 사실을 탄식하시면서 장애인에게 이렇게 말씀하십니다. "네 손을 내밀라." 그 손이 치료되었습니다.

이 일이 있은 뒤에 바리새인들과 헤롯당 사람들은 예수님을 죽일 모의를 하기 시작했다고 합니다. 그 시작이 바로 예수님에 대한 나쁜 소문을 퍼뜨리는 것입니다. 예수님의 모든 행위가 귀신 들린 사람의 것이라고 말입니다. 결과적으로 보면 그들의 모의는 성공했습니다. 예수님의 마지막 재판 장면을 기억하시지요? 로마 총독 빌라도가 바라바와 예수 중에서 선택하라고 말했을 때 예루살렘 민중들은 바라바를 선택하면서, 예수님을 십자가에 못 박으라고 외쳤습니다. 민중은 경우에 따라서 실체적 진실보다는 뜬소문을 선택할 때가 많습니다. 민중은 군중심리의 약점을 보입니다.

안식일 논쟁에서 무엇이 문제였을까요? 유대교 지도자들은 왜 예수님을 제거해야 할 대상으로 낙인 찍은 것일까요? 그래서 결국 성령을 모독하는 죄를 범하게 된 것일까요? 예수님께서 안식일이 지난 다음날 장애인을 치료했다면 문제가 이렇게 심각해지지는 않았을 겁니다. 하루를 넘긴다고 해서 큰 문제가 있는 것도 아니었습니다. 그런데 예수님은 보란 듯이 바리새인들 앞에서 안식일에 치료했습니다. 안식일을 의도적으로 범한 것처럼 보입니다. 바리새인들은 그걸 이해할 수 없었습니다. 예수라는 저 친구는 고의적으로 율법을 파괴하는 사람이라고 생각할 수밖에 없었습니다. 그런 사람과는 함께 갈 수 없었습니다. 예수님과 바리새인의 차이는 분명합니다. 예수님에게 생명을 구하는 일이 지상명령이었다면, 바리새인들에게는 율법 준수가 지상명령이었습니다. 원래 율법도 생명을 구하는 법이었습니다. 그게 율법의 본질입니다. 그러나 율법이 절대화되면 생명을 파괴하기도 합니다. 율법 준수가 결국 성령을 모독하는 일이 되고 말았습니다. 성령 모독은 결국 생명 모독이라는 말씀이 됩니다. 거꾸로 생명 모독은 곧 성령 모독입니다. 이런 일들은 우리의 일상에서도 반복됩니다.

성령을 모독하는 죄가 무엇인지 실질적으로 알고 싶은 사람이라면 그는 종교와 생명의 관계를 진지하게 생각해야 합니다. 종교는 주로 율법, 종교법이라는 형태로 자리를 잡습니다. 그런데 문제는 그런 종교 형태가 생명을 파괴하는 쪽으로 작동될 때가 적지 않다는 사실입니다. 이 두 힘은 일치될 때도 있지만, 또 그래야 마땅하지만 충돌할 때도 많습니다. 종교를 권력으로 생각하는 사람에게는 충돌이 자주 일어납니다. 예를 들어 성적 소수자인 동성애자들을 교회가 거부한다면 그것은 종교 권력으로 생명을 억압하고 파괴하는 것입니다.

생명 모독

성령을 모독하는 죄는 영원히 용서받지 못한다는 예수님의 말씀은 두렵습니다. 신자들은 자신이 그런 죄를 지으면 어떻게 하나 하며 불안해하기도 합니다. 기독교 지도자들은 이런 구절을 무기로 삼아 신자들을 공격하기도 합니다. 잘 보십시오. 영원히 용서받지 못한다는 말은 하나님이 자비롭다는 말과 충돌합니다. 자비로운 분에게도 용서 못할 죄가 있다는 건 말이 되지 않습니다. 자칫하면 하나님이 사람처럼 앙심을 품고 화를 내는 분처럼 오해될 수 있습니다. 이런 표현들이 신, 구약을 막론하고 성경에 많이 나옵니다. 하나님이 때로는 폭군처럼 묘사됩니다. 이런 성경 표현은 징벌과 저주가 아니라 오히려 축복, 또는 은총이라는 사실을 잊지 말아야 합니다. 그런 성경 구절은 하나님의 정의를, 그 정의의 엄중성을, 하나님의 평화를, 그 평화의 엄중성을 가리키는 것이지 우리를 공포에 떨게 하는 것이 아닙니다. 이런 점에서 성령을 모독하는 죄는 영원히 용서받지 못한다는 말씀도 역시 저주가 아니라 오히려 은총입니다.

이런 문제를 좀더 실질적으로 이해하려면 성령 모독의 문제를 개인의 차원에서 생각하면 됩니다. 앞에서 성령 모독은 생명 모독이라고 말씀드렸습니다. 우리는 개인적으로 우리 자신의 생명을 모독하는 방식으로 살아갈 때가 적지 않습니다. 재산 증식에만 자신의 인생을 모두 투자한다면, 그것은 자기 생명에 대한 모독입니다. 남을 속이는 일에만 인생을 투자하면 그것도 생명 모독입니다. 이기적으로, 자폐적으로 사는 것도 마찬가지입니다. 우리 자신의 잘못으로 그럴 때도 있고, 남의 잘못으로 그렇게 될 때도 있습니다. 하나님께서 주시는 평화를 살지 못하고 끊임없이 자기를 확인하는 방식으로만 삽니다. 돈과 지식과 명예도 역시 불의하게, 또는 교만하게 사용됩니다. 이런 것들은 모두 생명을 모독하는 삶입니다. 우리는 대개 이런 방식의 삶에 길들여져 있습니다. 이런 방식의 삶을 완전히 극복한 사람은 없습니다.

성령 모독의 죄, 즉 생명 모독의 죄를 유지한 채 하나님 나라에 참여할 수는 없습니다. 결정적인 순간에 제거되어야만 합니다. 예수님께서 그 일을 하십니다. 그것이 마지막 심판입니다. 심판을 통해서 우리의 성령 모독, 생명 모독은 마치 추수 때 가라지가 불에 태워지는 것처럼 제거될 것입니다. 참으로 다행한 일입니다. 하나님께 감사해야 할 일입니다. 하나님 나라에 들어가기 전에 성령 모독, 생명 모독의 죄가 제거된다고 하니 말입니다. 그러니 여러분은 지금 자신이 완벽하지 못해서 하나님 나라에 들어가지 못할까 하는 염려를 하지 않아도 좋습니다. 하나님께서 여러분의 부끄러운 부분을 깨끗하게 하십니다. 이런 말씀을 들은 우리가 어찌 기뻐하지 않을 수 있겠습니까?

그러나 우리는 이런 생각에만 머물러 있을 수 없습니다. 이런 믿음으로 사는 우리가 이 세상에 사는 동안에 해야 할 일이 있습니다. 그 일은 의무가 아니라 권리이며, 부담감이 아니라 기쁨입니다. 우리는 지금 이 세상에서 마치 성령을 모독하는 일이 제거된 사람처럼 살아가도록 노력해야 합니다. 하나님 나라에 적합한 사람처럼 사는 것입니다. 물론 그게 쉽지는 않을 겁니다. 우선 성령을 모독하는 일들이 무엇인지,

즉 생명을 모독하는 일들이 무엇인지를 분별할 수 있어야 합니다. 우리 자신만이 아니라 이 세상이 어떻게 성령을 모독하고 있는지를 살펴보아야 합니다.

예수님을 귀신 들렸다고 빈정대는 일들이 오늘도 다반사로 일어납니다. 영적 분별력이 있는 사람은 그것을 볼 수 있습니다. 그리고 볼 뿐만 아니라 그런 일에 대항합니다. 인내심을 갖고 투쟁합니다. 그렇습니다. 그렇게 사는 사람은 바로 예수님의 형제이며 자매이며 어머니입니다.

성령강림절후 셋째 주일
사무엘상 16:1-13
2012년 6월 17일

성령의 사람

사무엘, 사울, 다윗

다윗은 구약성경에 나오는 인물 중에서 가장 유명한 사람 중 하나입니다. 교회에 나오지 않는 분들도 다윗에 대해서는 어느 정도 압니다. 아직 청년이 되기도 전인 소년 시절에 돌멩이 하나로 블레셋 장군 골리앗을 때려잡았다는 무용담으로 유명합니다. 특히 다윗으로부터 시작되는 다윗 왕조는 이스라엘 역사에서 유일하게 인정받는 정통 왕조입니다. 고대 이스라엘 신명기 역사가들은 다윗 왕조의 관점에서 역사를 해석하고 기술했습니다. 남북의 왕들을 평가할 때 선한 왕의 기준은 다윗이었습니다. 그리고 그들은 메시아가 다윗의 후손으로 올 것이라고 기대했습니다. 그런 기대가 신약성서에서 그대로 받아들여졌습니다. 예수님을 낳은 마리아의 남편인 요셉은 다윗의 후손이었습니다(마 1:16).

다윗이 구약의 역사에서 최초로 등장하는 대목이 오늘 설교 본문인 사무엘상 16:1-13절입니다. 사무엘이 하나님의 명령에 따라서 다윗을 왕으로 즉위시키는 의식에 대한 것입니다. 당시에는 이미 사울이라는 왕이 있었습니다. 왕은 세습을 해야 합니다. 왕의 큰아들인 요나단이 당시 세자였습니다. 요나단이 아니라 다윗을 왕으로 옹립한다는 것은 일종의 반역과 같습니다. 사무엘이 이런 위험한 일을 불사한 이유는 사울 왕과의 갈등에서 비롯되었습니다. 사울을 이스라엘 초대 왕으로 세운 인물은 사무엘입니다. 둘의 관계는 초기에 아주 좋았습니다. 사울의 정치, 군사적 권력이 강화되면서 사무엘과 충돌하게 되었습니다. 정치 권력과 종교 권력의 충돌인 셈입니다. 사무엘은 사울의 잘못을 두 가지로 보았습니다. 하나는 사울이 사무엘을 대신해서 번제를 드린 것이고(삼상 13장), 다른 하나는 사울이 전리품을 모두 소각하라는 하나님의 명령에 순종하지 않은 것입니다(삼상 15장). 앞의 일은 블레셋과의 전쟁에서 일어난 것이고, 뒤의 일은 아말렉과의 전쟁 중에 일어난 사건입니다. 사무엘은 사울에게 순종이 제사보다 낫다고 충고하고, 사울 곁을 완전히 떠납니다. 성서 기자는 이런 일련의 일들을 이렇게 평가합니다. "여호와께서는 사울을 이스라엘 왕으로 삼으신 것을 후회하셨더라"(삼상 15:35).

사무엘은 사울의 감시를 피해 제사를 드린다는 핑계로 은밀하게 베들레헴으로 갔습니다. 그곳에 사는 이새와 그 아들들을 제사에 초청했습니다. 사무엘은 이새의 아들들 중에서 한 사람을 새로운 왕으로 선택하겠다는 하나님의 명령을 들었습니다. 모든 게 순조롭게 진행되었습니다. 이새의 장남인 엘리압이 사무엘 앞에 나섰습니다. 사무엘은 마음에 들어 했습니다. 그러나 여호와께서는 사무엘에게 다른 말씀을 주셨습니다. "그의 용모와 키를 보지 말라 내가 이미 그를 버렸노라 내가 보는 것은 사람과 같지 아니하니 사람은 외모를 보거니와 나 여호와는 중심을 보느니라"(삼상 16:7). 둘째 아들 아비나답과 셋째 아들 삼마도 그렇게 지나갔습니다. 일곱 명의 아들이 다 나왔지만 사무엘은 아직 답을 얻지 못했습니다. 사무엘은 이새에게 묻습니다. "네 아들들이 다 여기 있느냐?" 이새가 대답합니다. "아직 막내가 남았는데 그는 양을 지키나이다." 사무엘의 초청을 받고 형들은 모두 제사에 참석했는데 다윗은 그럴 형편이 못되었습니다. 물론 누군가 양을 돌봐야 했기 때문에 어쩔 수 없기도 했겠지만, 더 중요한 것은 아버지의 입장에서 볼 때 다윗은 나이도 어리고 형들과 비교해서도 부족한 게 많았다는 사실입니다. 사무엘은 이새에게 막내아들을 데려오라고 했습니다. 다윗이 왔습니다. 첫 인상을 성서 기자는 이렇게 표현합니다. "그의 빛이 붉고 눈이 빼어나고 얼굴이 아름답더라." 사무엘에게 여호와의 말씀이 들렸습니다. "이가 그니 일어나 기름을 부으라." 사무엘은 여호와의 명령에 따라서 기름을 다윗에게 부었습니다. 성서 기자는 이 사건을 다음과 같은 묘사로 끝냅니다. "이 날 이후로 다윗이 여호와의 영에게 크게 감동되니라."

다윗과 여호와의 영

다윗이 여호와의 영에 크게 감동되었다는 말이 무슨 뜻일까요? 다윗에게 그 순간에 무슨 일이 일어난 것일까요? 사실 다윗은 왕이 될 만한 준비가 전혀 없었습니다. 형을 따라다니면서 양을 돌보기만 했습니다. 베들레헴에 큰 제사가 벌어진 그날도 다윗은 꼼짝하지 못하고 양을 돌보고 있다가 얼떨결에 끌려나와 기름 부음을 받았습니다. 그는 이것이 무엇을 의미하는지도 몰랐습니다. 본문에도 다윗이 어떤 사명감이나 의지가 있었다는 언급이 전혀 없습니다. 사무엘만 주도적으로 활동했습니다. 그런데도 성서 기자는 다윗이 여호와의 영에게 크게 감동되었다고 분명하게 말합니다. 우리에게 익숙한 표현으로 바꾸면 다윗이 성령으로 충만하게 되었다는 뜻입니다. 성서 기자의 진술은 옳은가요? 다윗은 성령 충만한 사람으로 살았나요?

다윗 전승을 아는 분들은 성서의 그런 진술에 동의하지 못할 겁니다. 다윗은 인격적이나, 판단력에서 실수가 많았고 문제도 많았습니다. 사울왕과의 관계도 그렇습니다. 다윗은 이런저런 사연으로 사울의 부마가 되었고, 또 경호대장의 자리에 올랐습니다. 그러다가 왕위를 찬탈했습니다. 사울과 다윗 사이에서 벌어진 왕권 투쟁 이야기가 오늘 본문

이후로 사무엘상 31장까지 자세하게 나옵니다. 권력을 손에 넣기 위해서 그는 때로는 비열하게, 구차스럽게, 포악스럽게 행동했습니다. 물론 성서는 사울을 악한 왕으로, 다윗을 선한 왕으로 보고 있지만 그건 구약성서가 권력 투쟁에서 승리한 다윗 왕조의 관점으로 기술되어서 가능했습니다. 객관적으로 보면 다윗은 사울보다 나을 게 별로 없어 보입니다. 다윗은 자식 농사에도 실패했습니다. 왕자의 난도 반복되었습니다. 다윗의 왕위를 세습한 왕자가 밧세바와의 사이에서 태어난 솔로몬이었다는 사실은 다윗 왕조에 피비린내 나는 권력 투쟁이 있었다는 뜻입니다. 거기에 밧세바와 나단의 역할이 컸습니다. 다윗은 그런 문제를 지혜롭고도 과감하게 해결하지 못했습니다. 대충 그렇고 그렇게 살아가는 평범한 사람들의 모습이 그에게 그대로 나타납니다. 이런 부분들을 보면 다윗은 성령의 사람으로 보이지 않습니다. 그렇다면 성서 기자의 진술은 틀린 것일까요?

그렇지 않습니다. 여호와의 영에게 감동된다는 것, 성령 충만을 경험한다는 것이 무엇을 의미하는지 먼저 알아야 합니다. 성령 경험을 주술적인 것으로 생각하면 곤란합니다. 성령을 경험했다고 해서 삶의 모든 문제가 자동적으로 해결되지 않는다는 말씀입니다. 성령 경험은 예술 경험이나 문학 경험과 비슷한 현상입니다. 어떤 사람이 음악, 미술, 시에서 어떤 영감을 경험했다고 해서 무조건 창조적인 예술 작품을 그리거나 시를 쓰지 못합니다. 그런 예술적 영감은 사라질 수도 있습니다. 그 어떤 예술가도 그런 영감을 처음부터 끝까지 일관되게 소유할 수 없습니다. 그의 영적인 상태에 따라서 영감이 사라지거나 유지되기도 합니다. 성령을 경험한 사람도 마찬가지입니다. 아무도 성령을 소유할 수 없습니다. 그 사람의 영적인 상태에 따라서 성령이 사라지기도 하고, 유지되기도 합니다. 더 정확하게 말하면 성령과의 소통이 단절되기도 하고 계속 열리기도 합니다. 성령의 뜨거움을 경험한 것만으로 평생 성령의 사람으로 살아갈 수는 없습니다.

어떤 신자들은 예수 영접의 확신이 있는데도 왜 자기에게 인간적인 한계가 자꾸 나타나는지 모르겠다고 걱정합니다. 믿음이 좋다고 자타가 인정하는 사람들에게서 자주 나타나는 조바심입니다. 소위 청교도 신앙이 이런 겁니다. 이런 문제를 청교도들과는 다른 방식으로 해결하려는 이들이 소위 구원파입니다. 그들은 구원의 확신에만 매몰되기 때문에 자기 삶과 세상에 대한 진지한 성찰이 없습니다. 아무리 성령 경험이 뜨거웠다고 해도 여러분의 삶에는 끊임없는 시행착오가 일어날 겁니다. 다윗에게서 볼 수 있는 파렴치한 일들도 일어날 겁니다. 그래서 자신에게 낙심하기도 할 겁니다. 성령 경험이 우리의 모든 구체적인 인생 문제를 일시에 해결해주는 알라딘의 요술 램프와는 다르다는 사실을 알아야 합니다.

성령과 세례

다윗의 기름 부음 받는 장면으로 다시 보십시오. 그것은 왕이 되는 의식입니다. 다윗은 아직 왕이 아닙니다. 일개 목동입니다. 자신에게 앞으로 무슨 일이 일어날지 잘 모릅니다. 그러나 이런 의식을 통해서 자신이 앞으로 어떻게 살아야 한다는 방향은 분명하게 알았습니다. 하나님과의 관계가 자기 삶의 중심이어야 한다는 방향이 그것입니다. 다윗은 실수를 할 때마다 하나님 앞에서 자신을 성찰했습니다. 성서 기자들은 다윗의 그런 부분을 높이 샀습니다.

다윗의 기름 부음 받는 의식은 우리의 세례 의식과 비슷합니다. 세례는 예수 그리스도와 함께 죽고 함께 산다는 신앙 내용을 의식적으로 표현한 것입니다. 세례를 받았다고 해서 우리가 갑자기 새로워지지는 않습니다. 여전히 실수도 합니다. 그런 차원에만 머물러 있으면 세례는 아무 의미가 없습니다. 세례 의식 자체가 우리를 구원하지는 않습니다. 그러나 세례를 기점으로 자신의 삶을 예수 그리스도와의 관계로 규정한다면 세례는 우리에게 결정적인 의미가 있습니다. 그 세례를 통해서 성령의 사람이 되었다고 말해도 좋습니다.

우리 기독교인의 삶은 기본적으로 세례의 반복입니다. 단순한 반복이 아니라 창조적인 반복입니다. 세례 영성이 우리의 삶에서 점점 깊어진다는 뜻입니다. 성찬식을 반복하는 이유도 바로 여기에 있습니다. 성찬식을 통해서 우리는 예수 그리스도와의 원초적 관계로 들어갑니다. 이런 신앙 형식을 단순히 종교적인 의례로 생각하면 곤란합니다. 오히려 생명의 리얼리티에 접촉하는 겁니다. 여러분의 전체 삶을 보십시오. 두 낱말로 설명할 수 있습니다. 삶과 죽음이 그것입니다. 어떤 식으로든 이 세상에서 살다가 어떤 식으로든 죽습니다. 약간의 차이는 있습니다. 물질적으로 좀더 넉넉하거나, 다른 사람보다 좀더 건강하게 살기도 하고, 좀더 오래 살 수도 있습니다. 그러나 삶과 죽음이라는 큰 틀에서 보면 그 차이는 별것이 아닙니다. 여러분은 이런 삶과 죽음 자체에 관심을 갖고 계신가요, 아니면 그것의 겉모양인 좀더 넉넉하거나 건강한 것에 관심이 있으신가요? 세례 영성으로 돌아간다는 것은 전자에 초점을 둔다는 의미입니다. 예수 그리스도와 함께 죽고, 예수 그리스도와 함께 산다는 사실에 영적인 촉수를 예민하게 맞추는 겁니다. 이런 사람은 성령의 사람입니다.

이런 삶이 무엇인지에 대한 구체적인 설명이 필요하신가요? 이건 누구에게서 설명을 듣고 알 수 있는 게 아닙니다. 그런 설명은 약간의 도움이 될 뿐입니다. 자신의 삶이 스스로는 완성될 수 없다는 사실과 예수 사건에서 완성된다는 사실을 실질적으로 인식할 때 세례 영성에 들어갈 수 있습니다. 기독교의 전체 가르침이 바로 여기에 연루됩니다. 그 가르침을 몰라서 문제가 아닙니다. 알지만 가슴에 와 닿지 않기 때문에 문제입니다. 그걸 제가 해결해드릴 수는 없습니다. 성령만이 그런 일을 하실 수 있습니다. 우리는 '성령이여, 우리에게 오소서' 하고 기도했던 교부들처럼 그 순간을 기다려야 합니다.

포기하지 않고 기다리는데 조금이라도 도움을 드리기 위해서 오늘 본문에 나오는 아주 중요한 한 가지 사실을 말씀드리겠습니다. 다윗이 여호와의 영에게 크게 감동되었다는 성서 기자의 이 진술은 다윗의 전체 인생이 끝난 뒤에 내려진 판단입니다. 문장만 본다면 다윗의 소년시절이 배경이지만 실제로는 역사가 많이 흐른 뒤의 이야기입니다. 우리가 성령이 사람이냐 아니냐 하는 것은 우리 인생 전체를 조망해야만 확인될 수 있습니다. 여러분은 죽은 뒤에 어느 쪽으로 판단될 것 같습니까? 어느 쪽을 원하십니까? 우문인가요? 원하는 쪽을 선택하십시오. 그 선택이 실제 삶의 내용이 되도록 살아가십시오.

성령강림절후 넷째 주일
마가복음 4:35-41
2012년 6월 24일

거룩한 두려움

갈릴리 호수에서

예수님 당시 가나안 땅을 머리로 그려보십시오. 북쪽에는 갈릴리 호수가 있습니다. 호수물이 남쪽으로 흐릅니다. 그게 요단강입니다. 요단강은 110킬로미터 정도 흘러서 사해라는 이름의 호수로 들어갑니다. 사해는 소금 농도가 높아서 사람이 물위에 누우면 뜬다고 합니다. 그래서 사해(死海)라고 합니다. 북쪽에서 남쪽으로 길게 호박처럼 생겼습니다. 갈릴리 호수는 사해에 비해서 작고 둥그렇게 생겼습니다. 예수님은 이 갈릴리 호수 근처에서 하나님 나라를 선포하기 시작하셨습니다. 제자들 중에는 갈릴리 호수에서 어부로 활동하던 이들이 많았습니다. 예수님이 자주 머무셨던 마을인 가버나움도 갈릴리 호수에 붙어 있는 어촌이었습니다. 제자들은 갈릴리 호수와 연관된 예수님에 대한 이야기를 많이 기억하고 있다가 복음서에 기록했습니다. 그중 하나가 바로 오늘 설교 본문인 마가복음 4장 35-41절에 나오는 이야기입니다.

많은 사람들과 함께 지내면서 말씀을 가르치던 예수님은 날이 저물자 배를 타고 호수 건너편으로 가시려고 했습니다. 예수님은 몰려든 민중들을 피해서 휴식을 취하고 싶으셨을지 모릅니다. 예수님은 사람들을 찾아가시기도 했지만 자주 피하기도 하셨습니다. 예수님이 제자들과 함께 배를 타고 그곳을 떠나자 사람들은 다른 배를 준비해서 따라왔습니다. 그 광경이 분명하게 들어옵니다. 갈릴리 호수 서편에서 예수님과 제자들이 탄 배를 선두로 몇 척의 배가 저녁노을을 등지고 동편을 향해서 갑니다. 갑자기 큰 광풍이 불고 파도가 높아졌습니다. 원래 갈릴리 호수에는 그런 돌풍이 자주 일어났다고 합니다. 물이 들어와 배가 침수될 지경이 되었습니다. 그 순간에 예수님은 배의 고물(뒷쪽)에서 주무시고 있었다고 합니다. 풍랑이 장난이 아닌 상황에서 주무시고 있었다는 건 심하게 피곤하셨다는 뜻이겠지요.

제자들은 예수님을 급히 깨우면서 이렇게 말했습니다. "선생님이여, 우리가 죽게 된 것을 돌보지 아니하시나이까?" 이 장면은 약간 과장된 것처럼 보입니다. 제자들은 어부들이 주축입니다. 그들은 갈릴리 호수에서 산전수전 모두 겪은 사람들입니다. 이런 정도의 풍랑은 일상적으로 경험했을 겁니다. 어쨌든지 제자들은 어부답지 않게 당황해서 예수님을 흔들어 깨웠습니다. 예수님은 잠에서 깨었습니다. 그리고 다짜고짜로 바람을 꾸짖으셨습니다. "잠잠하라. 고요하라." 그러자 바람이 그치고 파도가 잔잔해졌다고 합니다.

당시에 실제로 무슨 일이 일어났던 것일까요? 여러분은 이런 이야기를 읽으면서 어떤 생각이 드시나요? 각자 생각이 서로 다를 겁니다. 어떤 분들은 이런 이야기를 냉소적으로 취급합니다. 이것은 마치 어린아이들이 자기 아버지를 전지전능한 슈퍼맨으로 여기는 것과 비슷한 이야기라고 간주합니다. 그래서 복음서에서 이런 부분들은 빼버리고 실제적인 교훈이 되는 가르침만 보자고 말합니다. "대접을 받고자 하는 대로 남을 대접하라"든지 "이웃을 네 몸과 같이 사랑하라"는 가르침만을 받아들이자고 합니다. 이런 생각은 기독교 신앙을 휴머니즘으로 폄하하는 것에 불과합니다.

또 어떤 분들은 이 이야기에서 바람과 바다까지 말 한마디로 제어

할 수 있는 예수님의 초능력을 강조합니다. 그런 능력이 바로 예수님의 메시아 성을 증명해준다는 겁니다. 이런 믿음은 소중합니다. 예수님은 바로 하나님의 아들이십니다. 하나님과 본질적으로 일치되는 분이십니다. 그렇기 때문에 예수님은 하나님의 창조 능력을 그대로 행사하실 수 있는 분이십니다.

그러나 이런 식으로만 예수님을 생각하면 신앙의 중심을 놓치는 겁니다. 예수님은 참된 하나님이시지만 참된 인간이십니다. 여기서 '참된' 인간이라는 부분을 반드시 기억해야 합니다. 예수님이 초자연적인 능력을 마음대로 행사하신 분이었다고 한다면 참된 인간이 될 수 없습니다. 오히려 반대입니다. 예수님의 십자가 처형은 그의 무능력을 상징적으로 보여주는 사건입니다. 복음서 기자들은 왜 초자연적인 능력처럼 보이는 이런 이야기를 전한 것일까요? 여기에는 초기 기독교의 어떤 속사정이 숨어 있습니다. 복음서를 비롯해서 신약성경은 모두 초기 기독교가 처한 자리에서 나온 것이기 때문에 그들의 속사정을 배경으로 놓고 읽어야 합니다.

초기 기독교의 상황

초기 기독교는 오늘 우리의 상황과는 완전히 다릅니다. 지금은 기독교가 주류 종교가 되었습니다. 특히 유럽과 아메리카에서는 기독교의 지배적인 문화로 자리 잡기까지 했습니다. 그러나 초기 기독교는 당시 주변 세계로부터 별로 인정을 받지 못했습니다. 이들은 자신들의 공동체가 해체될지 모른다는 위기감에 사로잡혔습니다. 실제로 로마로부터 순교의 박해를 받기도 했습니다. 이들의 상황은 풍랑을 만난 배와 같습니다. 이런 상황을 헤쳐 나갈 수 있는 길은 '믿음' 밖에 없었습니다. 오늘 본문 40절에서 예수님은 이렇게 말씀하셨습니다. "어찌하여 이렇게 무서워하느냐 너희가 어찌 믿음이 없느냐?" 그러나 믿음이 그렇게 간단한 문제가 아닙니다. 왜 믿음이 없느냐는 질문은 믿음을 유지하기가 어렵다는 뜻입니다.

    초기 기독교의 상황을 전제한다면 믿음이 있다는 게 오히려 이상한 일입니다. 보십시오. 십자가에 처형당한 이를 메시아로 믿는다는 게 가능한가요? 가능하지 않습니다. 십자가 처형은 당시 모든 사람들에게 수치의 대상이었습니다. 오죽했으면 바울이 십자가 사건을 이렇게 말했겠습니까? "유대인에게는 거리끼는 것이요 이방인에게는 미련한 것으로되"(고전 1:23). 십자가 처형은 유대인들의 종교적 전통으로는 떳떳하지 못하고, 로마의 정치적 전통으로도 어리석은 것이었습니다. 그렇게 죽은 이를 믿으라는 말은 언어도단입니다. 이런 상황에서 초기 기독교가 계속 유지되리라는 보장은 전혀 없었습니다. 풍랑 앞에서 당황하고 있는 제자들의 모습과 똑같습니다.

    지금 우리는 당시 기독교인들과 달리 예수님을 잘 믿고 있으니 걱정이 없을까요? 대다수 신자들이 그렇겠지요. 그러나 그렇지 못한 분들도 있을 겁니다. 지금도 십자가에 처형당한 분을 메시아로 믿는 게 쉽지 않습니다. 십자가 처형은 실제로 인생살이의 실패입니다. 우리는 실패하고 싶지 않습니다. 아니 그런 삶을 저주합니다. 실패하지 않기 위해서 온갖 수고를 아끼지 않습니다. 십자가는 예수님만 지시고 우리는 그분 덕분으로 편히 살고 싶어 합니다. 이를 위해서 평생 수고를 아끼지 않습니다. 기독교 안에 성공주의가 믿음의 목표로 자리를 잡았습니다. 이게 과연 믿음일까요? 이런 신앙은 결국 성공하지 못했을 때 흔들릴 수밖에 없습니다. 더구나 성공했다고 해서 참된 자유와 평화가 주어지는 것도 아닙니다.

    우리 모두 인생살이에서 실패해야 한다는 뜻이 아닙니다. 인생살이는 여러분이 노력한 것만큼, 또는 여러 가지 일들이 연결되어서 여러분 앞에 벌어질 것입니다. 성공하는 사람도 있고, 실패하는 사람도 있습니다. 기독교 신앙은 그게 아니라 예수 그리스도에게 벌어진 하나님의 구원 사건에 자신을 완전히 맡기는 것입니다. 그게 믿음입니다. 세상에서 성공한 사람은 성공한대로, 실패한 사람은 실패한대로, 그 중간쯤 되는 사람은 그런 방식으로 예수님에게 벌어진 사건에 영적 관심을 두는 것입니다. 그게 믿음의 기초이고 목표입니다. 거기에서간 우리는 풍랑과 같은 세상살이에서 일희일비하지 않고 믿음을 지킬 수 있습니다. 또한 그 믿음으로 풍랑을 넘어설 수 있습니다.

그는 누구인가

본문 41절은 제자들의 이런 경험을 다음과 같이 전합니다. "그들이 심히 두려워하여 서로 말하되 그가 누구이기에 바람과 바다도 순종하는가?" 그렇습니다. 제자들은 심히 두려워했습니다. 단순히 바람과 바다가 잔잔해졌다는 사실 자체에 놀란 것이 아니라 그것을 가능하게 한 예수님에게 놀란 것입니다. 초능력이 나타났다는 사설에 대한 호기심이 아니라 예수님 자체에 대한 두려움입니다. 그래서 그들은 '그는 누군가' 하고 말하지 않을 수 없었습니다. 예수 그리스도와 그에게 일어난 사건을 정확하게 알기만 하면 충격을 받아서 두려워하지 않을 수 없습니다. 그게 느껴지십니까?

예수님을 두려움이 아니라 오히려 친근함으로 느끼는 분들도 있을 겁니다. 사랑이 크신 아버지, 어머니, 또는 따뜻한 친구, 요즘 식으로 말해서 인생의 친절한 멘토처럼 느낄 겁니다. 그렇게 느끼는 것도 좋습니다. 그러나 그것은 한 부분입니다. 아버지나 친구나 멘토는 구원자가 되지 못합니다. 그들은 그저 인생 상담자일 뿐입니다. 제자들이 심히 두려워하면서 '그가 누군가' 하고 질문했다는 것은 예수님을 인생 상담자 수준과는 질적으로 다른 분으로 경험했다는 뜻입니다. 거룩한 두려움입니다. 그런 경험이 없으면 우리는 예수님을 모르는 거나 마찬가지입니다. 교회를 다닌다 해도 믿음이 있는 게 아닙니다.

다시 본문을 보십시오. 예수님이 바람을 꾸짖고 바다더러 '잠잠하라고요하라' 하고 말씀하시자 바람이 그치고 잔잔해졌다고 합니다. 이것을 보고 그들은 두려워서 서로 저 분이 누군가 하고 말했습니다. 무슨 말입니까? 제자들은 예수님을 통해서 세상을 전혀 새로운 시각으로 보게 된 것입니다. 질적으로 변화된 세상을 경험하게 되었습니다. 그것을 가능하게 한 것은 예수님의 부활 생명입니다. 제자들은 부활의 빛에서 예수님을 메시아로, 하나님의 아들로, 하나님과 하나이신 분으로 경험하게 되었습니다. 예수님을 통해서 궁극적인 생명을 경험하게 되었습니다. 그 생명 경험은 아주 낯선 것이었습니다. 그러니 그들이 두려워하지 않을 수 없었습니다. 이것이 곧 거룩한 두려움입니다.

이런 것을 이해하기는 어렵지 않으나 실질적으로 느끼기는 쉽지 않을 수도 있습니다. 이렇게 생각해 보십시오. 우리가 지금 관계하고 있는 것들이 무슨 의미가 있는지를 말입니다. 집과 돈과 가족과 친구들은 우리에게 소중합니다. 이런 것들은 모두 지나갑니다. 지금 한국에서 제일 큰 부자와 그의 재산이 5백년 후에 어떻게 될지 생각해 보십시오. 아무도 세상에서 자기 소유를 완벽하게 주장할 수 없습니다. 우리 모두는 시간과 더불어 다 없어집니다. 아름다운 예술과 문학도 마찬가지입니다. 이 세상의 것들은 모두 잠정적입니다. 궁극적이지 못합니다. 저는 이 세상의 모든 것들이 무의미하다고 말씀드리는 게 아닙니다. 그것의 본질을 말하는 것뿐입니다. 성서 시대 사람들도 그걸 알고 있었습니다. 그런데 제자들은 그런 세상의 것과는 질적으로 다른 생명을 예수님에게서 경험했습니다. 예수님을 통해서 그들은 풍랑처럼 요동치는 세상살이가 잔잔해지는 걸 경험했습니다. 이런 경험은 그 이전에는 전혀 없었던 것이었습니다. 그래서 그들은 두려워할 수밖에 없습니다. 동굴 안에서 횃불만 켜놓고 살던 사람이 동굴 밖에 나와서 태양을 본 것과 비슷합니다.

사랑하는 성도 여러분, 우리는 예수님의 제자들과 똑같이, 그리고 초기 기독교인들과 똑같이 예수님을 통해서 전혀 새로운 생명의 세계를 경험한 사람들입니다. 그런 믿음으로 예배드리기 위해서 오늘도 교회에 나왔습니다. 그런 믿음으로 산다고 하더라도 여전히 여러 가지 모습의 풍랑을 만날 것이고, 그 풍랑이 무서울 겁니다. 그러나 잊지 마십시오. 예수님에게 일어난 궁극적인 생명을 통해서 거룩한 두려움을 알게 된 사람이라면 그 풍랑 현상이 미미해진다는 사실을, 오늘 본문이 묘사하듯이 잔잔해진다는 사실을 알게 될 것입니다. 그러니 예수님에게 일어난 그 놀라운 일에 더 마음을 집중하고 살아가십시오. 아멘.

성령강림절후 다섯째 주일
고린도후서 8:7-15
2012년 7월 1일

헌금의 본질과 원리

초기 기독교의 상호부조

요즘 유럽의 경제 상황이 상당히 나쁘다고 합니다. 스페인도 그렇지만 그리스가 특히 심합니다. 그리스 때문에 EU가 뿌리째 흔들릴 정도입니다. 지난 그리스 총선은 EU를 탈퇴해서 자기들의 돈인 '드라크마'로 돌아가느냐 하는 문제가 핵심이 될 정도였습니다. 지금은 별 볼일 없지만 고대 그리스의 국력은 대단했습니다. 정치, 군사, 예술, 건축, 문학, 철학, 심지어 스포츠에서까지 타의 추종을 불허했습니다. 그리스는 지중해 북쪽에 자리한 반도입니다. 지형이 재미있게 생겼습니다. 가운데가 개미허리와 같은 지협으로 되어 있습니다. 지협의 오른쪽에 아테네가 있고, 왼쪽에 고린도가 있습니다. 그리스 북쪽과 남쪽의 왕래는 그 지협을 통해서만 가능했기 때문에 사람들이 많이 모였습니다. 사람이 모이면 돈이 모이게 되고, 예술과 오락도 발전하게 됩니다. 고린도에는 지금도 아폴로 신전의 기둥들이 남아 있습니다. 2천 년 전 유럽의 최고 도시라고 생각하면 됩니다.

바울의 주요 활동 무대는 그리스입니다. 중요한 거점 도시에 교회를 세웠습니다. 오늘 본문은 고린도에 세운 교회를 향해서 바울이 쓴 편지의 일부입니다. 그 내용은 교회끼리의 상호부조에 대한 것입니다. 당시 예루살렘 교회는 재정적으로 큰 어려움을 당했습니다. 두 가지 이유입니다. 하나는 유대교의 박해를 받아서 예수를 믿던 사람들이 다른 곳으로 흩어진 것이고, 다른 하나는 그 지역에 큰 흉년이 들었다는 것입니다. 바울은 예루살렘 교회를 위해서 대대적인 모금 활동을 벌였습니다. 그 시작은 마게도냐 교회에서 비롯되었습니다. 마게도냐는 그리스의 북쪽 지역을 가리킵니다. 그곳에는 대표적으로 빌립보와 데살로니가가 있습니다. 신약성경에 나오는 빌립보서와 데살로니가서가 바로 그 지역으로 보낸 바울의 편지입니다.

바울은 고린도후서 8장 1절 이하에서 마게도냐 교회가 예루살렘 교회를 재정적으로 돕기 위해서 벌인 모금운동을 설명했습니다. 마게도냐 지역의 교회들은 최선을 다해서 돕는 일에 앞장섰습니다. 2절에 따르면 환난을 당하면서도 이런 일에 힘을 썼습니다. 그들은 자신들의 힘이 닿는 정도가 아니라 힘에 넘치도록 돈을 모았습니다. 바울은 고린도, 아가야, 마게도냐 지역의 여러 교회에서 모은 돈을 예루살렘 교회에 전달하려고 여러 번 예루살렘을 방문했습니다. 이런 일은 쉽지 않았습니다. 당시 상황을 돌아보십시오. 예루살렘 교회는 모교회입니다. 고린도와 마게도냐 교회는 지교회입니다. 예루살렘 교회는 유대 기독교이고, 그리스 지역의 교회는 이방 기독교입니다. 유대 기독교와 이방 기독교는 '토라'와 '할례 문제'로 인해서 늘 충돌했습니다. 이방인 교회가 유대인 교회를 재정적으로 돕는다는 건 모든 충돌과 긴장을 뛰어넘을 수 있는 어떤 영성이 있어야만 가능합니다. 그것을 우리는 오늘 본문에서 볼 수 있습니다.

헌금의 본질

바울은 예루살렘 교회를 재정적으로 돕는 일을 은혜라고 말합니다. 이것은 헌금에도 그대로 적용됩니다. "…이 모든 일에 풍성한 것 같이 이 은혜에도 풍성하게 할지니라"(7절). 앞에서 마게도냐 교회의 일을 설명할 때도 똑같이 말했습니다. "형제들아 하나님께서 마게도냐 교회들에게 주신 은혜를 우리가 너희에게 알리노니…"(1절). 4절과 6절에서도 비슷한 뜻으로 은혜를 언급했습니다. 기독교인이 툭 하면 은혜라는 말을 하기 때문에 이 말이 상투적으로 받아들여질 위험성이 있습니다. 이런 위험성에 빠지지 않으려면 은혜를 구체적으로 이해해야 합니다. 스스로 질문해 보십시오. 상호부조, 구제, 또는 연보나 헌금이 왜 하나님의 은혜라는 것일까요?

상호부조를 포함한 일체의 헌금 행위는 일단 재정적으로 손해가 나는 일이라는 사실을 전제해야 합니다. 지금처럼 경제적인 가치로만 세상을 살고 있는 현대인들이 재정적인 불이익을 감수하고 헌금을 한다는 것은 쉽지 않습니다. 그래서 헌금 문제로 기독교인들이 신앙생활에 어려움을 겪기도 하고, 때로는 헌금이 왜곡되기도 합니다. 한국교회의 트레이드 마크라 할 십일조를 예로 들면 다음과 같습니다. 십일조를 하지 않는 것은 하나님의 것을 도둑질하는 것이며, 십일조를 하면 창고가 넘치도록 복을 받는다고 주장하는 사람들이 있습니다. 한국교회에는 십일조가 신앙의 척도로 자리를 잡았습니다. 그래서 많은 신자들이 한편으로는 두려움으로, 다른 한편으로는 기복적인 생각으로 십일조 헌금을 합니다. 헌금의 본질로부터 멀어도 한참이나 멀리 나간 생각들입니다. 이런 비합리적이고, 비신학적인 제도가 한국교회를 지배하는 이유는 그런 억압적인 방식이 아니면 헌금을 하지 않기 때문입니다.

헌금이 은혜라는 말은 은혜에 의하지 않은 헌금은 무의미하다는 뜻이기도 합니다. 복을 받기 위해서 헌금을 드린다거나 체면 때문에 헌금을 드린다면 아무 의미가 없습니다. 어떤 신자들은 사고를 당하면 헌금을 하지 않았기 때문이 아닌가 하고 불안해합니다. 그런 걱정은 하지 마십시오. 그런 일은 벌어지지 않습니다. 헌금을 잘 해도 사고를 당할 수 있습니다. 어떤 교회에서는 장로나 권사의 직분을 받을 때 일종의 헌금을 강요받기도 합니다. 그런 일들이 관행처럼 일어납니다. 이런 일은 성직 매매입니다. 그런 헌금은 은혜가 아닙니다. 오해는 마십시오. 헌금이 필요 없다는 말씀이 아닙니다. 교회에서 전업으로 활동하는 이들에게 지불되어야 할 돈이 필요하고, 그 외에 교회 운영이나 하나님의 선교를 위한 돈도 필요합니다. 그러나 그런 목적을 위해서 헌금의 본질이 훼손되면 안 됩니다. 헌금은 은혜 사건입니다. 은혜로부터만 헌금이 가능하며, 그럴 때만 헌금에 의미가 있습니다.

여기서 말하는 은혜가 무엇일까요? 바울은 9절에서 그것을 정확하게 설명했습니다. "우리 주 예수 그리스도의 은혜를 너희가 알거니와 부요하신 이로서 너희를 위하여 가난하게 되심은 그의 가난함으로 말미암아 너희를 부요하게 하려 하심이라." 마틴 루터의 번역에 따라 보충하면 다음과 같습니다. 예수님은 부자였지만 우리를 위해서 가난하게 되셨고, 예수님의 가난을 통해서 우리가 부자가 되었다는 겁니다. 이런 구절에 근거해서 예수님을 믿는 사람들이 실제로 부자가 될 수 있다고 말하면 곤란합니다. 이 구절은 예수님의 성육신과 십자가, 그리고 우리의 구원을 가리킵니다. 예수님은 하나님의 아들로서 인간과 똑같은 몸을 입고 세상에 오셔서 우리와 똑같은 삶을 사셨습니다. 그리고 십자가에 달리셨습니다. 그것 일체가 곧 가난하게 되신 겁니다. 예수님을 통해서 우리는 부자가 되었습니다. 이게 무슨 뜻인지 아시겠지요? 우리가 구원받았다는 뜻입니다. 부활의 약속을 받은 사람보다 더 큰 부자는 없습니다. 이 사실이 실질적으로 느껴지시나요? 아니면 단순한 교리에 불과하지 실제의 삶과는 관계없다고 생각하시나요? 성서 기자들은 추상적이거나 허황된 것을 경험한 게 아닙니다. 그들은 예수 그리스도에게서 구원의 가장 궁극적인 리얼리티(reality)를 경험했습니다. 그들은 영적으로 풍요로운 삶을 살게 되었습니다. 물질적인 빈부와 상관없이 모두 예수 그리스도 안에서 부자가 되었습니다. 이 사실을 깊이 인식하며 깨우치고 그 사실과 일치되었습니다. 헌금은 바로 여기서 시작됩니다.

동네 아이들이 딱지치기를 하고 있습니다. 딱지를 많이 딴 아이가 있고 잃은 아이도 있습니다. 그 아이들 중에서 어떤 아이는 딱지치기가 끝나서 집에 돌아가면 훨씬 좋은 것이 기다리고 있다는 사실을 알고 있습니다. 그 아이는 늘 부자입니다. 기독교인은 딱지치기와 같은 이 세상에서 부활의 세계를 기다리고 사는 사람들입니다. 예수 그리스도를 통해서 그 세계로 들어갈 약속을 받은 사람들입니다. 이 은혜를 아는 데서 참된 헌금이 가능합니다. 그렇습니다. 헌금은 단순히 휴머니즘의 발로가 아니고 체면치레도 아니고 의무감도 아니며, 거룩한 은혜 사건입니다. 이것이 헌금의 본질입니다.

헌금의 원리

헌금의 본질을 안다고 해서 모두가 자발적으로 참여하지는 못합니다. 믿음이 있다고 하여 자동적으로 헌금을 할 수 있는 게 아닙니다. 여기에는 인식과 믿음만이 아니라 의지와 결단도 필요합니다. 바울은 본문에서 그 의지와 결단을 요청합니다. 고린도 교회는 벌써 일 년 전부터 예루살렘 교회를 돕는 모금에 참여했습니다. 그런데 진행이 지지부진했던 것 같습니다. 그래서 11절에서 그 일을 끝마치라고 권면합니다. 일이 지지부진한 이유는 고린도 교회 안에서 모금 문제로 인해 논란이 있었던 것 같습니다. 당연한 일입니다. 고린도 교회 자체에도 돈 들어갈 일이 많다거나, 도와야 아무 소용이 없다는, 그래서 이렇게 하면 결국 자신들이 재정적으로 힘들어진다는 논란들이 있었겠지요. 마치 북한을 돕는 일에 대해서 서로 생각이 다른 것과 비슷합니다. 바울은 그런 상황을 전제하고 12절에서 이렇게 권면합니다. "마음이 내켜서 하는 일이라면 가진 것에서 얼마를 바치든지 하느님께서는 기꺼이 받으실 것입니다. 없는 것을 억지로 내라는 말은 아닙니다"(공동번역).

바울은 이어서 아주 실제적인 관점에서 헌금의 원리를 제시합니다. 예루살렘 교회를 위한 모금 행위는 고린도 교회를 힘들게 하려는 것이 아니라 '균등하게' 하려는 것입니다(13절). 지금 상대적으로 넉넉한 고린도 교회가 예루살렘 교회의 부족한 부분을 채우면 훗날 고린도 교회가 어려워졌을 때 예루살렘 교회가 돕는다는 것입니다. 이것을 바울은 출애굽기 16장 18절을 인용해서 설명합니다. 고대 이스라엘이 광야에서 만나를 먹던 이야기입니다. 매일 아침에 광야에 나가서 식구 숫자만큼의 만나를 가져와야 했습니다. 사람에 따라서 조금 많이 가져오기도 하고 적게 가져오기도 했지만 하루가 지난 다음에는 남은 것도 모자란 것도 없었다고 합니다.

오늘 한국교회는 세계가 부러워할 정도로 큰 교회가 되었습니다. 세계 50위 권 안에 드는 교회 중에서 30개 내외가 한국에 있습니다. 한국의 경제발전과 정비례할 정도로 한국교회는 비약적인 발전을 했습니다. 그런데 놀랍게도 전체 교회 중에서 자립하지 못하는 교회가 30% 이상이나 됩니다. 교회의 부익부빈익빈 현상이 극에 달했습니다. 한국교회의 개혁을 말할 때 핵심은 재정의 운용에 있습니다. 더 구체적으로 말하면 목사의 사례비입니다. 오늘 본문이 말하듯이 균등의 원리를 적용하면 됩니다. 1만 명 모이는 교회 목사나 30명 모이는 교회의 목사가 크게 차이나지 않는 사례비를 받을 수 있다면 교회의 많은 문제가 해결될 겁니다. 로마 가톨릭교회의 사제들은 차별 없이 사례비를 받습니다. 이런 제도가 개신교회에도 가능할까요? 부자 교회는 무슨 생각으로 가난한 교회를 나 몰라라 하는 걸까요?

사랑하는 성도 여러분, 잊지 마십시오. 바울이 제시하는 헌금의 본질과 원리는 경쟁 만능의 신자유주의 이념과 충돌합니다. 이 충돌 사이에서 오늘 기독교인은 갈등을 겪고 있습니다. 세상에서는 사다리를 타고 빨리 올라간 뒤에 다음 사람이 올라오지 못하게 사다리를 걷어차라고 요구합니다. 바울은 우리가 예수 그리스도 안에서 부자가 되었으니 부의 분배를 통한 균등한 삶을 추구하라고 요구합니다. 무엇이 개인과 사회를 살리는 길인지를 생각해 보십시오.

저는 바울의 가르침을 여러분에게 전합니다. 여러분이 은혜 안에서 진실한 마음으로 헌금을 한다면 그 액수에 상관없이 하나님께서 받으실 겁니다. 헌금은 여러분에게 재정적인 부담을 주려는 것이 아닙니다. 예수 그리스도 안에서 모두를 균등하게 하는 거룩한 경제윤리입니다. 한 평생의 삶을 돌아보면 많이 거둔 자도 남지 않고, 적게 거둔 자도 모자라지 않았다는 것을 알게 될 것입니다. 기쁜 마음으로 헌금에 참여하십시오!

성령강림절후 여섯째 주일
마가복음 6:1-13
2012년 7월 8일

권능의 조건

고향 나사렛에서

오늘 설교 본문인 마가복음 6장 1-13절은 예수님께서 고향에 들르셨다는 이야기로부터 시작됩니다. 예수님의 고향은 나사렛입니다. 나사렛에서 갈릴리 호수까지는 대략 30km 정도 됩니다. 예수님이 가장 많이 활동하신 가버나움이나 디베랴 등이 모두 갈릴리 호수를 낀 마을들입니다. 예수님은 고향 나사렛에 오기 직전에 배를 타고 갈릴리 호수를 오가시면서 많은 사람을 고치셨습니다. 마가복음 5장에만 세 가지 사건이 나옵니다. 하나는 군대 귀신을 쫓아내신 것이고, 둘째는 12년 동안 혈루증을 앓던 여자를 치료한 것이며, 셋째는 회당장 야이로의 딸을 고친 것입니다. 각각의 사건은 군중들의 관심을 크게 끌만한 것들이었습니다. 예수님은 이럴 때마다 자리를 피하시며, 자신이 크게 드러나는 일을 경계하셨습니다. 세 번째 사건만 해도 그렇습니다. 야이로의 열두 살 된 딸이 큰 병에 걸렸다가 죽었습니다. 예수님이 그의 손을 붙고 '달리다굼' 이라고 말씀하시자 소녀가 다시 살아났습니다. 사람들이 크게 놀랐습니다. 그러자 예수님은 이 일을 비밀로 하라고 말씀하셨습니다. 그리고 제자들과 함께 고향 나사렛으로 오신 것입니다.

안식일이 되어 예수님은 회당에서 가르치셨습니다. 설교를 하신 겁니다. 사람들이 듣고 놀랐습니다. "이 사람이 어디서 이런 것을 얻었느냐 이 사람이 받은 지혜와 그 손으로 이루어지는 이런 권능이 어찌됨이냐?"(막 6:2) 사람들이 예수님에 대해서 놀란 것은 두 가지입니다. 하나는 예수님의 지혜입니다. 마가복음 기자는 이미 앞에서 예수님의 가르침이 서기관들과 달리 권위가 있었다고 말했습니다(막 1:22). 당시에 가르치는 권위는 서기관들에게 있었습니다. 그들은 전문적으로 가르치는 사람이었습니다. 신학박사, 신학대학 교수에 해당됩니다. 마가복음 기자가 말하는 권위는 서기관들의 것과는 다릅니다. 서기관들은 들은 것을 전달할 뿐이지만 예수님은 전혀 새로운 것을 전했습니다. 사람들이 예수님에 대해서 놀란 또 다른 하나는 권능입니다. 마가복음 5장에 나오는 세 가지 사건과 같은 큰 능력을 가리킵니다. 고향 사람들은 예수님이 갈릴리 호수 인근을 다니시면서 행하신 일들을 전해 듣고 그렇게 놀란 것입니다.

고향 사람들이 놀라워했다는 것까지는 좋습니다. 그것은 당시 예수님을 만났던 많은 사람들에게 나타난 현상이기도 합니다. 그런데 문제는 이들이 예수님을 배척했다는 데에 있습니다. "예수를 배척한지라"(막 6:3b). 마가복음의 설명에 따르면 배척한 이유는 예수님의 가족을 자신들이 잘 알고 있었기 때문입니다. 예수님의 어머니, 예수님의 동생 야고보와 요셉과 유다와 시몬, 그리고 예수님의 누이들을 알고 있었습니다. 잘 알고 있다면 더 잘 받아들여야 하는데 이들은 거꾸로 배척했습니다. 고향 사람들과의 관계가 껄끄러웠다는 것은 객관적인 사실이었던 것 같습니다. 이 사실을 공관복음서가 모두 인정하고 있습니다. 누가복음에 따르면 고향 사람들이 예수님을 낭떠러지로 데리고 가서 떨어뜨려 죽이려고까지 했습니다. 이것은 산헤드린 문서에 규정되어 있는 일종의 종교재판에 의한 집단 살해 사건입니다. 낭떠러지에서 떨어져도 죽지 않으면 돌을 던져서 죽입니다.

도대체 이런 일이 어떻게 예수님의 고향에서 일어난 것일까요? 그리고 복음서 기자들은 이런 불미스런 사실까지 보도하는 것일까요? 고향 사람들을 이상한 사람들로 보면 안 됩니다. 그들은 정상적인 사람들입니다. 모든 유대인들과 마찬가지로 하나님을 바르게 믿으려고 노력한 사람들입니다. 이런 갈등의 전조를 마가복음 기자는 3장 20절 이하에서 설명했습니다. 예수님의 친족들이 예수님을 붙들러 가버나움까지 찾아왔습니다. 그들은 예수님이 바알세불에 지폈다는 소문을 들었습니다. 그 일행에는 물론 예수님의 가족들도 있었습니다. 예수님의 친족과 고향 사람들의 눈에 예수님은 이해될 수 없는 분이었습니다. 그들이 볼 때 예수님은 주제 파악이 안 되는 사람이었습니다. 위험 인물이었을지도 모릅니다. 그들은 예수님을 자신들이 알아서 처리하는 게 하나님의 뜻을 따르는 것이라고 생각했습니다.

고향 사람들에게 믿음이 없어서 하나님의 아들이신 예수님을 알아보지 못한 것이라고 생각할 수도 있습니다. 아닙니다. 예수님의 정체를 알아보는 것 자체가 불가능한 일이었습니다. 고향 사람들만이 아니라 당시 종교 전문가들이라 할 바리새인과 서기관과 제사장, 그리고 최고 종교 권력 기관인 산헤드린 의원들도 알아보지 못했습니다. 이것은 지식의 문제도, 종교성의 문제도, 도덕성의 문제도 아닙니다. 인간 인식이 제한적이라는 것이 핵심 문제입니다. 우리는 근본적으로 궁극적인 진리를 인식할 수 있는 능력이 턱없이 부족합니다. 지금 우리의 모든 삶을 돌아보십시오. 인간 문명을 보십시오. 학교와 병원과 기업과 정치를 보십시오. 궁극적인 진리를 인식하지 못합니다. 병원이 병을 고치는지 키우는지 단정적으로 말할 수 없습니다. 학교가 학생들을 인격적으로 계몽시키는지 미몽으로 몰아넣는지도 결정적으로 말할 수 없습니다. 우리는 종이 한 장만 눈앞에 놓아도 세상을 볼 수 없을 정도로 인식 능력이 없습니다. 고향 사람들이 예수님을 알아보지 못했다는 것은 당연한 겁니다. 그런 일은 역사에 반복되었고, 지금도 반복되고 있습니다. 예수님이 한국교회에 재림하시면 우리가 알아볼 수 있을까요?

제자들의 권능

예수님은 결국 고향에서 더 이상 권능을 행하지 못하고 떠날 수밖에 없었습니다. 7절부터 오늘 본문의 두 번째 이야기가 시작됩니다. 첫 번 이야기가 고향 사람들에게 벌어진 것이라면, 두 번째 이야기는 제자들에게서 벌어진 것입니다. 예수님은 열두 제자를 둘씩 짝을 지어 전도를 보내셨습니다. 그들에게 주신 것과 주지 않으신 것이 있습니다. 주신 것은 축귀 능력이고, 주지 않으신 것은 모든 여행에 필요한 물품입니다. 양식, 배낭, 돈을 준비하지 말라고 하셨습니다. 지팡이와 신고 있는 신과 입고 있는 옷만으로 충분하다고 하셨습니다. 탁발 수도사의 모습입니다. 무전여행과 비슷합니다. 이런 모습은 이번만이 아니라 예수님 일행에게서 늘 볼 수 있던 것입니다. 제자들은 예수님의 말씀에 따라서 전도에 나섰습니다. 그들은 회개하라 전파하고, 또 축귀와 치병을 행했습니다.

고향 사람들에게서는 예수님이 권능을 나타낼 수 없었는데 반해서 제자들에게서는 그 권능을 나타낼 수 있었습니다. 이런 차이가 난 이유는 무엇일까요? 성서는 그것에 대해서 직접적으로 설명하지는 않습니다. 우리는 간접적으로 그 이유를 찾아야 합니다. 고향 사람들과 당시 기존 유대교 고위층의 태도가 무엇인지를 보면 됩니다. 그들은 자신들의 고정관념으로 예수님을 대했습니다. 유대교 고위층들에게는 안식일과 성전이 절대적인 종교 이념이었습니다. 이것을 조금이라도 손상하는 듯한 발언이나 행동을 하는 사람이 있으면 여지없이 적개심을 드러냈습니다. 예수님은 안식일과 성전에 대해서 그들이 요구하는 것과는 다르게 말씀하셨습니다. 사실 예수님은 안식일과 성전을 거부하신 것이 아니라 그 본질에 대해서 말씀하신 것입니다. 그러나 그들은 이것을 용납할 수 없었습니다. 자신이 절대적인 이념으로 지켜온 것을 상대화한다고 느꼈기 때문입니다. 성서 문자주의에 굳어진 사람들은 자신들과 약간만 다른 식으로 말해도 화를 냅니다. 예컨대 동정녀 마리아 사건이 생리적인 차원의 언급이 아니라 예수 그리스도가 하나님의 아들이라는 사실에 대한 초기 기독교의 신앙고백이라는 사실을 무조건 거부합니다. 뿐만 아니라 그렇게 말하는 사람을 자유주의자라고 매도합니다. 자신들의 종교적 전통으로 예수님을 판단하는 이들에게 예수님의 권능은 나타날 수 없습니다.

이와 달리 제자들에게는 그런 고정관념이 없었습니다. 그들은 예수님을 있는 그대로 받아들였습니다. 오해는 마십시오. 제자들에게 종교심이 없었다거나 구약성경이나 유대교에 무지했다는 뜻이 아닙니다. 그들도 다른 유대인들과 마찬가지로 구약성경과 유대교 전통에서 살았습니다. 그러나 그런 것으로 인해서 그들의 영성이 마비되지 않았습니다. 마음이 굳어지지 않았다는 말씀입니다. 그래서 예수님의 가르침과 권능을 그대로 인식하고 받아들일 수 있었습니다. 이것이 작은 차이인 것 같지만 실제로는 결정적인 차이입니다. 종교적 전통에 의해서 영혼이 마비되는가, 아니면 그런 전통에 의해서 영혼이 살아나느냐 하는 것입니다.

타종교와의 관계를 생각해보십시오. 우리는 모두 기독교 전통에서 신앙생활을 하고 있습니다. 그것이 옳다고 믿기 때문입니다. 그런데 어떤 사람은 기독교 전통을 교조적으로, 이데올로기 차원으로 받아들입니다. 자기와 조금만 다른 이야기를 하면 이단 운운합니다. 인터넷에 떠도는 글 중에는 정용섭 목사를 그렇게 보는 글들도 있습니다. 같은 기독교 전통에 있는 사람에 대해서도 이런 정도이니 타종교에 대해서는 말할 것도 없습니다. 이런 이들의 영혼은 아무리 열광적이라 하더라도, 아니 열광적이면 열광적일수록 더 마비됩니다. 땅밟기 퍼포먼스를 하는 이들의 영혼이 어떤지 보시면 됩니다. 반면에 기독교 신앙을 올곧게 지켜나가면서도 타종교에 대해서 열린 마음을 갖고 있는 사람들이 있습니다. 이런 이들의 영혼은 기독교 전통을 통해서 더 풍요로워집니다.

영혼이 열려 있다고 해서 기독교 신앙을 상대화할 수는 없지 않느냐, 사이비 이단들까지 용납해야 하느냐, 바울도 화를 내면서까지 다른 복음을 비판하지 않았느냐 하는 질문이 가능합니다. 그렇습니다. 기독교 신앙이 혼합주의가 되어도 좋다는 뜻이 아닙니다. 옳고 그름을 다투어야 할 때는 치열하게 다투어야 합니다. 영적인 예민성이 필요합니다. 그러나 그런 영적인 예민성과 고정관념에 찌든 독단과는 완전히 다릅니다. 그것을 구별하기는 쉽지 않습니다. 아예 불가능할지 모릅니다. 자기 자신도 모를 수 있습니다. 그것은 성령과의 관계에서만 구별될 수 있습니다. 이것을 구별할 수 있는 길을 오늘 본문에 한정해서 말씀드리면 권능 여부에 달려 있습니다.

예수님은 제자들에게서 '더러운 귀신을 제어하는 권능'을 주셨습니다. 그래서 제자들은 그 권능에 따라서 많은 귀신을 쫓아내고 병자들을 고쳤습니다. 복음서는 축귀와 치병 현상을 권능에 의한 것이라고 말합니다. 이런 일은 공생애 중에 예수님이 행하신 일입니다. 그렇습니다. 축귀와 치병은 고대인들에게 권능의 표시였습니다. 사람을 악한 힘으로부터 해방시키는 일입니다. 병든 삶의 회복이며 갱신입니다. 오늘 얼마나 많은 사람들이 '더러운 귀신'에 사로잡혀 있는지를 보십시오. 황금만능주의가 더러운 귀신입니다. 한국교회는 이런 귀신과 싸우고 있나요? 교회를 통해서 이런 귀신들이 제어되고 있을까요? 아니면 더 신바람 내고 있을까요? 교회를 통해서 남북 분단의 고통이 치유되고 있을까요? 아니면 더 심해지고 있을까요? 한국교회를 통해서 사회적 소수자들의 삶이 회복되고 있을까요? 부끄럽게도 한국교회에 어떤 권능이 나타나는 일들을 경험하기가 어렵습니다.

여러분은 개인적으로 권능을, 즉 놀라운 일을 경험하고 있으신가요? 삶의 해방과 자유와 갱신을 경험하고 있으신가요? 예수님이 권능을 행할 수 없었던 고향 사람들은 아니신가요? 권능을 경험하고 싶으시다면 신앙적인 고정관념, 처세술적인 고정관념을 일단 내려놓아야 합니다. 그게 말처럼 쉽지는 않을 겁니다. 오랫동안 길들여졌기 때문입니다. 예수 그리스도를 열린 마음으로 대하십시오. 그에게 가까이 가십시오. 그의 가르침과 그의 행위를 있는 그대로 직관하십시오. 예수 그리스도와의 일치를 통해서 오랫동안 길들여진 삶의 가치와 방식들이 뒤로 물러나게 될 것입니다. 그 순간에 여러분은 말 그대로 권능을, 즉 생명을 살리는 참된 능력을 경험하게 될 것입니다.

성령강림절후 일곱째 주일
사무엘하 6:1-11
2012년 7월 15일

법궤와 하나님의 현존

법궤 이야기

교회생활을 어느 정도 한 분들은 오늘 설교 본문에 나오는 '하나님의 궤'에 대해서 들어본 적이 있을 겁니다. 이것은 증거궤(출 25:22), 언약궤(렘 3:1), 이스라엘 신의 궤(삼상 5:7)로도 불립니다. 보통 법궤라고 합니다. 법궤는 가로 130센티, 세로 79센티, 깊이 79센티 크기의 나무 상자인데, 아카시아 나무로 만들어졌다고 합니다. 저의 집에 있는 책상과 크기가 비슷합니다. 유대인들은 이 법궤 안에 세 가지 거룩한 물건을 넣어놓았습니다. 십계명을 새긴 돌판, 아론의 지팡이, 만나를 담은 항아리가 그것입니다. 이 세 가지 물건은 각각 고대 유대인의 역사에서 중요한 증거들입니다. 십계명 돌판은 하나님이 율법을 주셨다는 증거이고, 아론의 지팡이는 그들의 종교적 지도자에게 주어진 영적 카리스마에 대한 증거이며, 만나 항아리는 고난의 행군과 비슷했던 광야 시절에 하나님께서 유대인들을 지켜주셨다는 사실에 대한 증거입니다. 유대인들에게 법궤는 하나님에 버금갈 정도로 거룩한 기구였습니다. 유대인들은 이 법궤를 성전에서 가장 거룩한 장소인 지성소에 두었습니다. 지금은 법궤가 없습니다. 기원전 6세기 바벨론의 공격을 받아 예루살렘 성전이 파괴될 때 불에 탔을지도 모릅니다.

법궤의 역사는 율법의 역사만큼 오래되었습니다. 이스라엘의 광야 시절까지 거슬러 올라가야 합니다. 그 용도도 단순히 종교적인 데만 한정되지 않았습니다. 이스라엘 역사에서 결정적으로 중요한 자리에 법궤가 등장했습니다. 예컨대 여호수아는 백성들과 함께 요단강을 건널 때 법궤를 맨 제사장들을 먼저 강에 들어가게 했습니다. 그러자 강물이 멈췄다고 합니다. 여리고 성을 공격할 때도 법궤를 맨 제사장들로 하여금 성 주위를 돌았습니다. 그러나 성이 무너졌다고 합니다.

전쟁을 할 때도 간혹 법궤를 앞세웠습니다. 그 이야기는 사무엘상 4장 1절에 자세하게 나옵니다. 이스라엘이 블레셋과 싸울 때 전세가 불리해지자 실로에 있던 법궤(언약궤)를 가져왔습니다. 법궤의 힘을 빌려 블레셋과의 전쟁에서 이기고 싶어 했겠지요. 그러나 전쟁에 졌고, 법궤까지 빼앗겼습니다. 블레셋 사람들은 법궤를 자신들의 다곤 신전에 옮겨 놓았습니다. 다음날 아침 다곤 신전을 찾아간 블레셋 사람들 앞에 놀라운 광경이 벌어졌습니다. 다곤 상이 넘어져 법궤 앞에 뒹굴었습니다. 다시 세워놓았지만 그 다음 아침에 또 그런 일이 일어났습니다. 이번에는 다곤 상이 파손되었습니다. 더 나아가 그 지역 사람들에게 악한 피부병이 덮쳤고, 사람들이 죽기까지 했습니다. 블레셋 사람들은 법궤를 이스라엘 사람들에 돌려주기로 결정했습니다. 그 마지막 장면을 사무엘상 7장 1절은 이렇게 기록합니다. "기럇여아림 사람들이 와서 여호와의 궤를 옮겨 산에 사는 아비나답의 집에 들여놓고 그의 아들 엘리아살을 거룩하게 구별하여 여호와의 궤를 지키게 하였더니…."

그 뒤로 오랜 세월이 흘렀습니다. 법궤를 빼앗긴 블레셋과의 전쟁은 제사장 엘리 시대에 일어난 것입니다. 엘리는 죽었고, 그 뒤를 이은 사무엘도 죽었습니다. 첫 왕인 사울도 죽었고, 그의 아들인 요나단도 죽었습니다. 명실상부한 다윗 시대가 왔습니다. 다윗은 정치적으로 단단한 토대를 구축했습니다. 여부스 사람들이 살고 있던 예루살렘을 정복하고, 그곳을 다윗 성으로 삼았습니다. 다윗 왕조의 토대를 세우는 대미는 법궤를 가져오는 일이었습니다. 그래야만 종교적인 정당성까지 확보할 수 있었기 때문입니다.

다윗은 법궤를 가지러 '바알레유다'로 갔습니다. 혼자 간 게 아니라 부하 삼만 명을 비롯해서 문무백관과 왕족을 모두 데리고 갔습니다. 간단히 법궤를 가져오려고 생각했다면 그렇게 많은 사람이 갈 필요는 없었습니다. 몇 십 명이면 충분했습니다. 그러나 다윗은 하나님께 예배를 드리는 심정으로 법궤 운송에 최선을 다 한 것입니다. 본문은 그 궤를 이렇게 설명합니다. "그 궤는 그룹들 사이에 좌정하신 만군의 여호와의 이름으로 불리는 것이라"(삼하 6:2). 다윗 일행은 궤를 실을 새 수레를 준비했습니다. 그리고 궤가 있는 아비나답의 집으로 갔습니다. 아비나답의 아들 웃사와 아효가 수레를 몰았습니다. 그리고 다윗과 이스라엘 모든 지파 사람들이 여러 악기와 수금과 비파와 소고와 양금과 제금으로 연주했습니다. 삼만 명의 행렬이었으니 그 광경이 장관이었을 겁니다. 왕의 행차보다 더 장엄하지 않았겠습니까.

웃사의 죽음

거기까지는 아무 문제없이 일이 순조롭게 진행됐습니다. 다윗도 속으로 흐뭇했을 겁니다. 그런데 수레가 나곤의 타작마당에 이르렀을 때 수레를 끄는 소들이 날뛰었습니다. 왕의 행렬을 보러 나온 동네 사람들 중에 소를 흥분하게 만든 사람이 있었는지 모릅니다. 아니면 수레를 모는 웃사와 아효가 너무 긴장해서 무엇인가 실수했을 수도 있습니다. 수레를 끄는 소들이 날뛰는 장면이 눈에 선합니다. 수레에 실린 법궤가 떨어져 박살날 수도 있습니다. 갑작스런 상황에서 웃사는 법궤가 수레에서 떨어지지 않도록 손으로 붙들었습니다. 이건 수레를 모는 책임자로서 자연스러운 행동처럼 보입니다. 그런데 성서 기자는 여호와 하나님께서 진노하셨다고 말합니다. 진노하신 것으로 끝나지 않았습니다. 하나님께서 "그를 치시니 그가 거기 하나님의 궤 곁에서 죽었다"고 말합니다(삼하 6:7).

거기 모였던 사람들이 얼마나 놀랐겠습니까? 거국적인 축제가 갑자기 장례식으로 변했습니다. 다윗은 여호와 하나님을 두려워하여 법궤 가져오는 일을 포기했습니다. 자칫 하면 축복이 아니라 재앙을 불러올지 모른다고 생각했겠지요. 그래서 법궤를 일단 가드 사람 오벧에돔의 집으로 옮기게 했습니다. 그리고 어느 정도 세월이 흐른 뒤에 다시 법궤를 다윗 성으로 옮기는 일을 시도했습니다. 이번에는 일을 좀더 신중하게 진행했습니다. 법궤를 멘 사람들이 여섯 걸음을 옮길 때마다 소와 살진 송아지로 제물로 드렸습니다. 삼보일배와 비슷한 영적 태도입니다. 그런 방식으로 법궤를 다윗 성에 안치할 수 있었습니다. 다윗은 번제와 화목제를 드린 뒤에 모든 백성들에게 푸짐한 선물을 주었습니다. 그 장면을 성서 기자는 이렇게 보도합니다. "모든 백성 곧 온 이스라엘 무리에게 남녀를 막론하고 떡 한 개와 고기 한 조각과 건포도 떡 한 덩이씩 나누어주매 모든 백성이 각기 집으로 돌아가니라."

법궤 이송에 관한 이 이야기는 전체적으로 다윗 왕조의 정당성을 가리킵니다. 다윗의 믿음도 돋보입니다. 유종의 미를 거둔 것으로 보입니다. 그러나 이 이야기를 읽는 우리에게 왠지 꺼림칙한 대목이 남습니다. 수레를 몰던 웃사는 왜 죽은 것일까요? 법궤를 안전하게 지키기 위해서 손을 댄 것이 그렇게 죽을 정도로 큰 잘못인가요? 상식적으로 이해하기 어렵습니다. 여호와 하나님이 진노하시어 웃사를 치셨다는 성서 기자의 진술은 이해하기가 더욱 어렵습니다. 거룩한 기구에 손을 대면 안 된다는 규칙이 있었다 하더라도 웃사는 나쁜 의도로 그렇게 한 것이 아닙니다. 그런 일로 사람의 목숨을 빼앗는 하나님을 우리는 상상할 수 없습니다. 최소한 상식적으로 이해할 수 없는 사건입니다.

이와 비슷한 이야기가 사도행전 5장에도 나옵니다. 아나니아와 삽비라 부부는 자신들의 땅을 팔아서 일부를 숨긴 채 나머지만 사도들에게 가져왔습니다. 베드로는 그들을 엄하게 꾸짖습니다. "아나니아야 어찌하여 사탄이 네 마음에 가득하여 네가 성령을 속이고 땅 값 얼마를 감추었느냐…"(행 5:3). 그 즉시 아나니아는 죽었습니다. 곧 삽비라도 베드로 앞에 나타나서 똑같은 일을 당했습니다. 만약 이런 일로 모두 하나님의 진노를 받아 죽어야 한다면 지금 우리 중에 살아 있을 사람은 하나도 없을 겁니다. 성서 기자들은 도대체 무엇을 본 것이며, 또 무엇을 말하려는 것일까요?

하나님의 현존

웃사에게 일어난 일을 다시 보십시오. 그런 일들은 얼마든지 일어날 수 있습니다. 교회당을 건축하면서도 사고로 죽을 수 있습니다. 웃사는 평소에 지병이 있었을지 모릅니다. 왕 앞에서 수레를 모는 일에 부담을 느껴 돌연사를 당했을 가능성도 있습니다. 또는 수레에 깔려 압사했는지도 모릅니다. 어쨌든지 웃사가 법궤 운송 중에 죽은 것은 분명해 보입니다. 성서 기자는 그것을 하나님의 진노라고 해석했습니다. 옳은 해석일까요? 그것은 보기에 따라서 다릅니다. 여기서 중요한 것은 고대 유대인들이 법궤를 하나님의 현존으로 이해했다는 사실입니다. 하나님의 현존 앞에서, 즉 하나님의 존엄 앞에서 사람은 최대한의 외경을 보여야 합니다. 일종의 거룩한 두려움입니다. 거기서만 사람은 생명을 유지할 수 있습니다. 거꾸로 하나님의 현존이 부정당하는 경우에 사람은 죽을 수밖에 없습니다.

웃사 이야기는 고대 유대인들이 오늘의 관점에서 볼 때 약간 서툰 방식으로 하나님의 현존 경험을 전한 것입니다. 그들의 서툰 방식은 여기서 전혀 문제가 되지 않습니다. 그릇은 투박해도 그 안에 든 음식은 최고급인 것과 같습니다. 그런데 현대인들은 최고급 그릇을 가지고 있지만 그 안에 든 음식은 형편없습니다. 패스트후드만 먹는 것과 비슷합니다. 하나님의 현존을 경험하지 못합니다. 하나님의 현존에 대한 인식도 미비합니다. 무슨 뜻인가요? 그냥 잘 먹고 잘 살면 그것으로 충분하다고 생각합니다. 모든 것을 소비의 대상으로만 여깁니다. 서로를 경쟁의 대상으로만 여깁니다. 그런 방식으로 자신이 행복할 수 있다고 생각합니다. 역사가 인간의 예상을 뛰어넘는다는 사실이 무시됩니다. 모든 것이 인간의 능력으로 처리될 수 있을 것으로 간주됩니다. 생명과 역사의 신비가 오늘 우리의 삶에서 실종되었습니다. 이 사실은 하나님이 함께 하지 않는다는 증거입니다. 우리의 영성이 그분의 현존을 따라가지 못한다는 증거입니다. 이것보다 더 큰 불행은 없습니다. 왜냐하면 그 결과는 웃사 이야기에서 볼 수 있듯이 죽음이기 때문입니다.

성서가 말하는 죽음은 단순히 생물학적인 현상만을 의미하지 않습니다. 하나님의 부재가 곧 죽음입니다. 이런 말에 실감이 가지 않는 분들도 계신가요? 우선 여러분에게 생명감이 충만하게 느껴지는지를 보십시오. 여러분의 주변에 존재하는 모든 것들이 귀하게 여겨지는지를 보십시오. 꽃 한 송이, 나락 한 알, 구름 한 점, 숨 한 모금으로 기쁨을 느끼는지 보십시오. 아니면 세상 사람들과 똑같이 어리석은 변론, 다툼, 경쟁, 자기 연민과 자기 성취욕에 사로잡혀 있는지를 살펴보십시오. 후자에 속해 있다면 겉으로 살아 있다 하나 실제로는 죽은 것입니다. 하나님의 현존 경험, 거룩한 두려움에 대한 경험, 그분에 대한 외경이 없으면 그 어떤 것을 소유해도 참된 만족이 없습니다. 그런 삶은 살아 있으나 죽은 것과 마찬가지입니다. OECD국가 중에서 청소년 자살률이 가장 높다고 합니다. 지금 대한민국에는 타나토스(죽음 충동) 심리기재가 먹구름처럼 뒤덮고 있습니다. 하나님의 현존이 부정되고 있다는 증거입니다.

사랑하는 성도 여러분, 오늘 성경 본문에서 보았듯이 고대 유대인들은 법궤를 통해서 하나님의 현존을 생생하게 경험했습니다. 오늘 우리에게 그런 법궤는 더 이상 필요 없습니다. 예수 그리스도가 바로 하나님의 현존이며, 그분이 하나님의 존엄이기 때문입니다. 그를 통해서 하하나님은 죄와 죽음의 문제를 해결하시고 궁극의 생명을 허락하셨습니다. 생명을 얻기 원하십니까? 거룩한 두려움을 경험하고 싶으십니까? 예수 그리스도에게 일어난 사건 안으로 더 깊이 들어가십시오. 아는 것만큼 보인다는 경구처럼 여러분이 예수 그리스도의 십자가와 부활을 실제로 아는 것만큼 하나님의 생명을 경험하게 될 것입니다.

성령강림절후 여덟째 주일
에베소서 2:11-18
2012년 7월 22일

예수는 세상의 평화

할례자와 무할례자

간혹 초기 기독교로 돌아가자는 말을 듣습니다. 초기 기독교에는 본받을만한 특징들이 많다는 뜻입니다. 일리가 있습니다. 사도행전 2장 43-47절에 따르면 사도들을 통해서 기사와 표적이 많이 나타났고, 교우들끼리 물건을 통용하고, 성전에 모이기를 힘쓰고, 온 백성에게 칭송받았다고 합니다. 부러워할 만한 교회의 모습입니다. 그러나 초기 기독교 안에는 어려움도 많았고, 갈등도 적지 않았습니다. 이단 논쟁에 가까운 격한 다툼도 있었습니다.

가장 큰 다툼은 오늘 본문이 말하고 있는 할례자와 무할례자 사이에서 벌어졌습니다. 에베소서 2장 11절은 이렇습니다. "그러므로 생각하라 너희는 그때에 육체로는 이방인이요 손으로 육체에 행한 할례를 받은 무리라 칭하는 자들로부터 할례를 받지 않은 무리라 칭함을 받는 자들이라." 여기서 '할례를 받지 않은 무리'는 에베소 교회 신자들을 가리킵니다. 에베소는 소아시아 지역에 있습니다. 지금의 터키인데, 지중해에 면해 있는 서쪽 도시입니다. 에베소 교회는 이방인들이 중심이 된 교회입니다. 이방인(異邦人)이라는 단어는 다른 나라에서 온 사람들을 가리킵니다만, 성서에서는 유대인들 이외의 모든 사람들을 가리킵니다. 기독교 이전에는 이것이 별로 큰 문제가 되지 않았습니다. 유대인들과 이방인들이 서로 다르게 살았기 때문입니다. 유대인들은 유대교만 믿었고, 이방인들은 각각 다른 종교를 믿었습니다. 그런데 초기 기독교가 시작되면서 문제가 불거졌습니다. 기독교 안에 유대인들만이 아니라 이방인들도 들어왔습니다. 그들의 신앙생활이 서로 달랐고 이들 사이에 심각한 갈등이 생겼습니다.

갈등의 단초가 바로 할례 문제였습니다. 할례는 고대 유대인들의 종교적 의식입니다. 유대 기독교인들은 이방 기독교인들을 향해서 할례를 받아야 한다고 주장했습니다. 이런 주장이 이상해보이지만, 유대 기독교인의 입장에서 보면 당연한 조치입니다. 그들이 볼 때 할례는 하나님의 자녀라는 증거입니다. 이방 기독교인들이 예수 그리스도를 믿는다고 해서 할례를 받지 않는다는 것을 그들은 용납할 수 없었습니다. 거꾸로 이방 기독교인들은 할례를 받아들일 수 없었습니다. 그들은 처음부터 그것과는 상관없이 살아온 사람들입니다. 이방 기독교인들은 예수님을 믿는 것으로 의로워지고 구원받는다는 사실만을 받아들였습니다. 이 문제로 교회가 두 쪽이 날 정도였습니다. 바울은 갈라디아서에서 이 문제를 자세하게 다루고 있습니다. 그는 유대 기독교인들의 주장을 가리켜 '다른 복음'이라고 규정하고, 그런 것을 주장하는 사람들을 저주했습니다. 저주를 내린다는 것은 아무리 당시의 관용적인 표현이었다고 해도 이 문제를 바울이 아주 심각하게 받아들였다는 증거입니다.

이런 갈등과 충돌은 당시만이 아니라 요즘도 일상적으로 일어납니다. 보십시오. 지금의 기독교는 크게 세 종파로 나뉘었습니다. 로마 가톨릭, 동방 정교회, 개신교 그것입니다. 모두 사도신경이나 니케아 신조를 함께 고백하는 기독교인들이지만 각자의 주장이 다릅니다. 그래서 다른 방식으로 신앙생활을 합니다. 예수 믿는 사람들이 갈라졌다는 게 이상하게 보이겠지만 그건 어쩔 수 없습니다. 더 이상 종교전쟁을 벌이지 않는 것만으로도 다행으로 여겨야 합니다. 남한의 개신교는 그 다툼이 지나쳐서 백 몇 십 개의 교파로 분열되어 있습니다. 종교만의 문제가 아닙니다. 지금 대한민국의 여당과 야당이, 보수와 진보가 어떻게 다투고 있는지 아실 겁니다. 가장 진보적인 사람들이라고 자부하던 통합진보당은 지난 총선 이후로 당권파와 혁신파가 서로 원수처럼 싸웠습니다. 가까운 사람들끼리도 우리는 늘 다툽니다. 노골적으로 다투기도 하지만 속으로 다툴 때가 더 많습니다. 부부들도 마찬가지입니다. 아주 사소한 것으로도 다툽니다. 우리는 초기 기독교인들처럼 늘 할례파와 무할례파로 나뉘어 다투며 삽니다.

율법의 폐기

할례 문제는 기본적으로 율법 문제입니다. 성서에서 율법은 유대인들의 종교법을 가리킵니다. 그러나 큰 틀에서 보면 율법은 삶의 원칙을 가리킵니다. 유대인들에게는 십계명을 비롯한 삶의 원칙이 있고, 바벨론에는 함므라비 법전이라는 삶의 원칙이 있습니다. 지금 대한민국의 헌법도 큰 틀에서는 율법입니다. 헌법이 우리가 살아가는 삶의 원칙이기 때문입니다. 그런데 이 원칙이 모두 똑같을 수는 없습니다. 자기 원칙만 옳다고 주장하면 결국 다툼과 분열이 일어날 수밖에 없습니다. 초기 기독교 당시에 이 율법은 유대인과 이방인을 서로 원수 되게 하는 담이었습니다. 그 담이 있는 한 유대인과 이방인은 결코 하나가 될 수 없습니다. 남북한 사이에 눈에 보이는 휴전선이라는 담이 있는 한 서로 일치될 수 없는 것과 비슷합니다. 그것이 우리의 현실입니다. 각기 옳다고 주장하면서 사는데, 그것이 결국은 둘을 갈라놓는 담이 되고 맙니다. 이런 데서는 끝없는 변론과 분쟁이 일어날 뿐입니다. 영원히 해결될 수 없습니다. 힘으로 상대방을 조용하게 만들 수는 있지만 마음으로 승복시키지는 못합니다.

에베소서 기자는 예수 그리스도가 중간에 막힌 담을 자기 육체로 허물었다고 증언합니다(엡 2:14). 이런 증언이 생생하게 느껴지시나요? 육체로 허물었다는 말은 예수님의 십자가를 가리킵니다. 예수님의 십자가는 율법의 결과입니다. 율법을 훼손했다는 이유로 예수님은 십자가에 처형당하셨습니다. 율법의 진수인 안식일에 병자를 고치신 사건은 율법을 범한 것입니다. 이와 비슷한 일들이 많았습니다. 결국 예수님은 율법의 수호 기관이라 할 산헤드린 앞에서 재판을 받아 로마 총독 빌라도에게 넘겨졌습니다. 예수님을 넘겨받는 빌라도는 로마법에 따라서 예수님을 십자가형에 선고했습니다. 산헤드린의 종교법과 로마의 실정법은 모두 율법입니다. 유대교는 자신들의 종교법인 율법을 모든 삶의 원칙으로 주장했고, 로마는 실정법인 율법을 모든 삶의 원칙으로 주장했습니다. 종교법과 실정법에 의해서 예수님은 십자가에 처형당했습니다.

만약 이것으로 모든 게 끝장났다면 율법이 여전히 진리의 척도로 남을 수밖에 없습니다. 세상이 그것에 의해서 지배받아야 하기 때문입니다. 그러나 하나님은 예수님을 죽은 자 가운데서 살리셨습니다. 예수님의 부활로 이제 유대의 종교 재판과 로마의 정치 재판은 불의하다는 사실이 드러났습니다. 율법주의가 끝났습니다. 그것을 에베소서 기자는 15절에서 "법조문으로 된 계명의 율법을 폐하셨으니…"라고 표현했습니다. 놀라운 이야기입니다. 예수님의 부활은 율법의 폐기 처분입니다. 율법의 힘은 십자가 처형까지만 해당됩니다. 금요일의 폭력이며 비극입니다. 그 뒤로 주일 새벽까지 세상은 침묵을 지켰습니다. 율법이 승리한 것처럼 보이는 어둠의 시간이었습니다. 그러나 삼일 만에 예수님은 율법의 족쇄를 끊으셨습니다. 율법이 더 이상 인간의 운명을 지배할 수 없게 되었습니다.

율법의 폐기, 율법의 해체가 무슨 뜻인지 실감이 나지 않을 수 있습니다. 왜냐하면 지금 우리가 살아가는 이 세상은 여전히 율법이 활기를 띠고 있기 때문입니다. 앞에서 말씀드린대로 율법은 삶의 원칙입니다. 유대인들에게는 종교 원칙들이 있었습니다. 그게 율법입니다. 로마인들에게는 실정법이 있었습니다. 그것이 율법입니다. 지금도 여전히 우리는 그런 법에 의해서 지배를 당합니다. 지금 우리의 삶을 지배하는 소비 자본주의도 일종의 율법입니다. 더 많이 소유하고, 더 많이 소비하는 사람이 능력 있는 사람으로 인정받습니다. 사람은 연봉으로 평가됩니다. 연봉을 높게 받으려고 온갖 노력을 다 합니다. 그것 때문에 긴장하고, 서로 동료들끼리 척지고, 비열한 수단을 강구하고, 부도덕한 행위도 마다하지 않습니다. 예수님의 부활은 이것을 근본적으로 해체합니다. 세상의 평가 기준을 부정합니다. 이 사실을 아는 사람이라고 한다면 전혀 새로운 삶을 살게 될 것이며, 참된 삶의 해방을 경험하게 될 것입니다. 유대인과 이방인의 차이가 있을 수 없습니다. 더 이상의 쓸데없는 다툼이 있을 수도 없습니다. 놀라운 일이 일어난 것입니다.

예를 들어볼까요? 다섯 사람이 타고 있는 우주선이 우주를 여행하고 있습니다. 그런데 산소 공급기가 고장 났습니다. 지구로 돌아갈 때까지 남아 있는 산소는 겨우 두 사람 분입니다. 방법은 무엇일까요? 젊은 사람이 우선적으로 살아남아야 할까요? 늙은 사람일까요? 가위바위보를 해야 할까요? 서로 힘자랑을 해야 할까요? 서로 다투고 있는 순간에 지구에서 보낸 구조선이 도착했습니다. 전혀 예상하지 못한 일이었습니다. 우주선에서 산소 마시는 우선순위 다툼은 도무 의미가 없어졌습니다. 예수의 부활은 하나님이 보내신 구조선과 같습니다. 더 이상 세상의 척도로 옥신각신할 필요가 없어졌습니다. 다툼의 근본 원인이 사라진 것입니다.

팍스 크리스티

그래서 에베소서 기자는 예수 그리스도를 '우리의 평화'라고 말합니다(14절). 우리의 평화는 '세상의 평화'라는 말과 똑같습니다. 반복해서 이 평화를 말합니다. 15절에서는 유대인과 이방인을 '새 사람'으로 지어서 평화하게 하셨다고 합니다. 우리말 성경에 화평으로 번역된 단어는 헬라어 '에이레네'입니다. 17절에서 두 번 언급된 평안이라는 단어도 '에이레네'입니다. 유대인들은 이 평화를 '샬롬'이라고 부릅니다. 그들은 사람들과 인사를 샬롬으로 합니다. 근동 사람들은 평화를 갈구했습니다. 이는 거꾸로 그들이 평화롭게 살지 못했다는 의미이기도 합니다. 주변의 제국으로부터 끊임없이 침략을 받았으니 그럴만합니다.

그런데 아이러니한 것은 당시 지중해 연안을 지배하고 있던 로마제국도 평화를 외쳤다는 사실입니다. 그들의 정치 이데올로기는 '팍스 로마나', 즉 "로마의 평화"입니다. 로마의 평화는 거짓입니다. 겉으로는 평화라는 말로 치장했지만 실제로는 폭력적이었습니다. 로마의 정치, 경제, 문화를 받아들이는 나라와는 평화를 유지했습니다. 그것을 거부하는 나라나 세력을 향해서는 무자비한 폭력을 행사했습니다. 로마의 지방장관인 빌라도가 예수님을 십자가에 처형시켰다는 사실에서도 이를 확인할 수 있습니다. 팍스 로마나는 오늘도 여전히 기세가 등등합니다. 모든 것을 힘의 논리로 밀어붙입니다. 교회도 큰 교회가 절대선입니다. 이들의 평화는 거짓입니다.

유대인들의 종교 권력과 로마인들의 정치 권력이 지배하던 그 시대에 기독교는 '팍스 크리스티', 즉 "그리스도의 평화"를 외쳤습니다. 당시 사람들은 기독교인들의 이런 외침을 외면했을 겁니다. 당연합니다. 그리스도의 평화는 그들에게 하찮게 보였습니다. 세계를 들썩거릴 정도의 힘을 가진 그들에게 예수 그리스도는 가련하게 십자가에 처형당한 선지자에 불과했습니다. 평화는 로마의 칼에서 나온다고 확신하는 사람에게 예수의 평화는 조롱의 대상이 될 뿐입니다. 바울은 그 상황을 고린도전서 1장 23절에서 이렇게 묘사했습니다. 예수 그리스도의 십자가가 당시 유대인들에게는 거리끼는 것이고, 이방인들에게는 미련한 것이라고 말입니다.

사랑하는 성도 여러분, 오늘 교회는 실제로 예수의 평화를 전하고 있을까요? 교회가 팍스 로마나에 저항하고 있을까요? 유대인과 이방인의 분열이 근본적으로 극복되고 참된 평화가 예수 그리스도를 통해서 일어났다는 사실을 믿고 있을까요? 좀더 구체적으로 우리 자신을 성찰해야 합니다. 예수가 세상의 평화라는 사실을 안다면 우리 기독교인들은 소비자본주의가 일으키는 분쟁과 경쟁에 맞서야 합니다. 쉽지 않겠지요. 그러나 길을 찾아야 합니다. 예수가 세상의 평화라는 사실을 믿는다면 남한 교회는 남한과 북한 사이에 놓인 담을 허물도록 노력해야 합니다. 쉽지 않겠지요. 그러나 길을 찾아야 합니다. 우리의 눈에 예수가 세상의 평화라는 사실이 분명하게 들어온다면 성령께서 그 길을 알려주실 것입니다.

성령강림절후 아홉째 주일
요한복음 6:1-15
2012년 7월 29일

예수 그리스도의 왕권

'오병이어'에 관한 이야기는 복음서에 보도된 것들 중에서 가장 잘 알려진 것 중 하나입니다. 그 이야기가 네 복음서에 모두 기록되어 있습니다. 오병이어의 내용은 간단합니다. 다섯 개의 빵과 두 마리의 물고기로 오천 명 되는 사람들이 실컷 먹고, 남은 것을 모았더니 열두 바구니나 되었다는 겁니다. 빵 다섯 개와 물고기 두 마리는 별로 많은 게 못됩니다. 본문에 보면 이것은 한 아이가 갖고 있던 것이었습니다. 기껏해야 한 가족의 한 끼 먹을 정도에 불과합니다. 그것으로 오천 명이 먹는다는 것은 말이 되지 않습니다. 본문은 이것을 강조하기 위해서 이백 데나리온(2천만 원)어치의 빵으로도 오천 명이 먹기에는 부족하다고 했습니다. 당시에 무슨 일이 벌어진 것일까요?

어떤 사람들은 예수님에게 그런 능력이 있어서 실제로 그런 일이 벌어진 것이라고 주장합니다. 예수님에게는 이와 비슷한 일들이 자주 일어났기 때문에 그렇게 생각할만 합니다. 물로 포도주를 만들었다거나, 물 위를 그냥 걸었다는 이야기도 나옵니다. 복음서에는 예수님의 이런 초능력이 신성을 가리키는 증거로 묘사되기도 했습니다. 마치 예수님이 검은 모자에서 오색종이를 무한정 끄집어내는 마술사처럼 보입니다. 성경의 이런 보도를 그대로 믿는 것이 옳을까요? 아니면 다르게 읽어야 할까요. 우리는 예수님을 마술사로 믿지 않습니다. 마술은 아무리 선의라고 하더라도 눈속임에 불과합니다. 연예 오락에 불과합니다. 예수님을 종교적 엔터테이너로 믿는 것은 바른 신앙이 아닙니다.

또 어떤 사람은 오병이어를 좀더 합리적으로 해석합니다. 오천 명이나 되는 많은 사람들이 각각 자기 먹을거리를 갖고 있었지만 서로 눈치를 보다가 어린아이가 오병이어를 내놓자 모두 자기 것을 내놓자 열두 바구니나 남았다는 겁니다. 그럴듯한 추정입니다만 그것이 실체적 진실이라고 단정하기는 어렵습니다. 네 복음서가 그런 암시를 전혀 하지 않습니다. 또 어떤 이들은 이 사건을 영적인 것이라고 해석합니다. 실제로 빵을 먹고 배부른 것이 아니라 말씀을 먹고 배부른 것이라고 말입니다. 어쨌든 우리는 당시에 무슨 일이 일어났는지를 정확하게 파악할 수 없습니다. 객관적인 사실을 파악하는 게 중요하지도 않습니다. 당시 전혀 예상하지 못한 어떤 굉장한 일이 일어난 것은 분명합니다. 놀라운 경험이었습니다. 복음서 기자들이 전하려고 하는 핵심이 그것입니다. 따라서 오늘의 독자들에게 그들의 경험이 무엇인지를 파악하는 게 중요합니다. 다행스럽게도 요한복음은 공관복음서와 달리 그것을 정확하게 전합니다.

오병이어

오병이어를 경험한 사람들의 반응을 요한복음 기자는 이렇게 전합니다. "이는 참으로 세상에 오실 그 선지자라"(요 6:14). 이들의 반응은 그럴만 합니다. 사람들의 먹을거리 문제를 해결한 사람은 하나님이 보낸 사람임에 틀림없습니다. 유대인들의 특징은 하나님께서 자신들의 역사에 개입하신다는 사실을 믿는다는 데 있습니다. 그들은 자신들의 운명을 바꿔줄 메시아를 기다렸습니다. 본문의 선지자라는 말은 메시아라는 말과 비슷한 뜻으로 사용된 것입니다. 세례 요한은 옥에 갇혔을 때 예수님께 제자들을 보내서 "당신이 바로 우리가 기다리는 오실 그분인가?" 하고 묻게 했습니다. 오병이어 사건을 통해서 사람들은 예수님이 바로 그분이라고 확신할 수 있었습니다.

그렇습니다. 먹는 문제의 해결은 인류의 오랜 숙원입니다. 오늘도 마찬가지입니다. 먹고 사는 문제가 옛날에 비해서 훨씬 좋아진 오늘날도 모든 사람들의 관심은 그것에 매달려 있습니다. 경제 살리기에 모두 몰입하고 있습니다. 요즘 세계 경제가 어렵다고 말들이 많습니다. 실제로 어려울 수도 있습니다. 개인이나 나라가 부도날 수도 있습니다. 따지고 보면 이런 것은 대부분 상대적인 겁니다. 다른 나라 다른 사람과 비교해서 가난하다고 느낍니다. 살기가 힘들어졌다고 느낍니다. 실물 경제가 나쁘다고 하면서 수출이 어려우니 내수시장을 키워야 한다고 주장합니다. 이런 경제 학자들과 경제 관료들의 주장을 저는 이해할 수 없습니다. 마치 호랑이 등에 올라타고 계속 달리게 하는 형국과 비슷합니다. 우리가 언제까지 생산과 소비의 악순환 속에서 살아야 하나요? 지금 제가 가난의 미학을 말씀드리는 게 아닙니다. 오늘 시대정신이 안고 있는 무한정의 탐욕을 말씀드리는 겁니다. 그게 죄가 아닐까요? 제가 동의하든 않은 상관없이 지금 세상은 그렇게 돌아가고 있습니다. 오병이어의 기적을 그리워합니다. 거기에 매달립니다. 오병이어를 일으킬 선지자를, 그런 메시아를 열망하고 있습니다.

요한복음 기자는 사람들이 예수님을 "억지로 붙들어 임금으로 삼으려" 했다고 전합니다(요 6:15a). 그럴만 합니다. 오병이어의 능력이 있는 분이라면 지금 이스라엘을 정치적으로도 해방시킬 수 있습니다. 본문은 이 사건이 유대인의 명절인 유월절 즈음에 일어난 것으로 전합니다(요 6:4). 오병이어와 유월절은 깊숙이 연결되었습니다. 유월절은 출애굽을 기념하는 절기입니다. 애굽으로부터의 정치적 해방입니다. 그들은 예수님을 경제적인 메시아, 정치적인 메시아로 받아들인 것입니다. 대한민국 대통령 선거가 네 달 반쯤 남겨놓고 있습니다. 안철수 교수의 대망론이 상당한 반향을 일으키고 있습니다. 소위 안철수 현상은 바로 대한민국을 읽을 수 있는 키워드입니다. 대중들이 그에게 자기를 투사시킵니다. 그분에 대한 평가는 모두 다릅니다만, 오병이어 사건 앞에서 예수님을 억지로라도 임금으로 삼으려 했던 민중들의 열광주의가 여기에도 비슷하게 나타나는 것만은 분명합니다.

요한복음 기자의 설명에 따르면 예수님은 대중들을 피해서 혼자 산으로 떠나가셨다고 합니다. 마가복음도 이와 비슷한 사실을 보도합니다. 오병이어 후에 예수님은 민중들을 집으로 돌려보내셨고, 그 동안에 제자들을 배 타고 호수 건너편으로 건너가게 하셨습니다. 그리고 당신 자신은 기도하러 따로 산에 올라가셨다고 합니다(막 14:23). 민중들로부터 거리를 둔 겁니다. 예수님은 왜 이런 선택을 하셨을까요? 하나님의 일을 효과적으로 할 수 있는 좋은 기회를 놓치는 것처럼 보입니다. 그 상황을 상상해보십시오. 예수님에게 놀라운 일들이 일어났습니다. 민중들의 열화와 같은 지지가 치솟고 있습니다. 요즘 말로 인기가 짱입니다. 이 기회를 잡아서 부패한 예루살렘의 종교 지도자들을 몰아내고, 더 나가서 유대 독립을 이뤄낼 수 있습니다. 이 세상을 새롭게 만들 수 있는 유일한 기회일지도 모릅니다. 혁명의 기운이 무르익었습니다. 만약 그때 예수님이 민중들의 요구를 받아들여서 혁명을 일으켰다면 유대의 역사는, 그리고 세계의 역사는 어떻게 되었을까요? 예수님은 그 모든 것을 뒤로 하고 혼자 산으로 떠나가셨습니다. 그런데 예수님은 민중들의 혁명 의지를 외면한 것입니다. 그리고 조금 세월이 흐른 뒤에 그는 십자가 처형을 당했습니다. 그를 왕으로 삼으려고 했던 민중들은 빌라도 총독 앞에서 혁명가 바라바를 석방시키고 하나님의 아들 예수를 십자가에 처형시키라고 요구했습니다.

예수의 왕권

오병이어를 둘러싼 본문 이야기는 기본적으로 예수의 왕권에 대한 메시지입니다. 당신을 왕으로 삼으려는 사람들의 요구를 거절하셨다는 것은 예수의 왕권이 그들이 생각과는 달랐다는 뜻입니다. 예수님은 물론 왕이십니다. 그러나 세상의 왕이 아니라 하늘나라의 왕이십니다. 헨델의 오라토리오「메시아」에서 합창단들은 예수님을 '왕의 왕'(King of kings)이라고 노래합니다. 세상의 왕은 많습니다. 모두가 그런 왕이 되려고 합니다. 그러나 하늘나라의 왕은 한 분이십니다. 지금 저는 세상의 왕은 무의미하다고 말씀드리는 게 아닙니다. 정치와 경제 문제가 아무런 의미가 없다는 뜻도 아닙니다. 세상의 왕과 하늘나라의 왕이 다르다는 사실을 알아야 합니다. 예수님이 당신을 왕으로 삼으려는 사람들의 요구를 거절한 이유를 알아야 합니다.

세상의 왕권은 사람들의 실제적인 필요를 해결해주는 능력을 가리킵니다. 오병이어가 바로 그것을 가리킵니다. 사람들은 그런 선지자를, 그런 메시아를, 그런 영웅을 기다립니다. 이 세상의 정치 지도자들은 그걸 해결해주겠다고 약속합니다. 기업 총수들도 그걸 약속합니다. 그것은 그것 나름으로 의미가 있습니다. 그러나 예수님의 왕권은 그것과 전혀 다릅니다. 예수님은 그런 요구를 늘 거절했습니다. 당신이 유대인의 왕이냐 하는 빌라도의 질문에 대해서 예수님은 이렇게 대답하셨습니다. "내 나라는 이 세상에 속한 것이 아니니라"(요 18:36). 로마 황제나 총독과 경쟁하지 않겠다는 뜻입니다. 예수님이 공생애를 시작할 때 마귀에게 받은 세 가지 시험을 기억하실 겁니다. 첫 번 시험은 돌로 떡을 만드는 능력에 대한 것입니다. "네가 만일 하나님의 아들이어든 명하여 이 돌들로 떡덩이가 되게 하라"(마 4:3). 신명기 8장 3절을 인용한 예수님의 대답은 다음과 같습니다. "사람이 떡으로만 살 것이 아니요 하나님의 입으로부터 나오는 모든 말씀으로 살 것이라 하였느니라"(막 4:4). 예수님도 이런 고민이 없지 않았을 겁니다. 사람들을 굶주리지 않게 하는 것이 곧 하나님의 아들이 해야 할 일이 아니냐고 말입니다. 그러나 이런 요구는 마귀의 유혹이었습니다. 그래서 예수님은 거절했습니다.

오늘날 교회는 예수님의 왕권이 무엇인지를 정확하게 알아야 합니다. 마귀의 요구를 그대로 반복하는 사람들도 있습니다. 예수님을 왕으로 삼으려 했던 오병이어를 요구하는 사람들도 있습니다. 믿음 생활을 잘 하면 부자가 될 것처럼 말합니다. 이것을 노골적으로 부추기는 사람들도 있고, 그렇게 암시하는 사람들도 있습니다. 노골적으로 부추기는 사람들은 신사도운동이나 삼박자 축복운동을 하는 사람들이고, 암시하는 사람들은 청부론을 외치는 사람들입니다. 빵 문제, 경제 문제가 우리의 삶을 전적으로 지배하고 있다는 뜻입니다. 그런 걸 원하는 사람들은 세상의 왕들에게 가면 됩니다. 그런 사람을 대통령으로 뽑고, 그런 기업에 들어가서 활동하면 됩니다. 저는 그런 삶을 나쁜 뜻으로 말씀드리는 게 아닙니다. 그것을 예수 그리스도의 왕권과 혼동하지 말라는 말씀입니다. 만약 예수가 그런 일을 위해서 오신 것이라면 자기를 왕으로 삼으려고 한 민중들의 요구를 받아들여야만 했습니다.

예수 그리스도의 왕권은 무엇일까요? 그가 왜 왕 중의 왕일까요? 그가 왜 생명 나라의 왕일까요? 초기 기독교인들이 예수님을 어떻게 경험했는지를 생각해 보십시오. 예수님은 영원한 생명이었습니다. 그를 믿는 사람은 죽어도 살겠고, 살아서 믿는 자는 영원히 죽지 않는다고 믿었습니다. 즉 부활입니다. 우리에게 부활을 주시는 분 이외에 어떤 왕이 더 필요하겠습니까. 오병이어는 그것이 아무리 신기한 사건이었다고 해도 모두 먹고 죽을 양식에 불과합니다. 우리의 경지 수준이 지금보다 열 배 높아진다고 해도 삶은 여전히 그대로입니다. 여전히 죄의 실존을 벗어나지 못합니다. 삶은 여전히 지루합니다. 허무합니다. 생명과 단절됩니다. 생산하고 소유하고 소비하는 삶의 반복에 떨어질 뿐입니다. 그러나 예수님의 왕권은 전혀 다릅니다. 죄로부터의 해방이고 자기 연민으로부터의 자유입니다.

이런 설교를 듣고, 속으로는 그래도 먹고 사는 문제가 제일 급하고 중요하다고 생각하는 분들이 있을 겁니다. 오늘과 같은 소비자본주의 체제에서는 이해가 갑니다. 솔직한 말씀입니다. 오병이어를 재현할 왕을 찾을 수밖에 없습니다. 그럴수록 참된 선지자, 참된 메시아는 우리를 피하실 겁니다. 생명의 '알짬'들은 점점 멀어질 겁니다. 오병이어, 즉 경제 문제는 그냥 상식적으로, 세상의 왕권에 따라 대처하십시오. 여러분의 영혼은 예수 그리스도에게, 그의 나라에, 그의 왕권에 두십시오. 초기 기독교인들처럼 놀라운 생명을 경험하게 될 것입니다.

성령강림절후 열번째 주일
에베소서 4:1-16
2012년 8월 5일

만물의 완성과 예수

　오늘 설교 본문인 에베소서 4장 1-16절은 신학적으로 '그리스도론적인 교회론'에 해당됩니다. 우리말 성경에는 이 대목에 '성령이 하나되게 하신 것'이라는 소제목이 달려 있습니다. 루터성경에는 'Die Einheit im Geist und die Vielfalt der Gabe'라는 소제목이 달려 있습니다. '영 안에서의 단일성과 은사의 다양성'이라는 뜻입니다. 루터성경이 본문의 핵심을 더 정확하게 요약했습니다. 여기서 은사의 다양성은 이해하기 어렵지 않습니다. 교회 안에서 각각의 신자들은 서로 다른 은사를 받았다는 겁니다. 11절을 보십시오. "그가 어떤 사람은 사도로, 어떤 사람은 선지자로, 어떤 사람은 복음 전하는 자로, 어떤 사람은 목사와 교사로 삼으셨으니…." 이런 역할을 가리켜 은사라고 합니다. 보통 카리스마라는 단어가 가리키는 것입니다. 카리스마, 즉 은사에는 질적인 차이가 없습니다. 각각 기능이 다를 뿐입니다. 은사의 다양성이 보장되어야 교회가 건강해질 수 있습니다.

영적인 단일성

은사의 다양성은 이해하기 어렵지 않지만 영 안에서의 단일성은 이해하기가 좀 까다롭습니다. 은사의 다양성은 눈에 보이지만 영 안에서의 단일성은 보이지 않기 때문입니다. 그래서 많은 신자들이 영적인 단일성에 대해서 별로 깊이 생각하지 않습니다. 생각해봐야 손에 잡히지 않는다는 것입니다. 거꾸로 그걸 모두 아는 이야기로 치부하기도 합니다. 성령 안에서 우리가 하나라는 뜻이 아니냐, 좋은 말이지, 당연히 그렇게 생각하고 살아야지 하고 지나갑니다. 그러나 영적인 공명은 없습니다. 정말 우리가 그 세계를 알고 있을까요? 본문 4-6a절을 읽겠습니다. 어떤 느낌이 드는지 생각해 보십시오. "몸이 하나요 성령도 한 분이시니 이와 같이 너희가 부르심의 한 소망 안에서 부르심을 받았느니라. 주도 한 분이시오 믿음도 하나요 세례도 하나요 하나님도 한 분이시니…." 모든 것이 하나라고 했습니다. '몸이 하나요'라고 할 때의 몸은 역사적인 예수를 가리킵니다. 예수, 성령, 하나님, 믿음, 세례, 소망이 모두 하나입니다. 그 안에서 '부르심'을 받았습니다. 이 부르심은 소명입니다. 그 소명이 곧 은사입니다. 그러니 은사는 다양하더라도 영적으로는 우리 모두가 하나라는 겁니다.

특히 6a절이 말하는 '하나님도 한 분'이라는 말을 보십시오. 다른 것들은 모두 이 개념에서 나온 겁니다. 본문은 이어서 그 하나님을 이렇게 설명합니다. "곧 만유의 아버지시라 만유 위에 계시고 만유를 통일하시고 만유 가운데 계시도다." 만유는 세상의 모든 것을 가리킵니다. 지구에 살고 있는 사람만이 아니라 그 안의 모든 것들, 하늘의 별들과 그 안의 모든 것들입니다. 만유의 아버지라는 말이 자칫하면 범신론, 또는 다신론처럼 들리지만 에베소서 기자는 그런 것을 말하는 게 아닙니다. 하나님의 절대적인 속성인 단일성을 말하는 겁니다. 그 하나님은 '만유 위에 계시고 만유를 통일하시고 만유 가운데' 계신다고 했습니다. 루터 번역은 'über allen und durch allen und in allen'이라고 했습니다. 여기에 세 전치사가 연속됩니다. 위버, 두르히, 인이 그것입니다. 잘 보십시오. 만물 너머에, 만물을 통해, 만물 안에 계시는 분이 누굴까요? 자기가 어떤 삶의 토대에서 사는가에 따라서 서로 다른 대답을 할 겁니다. 장자나 노자를 따르는 사람은 그가 바로 '도(道)라고 하겠지요. 화이트헤드는 과정이라고 하고, 하이데거는 존재라고 하겠지요. 불교 신자들은 부처라고 할 겁니다. 고대 헬라 철학자들도 대답할 겁니다. 플라톤은 이데아, 아리스토텔레스는 형상, 데모크리토스는 원소라고 말할 겁니다. 물론 서양철학의 아버지인 탈레스는 물이라고 하겠지요.

이런 설명을 듣고 어떤 분들은 성서의 세계가 다른 종교나 철학의 세계와 다를 게 없다는 말이냐, 하나님이 도나 존재에 불과하다는 말이냐 하고 불편하게 생각할 겁니다. 불편하게 생각할 게 하나도 없습니다. 성서와 기독교의 전통이 원래 그렇습니다. 성서 기자들은 외부 세계와 완전히 담을 쌓고 사는 고집불통이 아닙니다. 자신들의 신탁이 왜 옳은지에 대해서 보편적 진리의 차원에서 끊임없이 성찰했습니다. 만약 오늘의 노자와 장자의 도 개념이 하나님을 변증하는데 필요한 것이라면 얼마든지 받아들일 수 있습니다. 현대 물리학과 생물학도 마찬가지입니다. 그들이 말하는 궁극적인 현실성이 바로 성서가 말하는 하나님이라고 말할 수 있습니다. 그리고 당연히 그렇게 말해야 합니다. 에베소서 기자도 당시의 다른 종교, 철학의 용어나 개념들을 받아들인 것입니다. 진리의 차원에서 자신감이 있었기 때문에 그런 시도를 했습니다. 사이비 이단들은 그런 자신감이 없기 때문에 무조건 믿으라고 닦달할 뿐입니다.

다시 에베소서 기자가 말하는 '만물 너머에, 만물을 통해, 만물 안에 계시는 분'이 누군지를 생각해보십시오. 만약 그런 분이 느껴진다면 하나님에 대해서 한 단계 더 깊이 아는 것입니다. 그렇게 아는 과정을 통해서 우리의 영혼은 자유로워질 것입니다. 너무 복잡하다고 생각되시나요? 골치가 아파도 생각해야 합니다. 성경이 바로 그런 분을 말씀하기 때문입니다. 성경의 이런 대목을 생각하지 않는다는 것은 하나님을 생각하지 않는다는 뜻입니다. 하나님을 생각하는 사람이라고 한다면, 그리고 하나님의 구원을 희망하는 사람이라고 한다면 반드시 이 대목을 생각해야 합니다. 그 대답은 하루 이틀에 끝나지 않습니다. 죽을 때까지 질문하고 대답을 들어야 합니다. 의심한다는 게 아니라 궁극적인 생명에 대한 관심을 놓치지 않는다는 것입니다. 이것이 바로 영성입니다. 오늘 저는 에베소서 기자의 대답을 여러분에게 들려드리겠습니다.

만물 충만

하나님이 만유 너머에, 만유를 통해, 만유 안에 계시다는 말은 모든 것들의 존재 근거가 하나님이라는 뜻입니다. 세상의 모든 것은 하나님으로부터 왔고, 하나님을 통해서 유지되며 완성됩니다. 왜 만유가 하나님을 통해서만 완성되는지를 설명해야 할까요? 아는 분들은 알겠지만 이런 것에 대해서 실감이 가지 않는 분들을 위해서 한 번만 짚겠습니다. 보십시오. 이것은 인간의 실존적인 한계를 전제하는 이야기입니다. 우리는 모두 피조물입니다. 인간은 일종의 질그릇과 같습니다. 우리 스스로는 완성될 수 없습니다. 우리가 죽는다는 사실을 제외하더라도 마찬가지입니다. 우리는 세상에서 아무것도 소유할 수 없습니다. 그 어떤 쾌락을 통해서도 만족을 얻을 수 없습니다. 아무리 좋은 친구와 가족이 옆에 있어도 외롭습니다. 그렇지 않은 사람은 세상에 하나도 없습니다. 아주 어린아이이거나 인간의 실존을 생각할 수 없을 정도로 영혼이 둔감해진 사람들을 제외하고는 그렇습니다.

여기까지는 철학입니다. 종교 일반입니다. 하나님의 형상으로 지음 받은 인간은 누구나 생각할 수 있는 차원입니다. 에베소서 기자는 그 차원을 뛰어넘어 기독교 신앙의 진수를 말합니다. 만물의 충만을 이룬 자가 있다고 합니다. 그는 예수 그리스도입니다. 10절 말씀을 보십시오. "내리셨던 그가 곧 모든 하늘 위에 오르신 자니 이는 만물을 충만하게 하려 하심이라." 내리셨다는 말과 오르셨다는 말이 9절에서도 반복해서 나옵니다. 예수님이 하나님의 아들로서 세상에 오신 것을 '내리셨다' 고 하며, 부활 승천하시고 하나님이 우편에 앉아 계신 것을 '오르셨다' 고 하는 겁니다. 에베소서는 이것을 시편 68편 18절을 인용해서 설명했습니다. 그 시편 구절을 예수님의 부활 승천이라고 해석한 것입니다.

현대인들은 예수 그리스도께서 하늘로부터 내려오셨다는 말이나 하늘로 올라가셨다는 말을 이해하지 못합니다. 그걸 믿는다는 기독교 신자들도 무슨 뜻인지 잘 모릅니다. 이것은 기본적으로 기독론의 문제입니다. 기독교 신앙의 고유한 구원론이 여기에 담겨 있습니다. 이것은 유대교와의 차이이기도 합니다. 유대교는 예수를 단순히 선지자 정도로만 압니다. 이슬람교도 비슷합니다. 그들의 주장이 터무니 없는 것은 아닙니다. 보십시오. 예수님은 유대인의 한 남자였습니다. 그가 하나님의 아들, 즉 하나님이라는 표시도 없었습니다. 그는 하나님 나라를 선포하고, 그런 기준에서 행동하다가 삼십대 초반에 십자가 처형당했습니다. 당시 관점으로 보면 십자가에 처형당한 자는 저주를 받은 겁니다.

예수님의 제자들과 초기 공동체에 속한 사람들은 자신들과 똑같이 인간으로 살았던 예수님을 하나님의 아들로, 즉 메시아로 경험했습니다. 이게 가능할까요? 어떻게 이런 일이 벌어진 것일까요? 무엇을 근거로 초기 기독교인들은 예수님을 메시아로 인식하고 고백한 것일까요? 당시 사람들이 기독교인들을 얼마나 이상하게 보았을지 상상이 됩니다. 극단적인 예를 드는 걸 이해하세요. 통일교 신자들은 문선명을 참 부모, 즉 재림주라고 믿습니다. 문선명을 추종하는 이들을 보면 이해가 안 갑니다. 연민이 느껴질 정도입니다. 초기 기독교인들도 유대교인들로부터 그런 대우를 받았을 겁니다. 예수님을 메시아로 믿는다는 것이 그만큼 특별한 경험이라는 뜻입니다.

초기 기독교인들의 그런 경험은 바로 예수의 부활 사건에 대한 것입니다. 부활 경험은 아주 특별한 생명 경험입니다. 마술처럼 예수님이 다시 살아나셨다면 모든 사람들에게 경험되어야 했습니다. 그런데 부활의 예수님은 그를 따르던 사람에게만 경험되었습니다. 그 이외의 사람들에게는 경험될 수 없었습니다. 이게 도대체 무엇일까요? 이것은 신문기자가 현장을 취재해서 뉴스로 보도할 수 있는 게 아닙니다. 시인의 시적 경험, 음악가의 음악 경험을 뉴스처럼 보도할 수 없는 것과 같습니다. 사도들과 초기 기독교인들은 예수님에게서 질적으로 새로운 생명을 경험했습니다. 그 질적으로 새로운 생명 사건이 곧 하나님입니다. 예수님을 통해서 하나님을 경험한 것입니다. 그래서 그들은 예수님이 하나님의 생명으로 변화되었다는 사실을, 즉 승천하셨다는 사실을 믿을 수 있었습니다. 이런 신앙이 바로 오늘 설교 본문에도 그대로 반복된 것입니다. 예수님이 하늘에서 내려오셨다가 때가 되어 하늘 위로 오르셨다고 말입니다.

본문은 여기서 끝나지 않습니다. 10b절에서 예수님의 내려오심과 올라가심으로써 만물이 충만하게 되었다고 선포합니다. 충만하다는 말은 완성되었다는 뜻, 또는 구원이 이루어졌다는 뜻이기도 합니다. 이것이 기독교 신앙의 중심입니다. 예수 그리스도를 통해서 구원이 완성되고, 만물이 완성되었습니다. 물론 아직은 그것이 실증적으로 실현되지는 않았습니다. 여전히 죽어야 하고, 고뇌하고, 병들고, 늙고, 외롭고, 실수하고, 양심의 불안에서 벗어나지 못하고, 허무한 순간도 많습니다. 세상의 많은 것들이 서로 충돌하고 있습니다. 이유를 알 수 없는 고난도 많습니다. 표면적으로만 본다면 세상은 여전히 미완성이고, 비어 있는 구석이 너무나 많습니다. 그러나 예수를 통해서 존재론적으로는 만물이 완성되었습니다. 예수 그리스도를 통해서 죄와 죽음이 해결되었다는 뜻입니다. 그것이 해결되었으면 생명을 얻은 것입니다. 눈에 보이는 것만을 진리라고 믿는 사람들에게는 이런 기독교 신앙이 공허하게 보이겠지요. 그러나 신앙의 세계로 들어간 사람들에게는 만물의 완성이 신비롭게 경험될 것입니다. 여러분은 지금 어떤 상태인가요? 예수 그리스도를 통한 만물의 완성이 여러분의 영혼을 실질적으로 울리고 있습니까?

사랑하는 성도 여러분, 잊지 마십시오. 만유 너머에, 만유를 통해서,

만유 안에 계신 하나님은 곧 예수 그리스도이십니다. 그의 성육신과 부활을 통해서 만물이 완성되었습니다. 지금 우리는 비밀스런 방식으로 그 만물의 완성을 경험하고 참여할 수 있습니다. 이런 사실을 알고 믿는 사람은 성숙한 사람입니다. 13절에 따르면 그리스도의 충만한 데까지 이른 사람입니다. 14절 말씀에 따르면 이런 사람은 세상의 '온갖 교훈의 풍조에 밀려 요동하지' 않습니다.

성령강림절후 열한번째 주일
사무엘하 18:24-33
2012년 8월 12일

다윗과 압살롬

다윗의 아들이 몇 명이었는지 아십니까? 구약성경에 간단하게라도 언급된 인물은 십 수 명이나 됩니다. 그 외에도 더 있을지 모릅니다. 고대 왕들은 여러 부인을 두고 후손을 보았기 때문에 자녀들이 많을 수 밖에 없습니다. 다윗의 여러 아들들 중에서 비중 있게 다뤄지는 인물들은 네 명입니다. 나이순으로 말씀드리면 암논, 압살롬, 아도니야, 솔로몬입니다. 이들은 서로 배다른 형제들입니다. 이들 중에서 가장 유명한 인물은 물론 솔로몬입니다. 그는 다윗의 뒤를 이어 왕이 되었습니다. 순리대로 한다면 암논이 다윗의 왕위를 이어받아야 했습니다. 암논이 아니면 압살롬입니다. 다음 차례는 아도니야입니다. 솔로몬의 왕위 계승은 그의 형들에게 유고가 일어날 때만 가능했습니다. 그런데 이 낮은 가능성이 실제 역사가 되었습니다. 그 사이에 얼마나 많은 우여곡절이 있었 겠습니까? 우리가 모르는 '비하인드 스토리'도 많았을 겁니다. 성경은 그 모든 걸 말하지 않습니다. 텍스트라는 게 원래 그렇습니다. 중요한 몇 대목만 말합니다. 그중에서 핵심 인물은 압살롬입니다.

압살롬과 요압

압살롬에 대한 이야기는 사무엘하 13장부터 오늘 설교 본문이 있는 18장까지 나옵니다. 상당히 긴 서사입니다. 다윗 왕조의 운명을 결정짓는 사건이기도 합니다. 압살롬은 왕자들 중에서 가장 뛰어났습니다. 외모도 그렇고 지도력도 대단했습니다. 다윗이 후계자로 압살롬을 생각했을 것으로 보입니다. 압살롬 이야기는 전형적인 궁중 비화로 시작됩니다. 다윗의 큰 아들은 앞에서 말씀드린 대로 암논입니다. 암논은 배 다른 누이인 다말을 사랑했다고 합니다. 그 사랑이 진실이었는지 아닌지 성경은 말하지 않습니다. 암논은 계략을 써서 다말을 범한 뒤에 외면합니다. 여기까지는 삼류 드라마에 나올만한 그렇고 그런 이야기입니다. 그런데 다말의 친오빠가 압살롬이었습니다. 자기 누이에게 일어난 일을 알게 된 압살롬은 2년 동안 참고 있다가 암논을 살해할 계획을 짭니다. 다윗의 큰 아들이며, 자신의 형이고, 앞으로 왕이 될 암논을 살해한다는 것은 쉬운 일이 아닙니다. 잔치를 벌이고 암논을 비롯해서 많은 왕자들과 공주들을 초청합니다. 암논이 술에 취한 순간을 노려 부하들에게 암논을 죽이라고 명령을 내렸습니다. 거사가 성공하자 압살롬은 외가가 있는 그술이라는 나라로 피했습니다. 정치적 망명입니다. 지금까지의 내용은 사무엘하 13장에 나옵니다. 그 마지막 구절이 특이합니다. 자식들 사이에 근친상간과 살해 사건이 일어났을 때 다윗의 심정이 어땠을지 상상이 갑니다. 그러나 삼 년의 세월이 흐르자 다윗은 멀리 떠난 압살롬에 대한 그리움이 간절해졌다고 합니다.

다윗의 마음을 눈치 챈 요압 장군은 압살롬을 데려오도록 왕을 설득합니다. 다윗은 스스로 나서서 살인자인 압살롬을 데리고 올 수 없었지만 요압 장군의 말에 못 이기는 척하면서 그 일을 허락했습니다. 다윗의 입장에서는 '불감청고소원'이었습니다. 압살롬은 망명의 신세를 면했지만 왕을 직접 알현할 수는 없었습니다. 그렇게 은둔의 세월이 또 2년이나 흘렀습니다. 압살롬은 요압 장군을 통해서 아버지 다윗왕과 화해를 합니다. 왕자로서의 활동이 허락되었다는 뜻입니다. 여기까지의 이야기는 사무엘하 14장입니다.

만약 문제가 이런 정도로 끝났다면 압살롬이 다윗의 뒤를 이어 유대 왕이 되었을 겁니다. 그런데 역사는 다르게 흘렀습니다. 무슨 생각이 들었는지 압살롬이 반역을 일으킵니다. 그게 혁명인지 쿠데타인지를 지금 우리가 판단하기는 어렵습니다. 압살롬이 왕자가 아니라 북이스라엘을 세운 여로보암처럼 일개 장군이었다면 분명히 쿠데타입니다. 군사적인 힘으로 권력을 찬탈하는 행위입니다. 그러나 당시 상황은 달랐습니다. 백성들의 여론은 압살롬에게 가 있었습니다. 그는 백성들의 아픔을 잘 알고 있었고, 실제 아픔을 해결해주기도 했습니다. 그는 아버지 다윗이 처음 왕이 되었던 헤브론에 가서 왕 즉위식을 거행했습니다. 백성들의 열렬한 지지와 지도층 인사들의 지지도 뒤따랐습니다. 당시 상황을 성서 기자는 이렇게 전합니다. "압살롬이 사람을 보내 다윗의 모사 길로 사람 아히도벨을 그의 성읍 길로에서 청하여 온지라. 반역하는 일이 커가매 압살롬에게로 돌아오는 백성이 많아지니라"(삼하 15:12).

다윗은 청천벽력과 같은 이 소식을 전해들었습니다. 자기를 따르는 장군을 보내서 반역자들을 진압하고 싶었지만 그럴 능력이 없었습니다. 민심이 이미 압살롬에게 갔기 때문입니다. 그것을 성서 기자는 이렇게 분명하게 전합니다. "전령이 다윗에게 와서 말하되 이스라엘의 인심이 다 압살롬에게로 돌아갔나이다 한지라"(삼하 15:13). 결국 다윗은 가까운 일부 신하와 함께 야반도주하듯이 예루살렘을 빠져나갑니다. 그때 다윗의 심정을 성서 기자는 이렇게 묘사합니다. "다윗이 예루살렘에 함께 있는 그의 모든 신하들에게 이르되 일어나 도망하자 그렇지 아니하면 우리 중 한 사람도 압살롬에게서 피하지 못하리라 빨리 가자 두렵건대 그가 우리를 급히 따라와 우리를 해하고 칼날로 성읍을 칠까 하노라"(삼하 15:14). 다윗은 광야로 쫓겨나고, 압살롬은 당당하게 예루살렘 성으로 들어왔습니다. 이때부터 압살롬과 다윗의 전투가 시작됩니다. 전력이나 민심으로만 본다면 당연히 압살롬이 절대적인 우위에 있었습니다. 압살롬이 반역에 성공했다면 솔로몬은 틀림없이 제거되었을 겁니다. 솔로몬이 왕이 된 다음에 다른 왕자들을 제거한 것과 마찬가지입니다. 정치라는 게 늘 그렇습니다. 그런데 역사는 우리의 예상과 다르게 흘렀습니다. 여러 가지 사연들이 뒤섞이면서 결국 압살롬은 전투에 나섰다가 죽습니다.

마지막 전투를 앞두고 다윗은 자기 장군들에게 이렇게 말합니다. "나를 위하여 젊은 압살롬을 너그러이 대우하라"(삼하 18:5). 다윗의 마음은 이중적입니다. 반역자들을 처단해야 한다는 왕으로서의 의지와 압살롬의 목숨만은 살려야 한다는 아버지로서의 마음이 그것입니다. 다윗은 압살롬의 반역이 자의가 아니라 주변 세력의 충동질에 의한 것으로 판단한 것 같습니다. 다윗의 장군들과 부하들은 왕의 명령을 모두 들었습니다. 그래서 그들 중에서 어느 누구도 도망가다가 나무에 걸려 있던 압살롬에게 감히 손을 대지 못하고 있었습니다. 그러자 요압 장군이 나서서 직접 창을 들어 압살롬을 죽였습니다. 앞에서 말씀드린 대로 요압은 압살롬이 그술에 망명객으로 머물 때 다윗을 설득해서 그를 데려왔으며, 압살롬을 왕과 화해시키고 왕자로 활동할 수 있도록 한 사람이었습니다. 그가 다윗왕의 명령을 어기면서까지 압살롬을 죽인 이유는 압살롬이 결국 자기의 정적이 될 것이라는 생각을 했기 때문이 아니겠습니까. 고대 이스라엘 왕궁의 역사도 다른 나라와 마찬가지로 이렇게 정략과 중상과 모략이 판을 쳤습니다.

전투 결과를 기다리고 있던 다윗의 관심은 전투가 시작될 때와 마찬가지로 오직 압살롬의 안위에 대한 것이었습니다. 그 장면이 오늘 우리가 읽은 사무엘하 18장 24-33절에 자세하게 기록되어 있습니다. 압살롬이 죽었다는 소식을 전해들은 다윗은 비통해했습니다. 그의 심정을 성서 기자는 이렇게 전합니다. "왕의 마음이 심히 아파 문 위층으로 올라가서 우니라. 그가 올라갈 때에 말하기를 내 아들 압살롬아 내 아들 내 아들 압살롬아 차라리 내가 너를 대신하여 죽었거면, 압살롬 내 아들아 내 아들아 하였더라"(삼하 18:33).

참척(慘慽)의 고통을 넘어

이 뒤의 이야기가 어떻게 진행되는지 궁금하신가요? 요압 장군은 압살롬의 죽음 앞에서 슬픔을 억제하지 못하는 다윗을 설득하고 위협합니다. 요압 장군의 위세는 이미 다윗 왕권을 좌지우지할 정도가 되었습니다. 요압은 훗날 아도니야와 솔로몬 사이에 왕권 투쟁이 벌어졌을 때 아도니야 편에 섰다가 실패합니다. 자세한 것은 열왕기상 앞부분을 읽어보십시오.

오늘 우리는 고대 이스라엘 왕정 초기의 역사에 대한 한 대목을 들었습니다. 이런 이야기는 다른 역사책에도 나올만한 평범한 겁니다. 두 가지 관점에서 이 이야기를 다시 들여야 보아야 합니다. 하나는 유대인들의 관점이고, 다른 하나는 기독교인의 관점입니다. 먼저 유대인들의 관점입니다. 유대인들은 자신들의 왕정 역사를 무조건 미화하지 않았습니다. 그들에게 다윗은 성군이었지만 여전히 미약한 인간에 불과했습니다. 다윗은 참척의 고통을 경험했습니다. 유대인들은 '내 아들 압살롬!…' 하는 절규를 그들은 자신들의 운명으로 생각했습니다. 다윗의 이런 고통에는 자신의 잘못도 있지만 그 외의 많은 일들이 개입되어 있습니다. 그게 인간의 실존이고 삶입니다. 이유를 알 수 없는 고통도 많습니다. 실제로 유대인의 역사는 그런 고통의 점철이었습니다. 20세기에도 그들은 홀로코스트의 운명에 빠졌습니다. 유대인만이 아니라 인류 역사에는 수많은 참척의 고통이 있습니다. 개인적으로도, 사회적으로도 그렇습니다. 도저히 감당할 수 없는 고통 가운데서도 하나님이 역사를 주관하신다는 사실을 유대인들은 깨달았습니다. 그래서 오늘 본문과 같은 이야기를 자손들에게 반복해서 읽어주었습니다. 거기서 고통을 뛰어넘을 수 있는 영적인 힘을 공급받았습니다.

기독교인의 관점에서 이런 이야기를 왜 읽어야 합니까? 이건 고대 이스라엘의 왕정 역사입니다. 유대인들에게는 나름으로 읽어야 의미가 있을지 모르지만 기독교인들에게는 의미가 없어 보입니다. 아닙니다.

초기 기독교는 유대인들과 마찬가지로 이것을 하나님의 말씀으로 받아들였습니다. 기본적으로는 유대인들의 영성을 그대로 받아들인다는 의미입니다. 참척의 고통으로 이어지는 인간 삶의 실존을 받아들입니다. 그런 고통을 포함한 모든 삶과 역사를 하나님께서 주관하신다는 사실을 우리 기독교인들도 인정합니다.

그러나 우리는 유대인들의 영적 관점에 머물러 있지 않습니다. "내 아들 압살롬아 차라리 내가 너를 대신하여 죽었더면…" 하는 다윗의 탄식을 다시 생각해 보십시오. 비통에 찬 외침을 우리는 십자가에 달린 예수 사건에서 다시 들을 수 있습니다. 예수님은 십자가에서 이렇게 외치셨습니다. "엘리 엘리 라마사박다니!" 하나님으로부터 유기입니다. 참척의 고통과 하나님으로부터의 유기는 인간의 경험할 수 있는 최악의 고통이라는 점에서 동일합니다. 하나님께서는 예수님 대신 당신이 십자가에 달려야 한다고 생각하지 않으셨을까요? 위르겐 몰트만은 《십자가에 달리신 하나님》에서 예수님의 십자가는 곧 하나님의 죽음이라고 설명했습니다. 옳습니다. 예수님의 십자가는 하나님의 죽음입니다. 압살롬을 죽인 요압의 창과 칼은 거기에서 그치지 않고 인류 역사에 반복되었습니다. 실제 전쟁터에서도 그런 일은 일어나고, 노동 현장에서도, 또는 교육 현장에서도, 경우에 따라서는 인간의 생명을 살린다는 병원에서도 일어납니다. 개인이 아무리 피하려고 노력해도 피할 수 없는 경우가 많습니다. 그 극치는 예수의 십자가입니다. 인간이 결국 하나님까지 죽인 겁니다. 니체가 《짜라투스트라는 이렇게 말했다》에서 인간의 하나님 살해를 외친 이유도 여기에 있습니다. 하나님은 참척의 고통에 참여하는 분이십니다. 초기 기독교인들은 다윗의 절규에서 하나님의 이런 마음을 읽지 않았을까요?

기독교 신앙은 거기에서 끝나지 않습니다. 기독교 신앙은 인간의 고통스런 실존에 동참하는 단순한 휴머니즘이 아닙니다. 전혀 다른 차원의 생명을 경험합니다. 그것을 희망하고 약속합니다. 부활 생명입니다. 하나님으로부터 유기당한 예수님은 유대교 산헤드린 법정이나 빌라도 로마법이 더 이상 개입할 수 없는 생명으로 변화되셨습니다. 창조의 하나님이 창조의 능력으로 그 일을 행하신 겁니다. 초기 기독교인들은 거기에 자신들의 운명을 걸었습니다. 우리도 그런 길을 갑니다. 예수님의 부활 생명이 우리를 근본적으로 새로운 세상으로 이끌어줍니다. 문제는 우리에게 그런 영적 경험이 실제로 일어났느냐 하는데 있습니다. 여러분은 어떻습니까?

성령강림절후 열두번째 주일
요한복음 6:52-59
2012년 8월 19일

영원한 생명의 밥

오늘 설교 제목은 '영원한 생명의 밥'입니다. 얼핏 식상해 보입니다. 무슨 설교를 하려는지 대충 짐작이 갑니다. 영원한 생명의 밥이 바로 예수님이라고 말입니다. 또 다른 한편으로 이런 제목은 가슴에 잘 와 닿지를 않습니다. 비현실적인 것처럼 보입니다. 요즘은 좀더 자극적으로 표현해야 솔깃해합니다. 이번 주에는 '강남 스타일'을 패러디하는 설교 제목이 많을 겁니다. 이런 문제는 오늘 설교만이 아니라 성서 전체에 해당됩니다. 성서는 2천년 내지 3천년 전 이야기입니다. 그들의 생각이나 언어는 우리에게 거리가 너무 멀어 보입니다. 과연 그럴까요? 영원한 생명의 밥이라는 말은 따분한 이야기일까요? 이 제목이 말하는 것보다 더 절실한 것, 더 실질적인 것, 더 근본적인 것, 더 재미있는 것이 여러분의 삶에 있는지 생각해 보십시오. 저는 없다고 생각합니다. 왜 그런지를 설명하는 것이 오늘 설교의 내용입니다.

이 제목은 오늘 설교 본문의 하나인 요한복음 6장 58절을 거의 그대로 인용한 것입니다. 그 구절은 다음과 같습니다. "이것은 하늘에서 내려온 떡이니 조상들이 먹고도 죽은 그것과 같지 아니하여 이 떡을 먹는 자는 영원히 살리라." 이 구절은 6장 전체 내용을 압축적으로 표현한 것입니다. 이 구절을 의역으로 풀면 다음과 같습니다. '예수님은 하늘에서 내려온 밥입니다. 이 밥은 유대인 선조들이 광야에서 40년 동안 먹던 만나와 질적으로 다른 것입니다. 선조들은 만나를 먹고도 결국 죽었지만 예수님이라는 밥을 먹는 사람은 영원한 생명을 얻습니다.' 요한복음 기자의 이런 주장을 여러분은 어떻게 생각하십니까? 동의하시나요? 이해가 갑니까? 아예 관심이 없습니까? 여기에는 질문할 게 많습니다. 하늘에서 내려왔다고 하는데, 그 하늘이 무엇인지 궁금합니다. 식인종이 아닌 이상 예수님을 직접 먹을 수는 없습니다. 그런데 왜 먹을 수 있는 것처럼 말하는 걸까요? 영원히 산다는 말도 확 와 닿지는 않습니다. 지난 2천 년 동안 예수님을 잘 믿었던 사람들도 모두 죽었습니다. 그렇다면 영원히 산다는 것은 천당에 간다는 말일까요? 예수님이 영원한 생명의 밥이라는 말은 도대체 무슨 뜻인지 궁금합니다. 지금 우리만이 아니라 예수님 당시 사람들도 예수님의 이런 말씀을 이상하게 생각한 것은 매 한가지입니다.

오병이어 후

오늘 본문은 오병이어 사건에서부터 나온 겁니다. 오병이어 사건 후에 모여든 사람들에게 예수님은 문제가 되는 바로 그 발언을 하셨습니다. "나는 생명의 떡이니…"(요 6:35), "에고 에이미…"(나는 … 이다)라는 표현은 요한복음 기자의 특징입니다. 41절과 48절과 51절에서도 반복된 발언입니다. 41절에서는 하늘에서 내려온 떡이라고 하셨습니다. 사람들은 예수님의 이 말씀을 받아들일 수 없었습니다. 그들은 두 가지 문제점을 짚었습니다. 하나는 그들이 예수의 가족을 잘 안다는 것입니다. "이는 요셉의 아들 예수가 아니냐 그 부모를 우리가 아는데 자기가 지금 어찌하여 하늘에서 내려왔다 하느냐"(42절). 예수님도 자기들과 똑같이 평범한 인간이라는 겁니다. 이건 분명한 사실입니다. 그는 나사렛에서 목수 요셉의 아들로 태어나셨습니다. 다른 아이들과 같은 과정을 거치면서 자랐습니다. 지금도 교회 밖의 사람들은 예수님을 하나의 위대한 인물로만 봅니다. 유대교와 이슬람교 역시 그렇게 평가합니다. 그러나 우리 기독교인들은 예수님을 하나님의 아들로 믿습니다. 누가 옳을까요? 오늘 우리는 예수님이 왜 요셉의 아들만이 아니라 하나님의 아들인지를 믿을 뿐만 아니라 변증해야 할 책임이 있습니다.

다른 하나는 그들이 예수님의 말씀을 직접 사람의 살을 먹는 것으로 오해했다는 것입니다. "이 사람이 어찌 능히 자기 살을 우리에게 주어 먹게 하겠느냐"(52절). 사람이 사람의 육체를 직접 먹을 수는 없습니다. 예수님도 그런 뜻으로 하신 말씀이 아닙니다. 이 말씀은 성찬 의식을 가리킵니다. 55절 말씀은 이렇습니다. "내 살은 참된 양식이요 내 피는 참된 음료로다." 뒤 이은 56절 말씀은 이렇습니다. "내 살을 먹고 내 피를 마시는 자는 내 안에 거하고 나도 그의 안에 거하나니…." 공관복음서는 예수님이 체포당하시던 날 저녁 제자들과 함께 나눈 유월절 만찬 사건을 보도하면서 떡을 '내 몸'(막 14:22)이라고 했습니다. 공관복음서와 요한복음이 조금씩 다르게 언급하고 있지만 실제적으로는 똑같은 내용을 전하고 있습니다. 기독교인들은 성찬 예식을 통해서 예수 그리스도와 하나가 된다는 고백입니다. 그것을 요한복음 기자는 56절에서 좀더 구체적으로 표현했습니다. "내 살을 먹고 내 피를 마시는 자는 내 안에 거하고 나도 그의 안에 거하나니…." 상호내주, 이게 옳은 이야기인가요? 그것이 어떻게 가능할까요?

종교개혁자들이 신학적으로 크게 논쟁한 것 중 하나가 바로 성찬에 대한 것입니다. 로마 가톨릭교회의 주장은 화체설입니다. 사제가 미사 중에 빵을 들고 "이것은 그리스도의 몸입니다" 하고 말하면 그 순간에 빵이 실제로 그리스도의 몸으로 바뀐다는 것입니다. 포도주도 마찬가지입니다. 물질의 겉모양이 바뀌는 건 아니지만 질적인 차원이 바뀐다는 겁니다. 마틴 루터는 가톨릭의 화체설을 부정하고 임재설을 주장했습니다. 빵에 그리스도가 임재한다는 의미입니다. 그 외에도 종교개혁주의

자들은 기념설과 상징설을 말하기도 했습니다. 그들은 로마 가톨릭의 미신적인 신앙을 극복해 보려고 했습니다. 빵이 실제로 그리스도의 몸으로 변한다면 악한 사람이 성찬에 참여해도 똑같은 종교적 효과가 일어난다는 모순이 생깁니다. 이런 신학적인 논란이 있지만 성찬을 통해서 그리스도와 하나가 된다는 것은 모두 인정합니다.

이런 신앙적 인식을 이해하려면 생각을 좀더 깊이 해야 합니다. 겉으로는 성찬의 빵을 먹어도 아무런 변화가 없습니다. 성찬을 통한 예수 그리스도와의 일치는 존재론적인 차원입니다. 예를 들어서 여기 모차르트의 악보가 있다고 합시다. 악보를 볼 줄 모르는 사람이 보면 음악 기표에 불과합니다. 아무리 악보를 들여다 보아도 자기와 아무런 상관이 없습니다. 그러나 아는 사람이 보면 모차르트 음악 세계와 하나가 될 수 있습니다. 시도 그렇고 그림도 그렇습니다. 성서도 그렇습니다. 하나님의 영광이라는 언어를 보십시오. 영광은 눈에 보이는 게 아닙니다. 그것을 모르는 사람에게는 그것이 죽은 언어입니다. 그러나 시편, 출애굽기, 이사야 등이 말하는 하나님의 영광을 아는 사람들에게는 살아 있는 언어가 됩니다. 하나님의 영광과 존재론적으로 일치가 됩니다. 초기 기독교인들은 성찬 예식에 참여하면서 예수 그리스도와의 일치를 경험했습니다. 빵을 먹고 포도주를 마시면서 예수님의 운명과 하나 되는 경험입니다. 그런 영적 경험을 하는 사람에게는 오늘 본문 56절의 말씀이 그대로 일어납니다. "내 살을 먹고 내 피를 마시는 자는 내 안에 거하고 나도 그의 안에 거하나니…."

생명의 본질

지금까지의 설명은 이해하기 크게 어렵지 않습니다. 그런데 더 본질적인 질문은 예수 그리스도와의 일치를 통해서 영원한 생명을 얻는다는 게 과연 옳은 말인가 하는 것입니다. 53b절을 보십시오. "인자의 살을 먹지 아니하고 인자의 피를 마시지 아니하면 너희 속에 생명이 없느니라." 예수님의 이름으로 세례를 받지 않고, 성찬 예식에도 참여하지 않는 사람은 죽었다는 말일까요? 우리가 경험하고 있는 세상은 전혀 그렇지 않습니다. 예수님을 믿지 않아도 모두 잘 삽니다. 예수 믿는 사람들이라고 해서 더 오래 산다거나, 더 건강하게 사는 것도 아닙니다. 그런데 예수님은 왜 생명이 없다거나, 또는 생명을 얻는다고 말하는 것일까요?

여러분이 이 말씀을 이해하려면 성서가 말하는 생명이 무엇인지에 대해서 먼저 생각해야 합니다. 성서는 생명의 주인을 하나님이라고 말합니다. 우리는 생명의 주인이 아닙니다. 우리는 생명을 선물로 받은 사람들입니다. 하나님이 생명의 주인이기 때문에 지금도 하나님과 연결되어 있을 때만 생명이 유지될 수 있습니다. 하나님과 단절되면 죽습니다. 겉으로는 살아 있는 것처럼 보이지만 이미 죽은 것입니다. 우리의 운명을 보십시오. 우리는 모두 죽습니다. 지금 살아 있지만 남아 있는 시간이 많지 않습니다. 아무리 젊은 사람이라 하더라도 곧 죽습니다. 백 년 후에 살아 있을 사람은 아무도 없습니다. 모두 하나님과 단절되어 있다는 뜻입니다. 이런 인간 실존을 가리켜 성서는 원죄라고 말합니다.

예수 믿는 사람도 죽는 걸 보니 믿지 않는 사람이나 결국 마찬가지 아니냐고 생각할 분들도 있을 겁니다. 그렇지 않습니다. 마리아와 마르다, 그리고 나사로 남매들의 이야기를 아시지요? 죽었던 나사로를 예수님이 다시 살리셨다는 이야기입니다. 그때 예수님은 마르다에게 이렇게 말씀하셨습니다. "나는 부활이요 생명이니 나를 믿는 자는 죽어도 살겠고, 무릇 살아서 나를 믿는 자는 영원히 죽지 아니하리니 이것을 네가 믿느냐?"(요 11:25, 26) 예수님과 일치된 사람은 살아 있을 때 이미 영원한 생명을 얻습니다. 그 생명에 참여합니다. 예수님의 부활 생명이 지금 이미 여기에 은폐의 방식으로, 즉 비밀스러운 방식으로 활동합니다. 이 비밀스러운 생명 활동을 얼마나 깊이 느끼느냐 하는 것이 영성의 근본입니다. 그걸 느끼는 사람은 기독교 영성의 중심에 들어간 사람이고, 아무런 느낌이 없는 사람은 형식적인 신자라고 할 수 있습니다. 형식적인 신자라 하더라도 구원받는 데는 문제가 없으니 걱정하지 않아도 좋습니다. 우리의 힘으로 구원받는 게 아니기 때문입니다. 그래도 한 평생을 기독교 신자로 산다면 그 중심에 들어가도록 노력해야 합니다. 그 길을 알고 싶으신가요?

거기에 이르는 왕도는 따로 없습니다. 구구단을 외우듯이 해결되는 게 아니기 때문입니다. 궁극적으로는 성령만이 그걸 가능하게 해주실 수 있습니다. 그분의 도움을 바라면서 우리가 해야 할 최선은 생명에 대한 오해를 벗어나는 것입니다. 생명의 허상을 벗어나는 것입니다. 사람들은 보통 자신의 욕망을 채우는 것을 생명으로 생각합니다. 많은 욕망이 있습니다. 오래 살고, 건강하게 살고, 행복한 가정을 꾸리고, 출세하고, 명예를 얻는 것입니다. 보십시오. 개인과 사회는 이런 욕망을 분출하기 위해서 애를 씁니다. 그런 욕망을 여하한 방식으로라도 충족시켜주는 사람은 권력과 돈을 얻습니다. 일주일 전에 런던 올림픽이 끝났습니다. 전 세계인들의 욕망이 분출된 축제 한마당이었습니다. 드라마보다 더 극적인 사건도 많았습니다. 우리나라는 목표치보다 더 많은 성과를 냈습니다. 그렇다고 크게 자랑할 만한 일도 아닙니다. 스포츠의 과도한 열기는 생명을 살리는 게 아니라 죽이기도 합니다. 사람들이 거기에 속습니다. 자기망상이 강했던 네로 황제는 초기 기독교인들을 크게 박해했습니다. 그는 5년마다 한 번 열리는 스포츠 제전을 시작했습니다. 그는 로마 시민들에게 자극적인 구경거리를 제공하면서 자기의 광기를 감추었습니다. 히틀러와 베를린 올림픽에서도 볼 수 있듯이 인류 역사에서 독재자와 스포츠는 깊은 연관이 있습니다. 무슨 말씀입니까? 우리는 매우 이성적인 것 같지만 실제로는 비이성적으로 삽니다. 쉽게 속습니다. 현대문명과 문화에 쉽게 속습니다. 현대문명은 더 많이 소유하고, 생산하고, 소비하고 사는 것이 행복한 삶인 것처럼 가르칩니다. 현대인들을 그렇게 길들여가고 있습니다. 이런 게 생명을 얻는 길이 아니라는 사실을 먼저 깨우치지 않으면 예수님과의 일치를 통해서 생명을 얻는다는 말은 공허한 메아리로 머물고 말 겁니다.

사랑하는 성도 여러분, 요한복음 기자의 외침을 잊지 마십시오. 조상들이 광야에서 받아먹은 만나는 아무리 먹어도 죽습니다. 이 세상의 그 어떤 것을 성취해도 만족은 불가능합니다. 삶의 에너지를 거기에 너무 쏟지 마십시오. 하늘에서 내려온 떡, 즉 영원한 생명의 밥이 여러분을 살립니다. 거기서 참된 영적 만족과 안식을 얻을 수 있습니다. 이것이 사도 요한을 통해서 주신 하나님의 말씀이며, 그분의 참된 약속입니다. 아멘.

성령강림절후 열세번째 주일
요한복음 6:60-71
2012년 8월 26일

"너희도 가려느냐?"

요한복음 6장은 전체적으로 오병이어에 대한 이야기입니다. 오병이어 이야기는 네 복음서에 모두 나옵니다. 이 이야기가 초기 기독교에 잘 알려지기도 했고, 신빙성 있었다는 뜻입니다. 오병이어 이야기 자체는 아주 간단합니다. 예수님의 말씀을 듣기 위해서 많은 사람들이 모였습니다. 요한복음에 따르면 그 숫자가 오천 명쯤 되었다고 합니다. 밥 먹을 시간이 되었습니다. 그 많은 사람들을 위해서 도시락을 준비할 수 없었고, 식당을 찾을 수도 없었습니다. 그때 예수님은 어떤 아이가 가지고 온 다섯 개의 빵과 두 마리의 생선을 손에 들고 기도한 후 거기 모였던 사람들에게 나눠주게 하셨습니다. 그러자 모든 사람들이 배부르게 먹었고, 남은 것을 모으자 열두 바구니나 되었다는 겁니다. 빵과 생선이 수천 배로 늘어난 것처럼 보이는 이야기입니다. 이것은 마술일까요? 초자연적인 기적이었을까요?

사실 따지고 보면 이 세상의 생명 현상은 이런 마술처럼 보입니다. 보십시오. 옥수수 한 알을 심으면 수십 배의 결실을 얻을 수 있습니다. 쌀도 그렇고, 밀도 그렇습니다. 제가 영천 원당리에 있는 농가에 들를 때마다 복숭아 과수원 곁을 지나갑니다. 봄에 복숭아꽃이 피는 순간부터 잎이 나고 작은 복숭아가 열리고 또 커가는 모습을 보면서 놀라움을 금치 못합니다. 나무 한 그루에서 수십 개의 복숭아가 달립니다. 수십 배, 수백 배의 결실을 맺습니다. 그것도 한 해에 머물지 않고 매년 반복됩니다. 이 세상의 생명 현상 자체가 오병이어 기적과 마찬가지입니다. 어떤 분들은 다르게 생각할 겁니다. 옥수수나 복숭아나무는 그냥 자연 현상에 불과하지만 복음서가 전하는 오병이어는 그런 자연 현상을 뛰어넘는 사건이라고 말입니다. 하나님이 행하시는 초자연적인 기적을 통해서 우리 인생 문제를 해결하고, 더 나가서 서상의 경제 문제까지 해결하는 하는 게 참된 신앙이라고 말입니다. 순전한 마음으로 그렇게 믿고 싶은 분들은 그렇게 하십시오. 그러나 성서와 그 성서를 기록한 초기 기독교가 그렇게 생각하지 않았다는 사실만은 잊지 마십시오. 오히려 그런 것을 거부했습니다.

떠나는 제자들

오병이어 사건이 일어난 뒤에 사람들이 흩어졌다가 다시 모였습니다. 그들을 향해서 예수님은 정곡을 찌르는 말씀을 하십니다. "너희가 나를 찾는 것은 표적을 본 까닭이 아니요 떡을 먹고 배부른 까닭이로다"(요 6:26). 여기서 표적은 예수가 그리스도임을 가리킵니다. 민중들이 오병이어 자체에 호기심을 보인다는 건 당연한 겁니다. 그들은 자기들 조상들이 광야에서 만나와 메추라기를 40년 동안 먹고 살았다는 사실을 생생하게 기억하고 있었습니다. 그런 일이 예수님을 통해서 다시 일어나는 것처럼 느꼈기 때문에 열광할 수밖에 없었습니다. 지금 우리가 경제, 복지에 관심을 보이는 것과 비슷합니다. 그러나 예수님은 그것으로 삶의 문제가 해결되지 않는다는 사실을 꿰뚫어 보셨습니다. 조상들은 만나와 메추라기를 먹었지만 결국은 죽었습니다. 너무 많이 먹어 비만이 많은 미국 사람들이나 너무 못 먹어 영양실조로 죽은 사람들이 많은 에티오피아 사람들이나 모두 죽는 것은 분명합니다. 이걸 모르는 사람은 없습니다. 다만 실질적으로 느끼지 못할 뿐입니다. 그들을 향해서 예수님은 하늘에서 내려온 생명의 빵을 먹는 사람은 영원히 살 것이라고 하셨습니다(요 6:58). 이 생명의 빵은 바로 예수님을 가리킵니다. 요한복음 공동체는 이 사실에 자신들의 운명을 걸었습니다.

그러나 모든 신자들이 그것을 이해하지 못했습니다. 오늘 설교 본문은 그 상황을 이렇게 설명합니다. "제자 중 여럿이 듣고 말하되 이 말씀은 어렵도다. 누가 들을 수 있느냐"(요 6:60). 일반 민중들이 예수님의 말씀을 못 알아듣는 건 그럴 수 있지만 제자들이 그렇다는 건 아주 심각한 문제입니다. 여기서 제자들은 열두 제자만을 가리키는 게 아니라 예수님을 잘 따르던 여러 사람들을 가리킵니다. 그들이 예수님의 말씀을 어렵다고 생각한 이유는 광야의 만나에만 삶의 초점을 맞추고 살기 때문입니다. 사람은 이성적인 것 같지만 그렇지 못할 때가 많습니다. 그래서 이해가 안 되고, 이해한다고 해도 추상적으로만 생각하는 겁니다. 예를 들어 '인권은 천부적이다'라는 말을 생각해 보십시오. 이 말이 어떤 사람에게는 잘 들리지 않습니다. '사람은 하나님의 형상으로 지음 받았다'는 말도 마찬가지입니다. 어렵다거나, 현실적이지 않다고 말합니다. 예수님이 하늘에서 내려온 생명의 빵이며, 그를 믿는 자는 영원한 생명을 얻는다는 말이 너무 어렵다고 투덜거린 제자들이 많았다는 건 어쩔 수 없는 일입니다. 왜 이런 일이 벌어지는 걸까요?

예수님의 답변을 들어보십시오. "내 아버지께서 오게 하여 주지 아니하시면 누구든지 내게 올 수 없다"(요 6:65). 예수님이 영원한 생명의 빵이라는 사실을 알아듣고, 그래서 예수님을 믿는다는 것은 하나님께서 허락해야만 가능하다는 뜻입니다. 이런 말씀이 자칫 오해될 수도 있습니다. 개인의 생각과 책임과는 상관없이 하나님의 무조건적인 결정이라고 말입니다. 칼뱅의 이중예정론도 이런 오해를 받습니다. 이미 구원받을 사람과 버림받을 사람이 이중적으로 예정되어 있다는 뜻으로 받아들입니다. 그건 오해입니다. 이 말씀은 예수님의 제자가 된다는 사실이 신비로운 사건이라는 의미입니다. 여러분 각자를 생각해 보십시오. 어떻게 예수님을 믿게 되었을까요? 믿는 집안에서 태어났거나 친구를 따라서, 또는 스스로 교회에 나온 경우도 있겠지요. 그 모든 것은 신비입니다. 더구나 형식적으로가 아니라 실제로 믿음의 단계에 들어간다는 것은 더 놀라운 신비입니다. 그런 믿음의 경지는 비밀스러운 것입니다. 그래서 기독교에서는 믿음도 하나님의 은총이라고 말합니다. 하나님의 은총에 응답한 사람은 예수님의 말씀을 알아듣게 되고, 응답하지 않는 사람은 '이 말씀은 어렵도다' 하고 맙니다.

예수님의 말씀을 이해하지 못한 제자들은 모두 예수님을 떠났습니다. 요한복음 기자는 그 상황을 이렇게 묘사합니다. "그 때부터 그의 제자 중에서 많은 사람이 떠나가고 다시 그와 함께 다니지 아니하더라." 이런 상황은 예수님 당시만이 아니라 초기 교회에 그대로 해당되고, 지금도 마찬가지입니다. 이해가 안 되고 동의할 수 없으면 결국 떠납니다. 더 이상 예수님과 함께 할 수 없습니다. 이런 위기는 누구에게나 있습니다. 지금 예수님을 잘 믿는 사람처럼 흉내를 낼 수 있을지 모르지만, 그리고 실제로 그런 믿음이 있을지 모르지만 영적으로 어려운 상황을 만나게 되면 떠나게 됩니다. 그 제자들이 모두 이기적이거나 세속적이기 때문만은 아닙니다. 말씀을 어렵다고 느낄 뿐입니다. 자신의 세계관과 어울리지 않는다고 생각하기 때문입니다.

역설적으로 사람들이 교회를 떠난다는 것은 교회가 영적으로 건강하다는 증거입니다. 교회가 부도덕하거나 비상식적으로 운영되어서, 또는 따뜻한 사귐이 없어서 거기에 사람들이 실망하고 떠나는 것은 교회가 반성해야 할 문제지만, 그들이 복음의 무게를 감당할 수 없어서 떠난다면 오히려 희망이 있다는 증거입니다. 이런 점에서 교회는 신자들에게 부단히 영적으로 도전을 해야 합니다. 생명의 본질이 무엇인지 집중하게 해야 합니다. 그래서 복음에 충실하든지 아니면 떠나든지 하게 해야 합니다.

영생의 말씀

많은 제자들이 떠난 뒤에 예수님은 열두 제자에게 물었습니다. "너희도 가려느냐?" 이 말씀에서 우리는 예수님의 심정을 어느 정도 읽을 수 있습니다. 예수님도 인간적인 실망이 있었을 겁니다. 외로움도 느끼셨겠지요. 마태복음과 누가복음이 이와 비슷한 상황을 보도하고 있습니다. 어떤 사람이 예수님을 어디든지 따르겠다고 하자 예수님은 의외의 말씀을 하셨습니다. "여우도 굴이 있고 공중의 새도 집이 있으되 인자는 머리 둘 곳이 없도다"(눅 9:58). 예수님의 공생애 중에 많은 사람들이 따르기도 했지만 결국 모두 떠났습니다. 홀로 십자가에 달리셨습니다. 목회자들도 너무 사람들을 모으는 것에 신경을 쓰지 않는 게 좋습니다. 그런 건 정치인들이나 연예인, 또는 기업가들이 하는 겁니다. 예수님은 '인자는 머리 둘 곳이 없다'는 심정으로 열두 제자에게 떠나겠는가, 갈 테면 가도 좋다, 이렇게 말씀하신 겁니다.

이 말씀은 오늘 우리 믿는 자들에게도 영적인 도전입니다. 예수님을 떠날 기회는 언제나 열려 있습니다. 예수님의 말씀이 어려우면, 즉 동의할 수 없으면 떠나야 합니다. 이런 도전 앞에 실제로 서 보신 적이 있습니까? 아니면 교회는 당연히 죽을 때까지 나가야 하는 거지 하는 생각만 하십니까? 많은 사람들이 두 번째에 속할 겁니다. 한국교회 신자들의 특징이기도 합니다. 그들은 교회에서 나가라고 해도 나가지 않습니다. 서로 자기 교회라고 싸우기도 합니다. 그게 한국교회 성장의 저력이기도 하지만, 오히려 위기이기도 합니다. 복음의 중심이 아니라 단순한 종교생활에 만족하다고 있다는 증거이기 때문입니다. 교회를 떠날 것인지 아닌지, 즉 기독교 복음을 감당할 것인지 포기할 것인지를 좀더 진지하게 생각해보십시오. "너희도 가려느냐?"는 주님의 말씀을 직면해보십시오. 복음을 알지도 못하고 동의하지도 못하면서 체면 때문에, 또는 교우 관계 때문에 남아 있다는 건 영적으로 잠들어 있다는 의미입니다.

예수님이 열두 제자에게 실제로 떠나라는 뜻으로 이런 말씀을 하신 것은 물론 아닙니다. 오히려 정반대입니다. 떠나간 제자들에 대한 안타까운 마음으로 하신 말씀입니다. 떠난 제자들은 예수님에게 관심이 있어서 모여들긴 했습니다. 그러나 결정적인 순간에 떠났습니다. 이것보다 안타까운 일이 어디 있겠습니까. 떠난 사람은 어쩔 수 없는 일입니다. 하나님께서 허락하지 않은 일이기 때문입니다. 그러나 이제 나머지 열두 제자가 있습니다. 그들을 향해서 준엄한 명령을 내리신 것입니다. 복음을 확실히 붙들라고, 그렇지 않으면 떠나라고 말입니다.

베드로의 대답은 다음과 같이 두 가지입니다. 첫째, 영생의 말씀이 예수님에게 있다는 걸 알기 때문에 다른 누구에게도 갈 수 없습니다(68절). 둘째, 예수님이 하나님의 거룩하신 분이라는 사실을 알고 있습니다(69절). 즉 메시아이신 예수님에게 영원한 생명이 있다는 사실을 알고 있기 때문에 예수님 곁에 머물겠다는 뜻입니다. 요한복음 6장에서 반복된 핵심 개념인 '예수가 생명이다'가 여기서 다시 강조됩니다. 예수님을 떠나느냐, 아니면 머무느냐 하는 결단의 근거가 바로 이것입니다. 예수님께 영생이 있다는 사실이 이해되고 믿을 수 있다면 머물게 될 것이고, 어렵기도 하고 믿을 수 없다면 떠나야 합니다.

단도직입적으로 묻겠습니다. 여러분은 지금 어떤 처지인가요? 대답이 각양각색일 겁니다. 큰 소리로 "나는 믿습니다" 하고 외치는 분들도 있겠지요. 예수 영접의 확신이 있다고 말입니다. 그런 확신이 단순히 주관적인 경험에 떨어지지 않고 바른 신앙에 올라서려면 예수님과 영원한 생명의 관계를 더 분명하게 이해하고 느껴야 합니다. 또 어떤 분들은 영원한 생명이라는 추상적인 것보다는 지금 여기서 예수님처럼 이웃을 위해서 살면 되지 않느냐고 생각할 겁니다. 그런 삶이 아름답기는 하지만 기독교의 중심은 아닙니다. 대부분 진실한 신앙을 추구하는 분들은 이렇게 생각할 겁니다. 확실하게 믿고 싶지만 여전히 영원한 생명이 무엇인지가 손에 잡히지 않아서 불안할 때가 있다고 말입니다.

어떤 처지에 있든지 "너희도 가려느냐?"는 예수님의 말씀에 연루된 영적 상황을 직면하십시오. 여러분이 기꺼이 그렇게 할 마음의 준비가 되었다면 '우리가 누구에게로 가오리이까' 하는 베드로의 고백에 이르게 될 것입니다. 불행하게도, 그 말씀이 귀에 아예 들어오지 않는 사람은 이미 마음과 몸이 예수님을 떠난 제자들과 같습니다. 우리는 어느 쪽입니까?

창조절

307	세속주의와 싸우라!	야고 1:19-27	창조절 첫째 주일
314	이사야의 영적 상상력	이사 35:5-10	창조절 둘째 주일
321	사탄의 유혹	마가 8:27-38	창조절 셋째 주일
328	예레미야의 탄원기도	예레 11:18-23	창조절 넷째 주일
335	제자 공동체의 위기	마가 9:42-50	창조절 다섯째 주일
342	만물의 복종에 대해	히브 2:5-9	창조절 여섯째 주일
349	돈이냐, 하나님 나라냐	마가 10:23-31	창조절 일곱째 주일
356	여호와께서 욥에게 말씀하시다	욥기 38:1-11	창조절 여덟째 주일
363	퀴리에 엘레이송!	마가 10:46-52	창조절 아홉째(종교개혁) 주일
370	그리스도의 피와 구원의 능력	히브 9:11-14	창조절 열번째 주일
377	가난한 과부의 헌금	마가 12:38-44	창조절 열한번째 주일
384	안식과 초막의 삶	레위 23:33-44	창조절 열두번째(추수감사절) 주일
391	예수의 왕권	요한 18:33-38	창조절 열세번째 주일

창조절 첫째 주일
야고보서 1:19-27
2012년 9월 2일

세속주의와 싸우라!

야고보서는 신약성경 중에서 좀 유별납니다. 복음의 정체성이 약해 보입니다. 복음의 정체성은 예수 그리스도를 통한 의로움과 구원입니다. 야고보서에는 그런 이야기가 나오지 않습니다. 바울의 편지들과 비교해보면 이 차이를 정확하게 알 수 있습니다. 로마서나 갈라디아서는 행위가 아니라 믿음으로만 의롭다는 인정을 받는다고 강조합니다. 그게 복음의 특징입니다. 그런데 야고보서는 반대로 말합니다. "사람이 행함으로 의롭다 하심을 받고 믿음으로만은 아니니라"(약 2:24). 칭의론을 거부하는 것처럼 들립니다. 야고보서는 처음부터 유대교를 암시하는 '열두 지파'에게 문안한다는 말로 시작됩니다. 이렇게 유대교적인 특징이 강하고 복음의 정체성이 약하기 때문에 마틴 루터는 야고보서를 지푸라기와 같다고 비판했습니다. 그렇다면 야고보서를 정경으로 결정한 397년의 종교회의는 잘못된 것일까요?

그렇지 않습니다. 그 이유는 두 가지입니다. 첫째, 복음이 율법을 지양(Aufhebung)하거나 때로는 충돌한다고 하더라도 율법 자체를 부정하는 게 아닙니다. 초기 기독교도 율법을 부정하지 않았습니다. 아니 부정할 수도 없습니다. 복음은 율법을 부정해서는 성립되지 않습니다. 예배만 해도 그렇습니다. 예배의 형식은 율법적인 겁니다. 헌금도 율법적입니다. 원초적 복음에만 충실하겠다면 예배도 필요 없고 헌금도 필요 없습니다. 예수 그리스도를 개인적으로 믿기만 하면 충분합니다. 초기 기독교인들은 유대교의 범주 안에서 복음을 이해하려고 했습니다. 그래서 처음에는 유대교 안에 머물러 있었습니다. 이방인 기독교인들이 등장하면서 유대교와의 관계가 멀어지기 시작했지만 훗날 그들도 구약성경을 그대로 받아들인 걸 보면 유대교를 부정하지 않았다는 게 분명합니다. 둘째, 야고보서는 교회 안에서 벌어지는 문제들을 지적하고 계몽하기 위한 편지입니다. 야고보서 4장 1절 이하를 보면 야고보 공동체는 교인들끼리 크게 싸웠습니다. "너희 중에 싸움이 어디로부터, 다툼이 어디로부터 나느냐. 너희 지체 중에서 싸우는 정욕으로부터 나는 것이 아니냐." 야고보서 4장 11절 이하를 보면 그들은 서로 비난했습니다. 이렇게 인간적인 약점들을 그대로 보이는 교회를 향해서 똑바로 살라고 충고하지 않을 수 없습니다. 이 두 가지를 전제한다면 야고보서는 성경으로서의 자격이 충분합니다.

행함이 있는 믿음

야고보서의 핵심 주제는 잘 알려져 있습니다. 행함이 없는 믿음은 죽은 것이라는 게 그것입니다. "행함이 없는 믿음은 그 자체가 죽은 것이라"(약 2:17). 야고보서 전체는 이 구절로 요약될 수 있습니다. 야고보에 의하면 참된 신앙은 행동하는 것이며, 말씀을 실천하는 것입니다. 반면에 거짓 신앙은 행동 없이 말에 머무는 것입니다. 오늘 본문에서 그것을 어떻게 설명하는지 보겠습니다. 본문 19-27절은 논리적으로 기록한 글은 아닙니다. 여러 가지 권면들이 반복적으로 나열되어 있습니다. 그래서 오늘 저도 본문을 차례대로 따라가면서 설명하겠습니다.

19절에 따르면 듣기는 속히 하고 말하기를 더디 하며 성내기도 더

디 하라고 했습니다. 속히 할 것과 더디 할 것을 구분합니다. 목사는 말을 많이 합니다. 그러다 보면 할 말 못할 말 구분하지 못할 때도 많습니다. 겉으로 크게 성을 내지 않는다 하더라도 속으로 짜증스럽게 생각하는 것도 모두 성을 내는 것입니다. 야고보는 20절에서 성을 내는 것은 하나님의 의를 이루지 못한다고까지 말했습니다. 저도 성이 날 때가 많을 걸 보면 하나님의 의를 이루지 못한 게 분명합니다. 성을 내지 않는 문제는 단순히 교양의 차원이 아니라는 뜻입니다. 이것은 더 근본적인 차원과 연결되어 있습니다. 요즘 힐링이나 멘토링이라는 말들이 유행합니다. 그게 마치 시대정신인 것처럼 널리 회자되고 있습니다. 지금 대한민국 국민들은 극한 경쟁 구조에서 살기 때문에 치료받아야 할 상처가 그렇게 많다는 뜻인지도 모르겠습니다. 서로 만나서 가볍게 웃고 즐기다 보면, 그리고 살아가는 방법을 처방받다 보면 상처가 치유되고 행복하게 살 수 있다고 주장입니다. 그런 것마저 시도하지 않는 것보다 낫겠지만 힐링 캠프와 멘토링 컨퍼런스를 통해서도 근본 문제가 해결되지는 않습니다. 그런 것은 술 취하면 기분이 좋아지는 것 정도의 도움을 줄 뿐입니다. 야고보 선생도 그 사실을 알고 있었을 겁니다. 그래서 21절에서 "너희 영혼을 능히 구원할 바 마음에 심어진 말씀을 온유함으로 받으라"고 권면했습니다. 하나님의 말씀에 집중하는 것을 가리킵니다.

    22절에서 야고보는 말씀을 받기만 하면 곤란하다고 말합니다. 성경을 읽기만 하거나 필사만 하는 것은 아무리 열정적으로 수행된다고 하더라도 자신을 '속이는' 것입니다. 경건의 모양만 있을 뿐이지 경건의 능력은 없다는 뜻입니다. 정확한 진단입니다. 오늘 한국 개신교회의 모습을 보십시오. 종교적인 포즈는 세련되지만 삶의 능력은 없습니다. 자주 모이고, 기도에 열심이고, 해외선교에 열정적이고, 교회당 건축에는 둘째가라면 서러워하지만 사회 변혁의 능력은 전혀 없습니다. 경제정의 문제, 남북분단 문제, 노동과 생태 문제 등에서는 무능력합니다. 아예 관심이 없습니다. 하늘나라를 사모하라고 말을 하면서 실제로는 자기

몸집을 키우는 데만 열심을 냅니다. 위선적입니다. 이것을 야고보는 자기를 속이라는 것이라고 말했습니다.

이런 속이는 믿음, 헛된 믿음을 야고보는 당시의 속담으로 재미 있게 설명합니다. 23, 24절을 보십시오. "누구든지 말씀을 듣고 행하지 아니하면 그는 거울로 자기의 생긴 얼굴을 보는 사람과 같아서 제 자신을 보고 가서 그 모습이 어떠했는지를 잊어버리거니와…." 당시의 거울은 청동으로 만들어졌습니다. 그것으로는 모습을 정확하게 볼 수 없습니다. 귀족들이 쓰는 거울은 그래도 좀 나았을지 모르지만 일반 사람들이 쓰는 거울은 형체를 겨우 알아볼 수 있을 정도입니다. 당시의 거울로는 자기 얼굴을 봐도 곧 잊어버릴 수밖에 없습니다. 요즘은 거울이 너무 좋아서 문제이긴 합니다. 심지어 스마튼 폰은 사진처럼 자기 얼굴을 반사시켜 줍니다. 이런 현대문화에 빠져 사는 요즘 젊은 사람들은 호수에 비춘 자기 얼굴에 매료되어 호수에 빠져 죽었다는 헬라 신화의 나르시시즘에 점점 더 깊이 빠져드는 것 같습니다. 고대인들의 거울은 아주 거칠어서 자기 얼굴을 정확하게 볼 수 없게 했습니다. 말씀을 듣기만 하고 실천하지 않는 사람은 그와 같다는 겁니다. 말씀과 삶이 완전히 분리된 상황입니다. 우리가 실제 삶을 어떻게 사는지 조금만 정직하게 살펴보면 야고보 선생의 말씀이 틀렸다고 말하지 못할 겁니다. 이런 신앙은 자신을 속이는 것이며, 헛된 것이며 죽은 것입니다.

야고보는 26절에서 앞에 언급한 잘못된 신앙을 보충해서 설명합니다. 경건하다고 생각하는 사람이, 즉 믿음이 있다고 생각하는 사람이 '혀의 재갈'을 물리지 않고 자기 마음을 속이면 그 경건은 헛된 것이라고 했습니다. 혀의 재갈을 물린다는 것은 '말하기를 더디 하라'는 19절 말씀이고, 자기 마음을 속인다는 것은 '말씀을 행하지 않고' 듣기만 한다는 22절의 말씀을 가리킵니다.

야고보 주장은 과격합니다. 당신들 그렇게 믿음생활 하면 모두 헛 거야 하고 나무라는 것처럼 들립니다. 이런 말을 듣는 청중이나 독자들은 양심이 찔리기도 하고, 반발심이 나오기도 했을 겁니다. 예수 믿으려면 고상한 도덕군자가 되어야 한다는 말이냐 하고 말입니다. 야고보는 그런 의미로 이 편지를 쓴 게 아닙니다. 인간이 아무리 노력해도 그것 자체로 의를 이룰 수 없다는 사실을 모를 리가 없습니다. 지금 그는 기독교 영성의 중심을 말하는 중입니다. 예수 믿네 하고 큰소리를 치지만 실제로는 영성이 없는 사람들을 바르게 가르치고 있는 중입니다. 영성이 없는 그들은 남을 비난하고, 자기 성찰은 전혀 없으며 말씀의 허세만 부립니다. 그리고 교회에서 거들먹거립니다. 이들을 향해서 신앙의 본질을 회복하라고 충고하고 있습니다.

세속주의와의 투쟁

야고보는 참된 믿음과 경건을, 즉 건강하고 생명 지향적인 기독교 영성을 오늘 본문 마지막 구절인 27절에서 정확하게 짚었습니다. 그 내용은 이렇습니다. "하나님 아버지 앞에서 정결하고 더러움이 없는 경건은 곧 고아와 과부를 그 환난 중에 돌보고 또 자기를 지켜 세속에 물들지 아니하는 그것이라." 건강한 기독교 영성을 알고 싶으면 이 구절에 자신을 비쳐보면 됩니다. 두 가지입니다.

첫째, 고아와 과부를 돌보는 것입니다. 이것은 유대교의 전통이고, 율법에도 자주 언급되는 내용입니다. 초기 기독교는 이런 전통을 이어받았습니다. 그들은 사회적 약자들을 돕는 것이 바로 하나님의 백성들에게 주어진 중요한 사명이라고 생각했습니다. 고아와 과부는 지금도 마찬가지지만 성서 시대에는 생존이 가장 취약한 이들이었습니다. 그들이 하나님의 형상으로 창조된 이들이라는 엄연한 사실을 전제한다면 그들을 돌보는 것은 분명히 신앙적인 행위입니다. 오늘날 성서가 말하는 고아와 과부는 반드시 그런 이들만 가리키지 않습니다 더 확장되어야 합니다. 오늘날의 고아와 과부가 누군지를 생각해 보십시오. 스스로 자기를 방어할 수 없는 이들이 누군지를 보십시오. 오늘 한국교회는 사회윤리적인 차원을 회복해야 합니다. 개인윤리는 나름으로 강조되지만 사회윤리는 관심 밖입니다. 부의 대물림, 가난의 대물림을 어떻게 끊어낼 수 있을지를 고민해야 합니다. 그것이 야고보가 말하는 고아와 과부를 돌보는 것입니다.

둘째, 야고보는 세속에 물들지 말라고 충고했습니다. 세속주의와의 싸움을 가리킵니다. 이게 핵심입니다. 세속이 무엇일까요? 저 사람은 세속적이야 하는 말들을 합니다. 이기적이거나 천박하다는 뜻으로 그런 말을 합니다. 세속, 또는 세속주의는 그렇게 부정적인 뜻만은 아닙니다. 세속적이라는 말은 종교적이라는 말과 대비됩니다. 세속이 없으면 종교도 없습니다. 세속을 세상이라고 생각해도 좋습니다. 세상은 수도원이 아닙니다. 세상의 원리가 따로 있습니다. 적자생존의 원리가 작동됩니다. 여기에는 경쟁, 쾌락, 소유, 폭력, 또는 인기, 연예, 돈벌이 등의 단어들이 연상됩니다. 그게 인간 삶의 현실이기도 합니다. 수도승이 아니라 일반 사람으로 사는 한 기독교인 역시 세속을 떠나서는 살 수 없습니다. 야고보도 그 사실을 알고 있습니다. 그래서 그는 세속을 떠나라고 말하지 않고 세속에 물들지 말라고 했습니다. 여러분이 매일 경험하다시피 이게 쉽지 않습니다. 세속주의는 강압적입니다. 매력적이기도 합니다. 나름으로 성취감도 줍니다. 우리의 세상은 그런 메커니즘으로 돌아갑니다. 수능시험을 앞둔 학생들이나 취업을 준비하는 청년들도 이런 운명에 처해 있는 것입니다. 기독교인이 그런 세속을 떠날 수는 없지만 물들지는 말아야 합니다. 그런데 이게 가능할까요? 어떻게 가능할까요?

은혜 한번 받아서 해결된다면, 성령 충만으로 단번에 해결된다면 좋겠지만 실제로는 전혀 그렇지 않습니다. 한 순간이 아니라 평생을 두고 세속주의와 투쟁해야 합니다. 이런 점에서 기독교인의 삶은 구도적입니다. 투쟁은 곧 구도를 가리킵니다. 그런데 우리의 싸움은 혈과 육이 아닙니다. 교양을 쌓는 방식도 아닙니다. 야고보가 명시적으로는 언급하지 않지만, 이미 전제하고 있는 것이 있습니다. 여러분도 이미 알고 있습니다. 예수 그리스도를 통해서 행하신 하나님의 구원 통치에 구도적인 태도로 천착하면서 사는 것입니다. 신약성서는 바로 그것을 경험한 사람들의 고백이자 증언입니다. 예수 그리스도 사건에 들어간 깊이만큼 여러분은 세속주의에 물들지 않게 될 것입니다. 그 싸움의 과정이 기독교인의 한평생 삶입니다. 우리는 지금 함께 그 길을 가고 있습니다. 여러분이 그런 삶의 영적 긴장감을 놓치지 않다면 성령께서 도우셔서 참되고 살아 있는 신앙의 세계로 들어갈 것입니다. 아멘.

창조절 둘째 주일
이사야 35:5-10
2012년 9월 9일

이사야의 영적 상상력

오늘의 본문인 이사야 35장 5-10절을 읽으면서 여러분은 어떤 느낌이, 또는 어떤 생각이 들었습니까? 제 각각일 겁니다. 어떤 분들은 이런 말씀이 전혀 가슴에 와 닿지 않을 수도 있습니다. 우리가 살아가는 세상과는 너무나 거리가 멀다고 말입니다. 그건 안타까운 일입니다. 어떤 분들은 이사야가 뭔가 새로운 세상에 대해서 말하는 것 같다는 생각이 들었을 겁니다. 성경을 골고루 아는 분들은 이와 비슷한 내용을 신약성경에서도 읽은 것 같다는 느낌이 들었을 겁니다. 이사야 35장 5절은 마태복음 11장 5절과 그 병행구인 누가복음 7장 22절에서 그대로 인용되었습니다. 이사야 35장 5절은 이렇습니다. "그 때에 맹인의 눈이 밝을 것이며 못 듣는 사람의 귀가 열릴 것이며…" 마태복음 11장 5절은 이렇습니다. "맹인이 보며 못 걷는 사람이 걸으며 나병환자가 깨끗함을 받으며 못 듣는 자가 들으며 죽은 자가 살아나며 가난한 자에게 복음이 전파된다." 마태복음과 누가복음의 그 대목은 예수 그리스도에 대한 초기 기독교의 인식을 이해하는데 중요합니다. 감옥에 갇힌 세례 요한은 제자들을 예수님에게 보내서 이렇게 물었습니다. "오실 그이가 당신이 오니이까 우리가 다른 이를 기다리오리이까?"(마 11:3) 이 질문은 당신이 예수 그리스도가 맞는지 대답하라는 요구입니다. 이 질문에 대한 예수님의 대답이 바로 이사야 35장 5절을 인용한 그 말씀이었습니다. 그런데 예수님의 이 대답은 자신이 그리스도라는 사실을 직접적으로 말씀하신 게 아닙니다. 이사야의 예언을 통한 간접적인 것입니다. 그 대답만으로는 예수님이 그리스도라는 말인지 아닌지를 알 수 없습니다. 여기에 얽힌 전반적인 맥락을 알려면 우선 맹인 운운하는 이사야의 이 예언을 정확하게 살펴봐야 합니다.

묵시문학적 영성

본문에는 여러 유형의 장애가 열거됩니다. 맹인, 못 듣는 사람, 저는 자, 말 못하는 자입니다. 이사야는 이런 분들이 장애를 극복하는 날이 올 것이라고 외쳤습니다. 도대체 그런 날이 언제일까요? 그런 날이 오기는 할까요? 이사야의 이런 예언이 성취되었을까요? 그의 말은 실제적인 게 아니라 단지 종교적 상징에 불과한 것일까요? 여러분은 그의 말이 무엇을 가리키는지 어느 정도 감은 잡았을 겁니다. 하나님 나라가 임하면 모든 장애도 해결될 것이라고 말입니다. 일단 옳은 말입니다. 문제는 그런 생각과 믿음이 오늘 우리의 삶을 추동해가는 능력으로 자리하고 있느냐에 달려 있습니다. 그런 능력이 없다면 이런 믿음은 의미가 없습니다.

우선 장애문제를 우리가 얼마나 진지하게 생각하고 사는지를 보십시오. 나, 또는 우리 가족에게 장애인이 없으면 그것을 다행으로 여기고 그런 사태를 외면합니다. 장애가 추상으로 떨어진 겪입니다. 제가 1980년대 초 독일에서 신학을 공부할 때 경험한 것입니다. 곳곳에 장애인들이 많았습니다. 학생들이 사용하는 식당인 '멘자'에 두 팔이 없어서 발로 식사를 하는 장애우들도 거리낌 없이 들어왔습니다. 거리에도 장애인들이 많았습니다. 당시 한국에서는 공공장소에서 장애인들을 보기가 힘들었습니다. 독일에 특히 장애인이 많아서가 아니라 우리나라에서 장애인에게 대한 선입견이 커서 그들이 활동하기 어려웠기 때문이 아니었을까요?

지금 장애인 올림픽이라 할 수 있는 2012 런던 패럴림픽(Paralympics)이 열리고 있습니다. 8월 30일부터 9월 10일까지입니다. 이번 패럴림픽 개회식에 호킹이 참석했습니다. 그는 두 가지를 말했습니다. 첫째, 사람이 무엇인지에 대한 정답이 정해진 게 아니라 모든 사람이 각각 사람이다. 장애인과 비장애인의 차이가 없다는 뜻입니다. 둘째, 자신의 망가진 발만 보지 말고 하늘의 별을 보라. 우주의 차원에서는 장애인과 비장애인의 차이가 없습니다. 이런 세계관으로 세상과 사람을 본다면 무엇을 먼저 다루어야 할지 알게 될 것입니다. 예컨대 남북관계를 우호적으로 바꿔서 절약할 수 있는 10조원 정도를, 또는 4대강 사업에 들었던 22조원을 장애인의 생존을 위한 사업에 투자한다면 어떻겠습니까? 이건 그렇게 어려운 문제가 아닙니다. 형제들 중에서 장애가 있는 형제가 있다면 부모는 당연히 그 장애 아이를 우선적으로 생각할 겁니다.

장애 문제는 단순히 육체적인 장애만이 아니라 스스로 자기를 방어할 수 없는 모든 사람들의 문제입니다. 그들이 누군지를 여기서 제가 일일이 열거하지 않겠습니다. 지금 이 세상은 이사야의 외침과는 정반대로 가고 있다는 사실만 지적하는 것으로 충분합니다. 경쟁력만을 최고의 가치로 여깁니다. 그게 자본주의의 원리이기도 합니다. 이게 인간 본성에 더 어울리는 원리인지 모르겠습니다. 경쟁이 아니라 더불어 사는 공동의 삶을 추구했던 현실 사회주의인 공산주의는 실패한 실험으로 간주되고 있습니다. 경쟁력은 아주 매력적입니다. 거기서 성취감도 주어지고 돈도 주어집니다. 좋은 대학교를 나와 스펙을 쌓고 좋은 직장에 다니는, 그러면서도 성격도 원만하고 신앙이 좋은 사람이라면 교회에서 최고의 신랑감, 또는 신부감으로 인정받습니다.

그러나 우리는 성경으로부터 경쟁력이 전혀 없거나 현격히 떨어지는 사람들과 함께 어울려서 살아가야 한다는 명령을 듣습니다. 맹인의 눈이 밝을 것이며, 듣지 못하는 사람의 귀가 열릴 그 나라, 그 통치, 그 세계를 기다릴 뿐만 아니라 지금 우리가 살아가는 이 현실에서 강력하게 추구하라는 명령입니다. 우리는 그렇게 살아가고 있을까요? 실제로 그렇게 살아가는 게 지금처럼 재물보다 하나님을 더 섬기거나 양쪽을 적당하게 겸해서 섬기는 이 사회에서 가능할까요? 불가능에 가깝습니다. 이사야는 왜 불가능한 것을 선포한 것일까요? 이 불가능한 현실 앞에서 우리는 어떻게 살아야 할까요? 어려운 질문입니다.

앞에서 저는 맹인에 대한 이사야의 예언이 마태복음 11장 5절과 누가복음 7장 22절에서 인용되었다고 말씀드렸습니다. 예수님이 그리스도, 즉 구원자냐 하는 질문에 대한 대답이었습니다. 맹인이 보고 듣지 못하는 사람의 귀가 열리는 일은 현실에서 일어나지 않습니다. 예수님이 일부 장애인을 고치시기는 했지만 모든 장애인을 고친 것도 아닙니다. 인류 역사에서도 장애인은 여전히 그 장애를 안고 살아야만 했습니다. 장애가 없는 세상은 이사야의 선포가 이스라엘 역사에서 불가능했던 것처럼 불가능한 일입니다. 정신을 차리고 복음서를 읽어야 합니다. 복음서 기자들이 말하려는 요점은 이 불가능한 일이 예수 그리스도를 통해서 일어났다는 사실입니다. 그들은 예수 그리스도를 통해서 질적으로 새로운 세상이 시작되었다는 사실을 경험하고 선포한 것입니다. 오늘 우리도 그렇습니다. 그런 질적으로 새로운 세상에 대한 희망을, 그런 영적 상상력을 삶의 중심이 담고 있습니다. 다시 말씀드립니다. 맹인이 본다는 말은 전적으로, 질적으로 새로운 세상에 대한 표징입니다. 맹인이 보게 되었다는 사실 자체가 아니라 그들이 질적으로 새로운 생명을 얻었다는 사실이 중요합니다. 그런데 이사야는 복음서 기자들과 달리 예수 그리스도를 직접 경험하지 못했지만 묵시문학적 상상력 가운데서 그런 꿈을 꿀 수 있었습니다. 그 꿈이 복음서 기자들에게서 현실이 되었습니다. 그래서 그들은 이사야의 예언을 그대로 인용했습니다.

하나님의 대로(大路)

이사야 선지자의 이 예언은 골방에 앉아서 기도하다가 얻은 영적 경험이 아닙니다. 이 예언은 기원전 6세기에 있었던 이스라엘의 바벨론 포로 사건을 배경으로 합니다. 바벨론 제국에 의해서 이스라엘의 모든 것은 파괴되었습니다. 맹인이 되었고, 말을 하지 못하게 되었습니다. 광야와 사막과 메마른 땅이 되었습니다. 그들의 고국인 가나안은 사람이 살 수 없는 땅이 되고 말았습니다. 이스라엘 사람들은 사람 취급을 받을 수 없었습니다. 암담한 현실이었습니다. 모두가 절망할 수밖에 없었을 때 이사야는 그 모든 것이 새롭게 변한다는 사실을 내다볼 수 있었습니다. 그것을 그는 맹인이 보며…그리고 사막에서 시내가 흐를 것이라(사 35:6)고 묵시문학적 방식으로 표현했습니다.

이사야는 여기서 한걸음 더 나가서 '대로'를 말합니다. 거룩한 길인 이 대로는 다음과 같이 묘사됩니다. "깨끗하지 못한 자는 지나가지 못하겠고, 오직 구속함을 입은 자들을 위하여 있게 될 것이라. 우매한 행인은 그 길로 다니지 못할 것이며…"(사 35:8). 9절에서도 이렇게 말합니다. 거기에는 사자가 없고 사나운 짐승이 올라가지 않으며, 오직 구속함을 받은 자만 다닐 수 있다고 말입니다. 여기서 구속은 이스라엘 백성들이 바벨론 포로로부터 돌아오는 것을 가리킵니다. 10절 말씀을 보십시오. "여호와의 속량을 받은 자들이 돌아오되 노래하며 시온에 이르러 그들의 머리 위에 영영한 희락을 띠고 기쁨과 즐거움을 얻으리니 슬픔과 탄식이 사라지리라." 슬픔과 탄식이 사라지는 것은 곧 맹인의 눈이 밝아지며 듣지 못하는 사람의 귀가 열리는 것과 같습니다. 억눌린 자들, 자기를 방어할 수 없는 자들이 여호와의 도움으로 대로를 활개치며 다니게 될 것입니다. 이사야의 이런 예언, 이런 꿈, 이런 상상력은 인류 역사에서 실현될 수 있을까요? 이미 앞에서 말씀드린 것처럼 인간의 역사에서는 실현될 수 없습니다. 그렇다면 이런 말씀은 공허한 것일까요? 공허하다면 그것은 하나님의 말씀이 아닙니다.

'여호와의 속량함을 받은 자들'이라는 표현에 주목하십시오. 이사야는 현실이 얼마나 폭력적인지를 잘 알고 있었습니다. 자신들을 포로로 잡아간 바벨론 제국은 막강했습니다. 그리고 매력적이었습니다. 채찍과 당근을 적당하게 사용할 줄 아는 이데올로기이며, 국가 체제였습니다. 이사야는 자신들의 힘으로는 그 제국을 벗어날 수 없다는 현실을 알고 있었습니다. 지금 여러분이 경험하고 있는 세상도 마찬가지입니다. 슬픔과 탄식이 사라지지 않을 겁니다. 아무리 성실하고 착하게 살아도 두려운 상황은 없어지지 않습니다. 그렇지 않다고 생각하는 분들도 있을 겁니다. 지금 세상이 얼마나 좋은지 모르겠다고 말입니다. 걱정과 근심이 하나도 없다고 말입니다. 돈도 적당하게 있고, 건강도 괜찮고, 자식들도 잘 크고, 노후보장도 잘 되어 있다고 말입니다. 개인적으로 그런 운명을 누리며 사는 건 좋습니다. 그러나 조금만 눈을 옆으로 돌리면 이사야 시대처럼 맹인, 광야, 사막, 포로와 같은 운명을 사는 사람이 많다는 것을 알게 될 것입니다. 보십시오. 이사야는 여호와께서 우리를 속량하셨다고 외칩니다. 속량은 노예를 다시 돈 주고 원상회복 시키는 것을 가리킵니다. 창조주이신 여호와께서 그 일을 하십니다. 그분이 대로를 내셨습니다. 놀라운 영적 상상력입니다.

이사야의 영적 상상력은 예수 그리스도를 통해서 오늘 우리에게 현실이 되었습니다. 여호와께서는 예수 그리스도를 통해서 우리의 죄를 용서해 주셨습니다. 우리를 속량하셨습니다. 우리를 자기 연민으로부터 구하셨습니다. 이 세상의 업적과 종교적 업적이라는 부담감을, 그 채무를 변제해 주셨습니다. 그것을 어떻게 알 수 있는지, 그 근거가 무엇인지 궁금하신가요? 또는 믿기 힘들다는 생각도 듭니까? 저는 그 대답을 매주일 설교 때마다 말씀드렸습니다. 그래도 믿어지지 않는다면 기독교 신앙을 초보부터 다시 배워야 합니다. 그 사실을 믿기는 하지만 여전히 슬픔과 탄식이 사라지지 않았나요? 노래와 희락과 기쁨과 즐거움의 세계로 들어가지 못했나요? 그런 분들도 기독교 신앙을 초보부터 다시 배워야 합니다.

사랑하는 성도 여러분, 이사야의 영적 상상력은 예수 그리스도를 통해서 우리 삶의 현실이 되었습니다. 여러분은 예수 그리스도를 통해서 질적으로 전혀 새로운 세상을 경험하게 될 것입니다. 맹인이 볼 것이며, 사막에 시내가 흐르는 세상입니다. 속량 받은 사람이 하나님의 거룩한 대로를 노래하면서 걷게 되는 세상입니다. 기쁨과 즐거움을 얻고 슬픔과 탄식이 사라질 것입니다. 그런 새로운 세상이 궁극적으로는 미래의 사건일 뿐만 아니라 은폐의 방식으로는 지금 여기서 현실이 되었습니다. 예수 그리스도를 통해서 속량 받은 사람들에게!

창조절 셋째 주일
마가복음 8:27-38
2012년 9월 16일

사탄의 유혹

오늘 설교 제목인 '사탄의 유혹'이라는 표현은 자극적으로 보입니다. 사탄이라는 단어도 그렇고 유혹이라는 단어도 기분 좋게 들리지는 않습니다. 이 세상은 하나님과 사탄이 싸우는 전쟁터라는 느낌도 듭니다. 자신이 사탄의 지배에 놓인 건 아닌가 하는 염려를 할 수도 있습니다. 성경에는 사탄에 대한 이야기가 종종 나옵니다. 구약과 신약에서 각각 한 군데 씩만 말씀드리면 다음과 같습니다.

욥기에는 사탄이 하나님과 나누는 대화가 나옵니다. 하나님께서 욥을 칭찬하자 사탄은 그 말을 비판합니다. 욥이 다른 사람보다 더 행복하게 사니까 하나님을 경외한다는 주장입니다. 사탄은 욥을 시험해도 좋다는 허락을 하나님께로 받고 욥의 삶을 파괴합니다. 여기서 사탄은 사람의 운명을 불행에 빠뜨리고 시험하고 유혹하는 존재로 등장합니다. 그러나 그는 주도적으로 그 일을 하지는 못합니다. 하나님께로부터 허락을 받아야 합니다. 마태복음과 누가복음에는 예수님이 사탄에게 시험을 받으셨다는 이야기가 나옵니다. 그 시험은 유혹이기도 합니다. '네가 하나님의 아들이라는 게 분명하다면…를 시도해 보라'는 투였습니다.

예수님을 그 유혹을 거부하셨습니다. 도대체 성경이 말하는 사탄은 무엇, 혹은 누구일까요? 사탄이 실제로 존재하는 걸까요? 아니면 사람의 마음에서 나오는 악한 생각에 불과한 것일까요?

오늘의 본문인 마가복음 8장 33절에는 예수님이 베드로를 향해서 "사탄아, 내 뒤로 물러가라"고 말씀하시는 대목이 나옵니다. 예수님이 이런 말씀을 하시게 된 배경은 다음과 같습니다. 예수님은 제자들과 함께 길을 가다가 이렇게 물었습니다. "사람들이 나를 누구라고 하느냐?" (막 8:27) 예수님이 이렇게 질문한 이유는 예수님의 운명에 전환점이 왔기 때문입니다. 그 전환점은 예루살렘에 들어가서 결국 죽게 된다는 사실입니다. 제자들은 자기들이 시중에서 들었던 이야기를 그대로 전달했습니다. 사람들은 예수님을 세례 요한의 환생이라고 하고, 또는 엘리야나 선지자 중의 하나라고도 생각했습니다. 세례 요한은 헤롯을 비판하다가 죽었습니다. 이게 선지자의 일반적인 운명이었습니다. 엘리야는 초자연적인 능력을 많이 행한 선지자로 알려져 있습니다. 마지막에는 불수레를 타고 승천했다는 전설까지 있습니다. 그러나 엘리야도 아합왕과 이세벨 왕비에 의해서 고난을 많이 당했습니다. 오죽했으면 차라리 죽여 달라고 하나님께 부르짖었겠습니까. 예수님은 제자들에게 묻습니다. "너희는 나를 누구라 하느냐?"(막 8:29) 베드로는 늘 그렇듯이 앞에 나서서 대답합니다. "주는 그리스도시니이다." 그리스도라는 말은 선지자라는 말과 완전히 다릅니다. 선지자는 혁명가이지만 그리스도는 구원자입니다. 선지자는 역사를 변혁하지만 그리스도는 역사를 완성합니다. 선지자는 의를 위해서 고난 받지만 그리스도는 강력한 능력으로 의를 실현합니다. 베드로를 비롯해서 제자들은 예수님을 단순히 선지자로 본 게 아니라 그리스도로 믿었습니다. 그리고 그것은 초기 기독교의 신앙고백이기도 합니다.

베드로의 대답을 들으신 예수님은 이 사실을 사람들에게 발설하지 말라고 경고하셨습니다. 이게 좀 이상하게 들릴 겁니다. 그리스도라는 사실은 가능한 널리 알려야 합니다. 그래야 사람들이 예수님을 믿고 따르게 될 것입니다. 예수님은 왜 입단속을 시키셨을까요. 요즘 어떤 정치인처럼 신비주의 전략인가요? 그럴 리가 있겠습니까. 신학자들은 이 사실을 가리켜 '메시아 비밀'이라고 설명합니다. 예수의 메시아(그리스도)성은 은폐된 것이라는 뜻입니다. 예수의 메시아성은 아무리 설명해도 이해가 되지 않습니다. 당시 최고의 종교 엘리트들인 바리새인, 서기관, 대제사장들이 예수님을 거부한 이유도 바로 이 메시아 비밀에 있습니다. 제자들도 그 사실을 몰랐습니다. 베드로의 그리스도 운운은 사실 자기도 잘 모르고 한 이야기입니다. 그 뒤로 이어지는 이야기를 보면 이를 확인할 수 있습니다.

고난과 죽음과 부활 예고

마가복음 8장 31절에 따르면 예수님은 제자들에게 이렇게 말씀하셨습니다. "인자가 많은 고난을 받고 장로들과 대제사장들과 서기관들에게 버린 바 되어 죽임을 당하고 사흘 만에 살아 나야" 한다고 말입니다. 여기서 인자는 종말에 세상에 와서 전권으로 심판할 자를 가리키는 용어입니다. 초기 기독교는 그 인자를 예수와 일치한다고 보았습니다. 예수님은 당신의 고난, 죽음, 그리고 부활을 예고하신 겁니다. 예수님이 이 말씀을 들은 베드로는 항변했다고 합니다. 그게 좀 이해하기 어렵습니다. 부활까지 거부했다는 뜻으로 들립니다. 그게 아닙니다. 당시는 부활이라는 말을 실질적인 것으로 받아들이지 않았습니다. 부활은 먼 미래의 일이었을 뿐입니다. 예수님의 말씀은 곧 그리스도이신 당신이 고난받고 죽는다는 사실에 포커스가 있습니다. 베드로의 입장에서는 그것을 받아들일 수 없었습니다. 예수님이 단순히 세례 요한이나 선지자 중 하나라고 한다면 고난과 죽음이 당연하지만 그리스도시라면 그런 일은 일어날 수 없습니다. 고난과 죽음에 대한 예수님의 발언은 예수님이 그리스도라는 사실을 부정하는 것으로 들렸습니다. 베드로의 항변은 당연한 것입니다.

예수님은 거기 모였던 제자들 앞에서 베드로를 공개적으로 책망했습니다. 그 책망은 제자들 모두에게 해당될 뿐만 아니라 초기 기독교 구성원들도 포함됩니다. "사탄아, 내 뒤로 물러가라 네가 하나님의 일을 생각하지 아니하고 도리어 사람의 일을 생각하는도다"(막 8:33). 설교 앞부분에서 사탄이 누구, 또는 무엇인가 하고 질문했습니다. 여기서 그 대답을 찾을 수 있습니다. 하나님의 일을 생각하지 않고 사람의 일을 생각하게 하는 어떤 세력을 가리킵니다. 여기서 사람의 일은 무조건 나쁜 게 아닙니다. 그걸 우리는 상식이라고 말할 수도 있습니다. 베드로는 당시의 상식으로 항변했을 뿐입니다. 메시아는 고난과 죽음이 아니라 영광을 받아야 한다고 말입니다. 지금도 우리는 그런 상식으로 살아가고 있습니다. 그게 세상이 요구하는 메시아니즘입니다. 일종의 승리주의입니다. 그것이 사람의 일이고, 일리가 있는 주장입니다. 이 척박한 세상 속에서 누구나 승리자가 되기를 바랍니다. 누구나 앞서기를 원합니다. 그걸 부정하고는 이 세상에서 버텨내기가 힘듭니다. 그러나 오늘 예수님의 말씀에 따르면 그것은 하나님의 일이 아니라 사람의 일입니다. 그런 생각에 묶여 있게 하는 이념이나 체제가 곧 사탄입니다. 지금 우리는 이런 사탄의 유혹과 그 지배를 받고 있는 건 아닐까요? 그 사탄의 목소리를 하나님의 말씀으로 착각하고 있는 건 아닐까요? 베드로처럼 말입니다.

이런 말씀이 지나치다거나 비현실적이라고 생각하는 분들도 계실 겁니다. 예수를 믿어도 먹고 살아야 하고, 자식도 키워야 하고, 가능하면 세상에서 승리하는 게 좋지 않느냐고 말입니다. 예수쟁이들은 늘 고난과 죽음을 각오하는 비장한 태도로 살아야 하느냐고 말입니다. 몇몇 선지자 같은 사람에게는 그런 삶이 가능할지 모르지만 이 세속의 악한 힘과 투쟁하면서 살아야 할 평신도들에게는 너무 지나친 요구가 아니냐고 말입니다. 옳은 말씀입니다. 우리는 선지자도, 메시아도 아닙니다. 선지자의 역할을 할 수도 없고, 메시아의 일은 더더욱 불가능합니다. 지금 예수님의 말씀은 당신 자신에 대한 것입니다. 메시아 비밀을 오해하지 말라는 것입니다. 더 구체적으로 예수님의 십자가 처형을 오해하지 말라는 뜻입니다.

당시에 십자가에 처형당한 자를 그리스도로 믿는다는 것은 불가능한 일이었습니다. 바울이 지적했듯이 십자가의 죽음은 유대인들에게 거리낌의 대상이었고, 이방인에게도 미련한 것이었습니다(고전 1:23). 십자가 처형은 일종의 반역자에 대한 징벌이었습니다. 만천하에 공개해서 일벌백계의 교훈을 주기 위한 정치, 군사적 형벌이었습니다. 예수님은 이런 십자가에 처형당했습니다. 이를 목도한 제자들과 그에 포함된 이들이 얼마나 당혹스러워 했을지는 불문가지입니다. 이것은 예수 스스로도 감당하지 힘든 상황이었습니다. 그래서 예수님은 십자가 위에서 '하나님, 왜 나를 버리십니까?' 하고 외치기까지 하셨습니다. 그렇습니다. 십자가에 처형당한 자가 그리스도라는 사실은 인류 역사에서 예수님에게만 해당되었습니다. 그 사실을 제자들은 초기에 깨닫지 못했다가 훗날 예수님의 부활을 경험하고서야 깨닫게 되었습니다

온 천하와 생명 구원

'사탄아'라는 말씀은 더 나가서 구원을 오해하지 말라는 뜻입니다. 당시 사람들은 메시아가 하나님의 백성들을 정치적으로 구원할 것이라고 기대했습니다. 그런데 예수님은 무기력하게 정치적인 죽음인 십자가에 처형당했습니다. 예수님은 정치적인 구원을 이루지 못했습니다. 그런 부분에서는 오히려 실패한 것입니다. 무슨 말씀인가요? 예수님에게서 이게 구원의 의미가 새로워졌습니다. 그걸 제자들은 여전히 모르고 있었습니다. 36절 말씀을 보십시오. "사람이 만일 온 천하를 얻고도 자기 목숨을 잃으면 무엇이 유익하리요." 정치는 온 천하를 얻는 것입니다. 앞으로 12월에 있을 대한민국의 대통령 선거도 온 천하를 얻으려는

싸움입니다. 선한 정치도 있고, 악한 정치도 있으니 모든 정치인들을 싸잡아 매도할 수는 없습니다. 그러나 궁극적으로는 어떤 정치든지 천하를 얻는 노력입니다. 그런 노력은 우리가 두 발을 땅에 딛고 사는 한 필요합니다. 경제민주화를 실질적으로 이룰 정치인이 필요합니다. 그래야 빈익빈부익부 현상을 실제로 줄여나갈 수 있습니다. 파이를 무조건 키워야 한다는 주장과 파이를 나누는 일을 겸해야 한다는 주장에는 분명히 차이가 있습니다. 그러나 어떤 방식이든지 온 천하를 얻는다고 해도 그것으로 인간이 구원받는 것은 아닙니다. 민주주의와 복지제도가 가장 앞섰다는 북유럽을 보십시오. 상대적으로 행복할 겁니다. 그러나 완전한 행복은 불가능합니다. 대한민국은 상황이 더 어렵습니다. 세계 10위권의 경제력을 자랑하지만 OECD 국가 중에서 자살률이 가장 높습니다. 그런 극단적인 현상이 아니라 하더라도 지금 우리의 삶을 들여다보면 온 천하를 얻는 길이 구원에 이르는 길이 아니라는 사실을 확인할 수 있습니다.

온 천하를 얻는 방식이 아니라면 어떻게 목숨을, 즉 구원을 얻을 수 있겠습니까? 그 답은 이미 여러분이 알고 있습니다. 하나님께서는 예수 그리스도를 통해서 구원을 선물로 주셨습니다. 그것이 복음서를 비롯해서 신약성서 전체가 증언하고 있는 대답입니다. 그게 어떻게 가능한지 이해할 수 없다거나 실감이 가지 않는다고 생각하는 분들도 있을 겁니다. 잘 들으십시오. 십자가에 처형당한 분이 우리에게 생명을 준다는 사실은 여전히 비밀입니다. 그 비밀 안으로 들어가는 게 기독교 신앙이고 영성입니다. 이런 신앙은 광신, 맹신, 미신이 아닙니다. 주술도 아니고 자기 확신도 아닙니다. 세상을 이성적으로 정확하게 뚫어본 이들의 의지이며, 결단이며, 선택이고, 믿음이며, 신뢰이고, 더 나가서 모험입니다. 지난 기독교 2천 년 역사에서 수많은 사람들이 그런 삶을 선택했고, 지금 우리도 그런 기독교 신앙의 역사에서 살아갑니다.

사탄의 유혹이 무엇인지 전달이 되었지요? 하나님이 행하신 구원의 신비와 그 놀라운 섭리를 외면하고 사람의 일만 생각하게 하는 것입니다. 그런 유혹에 빠진 사람은 자기 스스로 목숨을 구하려고, 즉 온 천하를 얻으려고 평생 애를 씁니다. 때로는 거칠게, 때로는 세련되게 매달립니다. 그런 일에 점점 더 예속될 뿐입니다.

    사랑하는 성도 여러분, 하나님께서 행하신 예수 그리스도 사건에 더 집중하십시오. 그것을 종교적 정보로만이 아니라 실제 삶의 능력으로 받아들여야 합니다. 그게 억지로는 되지 않을 겁니다. 사탄의 유혹이 일상적으로 우리의 영적인 삶을 훼방하기 때문입니다. 그렇다면 사탄을 어떻게 대적할 수 있을까요? 제가 직접 도와드릴 수는 없습니다. 저에게도 힘이 부치는 일입니다. 다만 다음과 같은 진솔한 기도가 최선이라는 말씀을 드립니다. "성령이여, 우리를 도와주십시오."

창조절 넷째 주일
예레미야 11:18-23
2012년 9월 23일

예레미야의 탄원 기도

여러분은 예레미야 선지자에 대해서 어느 정도로 알고 계신가요? 그리고 왜 그를 알아야만 할까요? 예레미야는 오늘 우리와 아주 거리가 먼 사람이긴 합니다. 기원전 627년부터 587년 이후 몇 년까지 대략 40년 동안 유대에서 선지자로 활동한 사람입니다. 시간적으로나 공간적으로 우리와 너무 멀리 떨어진 사람이지만 예레미야는 우리와 똑같이 하나님을 믿던 사람이었습니다. 그의 영적 경험을 통해서 오늘 우리의 영적 상황을 돌아볼 수 있습니다.

바로 위에서 말씀드린 기원전 587년은 예레미야를 이해하는데, 더 나가서 구약성경 전체를 이해하는 데 가장 중요한 사건이 벌어진 해입니다. 유대가 바벨론에 의해서 멸망당한 해입니다. 이로 인해서 다윗 왕조의 대가 끊어진 것만이 아니라 하나님의 백성인 이스라엘 전체의 운명이 끝장난 것입니다. 그에 앞서 기원전 721년에는 형제 나라인 북이스라엘이 앗시리아에 의해서 멸망당했습니다. 남유대는 앗시리아에 조공을 바치는 대가로 멸망만은 면했습니다. 백년 가까운 세월이 흐른 뒤에 남유대는 신흥제국 바벨론의 위협을 받게 되었습니다. 격변기에 나름으로 개혁운동을 잘 펼치던 요시아왕은 기원전 609년에 전쟁터에서 죽습니다. 그 이후로 유대는 점점 더 어려운 처지로 빠져들었습니다. 유대의 마지막 왕 시드기야의 잘못된 외교정책으로 바벨론과의 관계가 최악으로 치달았습니다.

결국 기원전 588년부터 유대의 수도이면서 다윗 궁과 성전이 있던 예루살렘은 바벨론 군에게 포위당했습니다. 시드기야왕은 밀사를 애굽에 보내서 지원군을 요청했습니다. 지원군이 온다는 소식이 들렸습니다. 이제 시드기야를 비롯해서 백성들은 바벨론 군을 물리칠 수 있다는 희망에 젖었습니다. 그러나 애굽 군은 오지 않았고, 그렇게 1년을 버티다가 기원전 587년 7월에 천연 요새였던 예루살렘이 함락 당했습니다. 시드기야왕은 알몸으로 야반도주를 했으나 결국 체포당했습니다. 시드기야 면전에서 아들이 처형당했고, 시드기야는 눈이 뽑힌 채 바벨론으로 잡혀갔습니다. 한 달 후에 바벨론 왕 느부갓네살 친위대장 느부사라단이 예루살렘을 불바다로 만들었습니다. 다윗 궁과 성전은 말할 것도 없고 도시 전체가 쑥대밭이 되어 더 이상 사람이 살 수 없는 도시가 되었습니다. 처참한 일이었습니다. 예레미야에 나오는 이야기입니다.

그 뒤로 5년의 세월이 흘렀습니다. 기원전 582년에 느부갓네살 국왕은 유대 지역에 3차 추방 명령을 내립니다. 1차는 기원전 597년이었고, 2차는 바로 앞에서 말씀드린 587년이었습니다. 3차 추방 명령을 내린 이유는 유대에서 일어난 소요 사태에 대한 책임을 묻기 위한 것이었습니다. 바벨론은 유대를 함락한 뒤에 유대의 귀족 중에 한 사람인 게달리아를 총독으로 임명해서 식민 통치를 했습니다. 게갈리아는 시드기야왕 시절에 총리대신을 지낸 인물입니다. 그는 예레미야를 어려움 가운데서 구해준 아히감(렘 26:24)의 아들입니다. 게달리야는 피식민지 백성으로 전락한 백성들을 도와서 무언가를 이뤄보려고 노력했지만 실패했습니다. 오히려 자기 민족에 의해서 반역자로 몰렸고, 함께 한 사람들과 함께 학살당했습니다. 느부갓네살은 이를 문책하려고 추방 명령을 내린 것입니다. 그 뒤로 유대는 완전히 붕괴되고 말았습니다.

예레미야는 이런 일련의 사건들이 일어난 현장에서 선지자로 활동했습니다. 그의 심정이 어떠했을지 상상이 갑니다. 하나님의 백성이 이방인들에게 모멸을 당한다는 사실을 받아들이기가 어려웠습니다. 이런 상황에서 하나님의 말씀을 어떻게 전해야 했을까요? 아무리 정세가 어두워도 하나님이 특별한 능력으로 구원하실 테니까 두려워하지 말라고 전해야 했을까요? 민중들은 모두 그런 소식을 듣고 싶어 했습니다. 그런 메시지를 선포한 선지자들도 많았습니다. 대표적으로는 하나냐 선지자입니다. 그의 말씀 선포가 어땠는지 들어보십시오. "만군의 여호와 이스라엘의 하나님이 이같이 일러 말씀하시기를 내가 바벨론의 왕의 멍에를 꺾었느니라. 내가 바벨론의 왕 느부갓네살이 이곳에서 빼앗아 바벨론으로 옮겨간 여호와의 성전 모든 기구를 이 년 안에 다시 이곳으로 되돌려 오리라"(렘 28:2, 3). 어떻습니까? 신앙이 아주 깊은 설교처럼 들립니다. 민중들의 귀를 솔깃하게 할 만한 메시지입니다. 예레미야는 하나냐의 신탁이 틀렸다고 비판합니다. 하나냐가 예언한 일들이 일어나기 전에 민족 전체가 큰 고통을 당할 것이며, 바벨론의 지배를 받게 될 것이라고 말입니다. 당시 시드기야왕을 비롯해서 귀족들과 백성들은 하나냐의 말에 더 귀를 기울였습니다. 예레미야는 옥에 갇혀서 죽음의 위험을 맞기도 했습니다.

예레미야는 마지막까지 백성들, 대중들, 민중들과 불화했습니다. 이게 참으로 어려운 문제입니다. 요즘 한국사회의 화두는 소통이라고 합니다. 정치, 경제, 교육에서 모두 소통 문제를 거론합니다. 그런 말이 나오게 되는 배경도 이해할만 합니다. 현직 대통령이 소통에 너무 서툴다는 걸 절감했기 때문입니다. 그러나 소통이 무조건 선한 것도 아닙니다. 소통은 자칫 포퓰리즘으로 빠질 수 있습니다. 아무리 좋은 제도와 태도라고 하더라도 그걸 대하는 사람에 따라서 의미는 완전히 달라집니다. 예레미야는 겉으로만 보면 대중과의 소통을 하지 못하는 사람이었습니다. 대중들이 원하는 것을 말하지 않고 오히려 원하지 않는 것을 말했습니다. 그는 끝까지 고독하게 하나님과의 소통에 집중하다가 자기의 삶을 마쳤습니다. 오늘 본문으로 읽은 예레미야 11장 18-23절도 예레미야의 이런 전체적인 운명을 배경으로 읽어야 합니다.

아나돗 사람들

오늘 본문에서 예레미야는 하나님께 탄원기도를 올리고 있습니다. 탄원기도는 억울한 일을 당한 사람이 하나님께 하소연하면서 어떻게 좀 해결해달라고 하는 것입니다. 시편에 자주 등장하는 기도입니다. 19절에 의하면 예레미야를 핍박하는 사람들이 나옵니다. 그들은 이렇게 음모를 꾸몄습니다. "우리가 그 나무와 열매를 함께 박멸하자. 그를 살아 있는 자의 땅에서 끊어서 그의 이름이 다시 기억되지 못하게 하자." 예레미야의 모든 말과 행동과 삶을 모두 파괴하는 말입니다. 감옥에 넣으려고 했을까요? 아니면 살해하려고 했을까요? 아니면 네거티브 소문을 퍼뜨려서 완전히 매장시키려고 했을까요? 예레미야는 이 사실을 전혀 모르고 있었습니다. 마치 도살장에 도살당하러 가는 순한 어린 양과 같았다고 합니다. 그는 자신의 순전한 마음만 믿고 있었을 겁니다. 그는 어떤 정치적 목적을 이루려고 하지 않았습니다. 명예를 얻으려고 한 것도 아닙니다. 오직 하나님으로부터 받은 신탁을 전하기만 했습니다.

그런데 사람들로부터 전혀 예상하지 못한 일을 당한 겁니다. 뒤통수를 맞은 거나 마찬가지입니다. 그래서 그는 하나님께 탄원기도를 드리는 중입니다. "만군의 여호와여, 나의 원통함을 주께 아뢰었사오니 그들에게 대한 주의 보복을 내가 보리이다"(렘 11:20). 그가 오죽했으면 복수해 달라고 기도했겠습니까? 이런 구절을 오해하면 곤란합니다. 억울한 일이 있으면 하나님께 보복의 기도를 드려도 되는구나 하고 말입니다. 시편에도 이런 구절은 제법 나옵니다. 지금 예레미야는 자기의 보복이 아니라 '주의 보복'이라고 했습니다. 자기의 징벌이 아니라 하나님의 징벌을 말하는 겁니다. 그게 그거 아니냐고 생각할 수도 있지만, 아닙니다. 시편 기자들과 예레미야는 하나님의 의에 집중하고 있습니다. 자기가 억울한 일을 당한 것은 분명하지만 그것은 바로 하나님의 의가 손상당한 것이었습니다. 그래서 자신이 직접 나서서 보복하려고 하지 않습니다. 하나님의 보복을 기도합니다. 하나님이 보복하지 않으신다면 자기의 기도가 잘못된 것이 드러납니다. 보복하신다면 옳았다는 게 드러납니다. 그들은 자신의 선택을 철저하게 하나님의 손에 맡겼습니다. 이게 탄원기도를 드리는 이들의 영적 경지입니다.

예레미야의 탄원기도에 하나님이 응답하십니다. 이 응답의 말씀에서 예레미야가 당한 어려움이 무엇인지 더 정확하게 나옵니다. 아나돗 사람들이 예레미야를 죽이려고 했습니다. 그들은 예레미야에게 이렇게 말했습니다. "너는 여호와의 이름으로 예언하지 말라. 두렵건대 우리 손에 죽을까 하노라"(렘 11:21). 아나돗은 예레미야의 고향입니다. 예레미야 1장 1절에 따르면 예레미야는 아나돗에서 활동하던 제사장 힐기야의 아들입니다. 고향 사람들이 예레미야를 죽이려고 작정했습니다. 예레미야에게 더 이상 예언하지 말라고 위협했습니다. 예수님도 고향에서 인정받지 못했고, 어떤 경우에는 돌에 맞을 뻔한 적도 있습니다. 이게 예언자들의 운명입니다. 아나돗 사람들이 왜 예레미야에게 예언을 하지 못하도록 위협을 가했는지는 본문에 구체적으로 나오지 않지만 예레미야서 전체를 통해서 보면 답이 나옵니다. 제가 이미 앞에서 언급한 내용입니다.

예레미야는 유대 사람들이 원하는 말씀을 전하지 않고 오히려 기분 나쁜 말씀을 전했습니다. 바벨론에 의해서 망한다는 말을 듣고 기분 좋을 유대 사람은 없습니다. 예레미야에 대한 소문이 점점 험악해졌습니다. 바벨론의 간첩이 아닌가 하는 오해도 받을 수 있는 상황입니다. 고향 사람들은 예레미야를 아무리 보호해주고 싶어도 그럴 수 없었습니다. 자칫하다가는 자기들에게까지 불이익이 올 수 있습니다. 그래서 그들은 예레미야에게 침묵의 형벌을 가한 것입니다. 이는 마치 종교개혁

당시 교황청이 종교재판을 통해서 루터에게 내린 분서갱유 처벌과 비슷합니다. 그가 하나님의 징벌 운운하는 탄원기도를 드리지 않을 수 없는 상황이었습니다.

지금부터 2천6백 년 전 유대에서 한 선지자로 살던 예레미야의 운명이 도대체 21세기를 살고 있는 대한민국 사람에게 무슨 의미가 있는 것일까요? 예레미야의 영적 실존을 보십시오. 예레미야는 여호와의 이름으로 예언하면 죽을지 모른다는 두려움에 빠졌습니다. 아주 실질적인 위협이었습니다. 이런 두려움과 위협은 지난 2천 년 기독교 역사에서 반복되었습니다. 로마 정권 아래서 많은 기독교인들이 순교를 당했습니다. 오지 선교에 나선 이들도 순교당한 일이 많습니다. 20세기 나치 정권이나 공산당 정권 아래서도 이런 순교가 있었습니다. 그러나 이제는 아주 특별한 경우가 아니면 기독교인들에게 이런 두려움은 관계가 없습니다. 지금 우리도 예수 믿으면서 세상을 살아가는게 별로 불편한 걸 느끼지 못합니다. '나의 원통함' 운운하는 예레미야의 탄원을 실감하지 못합니다. 왜 그럴까요? 세상이 좋아진 탓일까요? 세상 사람들의 이해심이 넓어진 탓일까요?

제가 보기에 다음의 두 가지 경우 중에 하나입니다. 첫째, 우리가 실제로 하나님 말씀에 근거해서 살지 않는다. 둘째, 세상이 기독교의 복음에 대해서 완전히 관심이 없다. 이 두 가지는 서로 맞물려 있습니다. 오늘 우리는 예레미야처럼 민중들이 듣기 싫어하는 말씀을 전하지 않으며 사는데 익숙하다는 겁니다. 여호와의 이름으로 예언하는 일을 포기한 것입니다. 하나님 나라와 그 정의를, 그 평화를 외치지 않습니다. 우리의 자본주의 체제가 얼마나 불의한지 말하지 않습니다. 남북 화해와 통일에 대해서 적극적으로 외치지 않습니다. 불편한 진실을 적당하게 외면합니다. 그래서 세상은 우리를 위협하지 않고 그냥 내버려둡니다. 이것은 하나님을 믿는 사람들에게 불행입니다. 영적으로 잠들었다, 혹은 죽었다는 의미이니까요.

예레미야가 경험한 세상과의 충돌은 하나님의 말씀을 정직하게 전하던 거의 모든 선지자들에게서 일어난 일입니다. 교회의 역사도 그런 과정이었습니다. 그것의 극단은 예수님의 십자가입니다. 예수님의 십자가는 세상과의 불화를 가리킵니다. 그 불화의 결과가 십자가 처형이었습니다. 예수님은 죽음의 위협 가운데서 예레미야처럼 '주의 보복'을 탄원하지는 않으셨습니다. 왜 '나를 버리십니까?' 하는 호소를 하셨을 뿐입니다. 하나님은 예레미야의 경우와는 전혀 다른 방식으로 예수님의 호소에 응답하셨습니다. 거기에서 구원의 길이 열렸습니다. 이 사실을 온전히 믿으십니까? 그렇다면 세상과의 불화를 두려워하지 마십시오. 두렵기는 하겠지만 회피하지는 마십시오. 하나님께서 당신의 고유한 능력으로 여러분을 도우십니다. 아멘.

창조절 다섯째 주일
마가복음 9:42-50
2012년 9월 30일

제자 공동체의 위기

오늘의 본문인 마가복음 9장 42-50절에는 자극적인 단어들이 많이 나옵니다. 가장 자극적인 단어는 '지옥'입니다. 그 단어가 43절, 45절, 47절에 각각 나옵니다. 세 구절의 문장 형식은 비슷합니다. 43절은 손이 죄를 범하는 것에 대한 이야기입니다. 손이 죄를 범하면 손을 찍어버리라고 합니다. 손이 없는 장애인으로 영생에 들어가는 것이 손이 멀쩡한 상태로 지옥에 들어가는 것보다 낫다는 것입니다. 45절은 발에 대한 이야기입니다. 죄를 범하는 발을 찍어버리는 게 좋습니다. 두 발을 지닌 채 지옥에 들어가는 것보다는 장애인으로 영생에 들어가는 것이 낫기 때문입니다. 47절에서는 눈이 죄를 범하면 빼어버리라고 합니다. 두 눈을 지닌 채 지옥에 들어가는 것보다는 시각 장애인으로 하나님 나라에 들어가는 것이 낫기 때문입니다.

지옥

지옥이 무엇일까요? 어디일까요? 많은 사람들이 지옥을 죽은 다음에 심판을 받은 사람들이 가게 될 곳으로 여깁니다. 성경에 그렇게 묘사되기 때문입니다. 오늘 본문에 따르면 지옥은 '꺼지지 않는 불'(막 9:43)이고, 구더기도 죽지 않는 곳(막 9:48)입니다. 상상해 보십시오. 죽은 뒤에 불구덩이나 구더기 더미에서 영원히 살아야 한다면 끔찍한 일입니다. 고대인들이 지옥을 그렇게 본 것은 이상한 게 아닙니다. 그러나 오늘 우리는 지옥 개념을 좀더 정확하게 이해해야 합니다. 본문이 말하는 지옥이라는 단어는 헬라어 성경에 나오는 '게헨나'를 번역한 것입니다. 마틴 루터도 게헨나를 H¨olle(지옥)라고 번역했습니다. 지옥으로 번역된 게헨나는 원래 예루살렘 성벽 남쪽의 골짜기를 가리킵니다(수 15:8; 18:16). 아하스와 므낫세왕 시대에 사람들은 그곳에서 몰록 신에게 자녀들을 희생제물로 바치고 딸들을 '불속으로 집어넣었다'(왕하 23:10)고 했습니다. 예레미야 선지자는 이곳을 저주했습니다(렘 7:32). 묵시적인 유대교에서는 마지막 때 심판이 '저주 받은 골짜기'(에티오피아 에녹서 27:1)에서 행해지고 지옥의 불이 타오를 것이라고 보았습니다.

어떤 분들은 이런 지옥 표상을 사실적인 것으로 주장합니다. 그렇게 설교하는 설교자들도 제법 있습니다. 지옥 불에 영원히 고통당하고, 구더기에 파묻혀 지내지 않으려면 예수 잘 믿어야 한다고 위협적으로 말합니다. 청중들은 그런 설교에 두려움을 느낍니다. 죽음과 심판에 대해서 냉소적으로 생각하는 것도 문제지만 지옥에 대한 공포심에 빠지는 것도 잘못입니다. 이런 공포심은 마치 아버지께 잘못을 하면 밤중에 쫓겨나서 집밖에서 벌벌 떠는 어린아이의 심리와 비슷합니다. 이런 지옥 표상은 성서적인 것이 아니라 심리적인 것입니다. 보십시오. 죽은 사람은 불과 구더기로 고통당하지 않습니다. 우리 머리카락을 잘라서 불에 태워보십시오. 뜨겁습니까? 우리가 죽으면 아무리 잘 보존시킨다고 해도 우리 몸을 박테리아가 먹고 맙니다. 시체가 썩는 현상은 바로 그것을 가리킵니다. 더 근본적인 것은 다음의 사실입니다. 이 세상을 창조하신 하나님이 어떤 한 사람의 운명을 영원한 불과 구더기에 몰아넣는다는 것은 말이 되지 않습니다. 그렇다면 지옥이 없다는 말이냐고 이상하게 생각하시겠지요. 그런 말씀이 아닙니다. 지옥은 어떤 궁극적인 상태를 가리키는 메타포입니다. 하나님 없는 상태가 그것입니다. 아무리 화려한 삶의 조건을 갖추었다고 해도 하나님이 없으면 바로 그곳이 지옥입니다. 그래서 루터는 예수님이 지옥에 계시다면 자신은 지옥을 선택하겠다고 말했습니다.

유혹

예수님은 왜 지옥에 대한 말씀을 하신 걸까요? 이렇게 자극적인 표현을 할 수밖에 없는 어떤 사정이 있었을까요? 본문의 중심 주제는 유혹에 대한 이야기입니다. 유혹은 사람에게 죄와 불행에 빠지게 하는 일을 가리킵니다. 예컨대 에덴동산 설화에 나오는 뱀과 이브 이야기가 그것입니다. 뱀은 이브로 하여금 선악과를 따먹게 유혹합니다. 그 결과로 인류 조상인 이브와 아담은 에덴동산에서 쫓겨났습니다. 그리고 고통과 싸움과 불행이 있는 이 세상에서 살게 되었습니다. 유혹의 출발은 단순했지만 그 결과는 끔찍했습니다. 헬라 신화에 나오는 판도라 이야기도 비슷합니다. 판도라는 제우스의 명령을 어기고 상자의 뚜껑을 엽니다. 상자 안에 들어있던 불행들이 밖으로 나왔습니다. 호기심이 끔찍한 결과를 빚었습니다. 두 사건 모두 유혹입니다. 이브가 뱀의 유혹을 받았다면, 판도라는 자기 내부의 호기심으로부터 유혹을 받았습니다. 이 유혹이 개인과 공동체를 파괴합니다.

오늘 본문에도 두 가지 유혹이 나옵니다. 하나는 다른 사람을 실족하게 하는 유혹입니다. 42절 말씀을 보십시오. 이렇습니다. "나를 믿는 이 작은 자들 중에 하나라도 실족하게 하면 차라리 연자 맷돌이 그 목에 매여 바다에 던져지는 것이 나으리라." 사람들이 벌벌 떨만한 큰 잘못이 아니라 사소한 사람의 영혼에 상처를 내는 잘못이라 하더라도 그 책임은 끔찍하다는 뜻입니다. 이런 표현은 물론 과장법입니다. 만약 이 말씀을 우리에게 그대로 적용시킨다면 수백 번 물에 빠져죽었을 겁니다. 자신도 알게 모르게 다른 사람들을 실족하게 하는 일들이 많습니다. 다른 하나는 자기 스스로를 죄에 빠지게 하는 유혹입니다. 앞서 지옥과 연관해서 말씀드린 대로 손과 발과 눈이 죄를 짓게 하는 것에 대한 이야기입니다. 자기를 유혹하는 것은 자신을 실족하게 할 뿐만 아니라 결국 판도라의 상자 이야기처럼 다른 사람들의 운명까지 불행에 빠지게 합니다.

주기도에는 '우리를 시험에 들게 하지 마옵시고' 라는 구절이 나옵니다. 유혹에 빠지지 않게 해달라는 기도입니다. 유혹, 시험, 실족에서 벗어나는 게 얼마나 힘든 일인지, 그리고 그것이 우리의 일상에 얼마나 깊이 개입되어 있는지를 이 기도에서도 알 수 있습니다. 여러분이 잘 알고 있는 대로 이 세상은 아예 그런 방식으로 작동됩니다. 다른 이들이 실패해야 자기가 승리할 수 있다는 경쟁논리와 구조가 이 세상을 끌어가는 에너지입니다. 이런 구조에서는 아무도 유혹으로부터 벗어날 수 없습니다. 세상만이 아니라 교회도 역시 그렇습니다. 여러 종류의 유혹이 있습니다. 선교라는 이름으로, 하나님의 일이라는 명분으로 그런 일이 벌어집니다. 신자들의 약점을 이용해서 그들의 영혼을 오류에 떨어뜨립니다. 앞서 언급했듯이 지옥에 대한 공포심을 유발하는 것은 신자들을 실족하게 하는 일입니다. 교회 안의 소모임에서도 유혹이 일어납니다. 자신의 마음에 들지 않는 사람에게 모욕을 주기도 하고, 더 심할 경우에는 고립시킵니다. 오해는 마십시오. 교회가 늘 그렇다거나, 모든 신자들이 그렇다는 게 아닙니다. 모두에게 그럴 가능성이 있다는 뜻입니다. 실제로 행동이 그렇게 나타나는 사람이 있고, 자기를 절제하면서 행동으로까지 나타나지 않는 사람들이 있지만 가능성은 모두에게 있습니다. 그래서 예수님은 '시험에 들게 하지 마옵시고'라는 기도를 하라고 말씀하셨습니다. 이런 기도의 무게가 얼마나 무거운지를 아는 분들은 알고 있을 겁니다.

평화

유혹이나 시험, 즉 실족하게 하는 일의 위험성은 단지 개인의 삶을 파괴한다는 사실만이 아니라 더 근본적으로는 공동체의 평화를 파괴한다는 데 있습니다. 아주 사소한 유혹으로도 공동체의 평화는 파괴될 수 있습니다. 이것이 오늘 본문의 핵심입니다. 예수님을 따르던 제자 공동체도 이런 위험성에서 자유롭지 못했습니다. 오늘 본문 마지막 절인 50절에서 예수님은 이렇게 말씀하셨습니다. "너희 속에 소금을 두고 서로 화목하라." 화목하라는 말은 평화하라는 뜻입니다. 지옥 운운하다가 갑자기 평화를 이루라는 말씀을 하신 것이 이상해 보입니다. 이상한 게 아닙니다. 공동체의 평화가 깨뜨리는 근원이 바로 유혹이며 실족입니다.

공동체의 평화를 이루라는 말이 오해되는 경우가 있습니다. 교회에서는 이의를 말하면 안 되고, 무조건 순종해야 한다고 말입니다. 일반적으로 교회에서는 다른 의견이 용납되지 않습니다. 이런 것은 강요된 평화입니다. 그것은 획일성이자 독단이지 참된 평화가 아닙니다. 그런 방식으로 작동되는 공동체는 영적으로 죽은 교회입니다. 신자들끼리 생각이 다르고, 또 때로 충돌하는 것은 자연스러운 현상입니다. 초기 기독교에서도 그런 충돌은 많았습니다. 지난 기독교 역사에서도 논쟁은 많았습니다. 진리는 이런 논쟁과 충돌을 통해서 새로운 길을 엽니다. 예를 들어, 교부들이 예수님의 신성과 인성에 대해서, 그리고 삼위일체에 대해서 치열하게 싸웠기 때문에 기독교 진리가 지금까지 살아날 수 있었습니다.

주님의 말씀대로 우리는 제자 공동체로서 평화를 이룰 수 있을까요? 그게 쉽지 않습니다. 쉽다면 예수님께서 그런 말씀을 하실 까닭도 없습니다. 개인적인 차원에서 보더라도 마음의 평화를 누리기 힘든 것과 같습니다. 스스로 실족하면서 평화를 잃어버립니다. 그래서 본문은 평화를 이루라는 말씀을 소금과 연결해서 설명합니다. 50절 말씀을 다 읽어보겠습니다. "소금은 좋은 것이로되 만일 소금이 그 맛을 잃으면 무엇으로 이를 짜게 하리요 너희 속에 소금을 두고 서로 화목하라." 소금에 대한 이야기는 마태복음 5장 13절에도 나옵니다. "너희는 세상의 소금이니 소금이 만일 그 맛을 잃으면 무엇으로 짜게 하리요." 소금의 본질은 짠 맛입니다. 짠 맛을 잃으면 소금이 아니며 쓸모가 없습니다. 제자 공동체인 교회는 신자들이 제자로서의 본질을 확보해야만 평화를 이룰 수 있습니다. 그것이 없으면 아무리 노력해도 평화를 이룰 수 없습니다.

여기서 제자의 본질은 무엇일까요? 본문이 그것을 직접적으로 설명하지는 않습니다만 전체 문맥을 통해서 그 대답을 찾을 수 있습니다. 제자의 본질은 예수 그리스도와의 관계를 가리킵니다. 그 외의 것들은 모두 이 본질로부터 나옵니다. 오늘 본문이 어떤 배경에서 나왔는지를 보십시오. 예루살렘에 가까이 오시면서 예수님은 제자들에게 자신의 운명에 대해서 말씀하기 시작하셨습니다. 그 운명은 예루살렘에 들어가서 체포당하고 죽임을 당하는 것입니다. 그것에 대한 처음 언급은 마가복음 8장 31절에서, 두 번째 언급은 마가복음 9장 31절에서, 그리고 마지막 세 번째 언급은 마가복음 10장 32절에서 하셨습니다. 예수님의 이 언급은 제자들을 당황스럽게 했습니다. 첫 번 언급 뒤에는 베드로가 항변했고, 두 번째 언급 뒤에는 제자들이 무슨 말인지 깨닫지 못하고 두려워했으며, 세 번째 언급 뒤에서는 예수님이 영광을 받으신 후에 오른편과 왼편에 앉게 해 달라는 야고보와 요한의 요구로 제자들 사이에 다툼이 벌어졌습니다. 오늘 본문은 두 번째와 세 번째 언급 사이에 나옵니다. 제자들이 예수님의 운명에 전혀 관심이 없었다는 뜻입니다. 이런 상태에서는 예수님과의 관계가 바로 설 수 없습니다. 예수의 운명과 어떤 관계인지를 중심에 두지 못할 때 공동체는 유혹에 빠지고 결국 평화는 깨질 수밖에 없습니다.

사랑하는 성도 여러분, 제자 공동체는 늘 위기에 노출되어 있습니다. 실족하게 하는 일들이 일어납니다. 카리스마가 강한 지도자에 의해서 겉으로는 교회의 평화가 일시적으로 유지될지 몰라도 파도처럼 다시 닥칩니다. 그런 일은 예수님 당시나 초기 기독교 시대만이 아니라 지난 2천 년 기독교 역사와 지금도 일어납니다. 이런 위기를 넘어서는 비법은 따로 없습니다. 소금의 짠 맛처럼 제자의 본질적인 맛을 확보하는 게 최선입니다. 그것은 곧 예수 그리스도의 운명에 영적 관심을 두는 신앙 태도입니다. 그럴 때 교회 공동체는 물론이고 여러분 개인의 영혼에도 참된 평화가 이루어질 것입니다.

창조절 여섯째 주일
히브리서 2:5-9
2012년 10월 7일

만물의 복종에 대해

　여러분은 교회가 언제부터 시작되었다고 생각하십니까? 예수님이 생존해 계실 때는 물론 아닙니다. 십자가, 부활, 승천 직후도 물론 아닙니다. 상당히 오랫동안 교회는 없었습니다. 예수님을 추종하던 사람들이 어느 일정한 날을 기해서 교회를 시작한 것도 아닙니다. 교회는 아주 천천히 역사에 등장하게 되었습니다. 그런 역사 과정에는 서로 다른 종교적 배경을 가진 사람들이 참여했습니다. 유대교인으로 팔레스타인에 사는 사람들, 유대교인으로 다른 나라에 사는 디아스포라 유대인들, 그 외에 헬라어를 사용하는 이방인들이 그들입니다. 그들이 살아온 배경이 다르기 때문에 이들의 믿음과 그 표현 방식도 달랐습니다.

　오늘 본문으로 읽은 히브리서는 신약성서의 다른 책들과 비교할 때 크게 차이가 납니다. 히브리서는 유대 기독교에서 활동하던 지도자가 쓴 책입니다. 알렉산드리아 문화를 잘 알고 있었고, 묵시문학적인 영향을 받은 사람입니다. 그는 로마 정권의 박해에 직면해 있던 로마 지역 기독교인들에게 신앙적 인내심을 고취시키기 위해서 이 글을 썼습니다. 그가 유대 기독교 지도자이기 때문에 구약성경에 나오는 이야기를 많이 합니다. 예컨대 예수님을 '큰 대제사장'으로(4:14 이하) 묘사하고, 예수 사건을 구약의 종교 시설인 성소와 결부해서(9:1 이하) 설명합니다. 그 외에도 가인과 아벨, 에녹, 노아, 아브라함, 그리고 여러 사사들에 대해서 언급합니다.

존귀와 영광

오늘 본문에서도 구약의 시편이 인용되었습니다. 히브리서 2장 6-8절은 시편 8편 4-6절의 인용입니다. 시편 말씀을 그대로 읽겠습니다. "사람이 무엇이기에 주께서 그를 생각하시며 인자가 무엇이기에 주께서 그를 돌보시나이까. 그를 하나님보다 조금 못하게 하시고 영화와 존귀로 관을 씌우셨나이다. 주의 손으로 만드신 것을 다스리게 하시고 만물을 그의 발아래 두셨으니…." 여기서 사람과 인자는 말 그대로 사람을 가리킵니다. 사람이 천사처럼 초월적인 존재는 아니지만 영광과 존귀로 관을 쓴 것처럼 특별한 존재라고 보았습니다. 그래서 사람은 세상의 모든 피조물들을 다스릴 수 있고 지배할 수 있습니다. 이것이 시편 기자가 말하는 내용입니다. 여기서 영광과 존귀의 관이라는 표현은 문학적 수사입니다. 만물 중에서 사람이 가장 뛰어나다는 뜻입니다. 그렇습니다. 사람은 만물을 지배합니다. 사람이 만물의 영장이라고도 합니다.

다르게 생각하는 사람들도 있습니다. 지구에서 사람이 주인인 것처럼 생각하면 안 된다고 말입니다. 현대문명을 생각하면 그런 생각에 일리가 있습니다. 오늘 본문에서 시편 기자도 사람을 절대화하려고 이런 말을 한 것은 아닙니다. 그의 말은 사람이 하나님의 형상으로 지음을 받았다는 창세기 기자의 관점과 통합니다. 창세기 기자는 만물의 창조를 언급하면서 하나님께서 사람의 경우에만 '하나님의 형상'으로 지었다고 설명했습니다. 사람에게는 다른 생명체들과 완전히 구별되는 어떤 것이 주어졌다는 뜻입니다. 그 하나님의 형상으로 지음 받았기 때문에 사람은 영광과 존귀의 존재라고 말할 수 있습니다. 시편 기자의 영적 시각에서 나온 설명입니다.

히브리서 기자는 시편 기자의 이 진술이 바로 예수 그리스도에게 해당된다고 보았습니다. 9절에서 이를 분명하게 확인할 수 있습니다. 히브리서 기자의 설명에 따르면 예수는 잠시 동안 천사들보다 못하게 하심을 받은 분입니다. 그러나 죽음의 고난을 받으셨기 때문에 영광과 존귀의 관을 쓰셨습니다. 이런 표현들이 너무 종교적인 것으로 들려서 가슴에 와 닿지 않을지도 모르겠습니다. 여기서 보충 설명이 필요한 것은 세 가지입니다. 첫째는 천사에 대한 것입니다. 예수님이 천사들보다 못하다는 말은 예수님의 역사적 현실을 가리킵니다. 천사들은 먹지도 않고 배설하지도 않고 아이를 낳지도 않습니다. 자신들이 가고 싶은 곳은 시공간의 제한을 받지 않고 갑니다. 넘어져도 다치지 않습니다. 이런 점에서 천사들은 초월적인 존재들입니다. 하나님의 아들이신 예수님은 이 세상에서 천사들처럼 살지 않았습니다. 우리와 똑같이 사람의 한계를 그대로 안고 사셨습니다. 예수님이 천사보다 못했다는 말은 실제로 천사보다 못하다는 말이 아니라 인간적인 실존을 그대로 안고 살았다는 뜻입니다.

둘째는 죽음의 고난입니다. 이건 그렇게 어려운 표현이 아닙니다. 예수님의 십자가 죽음을 가리킵니다. 이것도 예수님이 천사와 같지 않았다는 표현과 연결됩니다. 천사는 죽임을 당하지 않습니다. 그러나 예수님은 십자가에 처형당했습니다. 셋째는 영광과 존귀의 관입니다. 영광과 존귀는 하나님의 현현에 대한 종교적 표현입니다. 예수님의 운명에 하나님이 현현하셨다는 뜻입니다. 이는 곧 예수님의 부활을 가리킵니다. 부활은 종말에 일어난 궁극적인 생명을 가리킵니다. 부활은 인류 역사에서 예수님 이외에 한 번도 일어난 일이 없습니다. 지금 우리의 삶은 아무리 노력해도 여전히 죽을 수밖에 없습니다. 그 어떤 방식으로도 영원한 생명을 경험할 수 없습니다. 여기서 이렇게 사는 사람에게는 영광과 존귀라는 말을 붙일 수 없습니다. 왕에게도, 학자에게도, 장군에게도 영광과 존귀는 불가능합니다. 숨을 쉬지 않거나 먹지 않고도 사는 사람이 있다면 영광과 존귀를 받을 수 있겠지만, 그런 사람은 세상에 없습니다. 모두 죽을 운명으로 살아갑니다. 부활의 주님께만 영광과 존귀의 관이 주어졌습니다.

위에서 설명한 세 가지 사실을 요약하면 다음과 같습니다. 예수님은 우리와 똑같이 사람이 겪어야 할 실존적인 한계 안에서 사셨고, 가장 비극적인 죽음인 십자가 처형을 당하셨지만 오히려 이를 통해서 하나님과 동일하게 되었습니다. 일시적으로나마 천사보다 낮았던 운명이 그것을 뛰어넘어 하나님의 운명과 일치된 것입니다. 히브리서 기자의 이런 주장이 복잡하게 들리십니까? 이해가 안 되십니까? 동의할 수 없으신가요? 그렇다면 여러분은 기독교 신앙 안에 들어오지 못한 것입니다. 또는 이 사실을 또렷하게 이해하고 믿을 수 있으신가요? 그렇다면 다행입니다. 그러나 실제로 히브리서 기자가 말하고 있는 그런 영적인 깊이까지 들어갔는지는 더 생각해보셔야 합니다. 많은 기독교인들이 실제로 내용은 모르면서도 낱말 뜻만으로 아는 것처럼 착각할 수 있습니다. 자신이 히브리서 기자가 말하는 그 세계에 들어왔는지 아닌지를 분별할 수 있는 기준을 한 가지 말씀드리겠습니다.

만물의 복종에 대해

히브리서 기자는 시편을 인용했다고 앞에서 말씀드렸습니다. 하나님께서 예수님에게 영광과 존귀의 관을 씌우시고 만물을 그 발아래에 복종하게 하셨다고 말입니다. 예수님이 영광과 존귀의 관을, 즉 하나님과의 일치를 이루셨다면 만물을 통치하고 지배하시는 것은 당연합니다. 이것은 다음과 같은 이치입니다. 로마 시대 때 아들이 없는 귀족들은 종종 양자를 두곤 했습니다. 양자는 아버지의 모든 것을 상속받습니다. 가문의 명예와 재산을 그대로 물려받습니다. 양자는 아버지와 동일한 권위를 행사할 수 있습니다. 그 양자가 이전에 어떤 신분이었는지는 중요하지 않았습니다. 예수님은 부활을 통해서 본질적으로 하나님과 일치를 이룬 뒤로(호모 우시오스) 하나님의 전권을 그대로 행사할 수 있는 분이 되셨습니다. 만물이 하나님께 복종해야 하듯이 예수님에게도 복종해야만 합니다.

그런데 그런 일이 실제로는 일어나지 않았습니다. 그 사실을 히브리서 기자는 이렇게 말합니다. "지금 우리가 만물이 아직 그에게 복종하고 있는 것을 보지 못하고…"(히 2:8b). 히브리서 기자는 광신자가 아닙니다. 관념주의자도 아닙니다. 현실을 왜곡해서 아전인수적으로 보는 사람도 아닙니다. 그는 이 세상이 아직 예수님께 복종하지 않고 있다는 사실을 알고 있었습니다. 무슨 말씀인가요? 이 세상에 아직 구원이 현실로 나타나지 않았다는 겁니다. 메시아이신 예수님이 오신 뒤로도 이 세상은 그 이전과 달라진 것이 하나도 없습니다. 불행이 없어지지도 않았습니다. 우리의 허무와 소외도 여전히 그대로입니다. 의로운 자의 고난도 여전합니다. 악은 여전히 기승을 부리고 있습니다. 예수님이 구원자였다는 증거가 이 세상에는 없습니다. 유대인들도 그것을 근거로 기독교를 비판합니다. 예수가 메시아인 증거가 이 세상에 없지 않느냐 하는 겁니다. 히브리서 기자도 이런 문제를 알고 있었습니다.

여러분은 어떻게 대답하시겠습니까? 이 질문을 좁히면 다음과 같습니다. 여러분이 구원받았다는 사실을 어떻게 증명하시겠습니까? 예수 믿기 전이나 이후나 별로 달라진 것이 없다는 것은 분명합니다. 달라진 것이 있다고 말하는 사람도 있습니다. 그런 간증을 자주 듣습니다. 그러나 그런 변화는 예수를 믿지 않거나, 다른 종교를 택하는 경우에도 일어납니다. 어떤 분은 마음의 확신이 있다고 말할 겁니다. 성령이 그런 확신을 주실 수 있습니다. 그러나 확신으로 말하면 사이비 이단들의 믿음이 훨씬 좋습니다. 그런 확신은 구원받았다는 증거가 되지 못합니다. 기독교인은 구원의 확신에 대해서는 너무 말을 많이 하지 말아야 합니다. 구원은 확신의 문제가 아닙니다. 여러분은 구원받지 못한 것 같은 현실을 더 많이 경험할 겁니다. 여전히 불안하고, 허무하고, 좌절하고, 이기적입니다. 우리의 삶이 여전히 예수님께 복종하지 못하고 있다는 의미입니다. 그걸 솔직하게 인정해야 합니다. 히브리서 기자도 그 사실을 알고 있었습니다. 구원 증거들을 보지 못한다고 말입니다. 그의 인식은 정확합니다.

이런 점에서 기독교인의 실존은 딜레마에 빠져 있습니다. 구원 공동체인 교회에 속해 있지만 구원의 증거는 없습니다. 이런 딜레마가 없는 것처럼 말하는 사람은 자기를 속이는 겁니다. 그래서 증거가 있는 것처럼 위장합니다. 세상과 자기를 정확하게 직면하지 않으려고 애를 씁니다. 열광적인 신앙 형태가 바로 그런 것들입니다. 어던 교회의 금요 심야 집회는 마치 '오빤 강남스타일'의 싸이 공연처럼 진행됩니다. 싸이 공연은 연예로서 의미가 있을 뿐입니다. 연예와 신앙을 혼돈하지 말아야 합니다. 약간 세련되어 보이는 경배와 찬양 류의 집회도 마찬가지입니다. 그런 것에 심취하는 신자들은 '만물이 복종하지 않는다' 는 그 현실을 직면하지 못하고 도피하는 것입니다. 현실을 직면할만한 용기도 없고, 그런 인식도 없습니다. 이런 신앙은 잠시 고통을 잊게 하는 최면의 효과가 있을지 몰라도 결국은 우리의 인격과 삶을 파괴합니다.

그렇다면 어떻게 해야 할까요? 이를 단숨에 해결할 왕도는 따로 없습니다. 그런 묘책, 그런 비술을 찾지 마십시오. 기독교인의 실존적 딜레마를 그대로 안고 살아야 합니다. 이는 마치 구원받은 기독교인이라 하더라도 사람이라면 죽어야 할 존재라는 사실을 직면하고 그 운명을 그대로 안고 살아야 하는 것과 같습니다. 그렇다고 해서 기독교 신앙이 이런 상태로 그냥 머물러 있어도 좋다는 뜻이 아닙니다. 우리는 전혀 다른 차원에서 이런 모순과 딜레마와 충돌을 직면할 뿐만 아니라 넘어서는 사람입니다.

오늘 본문에서 히브리서 기자가 보고 있는 전혀 다른 차원의 영적 시각이 무엇인지 주목하십시오. 예수가 받은 영광과 존귀의 관은 죽음의 고난에 의한 것이라고 말합니다. 하나님이 예수의 운명에 그런 방식으로 개입하신 이유는 예수님이 '모든 사람을 위하여 죽음을 맛보게 하려는 것'이었습니다(히 2:9b). 우리도 히브리서 기자와 더불어 예수의 십자가를 봅니다. 죄로 인해서 죽어야 할 모든 인류의 운명을 예수님이 대신 지신 일이었습니다. 그의 십자가 죽음으로 인해서 이제 모든 인류의 죽음이 극복되었습니다. 히브리서 기자는 바로 그 예수님을 본다고 했습니다. 우리의 현실에서는 아니지만, 예수님의 운명에서 만물의 복종은 이미 신비한 방식으로 일어났습니다. 여러분의 운명을 그 사건에 맡기고 사십시오. 이를 통해서 여러분은 만물이 예수님께 복종하는 구원의 세계를 선취적으로(미리 당겨서) 경험하게 될 것입니다.

창조절 일곱째 주일
마가복음 10:23-31
2012년 10월 14일

돈이냐, 하나님 나라냐

　마가복음 10장 25절에는 우리에게 아주 익숙하지만 이해하기 쉽지 않은 말씀이 나옵니다. "낙타가 바늘귀로 나가는 것이 부자가 하나님의 나라에 들어가는 것보다 쉬우니라." 낙타가 바늘귀로 나간다는 말은 일종의 문학적 과장법입니다. 부자가 하나님의 나라에 들어가는 것이 이처럼 힘들다는 의미입니다. 여기서 부자는 어느 정도의 돈이 있는 사람을 가리키는 것일까요? 백억 원 정도의 재산이 있으면 부자일까요? 그 사회에서 1%의 상류층에 속한 사람들일까요? 아니면 10%에 해당될까요? 부는 상대적인 개념입니다. 단칸방에서 월 50만원으로 사는 사람에게는 자기 소유의 30평 아파트에서 월 5백만 원으로 사는 사람이 부자로 보일 겁니다. 누가 부자인지를 수치로 딱 끊어 말하기는 어렵습니다. 예수님도 그것을 말하려는 것이 아니었습니다. 너는 부자니까 하나님 나라에 들어갈 수 없어, 이렇게 말씀하셨을리는 없습니다. 예수님은 왜 오해하기 쉬운 낙타와 부자에 대한 말씀을 하신 걸까요?

실망한 부자

이 말씀은 앞에서 벌어졌던 어떤 사건과 연결된 이야기입니다. 마가복음 10장 17절 이하에 어떤 부자에 대한 이야기가 나옵니다. 예수님께서 길을 가실 때 한 사람이 와서 이렇게 물었습니다. "선한 선생님, 내가 무엇을 하여야 영생을 얻으리이까?" 이 사람은 삶을 나름으로 진실하게 살아보려고 노력하는 사람이었습니다. 영생, 즉 참된 생명에 대한 관심이 있었습니다. 평소에 그런 문제를 갈급하게 생각했겠지요. 그런데 대답을 찾을 수 없었습니다. 무언가 착하고 좋은 일을 더 해야 하는 게 아닌가 하고 예수님께 질문한 것입니다. 예수님은 십계명에 나오는 몇 가지 계명을 지켰느냐고 물었습니다. 그 내용은 주로 사람과의 관계에 대한 것이었습니다. 이 사람은 자신감이 넘쳐서, 어릴 때부터 잘 지켰다고 대답했습니다. 요즘 식으로 말하면 모태 신앙으로 평생 교회에 잘 나가고 바르게 살려고 최선을 다 했다는 뜻입니다. 칭찬받을만한 사람임에 틀림없습니다. 그러나 예수님은 한 가지 부족한 것이 있다고 말씀하셨습니다. 소유를 다 처분하여 가난한 사람들에게 주고 나서 '나를 따르라'는 겁니다(막 10:21).

예수님의 이 말씀을 여러분은 어떻게 생각하십니까? 누가 봐도 가혹한 요구입니다. 지금까지 계명을 잘 지키면서 성실하게 살았으니 앞으로도 흔들리지 말고 계속 그렇게 살라고, 그러면 영생을 얻을 수 있다는 말씀이 나올 법했습니다. 그런데 소유를 모두 팔아버리라는 겁니다. 이런 명령을 그대로 따르기는 어렵습니다. 소유, 재물, 부는 우리가 세상에서 생존할 수 있는 물적 근거들입니다. 그것이 없으면 당장 죽지는 않는다고 해도 삶이 힘들어집니다. 물론 지난 기독교 역사와 인류 역사에 소유를 포기한 사람들이 없었던 건 아닙니다. 아시시의 프란치스코는 지중해를 중심으로 무역상을 하던 가문의 장남이었지만, 큰 유산을 포기하고 탁발승이 되었습니다. 지금도 수도원은 사유 재산을 용납하지 않습니다. 수도승이 되려면 모든 소유를 포기해야 합니다. 로마

가톨릭 사제들은 순명, 동정과 함께 청빈을 서약합니다. 예수님 당시에도 쿰란 공동체는 철저하게 무소유를 실천했습니다. 몇 년 전에 세상을 뜬 법정 스님은 젊은 시절에 쓴 《무소유》라는 에세이로 일약 대한민국의 명사가 되셨습니다. 그런 분들의 마지막 개인 소유는 평생 입고 다니던 승복과 밥을 먹던 그릇 정도입니다.

모든 사람들이 그렇게 살아갈 수는 없습니다. 그리고 반드시 소유를 포기해야만 예수님의 제자가 될 수 있는 것도 아닙니다. 초기 기독교에도 제법 부자라고 불릴만한 사람들이 있었습니다. 그들은 교회 공동체의 재정적인 책임을 졌습니다. 그런 분들이 없었다면 바울도 선교활동을 하기 어려웠을지 모릅니다. 소유를 모두 팔아 가난한 사람에게 나눠주고 따르라는 말씀을 청빈과 무소유가 절대적인 것이라거나, 모든 재산을 통틀어서 구제를 해야만 영생과 구원을 얻을 수 있다는 것으로 생각하면 곤란합니다. 영생과 구원은 우리의 믿음을 통한 하나님의 은총이지 우리의 윤리적 행동에 대한 하나님의 보답이 아닙니다. 바울은 이렇게 말한 적이 있습니다. "내가 내게 있는 모든 것으로 구제하고 또 내 몸을 불사르게 내어줄지라도 사랑이 없으면 내게 아무 유익이 없느니라"(고전 13:3). 극한적인 자기 희생과 포기도 사랑이 없으면 무의미하다는 겁니다. 여기서 사랑은 바로 예수 그리스도이며, 그에게 일어난 십자가와 부활입니다. 무슨 말씀인가요? 구제와 헌신은 인간 삶에서 아주 중요한 가치가 있지만 그것 자체가 구원에 이르는 길은 아닙니다. 또한 실제로 구원받을 수 있을 정도로 구제와 헌신의 삶을 사는 사람은 드뭅니다. 예수님은 왜 이 사람에게 소유를 포기하라고, 시험에 들만한 말씀을 하신 걸까요? 예수님은 사람이 살아가는 데 물질이 얼마나 중요한지 전혀 몰랐기 때문일까요? 청빈주의자이신가요? 금욕주의자신가요? 예수님이 민중들을 혹세무민하는 사이비 교주이신가요?

문제는 맘모니즘, 즉 배금주의입니다. 돈을 절대적인 능력으로 여기는 삶의 태도에 대한 경고입니다. 이런 배금주의는 하나님 나라와 병행될 수 없습니다. 돈을 신처럼 섬기면서 하나님을 믿는다는 것은 말이 되지 않습니다. 예수님은 산상수훈에서 이렇게 말씀하셨습니다. "한 사람이 두 주인을 섬기지 못할 것이니 혹 이를 미워하고 저를 사랑하거나 혹 이를 중히 여기고 저를 경히 여김이라 너희가 하나님과 재물을 겸하여 섬기지 못하느니라"(마 6:24). 다른 맥락인 불의한 청지기의 비유에서도 예수님은 "하나님과 재물을 겸하여 섬길 수 없다"(눅 16:13)고 아주 단정적으로 말씀하신 것을 복음서 기자들이 이 말씀을 심각하게 받아들인 겁니다.

기독교인들은 이런 말씀 앞에서 내면적인 갈등을 겪습니다. 우리 기독교인들도 다른 사람들과 마찬가지로 돈을 신처럼 떠받드는 이 세상에서 살아갑니다. 신앙적인 차원에서 그것을 거부하고 싶지만 실제로는 잘 되지 않습니다. 그런데 성경은 양자택일을 요청합니다. 돈이냐, 하나님이냐 하고 말입니다. 기독교인들은 조금씩 다른 태도로 이 요구를 받아들입니다. 계속해서 갈등을 겪으면 자학적으로 사는 사람이 있습니다. 자본의 노예처럼 사는 자신을 부끄러워하고 미워합니다. 또 어떤 사람은 돈의 지배력으로부터 벗어나려고 애를 쓰면서 투쟁합니다. 대다수의 건전한 기독교인들은 이런 입장입니다. 또 어떤 사람은 노골적으로 돈을 하나님의 축복과 일치시킵니다. 하나님을 잘 믿어서 부자가 되었다는 식입니다. 부자가 되지 못한 건 믿음이 없기 때문이라고 망발을 하는 교회 지도자들도 있습니다. 달러 지폐에 "in God We trust"라는 문장을 써넣은 미국이 잘사는 이유는 청교도 신앙으로 나라를 세웠기 때문이고, 동남아 사람들이 가난한 이유는 불교를 믿기 때문이라는 설교하는 사람들도 있습니다.

기독교 지도자들이나 일반 신자들이 상식적으로나 신앙적으로 말이 되지 않는 것을 주장하는 이유는 사람들이 물질의 지배로부터 벗어나기 어렵기 때문입니다. 이것이 우리의 현실입니다. 이런 현상은 고대 유대인의 역사에도 그대로 나타납니다. 그들은 바알의 유혹을 물리치지 못했습니다. 가나안의 바알신앙은 맘모니즘입니다. 아주 매력적인 이념입니다. 고대 유대인들은 여호와 하나님을 믿으면서도 바알 숭배의 유혹을 끊임없이 받았습니다. 그런 유혹에 취약했다는 뜻입니다. 심지어 어떤 경우에는 예루살렘 성전 안에 바알과 아세라 신상을 세우기도 했습니다. 구약의 선지자들은 이런 맘모니즘과 싸웠습니다. 가나안 원주민들과는 아무런 관계를 맺지도 말라고 했습니다. 그러나 유대 민중들은 풍요의 신이라고 할 가나안의 바알을 거부할 수 없었습니다. 이는 마치 21세기 지구촌 전체가 신자유주의에 빠져 있는 것과 비슷합니다.

오늘 본문의 설명에 따르면 예수님 앞에 왔던 이 사람은 재물이 많아서 결국 예수님의 요구를 듣고 슬픈 기색을 띠고 근심하면서 돌아갔다고 합니다. 앞에서 잠깐 언급했듯이 이 사람은 부도덕하지 않았습니다. 양심이 무딘 사람도 아닙니다. 종교성이 없는 사람은 물론 아닙니다. 성실하고 모범적이고 자기를 성찰할 줄 알고, 영생을 추구하는 사람이었습니다. 그러나 결국 재물의 지배, 또는 재물의 미혹으로부터 벗어날 수 없었습니다. 그 사람이 바로 우리 자신이라는 것을 인정할 수밖에 없습니다. 설교하는 저를 향해서 '당신은 어떤데?' 하고 묻고 싶으신가요? 저도 여러분과 다를 게 없습니다. 우리 모두는 소유를 포기하고 '나를 따르라'는 주님의 명령 앞에서 슬픈 기색으로 실망하여 돌아가는 저 부자와 다를 게 없습니다.

제자들의 위기

부자가 돌아간 뒤에 예수님은 낙타와 부자의 비유를 말씀하셨습니다. 제자들은 이 말씀을 듣고 충격을 받아, 그렇다면 도대체 누가 구원받을 수 있는가 하고 서로 말했습니다. 그들이 충격을 받은 이유는 예수님의 말씀이 바로 자신들에게도 해당된다는 걸 눈치 챘기 때문입니다. 그들이 표면적으로는 모든 걸 포기하고 예수님을 따라나섰지만 속으로는 예수님의 말씀에 실망한 부자와 별로 차이가 없었습니다. 베드로는 제자들을 대표로 해서 이렇게 말했습니다. "보소서. 우리가 모든 것을 버리고 주를 따랐나이다"(막 10:28). 칭찬을 듣고 싶었을까요? 아니면 자신들의 내면에서 울리는 불안한 양심의 소리를 감추고 싶었던 것은 아닐까요?

　제자들에게도 예수님에 대한 실망, 배신의 가능성은 늘 열려 있었습니다. 가롯 유다가 대표적인 인물입니다. 유다는 배신을 일삼는 파렴치한 사람이 아닙니다. 그가 예수 공동체의 재정을 책임지고 있었다는 사실을 전제한다면 예수님의 신뢰를 받고 있었다는 것은 분명해 보입니다. 은 삼십이라는 돈 몇 푼이 아니라 우리가 모두 알지 못하는 어떤 이유에선지 그는 오늘 본문에 나오는 부자와 마찬가지로 예수님께 실망했습니다. 사실은 가롯 유다만이 아니라 수제자로 일컬어지는 시몬 베드로도 예수님을 세 번이나 부인했습니다. 그도 본문의 부자와 다를 게 없습니다. 그런 사람들은 초기 기독교에 많았습니다. 이런 저런 이유로 예수님께 실망하고 슬픈 기색으로 떠났습니다. 그렇습니다. 오늘 본문 이야기는 부자 그 한 사람이 아니라 제자 공동체 전체에 이런 배신과 배교의 가능성이 놓였다는 사실을 가리킵니다. 베드로가 아무리 모든 것을 버리고 주를 따랐다고 외쳐도 그 사실을 부정할 수 없습니다. 우리도 예외가 아닙니다.

　그렇다면 구체적으로 우리는 어떻게 해야 할까요? 예수님이 제자들에게 무슨 말씀을 하셨는지 보십시오. 그 내용이 29절과 30절에 자세하게 나와 있습니다. 그 내용을 간추리면 다음과 같습니다. 주님과 복음을 위해서 집과 형제, 자매와 부모, 그리고 땅을 버린 사람에게는 두 가지 일이 일어납니다. 첫째, 현세에서 그 모든 것의 백 배를 받을 것입니다. 이것을 복권에 당첨되는 것처럼 생각하면 곤란합니다. 여기서 백 배는 공동체와의 관계를 가리킵니다. 제자들은 개인 소유가 없어져도 공동체와의 관계에서 백 배를 받는 것과 같습니다. 둘째, 내세에서는 영생을 받게 될 것입니다. 영생은 참된 생명입니다. 본문의 부자가 관심을 기울였던 것입니다. 그 영생은 이 세상에서 백 배의 보상을 받는 방식으로 얻을 수 없는 것입니다. 천 배의 보상으로도 불가능합니다. 그것은 묵시문학적 용어인 다가올 '에온', 즉 하나님이 직접 통치하시는 세계에서 주어집니다. 제자들은 바로 그런 생명을 기다리면서 살아야 합니다. 이것이 주님의 참된 약속입니다.

    사랑하는 성도 여러분, 오늘 설교 제목인 '돈이냐, 하나님이냐' 하는 질문 자체에 너무 마음을 두지 마십시오. 거기서는 여러분이 절망할 겁니다. 예수님이 제자들에게 주신 말씀에 관심을 두십시오. 현세에서 백배를 받고, 내세에서 영생을 받는다는 그 말씀의 깊이로 들어가야 합니다. 그 말씀의 영적 깊이가 열린다면 실제 삶에서 돈을 어떻게 쓰면서 살아야 할지를, 즉 하나님과 재물을 겸해서 섬길 수 없는 강력한 도전 앞에서 어떻게 살아야 할지를 성령께서 깨닫게 해주십니다. 이 사실을 믿으십시오.

> 창조절 여덟째 주일
> 욥기 38:1-11
> 2012년 10월 21일

여호와께서 욥에게 말씀하시다

교회생활을 어느 정도 한 사람들은 욥 이야기를 잘 압니다. 그 이야기가 아주 특별하기 때문입니다. 행복한 모든 조건을 갖추고 살던 욥이 사탄의 시험을 받아서 모든 것을 잃었습니다. 가족, 재산, 건강까지 모든 것을 잃고 차라리 태어나지 않았으면 좋았을 것이라고 탄식했습니다. 그러다가 다시 하나님의 축복을 받아서 이전보다 더 행복하게 살았다는 전형적인 해피엔딩 이야기입니다. 그 내용은 아주 간단해서 욥기의 처음 두 장과 마지막 한 장에 모두 담겨 있습니다. 전체 마흔두 장 중에서 겨우 세 장에 해당됩니다. 나머지 서른아홉 장은 주로 욥과 친구들의 논쟁을 다룹니다. 친구들은 욥을 향해서 욥이 불행하게 된 것은 하나님께 무엇인가 잘못한 게 있기 때문이니 회개하라고 주장하고, 욥은 회개할 게 없다고 주장합니다. 이런 논쟁이 지루할 정도로 반복됩니다. 그 논쟁은 끝날 수 없었습니다. 나름으로 근거가 있었기 때문입니다. 이들의 논쟁은 여호와의 개입으로 끝납니다. 그 내용은 욥기 38-41장에 나옵니다. 오늘 설교 본문은 바로 그 대목의 첫 부분입니다.

폭풍우 가운데서

욥기 38장 1절은 다음과 같습니다. "그 때에 여호와께서 폭풍우 가운데에서 욥에게 말씀하여 이르시되…." 이런 진술을 읽으면서 여러분은 어떤 그림이 그려지십니까? 하나님이 실제로 사람에게 나타나서 알아들을 수 있도록 말씀하실 수 있을까요? 물론 성경에는 이와 비슷한 대목들이 드물지 않습니다. 예컨대 아브라함은 고향을 떠나서 약속의 땅인 가나안으로 가라는 하나님의 말씀을 들었고, 모세도 애굽에서 고통당하는 이스라엘 민족을 구하라는 하나님의 말씀을 들었습니다. 선지자들도 마찬가지입니다. 그들은 하나님의 말씀을 듣고 그 말씀을 사람들에게 전했습니다. 다시 스스로에게 질문해 보십시오. 하나님의 말씀을 들었다는 이들의 경험은 도대체 무엇을 가리키는 것일까요? 이런 말씀을 자칫 오해할 수 있습니다. 하나님께서 사람처럼 성대와 입으로 말씀하시는 것은 아닙니다. 우리도 친구와 대화하듯이 하나님의 말씀을 직접 귀로 들을 수 없습니다. 성경은 분명히 하나님께서 말씀하셨다고 표현하는데 저는 직접 말씀하시는 게 아니라고 했습니다. 제가 잘못 말한 것일까요? 그렇지 않습니다. 성경이 틀린 말을 한 게 아니고 저도 성경을 틀리게 해석한 게 아닙니다. 이런 문제를 오해하지 않으려면 하나님의 말씀과 성경의 관계를 정확하게 알아야 합니다.

예레미야 1장 1절과 2절은 다음과 같습니다. "베냐민 땅 아나돗의 제사장들 중 힐기야의 아들 예레미야의 말이라. 아몬의 아들 유다 왕 요시야가 다스린 지 십삼 년에 여호와의 말씀이 예레미야에게 임하였고…." 이 구절에 두 개의 서로 다른 '말'이 나옵니다. 하나는 예레미야의 말이고, 다른 하나는 여호와의 말씀입니다. 예레미야의 말과 여호와의 말씀이 분명히 구별되었습니다. 이 둘을 일치시킬 수는 없습니다. 다른 성경도 이와 똑같습니다. 마태복음은 마태라는 사람이 쓴 마태의 글입니다. 마태의 글이 바로 하나님의 말씀 자체는 아닙니다. 바울이 쓴 로마서도 마찬가지입니다. 좀 혼란스러우신가요? 외교관의 역할을 생각해보십시오. 뉴욕 주재 한국 대사는 대한민국 대통령의 뜻을 미국 대통령에게 전해야 합니다. 외교 문서에 대통령의 뜻을 그대로 전달할 수 있으면 아무 문제가 없겠지만 특별한 경우에는 말로 설명해야 합니다. 단순히 설명할 뿐만 아니라 서로 밀고 당기는 논쟁도 해야 합니다. 그 대사의 말이 대통령의 말과 문자적으로 무조건 일치되는 건 아닙니다. 성경의 모든 것이 곧 하나님 말씀 자체는 아닙니다. 하나님의 말씀을 해석해서 전하는 문서입니다. 비유적으로 설명하면 성경은 하나님의 말씀이라는 음식을 담은 그릇입니다. 그릇과 음식이 모두 중요합니다. 그릇을 먹는 것은 아니지만 그릇이 없으면 음식은 음식이 될 수 없습니다. 된장찌개를 끓여서 그릇에 담지 않고 밥상에 그냥 쏟았다고 해보십시오. 둘 모두 중요하지만 결국 우리가 관심을 기울여야 할 대상은 그릇이 아니라 음식입니다. 곧 성경 안에 숨어 있는 하나님의 말씀이 그 것입니다.

하나님이 말씀하셨다는 성경의 표현은 성서 기자들이 하나님을 경험했다는 의미입니다. 이 하나님은 절대적인 능력이십니다. 궁극적인 생명이십니다. 오늘 본문은 여호와께서 폭풍우 가운데서 욥에게 말씀하셨다고 표현했습니다. 그것은 곧 욥이 하나님을 경험했다는 뜻입니다. 어떤 절대적인 경험을 한 겁니다. 이건 말로 표현하기 어려울 정도로 엄청난 경험입니다. 영광을 돌리는 것 외에는 아무것도 할 수 있는 일이 없는 경험입니다. 성경 이야기는 온통 그런 이야기로 가득합니다. 욥의 경우에 그 하나님 경험은 친구들의 논쟁을 중단시킬 수 있는 절대적인 사건입니다. 하나님 경험은 바로 그와 같습니다. 사람들의 온갖 주장을 폐기시킵니다. 칼 바르트는 신학자의 실존을 가리켜 하나님의 행위가 너무 놀라워 입을 다무는 것이라고 했습니다. 여러분은 그런 경험을 하셨습니까? 하나님이 말씀하신다는 사실 앞에서는 세상의 모든 것들은 침묵해야 합니다. 재산이 많고 적음도 아무런 의미가 없습니다. 연봉의 차이도 가소로워집니다. 심지어 윤리 도덕적인 가치 판단도 무의미합니다. 저 사람이 좌파냐, 우파냐 하는 정치적 논쟁도 불식되어야 합니다. 쉽게 말해서 오늘 밤에 우리가 모두 죽는다고 가정해 보십시오. 지금 우리가 관심을 기울이고 있는 모든 것들이 무슨 의미가 있을까요? 하나님이 말씀하신다는 경험은 바로 이와 같은 절대적인 사건입니다.

여러분은 이런 설명을 틀렸다고 생각하지 않겠지만, 실감이 가지 않는다고 생각할 겁니다. 오늘 밤에 우리가 죽는 일은 벌어지지 않을 테니까요. 그게 그렇게 확실한가요? 오늘 밤이 아니라면 내일 밤은 어떨까요? 또는 50년 후의 어느 날 밤은 어떨까요? 그 순간은 속히 옵니다. 우리의 모든 꿈, 의지, 망상, 욕망 등을 완전히 해체하는 그 순간, 그 사건이 득달같이 온다는 것은 분명합니다. 지금 우리는 그걸 막연하게 생각하면서 살아갈 뿐입니다. 기독교 영성은 사람들이 닥연하다고 생각하는 것을 생생하고 현실적으로 생각하는 삶의 태도입니다. 그래서 성서기자들은 끊임없이 그 사실을 전했습니다. 하나님이 말씀하신다고, 하나님이 가까이 오셨다고, 심판의 날이 임박했다고 말입니다. 분주한 일상을, 공허한 논쟁을 멈춰야 할 순간이 마치 주의 사자가 문을 두드리듯이 가까이 왔다고 말입니다. 이것을 종교적 의식으로 표현하는 것이 바로 예배입니다. 최소한 일주일에 한 번은 모든 인간적인 이해타산과 논리가 작동되는 일상을 멈추고 하나님이 말씀하신다는 사실 앞에 직면하라는 요구입니다. 이럴 때만 진정한 의미에서 안식이 가능합니다.

땅의 기초

욥을 향해서 여호와께서는 무슨 말씀을 하셨을까요? 보십시오. 여호와는 '땅의 기초'에 대한 것으로부터 말씀을 시작하셨습니다. 4절은 이렇습니다. "내가 땅의 기초를 놓을 때에 네가 어디 있었느냐. 네가 깨달아 알았거든 말할지니라." 이 세상이 얼마나 신비로운지를 좀 보라는 겁니다. 바다와 육지, 산의 경계, 사막과 숲, 그리고 그 안에 사는 모든 것들, 밤하늘에서 빛나는 별들이 모두 신비롭습니다 태양에서 가장 가까운 별이 2-3광년 떨어져 있다거나, 137억 년 전에 빅뱅이 일었다는 사실을 알면 아득한 경험을 하게 될 겁니다. 지난 2012 런던 패럴림픽 개회식에 참석한 스티브 호킹 박사는 장애인들을 향해서 "망가진 자신의 수족만 보지 말고 하늘의 별을 보라"고 말했습니다. 별이 빛나는 우주의 차원에서 보면 장애인과 비장애인의 차이는 없습니다. 궁극적인 사건 앞에서 사람의 차이는 없습니다. 그런 궁극적인 사실이 곧 본문이 말하고 있는 땅의 기초에 대한 이야기입니다.

많은 기독교인들은 이 대목에서 혼란스러워 합니다. 두 가지입니다. 첫째, 지금 당장 먹고 살기도 힘든데 어느 세월에 땅의 기초에 대한 것을 생각하느냐고 주장하는 이들이 적지 않습니다. 그런 것은 시간이 남아돌거나 공부를 많이 한 사람만 가능하다는 겁니다. 전혀 그렇지 않습니다. 우주의 신비를 가리키는 '땅의 기초'는 특별히 시간이 많은 사람이나 가방끈이 긴 사람만 생각할 수 있는 게 아닙니다. 정직하게 세상을 바라보고 사는 사람이라면 저절로 생각할 수밖에 없는 것입니다. 이것은 하나님의 형상으로 지음을 받은 사람에게는 자연스럽게 일어나는 현상입니다. 이 세상은 왜 존재하는 것일까요? 그리고 무(無)는 존재하지 않는 것일까요? 그리고 세상은 왜 이런 방식으로 존재하는 것일까요? 왜 먹고 마시고 배설하고 후손을 낳는 방식으로 살아야만 하는 것일까요? 우리와 만물의 마지막은 무엇일까요? 궁금하지 않으신가요? 이것은 제 말이 아니라 욥을 향한 여호와의 말씀입니다. 안타깝게도 그런 질문에 마음이 전혀 움직이지 않는 분들은 좋은 쪽이든 나쁜 쪽이든 세상의 억압과 유혹에 길들여진 겁니다. 돈과 소유에만 마음을 두는 사람에게 땅의 기초는 너무나 거리가 먼 이야기입니다. 그런 사람은 하나님이 말씀하신다는 성서의 진술이 무엇을 가리키는지 전혀 눈치 채지 못하고 살 수밖에 없습니다. 하나님을 경험하지 못한 사람들입니다. 욥의 이야기에도 관심이 없을 겁니다. 기독교인으로서는 불행한 일입니다.

둘째, 어떤 기독교인들은 '땅의 기초에 대한 이야기'를 신앙과는 상관이 없다고 생각합니다. 지금 당장 예수 영접하고, 회개하고, 교회생활 잘 하고, 세상에서 기독교인으로서의 사명을 잘 감당하면 된다는 식입니다. 건전하다고 생각하는 기독교인들도 대개는 이런 정도로 생각합니다. 파렴치하고 비상식적인 일들로 기독교가 욕을 먹고 있는 오늘날 이런 정도의 신앙생활을 하는 것만으로도 칭찬받을 만합니다. 그러나 성숙한 신앙은 아닙니다. 건강한 신앙도 아닙니다. 예수를 믿는다는 것과 땅의 기초를 생각한다는 것은 결코 다른 것이 아닙니다. 보십시오. 예수님은 부활 승천하시어 하나님 오른편에 앉아계시다가 다시 우리에게 오신다고 했습니다. 예수님이 승천하신 하늘은 어디입니까? 부활은 생명의 완성입니다. 부활이 우주의 완성과 어떻게 연관되는지 생각하지 않으면서 부활을 믿을 수 있을까요? 더 궁극적으로 예수님을 통해서 우리를 구원하신 하나님이 바로 땅의 기초를 놓으신 분이라는 사실을, 즉 하나님의 창조 세계를 진지하게 생각하지 않고도 우리가 예수님을 믿는다고 말할 수 있을까요? 예수님을 바르게 믿는 사람들은 하나님께서 창조하신 '땅의 기초'에 대해서 생각하지 않을 수 없습니다.

오해는 마십시오. 우리가 모두 물리학자나 생물학자가 되자는 게 아닙니다. 그런 지식을 자랑하라는 것도 아닙니다. 우리가 땅의 기초를 알아봐야 얼마나 알겠습니까? 완전하게 아는 건 세상 끝날까지 불가능합니다. 그리고 본문의 중심 주제도 아닙니다. 땅의 기초를 생각하라는 말씀은 우리의 생각을 뛰어넘는 방식으로 세상을 통치하시는 하나님을 생각하라는 뜻입니다. 잘못을 회개하라는 친구들의 닦달을 거부하던 욥은 땅의 기초에 대한 여호와의 말씀을 들은 뒤에 이렇게 고백합니다. "내가 스스로 거두어들이고 티끌과 재 가운데에서 회개하나이다"(욥 42:6). 그렇습니다. 하나님의 말씀을, 즉 하나님을 경험한 사람은 자신을 티끌과 재로 낮춥니다. 거기에 참된 해방과 평호와 안식이 임합니다. 그러나 이런 일이 쉽지 않다는 걸 여러분은 절감하실 겁니다.

우리를 대신해서 실제로 티끌과 재의 운명을 감당하시고 구원의 길이 되신 분이 계십니다. 십자가에 처형당하신 예수 그리스도이십니다. 그분을 보십시오. 그분에게 일어난 일들을 주목하십시오. 그리고 그분을 믿으십시오. 바로 그 예수 그리스도를 통해서 여러분은 '여호와께서 욥에게 말씀하신다'는 놀라운 사건을 경험하게 될 것입니다. 그것이 곧 하나님 경험입니다.

창조절 아홉째(종교개혁) 주일
마가복음 10:46-52
2012년 10월 28일

퀴리에 엘레이송!

'퀴리에 엘레이송'이라는 라틴어 문장은 '주여, 우리를 불쌍히 여겨주소서'라는 뜻입니다. 고대와 중세기 때부터 교회는 이런 노래를 불렀습니다. 요즘은 떼제 공동체처럼 수도원 영성을 추구하는 모임에서 자주 부릅니다. 이것과 연관해서 가장 전통적인 기독교 음악은 「레퀴엠」입니다. 모차르트와 같은 많은 서양 작곡가들이 레퀴엠을 작곡했습니다. 저는 베르디의 레퀴엠을 인상 깊게 들었습니다. 거기서 반복적으로 나오는 노래가 바로 '퀴리에 엘레이송'입니다. 한국교회가 함께 사용하는 찬송가 632장도 이 노랫말로 되어 있습니다. 오늘 우리가 함께 드린 사죄 기도에도 그 내용이 반복해서 나옵니다. 기독교 신앙은 기도와 찬송에서 퀴리에 엘레이송을 왜 그렇게 중요하게 생각하는 것일까요?

이 질문에 답하기 전에 몇 가지 오해를 풀어야 합니다. 어떤 사람들은 불쌍히 여겨달라는 '엘레이송' 영성을 부정적으로 봅니다. 자책감과 죄의식을 강화해서 인간성을 파괴한다는 것입니다. 그것을 도덕주의 영성이라고 합니다. 옳은 지적입니다. 많은 기독교인들의 신앙생활이 그와 비슷합니다. 죄의식과 죄책감으로 늘 불안해합니다. 그들의 영혼에

원죄의식이 팽배합니다. 프로이트의 용어로 바꾸면 오이디푸스 콤플렉스입니다. 아버지를 살해하고 어머니를 차지했다는 헬라 신화에 나오는 이야기입니다. 그런 무의식이 아담과 이브의 선악과 사건, 그리고 동생 아벨을 살해한 가인 사건 등과 연결되어서 원초적인 죄의식으로 작동될 때가 많습니다. 결정적으로는 예수님의 십자가 사건에 대한 죄의식이 그렇습니다. 우리의 죄를 대신 지고 십자가에 달리신 예수님을 생각하면서 자책을 하는 겁니다. 더 나가서 기독교인이 인격의 이중성을 보입니다. 세상 여느 사람들과 똑같이 부도덕하게 살면서도 십자가의 보혈로 모두 용서받았다는 확신으로 도덕적인 불안과 역사적 책임 의식을 피해갑니다. 이런 태도는 결코 건강한 영성이 아닙니다. 그렇다면 '우리를 불쌍히 여겨주소서'라는 말은 무슨 뜻일까요? 오늘 우리는 그 대답을 듣기 위해서 본문인 마가복음 10장 46-52절에 나오는 말씀을 읽으려고 합니다.

맹인 거지 바디매오

예수님께서 예루살렘에 들어가기 전에 들린 마을은 여리고입니다. 여리고에서 예루살렘은 7시 방향으로 대략 20여 km 떨어져 있습니다. 예수님께서 여리고에 이르렀을 때 제자들만이 아니라 여러 사람들이 몰려들었습니다. 그 사람들은 예수님이 곧 예루살렘으로 들어가시면 무엇인가 큰 일이 벌어질 것 같다는 예상을 했을 겁니다. 여리고에서 일을 마치시고 예수님이 여리고를 빠져 나오는 중이었습니다. 바로 그 순간에 어떤 시각장애인이 길가에 앉아 구걸하고 있었습니다. 마가는 이 사람의 이름을 정확하게 말합니다. 그는 디매오의 아들 바디매오입니다. 아버지 이름까지 거론하는 걸 보면 장애인 아들을 둔 이 사람에 대한 이야기가 그 지역에 널리 퍼져 있었던 것 같습니다.

본문이 묘사하는 장면이 어떤지는 그림처럼 생생해 보입니다. 고대

사회에서 시각장애인의 삶은 여러 가지 점에서 완전히 버려진 것과 같았습니다. 종교적으로는 하나님께 벌을 받았다는 죄책감에 시달렸습니다. 스스로, 또는 가족들이 신세 타령을 할 수도 있습니다. 살 길도 막막합니다. 요즘처럼 복지제도도 시원치 않았기 때문에 독립해서 살기는 힘듭니다. 따지고 보면 요즘도 마찬가지이긴 합니다. 며칠 전 뇌병변 1급 장애인인 삼십대 초반의 김주영이라는 여자 분이 질식사를 당했습니다. 작은 화재로 인한 연기를 피하지 못했다고 합니다. 바디매오 같은 장애인이 살아갈 수 있는 유일한 길은 구걸입니다. 타디매오는 오늘도 늘 그렇듯이 사람들이 지나다니는 길가에 앉아서 자비심이 많은 사람들의 따뜻한 손길을 기대하고 있었습니다. 그날도 태양이 빛났을까요? 바람은 불지 않았을까요? 새소리도 들렸을까요? 2천 년 전 여리고 성 밖 길가에 앉아서 구걸하던 시각장애인 바디매오는 무슨 생각을 하고 있었을까요?

바디매오는 예수님이 지나간다는 말을 들었습니다. 시각장애인이기 때문에 보지는 못하고 소리만 들었습니다. 그는 이렇게 외쳤습니다. "다윗의 자손 예수여, 나를 불쌍히 여기소서"(막 10:47). 주변 사람들이 바디매오에게 조용히 하라고 타일렀습니다. 바디매오는 더 크게 소리를 질렀습니다. "다윗의 자손이여, 나를 불쌍히 여기소서." 예수님은 못 들은 체 할 수 없었습니다. 바디매오를 오게 했습니다. 바디매오는 예수께 달려왔습니다. 바디매오가 얼마나 기뻐했을지 상상이 갑니다. 예수님은 그에게 무엇을 원하느냐고 물었습니다. 바디매오는 "선생님이여, 보기를 원하나이다" 하고 대답했습니다. 그러자 예수님은 그에게 이렇게 말씀하셨습니다. "가라. 네 믿음이 너를 구원하였느니라." 그러자 그는 곧 보게 되었다고 합니다.

이 이야기는 무엇을 말하는 것일까요? 표면적으로만 본다면 바디매오가 예수님을 통해서 기적적으로 장애를 고쳤다는 사실입니다. 이 대답은 두 가지 의미를 내포하고 있습니다. 하나는 예수님께 장애를 고치시는 능력이 있다는 것이고, 다른 하나는 예수님을 통해서 기적으로 치유를 받는 것이 신앙이라는 것입니다. 복음서와 사도행전에 이와 비슷한 이야기들이 있기 때문에 이렇게 생각하는 것도 무리는 아닙니다. 요즘도 어떤 이들은 믿음만 있으면 바디매오처럼 장애도 고칠 수 있다고 주장합니다. 전문적으로 그런 치유 사역을 하는 단체도 있습니다. 막다른 처지에 빠진 이들이 지푸라기를 잡겠다는 심정으로 거기에 몰려듭니다. 오늘 본문은 이것을 말하려는 게 아닙니다. 복음서에 나오는 다른 치유 사건들과 비교해 보십시오. 다른 사건들에는 치유의 제스처가 따라다닙니다. 예컨대 예수님께서 손을 잡는다거나 눈에 침을 바른다거나, 또는 예수님 모르게 물리적인 접촉이 일어납니다. 예수님께서 환자와 장애인을 위해서 구체적인 기도를 드리기도 합니다. 그런데 오늘 본문에는 그런 것에 대한 묘사가 전혀 없습니다. 예수님은 아무런 행동도 없고, 기도도 없이 "가라. 네 믿음이 너를 구원하였느니라"는 말씀만 하십니다. 여기서 예수님의 치유 능력은 강조되지 않습니다. 오히려 바디매오의 믿음이 드러납니다.

바디매오의 믿음은 무엇일까요? 그가 실제로 예수님을 그리스도로, 메시아로, 구원자로 믿었을까요? 그렇게 생각하기는 어렵습니다. 그는 오늘 처음으로 예수님을 만났습니다. 이전에 예수님에 대한 소문을 듣기는 했겠지만 예수님이 그리스도라는 사실을 알 수는 없었습니다. 예수님과 바디매오의 대화를 다시 주목해 보십시오. "네게 무엇을 하여주기를 원하느냐?"는 질문을 받은 바디매오는 예수님에게 "보기를 원하나이다" 하고 대답했습니다. 그렇다면 보기를 원하는 것이 바로 믿음의 실체일까요? 병과 장애를 고치고 싶은 간절한 마음이 믿음일까요? 우리의 인생살이에서 이것보다 더 절실한 문제는 없습니다. 병과 장애만이 아니라 가난, 실업문제, 그리고 고독, 불안 등등에서 벗어나고 싶어 합니다. 더 나가서는 늙음과 죽음을 벗어나고 싶어 합니다. 이 세상에서 우리가 기울이는 모든 노력은 바로 이런 열망을 기초로 합니다. 오죽했으면 괴테는 《파우스트》에서 노 학자가 자기 영혼을 팔아 젊음을 샀다고 했겠습니까. 보기를 원한다는 바디매오의 이런 열망이 솔직한 것이긴 하지만 그것이 바로 믿음 자체는 아닙니다. 그렇다면 예수님은 바디매오의 무엇을 보고 믿음 운운하신 것일까요? 그것을 알아야 우리도 참된 믿음의 사람이 되지 않겠습니까.

퀴리에 엘레이송!

바디매오 이야기는 마태복음과 누가복음에도 나옵니다. 마태복음 (20:29-34)에는 이름 없이 '맹인 두 사람'으로 나옵니다. 마가복음과는 달리 예수님이 두 맹인의 눈을 만지셨다고 합니다. 누가복음(18:35-43)에는 이름 없이 '한 맹인'으로 나옵니다. 똑같은 이야기인데 공관복음이 약간씩 다르게 보도합니다. 그런데 세 텍스트가 똑같이 전하는 내용이 있습니다. 그것은 "다윗의 자손 예수여, 나를 불쌍히 여기소서"입니다. 퀴리에 엘레이송! 복음서 기자들은 바로 이 진술을 기독교 신앙의 중심으로 본 것입니다. 그렇습니다. 믿음은 퀴리에 엘레이송에 담긴 영적 태도입니다. 이게 무슨 뜻일까요? 앞에서 언급한 것처럼 인간성을 파괴하는 심리적 자학일까요? 그래서 얄팍한 도덕주의라는 성채로 숨어버리는 퇴행적 영성일까요? 그렇지 않습니다.

'불쌍히 여기소서'라는 고백은 하나님 앞에 선 인간이 자신의 영적 실존을 정확하게 성찰하는 삶의 태도입니다. 우리 인간에게 구원의 능력이 없다는 인식이자 고백입니다. 우리에게는 생명의 근원이 없습니다. 우리는 모두 죽는다는 뜻입니다. 이런 표현이 너무 멀게 느껴지신다면 참된 안식으로 바꿔 생각해 보십시오. 우리에게는 안식이 없습니다. 베르디의 「레퀴엠」은 '레퀴엠 에테르남'이라는 노랫말로 시작됩니다. '영원한 안식'이라는 뜻입니다. 죽은 자에게 필요한 것은 영원한 안식입니다. 이는 곧 우리가 살아 있는 동안에는 참된 안식이 불가능하다는 뜻입니다. 지금 우리가 많은 것을 소유하는 방식으로 살아가지만 그것으로는 죽었다 깨도 안식을 누릴 수 없습니다. 이런 우리의 실존 앞에서 엘레이송이라는 고백을 드리지 않을 수 없습니다.

'불쌍히 여기소서'라는 고백은 창조주 하나님 앞에서 자기를 땅바닥까지 낮추는 영적 태도입니다. 신앙의 세계를 아는 사람은 모두 이런 태도로 살아갑니다. 모세는 호렙산에서 하나님 경험하고 '신을 벗으라'는 말씀을 들었습니다. 욥은 친구들과의 치열하지만 지루한 논쟁 끝에 '땅의 기초'에 대한 여호와의 말씀을 듣고 티끌과 재 가운데서 회개한다고 고백했습니다. 티끌과 재의 영성에서 자유를 얻었습니다. 우리가 결국 티끌과 재로 돌아간다는 엄정한 사실을 인식한다면 아직 살아 있는 가운데서도 티끌과 재의 자리에 서는 태도를 취할 수밖에 없습니다. 그것이 믿음의 자리입니다. 그럴 때만 참된 자유와 해방이 가능합니다. 참된 안식이 가능합니다. 모든 다툼으로부터 벗어날 수 있습니다. 이게 무슨 뜻인지, 왜 중요한지 아시겠지요?

다르게 생각하는 분들도 있을 겁니다. 당신의 말은 완전히 도사 같은 이야기라서 실제 삶과는 관계가 없다고 말입니다. 일리가 있습니다. 우리의 삶은 이전투구와 비슷합니다. 약간만 한 눈을 팔아도 버텨내기 힘듭니다. 뉴스 보도는 온통 그런 싸움에 대한 이야기입니다. 누가 옳은지도 판단하기 힘들 정도입니다. 이런 현실에서 불쌍히 여겨달라는 식으로 살다가는 왕따 되기 맞춤합니다. 세상은 자신감을 가지라고, 자기를 내세우라고, 긍정의 힘을 가지라고 요구합니다. 이런 세상에서 자기를 티끌과 재처럼 불쌍히 여겨달라는 식으로 살기는 불가능합니다.

그런 생각은 퀴리에 엘레이송 영성에 대한 오해입니다. 이런 고백을 누구에게 하느냐를 보십시오. 사람들에게 하라는 말이 아닙니다. 권력과 돈에게 하라는 게 아닙니다. 그런 세속적인 힘 앞에서 비굴하게 살라는 말씀이 결코 아닙니다. 그것과는 싸워야 합니다. 선하게 싸워야 합니다. 마틴 루터도 불굴의 의지로 악한 세력과 투쟁했습니다. 퀴리에 엘레이송이라는 고백의 대상은 하나님입니다. 바디매오도 제자들이 아니라 예수님을 향해서 불쌍히 여겨달라고 말했습니다. 이걸 혼동하지 말아야 합니다. 기독교인들이 이걸 거꾸로 하는 경우가 있습니다. 세상의 힘에는 철저하게 굴복하고 아부하면서, 하나님 앞에서는 뻔뻔합니다. 사람의 눈치는 지나칠 정도로 보면서 하나님의 말씀에는 아주 둔감합니다.

바디매오 이야기가 어떻게 끝나는지 보십시오. 예수님은 바디매오에게 이제 구원받았으니 '가라'고 말씀하셨습니다. 그는 이제 보게 되었고, 참된 생명이 무엇인지를 인식하게 되었습니다. 그런데 그는 가지 않고 오히려 예수님을 따랐다고 합니다. 생명을 발견했기 때문에 예수님을 떠날 수 없었습니다. 그게 바로 바디매오 이야기를 통해서 마가가 전하려는 제자의 삶이었습니다. 우리가 모든 세상의 삶을 포기하고 교회에만 매달려서 살아야 한다는 뜻은 아닙니다. 세속의 삶은 중요합니다. 각자의 역할도 있습니다. 바디매오가 예수님을 따랐다는 것은 십자가와 부활에 이르는 예수님의 운명에 동참하겠다는 뜻입니다. 여러분도 그런 제자로 살기를 원하시지요? 그런데 그게 마음먹은 대로 잘 되지 않지요? 제자의 길은 퀴리에 엘레이송의 영적 세계로 들어가는 것부터 시작됩니다. 그런 경험이 없으면 제자로 살지 못합니다. 주님, 우리를 불쌍히 여겨주십시오. 아멘.

창조절 열번째 주일
히브리서 9:11-14
2012년 11월 4일

그리스도의 피와 구원의 능력

오늘 설교 제목인 "그리스도의 피와 구원의 능력"이 여러분에게 어떻게 들립니까? 각자 다르게 들릴 겁니다. 어떤 분들은 예수 그리스도의 피로 자신의 죄가 용서받고 구원받았다는 감격이 밀려든다고 생각합니다. 우리가 일반적으로 알고 있는 신앙의 모습입니다. 이런 생각이 간혹 왜곡되어 나타나기도 합니다. 예수 그리스도의 피를 마술적인 힘이 있는 것쯤으로 생각하는 겁니다. 거꾸로 이런 제목을 불편하게 생각하는 분들도 있습니다. 21세기를 살아가는 우리에게 그리스도의 피가 무슨 의미가 있느냐는 반론입니다. 일리가 있습니다.

예수님이 2천 년 후의 오늘 대한민국 사람들을 구원하기 위해서 십자가를 지시고 죽었다는 것은 쉽게 받아들이기 힘듭니다. 또 어떤 분들은 이런 문제에 아예 관심이 없을 겁니다. 교회에서 그렇다고 말하니까 예수 그리스도의 피가 우리를 구원한다고 믿을 뿐이지 실제 살아가는 것과는 아무런 상관이 없다고 여깁니다. 이것도 일리가 있습니다. 우리 삶의 현장을 보십시오. 지금 대선 정국에 들어선 대한민국을 보십시오. 서로 대통령이 되겠다고 외칩니다. 국민들도 서로 지지하는 후보가 다릅니다. 무력만 사용하지 않을 뿐이지 심정적으로는 서로 원수처럼 비난하기도 합니다. 노동 현실, 교육 현실도 비슷합니다. 이런 현실에서 그리스도의 피라는 말은 너무 거리가 멀게 느껴집니다. 그리스도의 피라는 가르침을 오해하지 말아야 합니다. 그것은 구원의 마술적인 능력이 아니고, 고대인들의 미숙한 종교심도 아니며, 21세기 현대인의 세계관과 어긋나는 것도 아닙니다. 그것은 지난 2천 년 동안 기독교가 지켜온 진리입니다. 첨단 문명과 경쟁 만능의 거친 세상에서 살아가는 오늘 우리에게도 역시 진리입니다. 그 근거가 무엇일까요?

그리스도의 피

그리스도의 피에 대한 이야기를 이해하려면 구약의 희생제사를 먼저 알아야 합니다. 오늘 설교 본문인 히브리서는 그것을 구약의 희생제사와 연관해서 설명합니다. 12절 말씀은 다음과 같습니다. "염소와 송아지의 피로 하지 아니하고 오직 자기의 피로 영원한 속죄를 이루사 단번에 성소에 들어가셨느니라." 오늘 설교는 이 한 구절에 대한 주석이라고 할 수 있습니다. 여기서 두 가지 종류의 피가 나옵니다. 하나는 염소와 송아지의 피고, 다른 하나는 '자기의 피'입니다. 전자는 짐승의 피고, 후자는 사람인 예수의 피입니다.

유대인들의 제사는 여러 가지가 있습니다. 제사를 드리면서 바치는 품목에 따라서 구분되기도 하고, 제사의 목적에 따라서 구분되기도 합니다. 모든 제사 행위의 기초는 희생제사, 또는 번제입니다. 짐승을 잡아서 피를 제단에 뿌리고, 살을 태워서 만든 재를 사람에게 뿌리기도 합니다. 피를 뿌리는 것은 죄에 대한 용서를 가리키고, 짐승의 살을 태우는 것은 그 연기가 하나님께 바쳐진다는 뜻입니다. 출애굽기 29장 20절은 다음과 같습니다. "너는 그 숫양을 잡고 그것의 피를 가져다가 아론의 오른쪽 귓부리와 그의 아들들의 오른쪽 귓부리에 바르고 그 오른

손 엄지와 오른발 엄지에 바르고 그 피를 제단 주위에 뿌리고…."

유대인들이 왜 짐승의 피를 용서의 증거로 삼았는지는 분명합니다. 피는 생명을 가리킵니다. 피를 바친다는 것은 곧 생명을 바친다는 것입니다. 하나님 앞에서 사람이 죽어야 합니다. 그렇지만 실제로 죽을 수는 없습니다. 유대인들은 자신의 피를 대신해서 짐승을 피를 바친 겁니다. 이들의 이런 종교적 전통을 우습게 생각하면 곤란합니다. 이들이 이렇게 한 데에는 두 가지 전제가 있습니다. 하나는 자신들의 생명이 하나님께 달려 있다는 인식이자 믿음입니다. 그들은 하나님과의 관계에서만 생명을 생각했습니다. 생명의 주인이 자신들이 아니라 하나님이라는 고백입니다. 옳은 고백이자 통찰입니다. 우리는 생명 앞에서 무기력합니다. 그 어떤 방식으로도 우리의 생명을 늘릴 수 없습니다. 건강식품과 첨단 의료 기술로도 조금의 도움을 줄 수 있을 뿐이지 근본적으로는 아무것도 할 수 없습니다. 다른 하나는 인간이 자기 생명을 하나님께 바치지 않으면 안 될 정도로 부정하다는 인식이자 믿음입니다. 죄에 대한 깊은 통찰입니다. 죄는 생명을 파괴합니다. 유대인들은 그것을 진지하게 생각했습니다. 아무리 애를 써도 부정을, 불의를, 즉 죄를 벗어날 수 없었습니다. 인간이 얼마나 파렴치하고, 독선적이고, 이기적인지를 생각하면 그들의 주장을 배척할 수 없습니다. 유대인들은 짐승을 잡아 피를 뿌리고 불에 태우면서 자신들의 두 가지 사실을 표현했습니다. 생명의 주인이 하나님이며, 인간은 피를 바칠 수밖에 없을 정도로 부패했다는 사실 말입니다.

그런데 히브리서 기자는 유대인들 희생제사가 이젠 끝장났다고 말합니다. 짐승을 통한 희생제사는 근본적인 해결책이 될 수 없었기 때문입니다. 그들의 종교의식은 매번 반복되어야만 했습니다. 반복해서 짐승의 피를 바쳐야만 했습니다. 거듭해서 속죄의식을 행해야만 했습니다. 그러나 이제 그럴 필요가 없게 되었습니다. 단번에 모든 희생제사를 끝장낸 희생제사가 일어났기 때문입니다. 짐승의 피가 아니라 사람의 피가 바쳐졌습니다. 그 사람은 바로 예수 그리스도입니다. 구약의 제사는 차마 사람의 피를 바칠 수 없어서 짐승의 피를 바친 것입니다. 이제 실제로 사람의 피가 바쳐졌습니다. 더 이상 짐승의 피가 필요 없게 되었습니다. 그것을 히브리서 기자는 이렇게 표현합니다. "단번에 성소에 들어가셨느니라." 성소에 들어가셨다는 것은 속죄를 완전히 끝냈다는 뜻입니다. 여기서 '단번에'라는 표현이 중요합니다. 루터는 'ein für alle mal'이라고 번역했습니다. 문자적인 의미는 '모든 경우를 위한 하나'입니다. 유일회적이라는 뜻입니다. 그 이전에도 없었고, 이후에도 없는 오직 한 번의 경우를 가리킵니다.

히브리서의 이런 표현이 낯설지요? 어떻게 그럴 수 있는가 하는 의심도 들지요? 예수 그리스도의 피가 모든 이들의 죄를 용서하는 유일한 사건이라는 사실을 어떻게 증명할 수 있느냐, 또는 그건 단순히 교리적인 것이지 확실한 것은 아니라는 생각도 들지요? 이렇게 질문하는 분들의 가슴을 시원하게 해줄 수 있는 대답을 제가 안타깝게도 드릴 수 없습니다. 성서 기자의 주장과 고백을 여러분에게 설명할 수 있을 뿐이지 억지로 깨닫고 믿게 할 수는 없습니다. 깨닫게 하는 것은 성령의 몫입니다. 설교자로서 약간의 보충 설명만 하겠습니다.

우리는 매월 첫 주일 예배에 성찬예식을 함께 나눕니다. 저는 빵이 예수님의 몸이며, 포도주가 예수님의 피라고 말씀드립니다. 여러분은 그 말을 들을 때 무슨 생각을 하십니까? 제가 교회 의식과 전통에 따라 그런 말을 했다고 해도 포도주라는 질료는 그대로 포도주입니다. 그러나 영적인 차원에서 그것은 분명히 예수 그리스도의 피입니다. 그래서 그 포도주를 마시는 분은 모두 예수 그리스도의 피를 마시는 것과 같습니다. 이게 성만찬의 신비입니다. 그것은 기독교 신앙의 중심입니다. 이게 믿어지지 않는 분들도 있을 겁니다. 포도주가 어떻게 그리스도의 피냐고 말입니다. 그것을 억지로 믿을 수는 없습니다. 영적으로 준비가 안 된 사람에게는 무미건조한 종교의식에 불과합니다. 영적으로 눈이 밝은 사람은 그 사실을 통찰할 수 있고 받아들일 수 있습니다. 자신이 아직 모른다고 해서 그 사실을 무조건 부정하는 것처럼 어리석은 일은 없습니다.

그리스도의 운명

그리스도의 피가 무엇인지를 더 생각해 보십시오. 성찬식 때문에 초기 기독교는 주변으로부터 사람의 피를 실제로 마신다는 오해도 받았습니다. 예수님의 피는 우리와 똑같은 피입니다. 그 피 자체가 어떤 마술적인 능력이 있는 게 아닙니다. 성만찬에서 우리가 예수님의 실제 몸과 실제 피를 먹고 마시는 게 아닙니다. 예수 그리스도의 피는 곧 그의 운명을 가리킵니다. 그리스도의 피로 단번에(아인 퓌어 알레 말) 구속받았다는 히브리서 기자의 진술은 예수 그리스도의 운명이 인류 구원의 유일한 사건, 행위, 길이라는 뜻입니다.

그의 운명이 무엇인지는 복음서가 자세하게 설명했습니다. 그의 운명을 가리켜서 케리그마라고 합니다. 그의 오심, 고난, 십자가, 부활, 승천이 그것입니다. 핵심적으로는 십자가와 부활입니다. 십자가의 죽음이 인류 구원의 길이 된다는 말은 사실 상식적으로 받아들이기 어렵습니다. 십자가의 죽음 자체가 주술적으로 우리를 구원하는 것은 아닙니다. 당시에 십자가 죽음은 수치스러운 일이었습니다. 예수님도 그렇게 죽고 싶지 않다고 토로까지 했습니다. 십자가에 달려 죽은 사람은 많습니다. 예수님의 십자가 처형 당시에도 두 사람이 함께 십자가에 달렸다고 복음서 기자들이 증언합니다. 십자가는 인간이 행할 수 있는 악의 극단입니다. 예수님의 운명이 그것으로 끝났다면 그는 위대한 선지자나 민중해방을 염원했던 극단적인 휴머니스트로 남았을 겁니다. 그 많은 십자가의 죽음 가운데서 유독 예수님의 죽음만이 하나님께서 인류 구원을 위해서 행하신 유일한 사건이 될 수 있는 근거는 부활입니다.

오늘 히브리서는 예수님의 부활을 직접적으로 언급하지는 않습니다. 그러나 그것은 이미 전제하고 있습니다. 11절에 따르면 궁극적인 대제사장인 예수 그리스도는 손으로 만들어지거나 창조되지 않으신 몸(장막)을 통해서 궁극적인 대제사장으로 오셨습니다. 예수님의 몸은 우리와 똑같은 질료로 구성되었지만, 우리와 달리 피조되신 분이 아니라는 뜻입니다. 그것을 사도신경은 고대인들의 글쓰기 방식으로 이렇게 표현했습니다. "성령으로 잉태하사 동정녀 마리아에게 나시고…" 니케아 신조는 거기에 덧붙여 명시적으로 "창조되지 않고 나시며…"라고 표현했습니다. 이것은 곧 그의 부활을 가리킵니다. 예수님의 피로 인해서 인류 구원이 가능한 이유가 바로 여기에 있습니다. 인류 역사의 모든 인물들은 아무리 위대하다고 해도 피조물입니다. 그들의 희생은 우리가 존경하고 본받아야 할 가치들이지 절대적인 구원의 길은 아닙니다. 그들을 통해서 우리가 생명을 얻지는 못합니다. 예수님만이 부활의 현실성(reality)이십니다. 그분만이 생명의 근원이시고, 피조되지 않으신 분이시고, 그래서 우리를 구원하신 분이십니다.

그리스도의 운명이, 그의 피가 우리를 단번에 구속했다는 말이 실질적으로 무엇을 가리킬까요? 두 가지입니다. 하나는 우리의 '양심을 죽은 행실에서 깨끗하게' 하신다는 뜻입니다(14절). 여기서 히브리서 기자는 구약의 전통과 비교해서 설명합니다. 짐승을 태운 재를 사람에게 뿌리면 깨끗해지는데, 그리스도의 피야 오죽하겠느냐는 것입니다. 죽은 행실은 짐승을 잡아 바치는 희생제사에 속한 모든 것, 즉 종교적인 행위와 윤리 도덕적인, 그리고 우리의 모든 삶의 노력들을 가리킵니다. 포악한 것만이 아니라 세련된 삶의 행위와 업적을 가리킵니다. 우리가 가치 있다고 생각하면서 노력을 기울이는 모든 것을 가리켜 히브리서는 '죽은 행실'이라고 표현했습니다. 죽은 행실이라는 말은 그것의 결과가 결국 죽음, 또는 허무라는 뜻입니다. 그래서 이런 죽은 행실은 우리의 양심을 괴롭힙니다. 아무리 선하게 살려고 노력해도 우리의 양심은 괴롭습니다. 참된 안식이 불가능합니다. 사람에게 인정받아도 괴롭습니다. 그런 인정을 통해서 양심이 만족스러워지는 사람이 있다면 "너, 예쁘게 생겼구나" 하는 동네사람의 말을 듣고 좋아서 어쩔 줄 몰라 하는 어린

아이와 같습니다. 다른 하나는 그리스도의 피가 하나님을 섬기게 한다는 것입니다. 이 두 가지는 사실 한 가지 의미입니다. 악한 행실에 머무는 것이 우상숭배입니다. 거기서 우리의 양심은 억압받습니다. 거기서 해방되는 사람은 당연히 하나님을 섬깁니다.

   사랑하는 성도 여러분, 히브리서 기자가 전하는 복음을 잊지 마십시오. 그리스도의 피는, 즉 그의 운명은 구원의 능력입니다. 여러분은 그의 피를 통해서 모든 죽은 행실, 즉 모든 인간적 업적으로부터 참된 해방을 얻습니다. 저는 이 사실을 진리라고 믿습니다. 아멘.

창조절 열한번째 주일
마가복음 12:38-44
2012년 11월 11일

가난한 과부의 헌금

서기관 이야기

오늘 설교 본문인 마가복음 12장 38-44절에는 두 가지 이야기가 겹쳐서 나옵니다. 하나는 38-40절에 나오는 서기관에 대한 이야기입니다. 병행구인 마태복음 23장 1절 이하에 따르면 서기관만이 아니라 바리새인들도 이 이야기에 포함됩니다. 예수님은 이들을 이렇게 묘사했습니다. "긴 옷을 입고 다니는 것과 시장에서 문안 받는 것과 회당의 높은 자리와 잔치의 윗자리를 원하는 사람들"이라고 말입니다. 이들은 실제로 모두가 존경해마지 않는 율법 학자들입니다. 고대 유대사회에서 이들은 최고 지식인들을 대표했습니다. 어느 사회이거나 최고 지식 엘리트 층은 존경받습니다. 마음으로만 존경받는 게 아니라 금전적으로도 충분한 예우를 합니다. 이런 사람들은 어떤 모임에서든지 사람들이 잘 보이는 앞자리에 앉습니다. 그런 일들이 반복되다보니 그들은 자신들이 늘 그런 대접을 받아야 한다고 생각합니다. 그런 대접을 받지 못하면 섭섭해 합니다. 예수님은 이런 사람들을 '삼가라'고 하셨습니다. 가까이 하지 말고 조심하라는 뜻입니다.

이어서 예수님은 서기관들의 태도를 더 직설적으로 비판하십니다. 40절 말씀을 직접 읽겠습니다. "그들은 과부의 가산을 삼키며 외식으로 길게 기도하는 자니 그 받는 판결이 더욱 중하리라." 과부의 집과 재산을 빼앗는다는 것은 세상에서 가장 비겁하고 악랄한 행위입니다. 고대 유대사회에서 과부는 우선적으로 보호받아야 할 대상이었습니다. 율법도 그것을 분명하게 규정하고 있습니다. 율법학자들이 율법을 부정하는 행위를 한다는 것은 용납될 수 없었습니다. 물론 그들이 노골적으로 과부의 재산을 빼앗은 것은 아닙니다. 율법을 범하지 않으면서도 재산을 강탈하는 일은 얼마든지 가능합니다. 아무리 법이 철저하게 운용된다고 하더라도 사람들이 마음만 먹으면 법을 교묘하게 피해갈 수 있습니다. 법을 아는 사람은 법을 이용해서 더 큰 악을 행할 수 있습니다. 예컨대 과부가 송사에 걸렸을 경우에 많은 돈을 받고 변호해주는 일들이 그런 겁니다. 요즘도 이런 일은 비일비재합니다.

　예수님의 말씀에 따르면 서기관들은 과부의 가산을 강탈하면서도 길게 기도합니다. 기도를 길게 하는 것 자체가 문제는 아닙니다. 기도의 길이는 개인이 결정할 문제입니다. 문제는 사람에게 경건한 것처럼 보이려고, 그리고 자신의 악을 숨기려고 위선적으로 길게 기도하는 것입니다. 서기관들과 바리새인들은 실제 삶에서는 과부를 보호하지 못하면서, 더 나가서 당시 사회적으로 약자인 과부들의 재산을 수탈하면서 경건한 종교 행위 안으로 자신을 숨깁니다. 이런 행위를 특별하게 파렴치한 사람들에게만 일어나는 것이라고 생각하면 오해입니다. 지난 역사에서 교회는 과부가 강탈당하는 현장을 지켜보면서도 외면하거나 동조한 적이 많습니다. 종교를 민중의 아편이라고 말한 마르크스의 주장은 일리가 있습니다. 죽어서 천당을 가기만 하면 모든 문제가 해결될 테니까 지금 당하는 고통을 참으라는 주장이 곧 영혼을 잠들게 하는 아편과 같다는 뜻입니다.

　예수님은 서기관과 바리새인들이 훨씬 무거운 심판을 받을 것이라고 경고하셨습니다. 종교적 위선에 숨어서 과부를, 즉 스스로 생존의 능력이 없는 이들의 억울한 상황을 모른 척하거나 착취하는 이들에게 임할 심판을 가리킵니다. 서기관 자신들은 예수님의 이런 말씀이 무엇을 가리키는지 몰랐을 겁니다. 많은 사람들에게 존경을 받고 있었기 때문입니다. 율법적으로도 완벽합니다. 모든 게 잘 되고 있습니다. 그냥 이 상태로 계속 나가기만 하면 됩니다. 하나님의 축복으로 영혼이 잘 되고 범사에 잘 되고 강건하니(요삼 1:2) 더 바랄 게 없습니다. 만약 지금 당장 누리는 것만으로 그 사람의 삶을 평가한다면 예수님의 이 말씀은 무의미합니다. 그러나 임박한 하나님 나라 앞에서 예수님의 말씀은 준엄합니다. 예수님의 말씀을 준엄하게 받아들이는 사람의 영혼은 살아있는 것이고, 흘려듣는 사람의 영혼은 죽었든지 잠들어 있는 겁니다. 여러분은 어느 쪽이신가요?

가난한 과부 이야기

서기관을 조심하라는 이야기에서 과부는 서기관의 위선에 대한 배경으로 등장합니다. 마가복음 12장 41-44절인 두 번째 이야기에서는 가난한 과부가 중심적인 역할을 합니다. 예수님께서 성전의 헌금함 앞에서 사람들이 헌금하는 것을 보고 계셨습니다. 부자들은 보란 듯이 고액의 헌금을 했습니다. 그들은 바로 앞에 나온 서기관이나 바리새인과 마찬가지로 지도층 인사들입니다. 반면에 어떤 한 가난한 과부는 푼돈을 헌금했습니다. 당시에 제사장들은 헌금함 앞에서 사람들의 헌금 액수를 확인했습니다. 부자들은 체면 때문에라도 헌금을 많이 했습니다. 그게 사람들의 일반적인 심리현상입니다. 요즘도 어떤 교회에서는 헌금자 명단을 주보에 기록합니다. 옛날에는 심지어 액수까지 기록하기도 했습니다. 헌금 공개는 헌금의 투명성이라는 점에서는 나름으로 근거가 없지 않지만, 그것보다는 헌금 참여율을 높이는 수단으로 이용된다는 점에서 문제가 있습니다. 부자들은 헌금을 하면서도 인정을 받았지만, 가난한 과부는 헌금을 드리면서도 부끄러워할 수밖에 없었습니다.

　예수님은 제자들에게 이 두 종류의 헌금에 대해서 평가하셨습니다. 가난한 과부의 헌금이 부자들의 헌금보다 더 크다고 말입니다. 예상외의 평가였습니다. 예수님은 그 이유를 이렇게 설명하셨습니다. 부자들은 넉넉한 중에서 일부를 헌금했지만 가난한 과부는 자기의 모든 소유를 헌금했기 때문입니다. 도대체 이 이야기는 무엇을 말하는 것일까요? 우리도 가난한 과부처럼 자기의 소유를 몽땅 헌금하자는 것일까요? 그래서 예수님에게 칭찬을 받자는 것일까요? 모든 소유를 바치면 복을 받는다는 말씀일까요? 아니면 아무도 모르게 헌금하는 게 좋다는 의미일까요?

　헌금 문제는 신앙생활에서 좀 까다롭고 예민합니다. 한국교회에서는 상당히 왜곡되어 있습니다. 어떤 이들은 헌금을 율법적인 차원으로 받아들입니다. 십일조 헌금을 하지 않으면 하나님의 것을 도적질하는 것이라고 생각합니다. 하나님의 것을 도적질하면 결국 망할 수밖에 없다고 협박하기도 합니다. 코미디 같은 이야기입니다. 모든 것이 하나님의 것인데 도적질을 하고 말고 할 것도 없습니다. 어떤 이들은 헌금을 주술적인 차원으로 받아들입니다. 십일조 헌금을 하면 창고가 차고 넘치게 축복을 받는다는 겁니다. 면죄부를 구입하면 연옥의 조상이 천국으로 간다고 주장한 종교개혁 시대의 로마가톨릭의 가르침과 비슷합니다. 하나님과의 거룩한 관계를 가리키고 있는 헌금을 천박하게 여기는 생각들입니다. 헌금을 하지 않는다고 해서 망하지 않고, 헌금을 한다고 해서 복을 받는 것도 아니니까 그것에 관해서 지나치게 신경을 쓰지 마십시오. 거꾸로 또 어떤 이들은 헌금을 냉소적으로 생각합니다. 교회에 헌금을 할 바에야 불쌍한 사람들을 돕겠다고 말합니다. 주님의 몸 된 교회 공동체의 운영과 복음 사역에 헌금으로 동참하지 않으면서 하나님의 사람으로 산다는 것은 형용 모순입니다. 한국교회 개혁은 헌금 개혁에 달려 있다고 해도 과언이 아닙니다. 율법이나 사술이 아니라 복음의 차원에서 헌금에 참여하는 제도가 무엇인지에 대한 논의와 결단이 필요합니다.

　오늘 가난한 과부의 헌금에 대한 이야기는 헌금 자체에 대한 것이 아닙니다. 헌금도 물론 신앙 전반에 연결된 것이기 때문에 완전히 관계가 없다고 할 수는 없지만 핵심은 아닙니다. 예수님의 관심은 서기관들의 위선과 과부의 진정성에 있었습니다. 서기관들, 부자들, 바리새인들은 앞에서 말씀드렸듯이 사회 엘리트 집단입니다. 그들은 사회 주도층입니다. 교육을 많이 받았고 경제적인 여유도 있습니다. 합리적으로 생각할 줄 아는 사람들입니다. 이런 사람들이 많아야만 사회가 건강하게 발전되는 건 분명합니다. 오늘의 목사들도 일반적으로는 그런 부류에 속합니다. 그들이 모두 비인격적이거나 파렴치한 사람들은 결코 아닙니다. 문제는 그들이 늘 사람들에게 존경받는 것에만 몰두했다는 사실입니다. 그것이 과도해서 결국 과부의 재산을 강탈하는데 이르게 되었습니다. 이게 당시만이 아니라 지금도 마찬가지라는 것은 여러분도 동의하실 겁니다. 우리가 주변 사람들을 얼마나 많이 의식하면서 사는지 돌아보십시오. 존경받으려고 무진장하게 애를 씁니다. 대한민국의 과도한 교육열도 결국은 자신과 자녀들이 존경받는 사람이 되려는 것에 강박적으로 매달리는 데서 나옵니다. 본문에서 부자들이 사람들의 눈을 의식해서 헌금을 많이 하는 것과 다를 것이 없습니다. 우리는 그런 삶에 아주 익숙해져 있습니다. 사회가 그런 삶을 강요하고 있기 때문입니다.

　가난한 과부를 보십시오. 본문에서 이 여자는 두 렙돈, 곧 한 고드란트를 헌금함에 넣었다고 합니다. 성경 난외주에 나왔듯이 이것은 로마 동전의 명칭입니다. 우리 돈으로 오백 원짜리 동전 두 개에 해당됩니다. 이런 푼돈을 헌금하는 일은 아주 드물었습니다. 차라리 헌금을 하지 않으면 않았지 이렇게 작은 헌금을 할 수는 없습니다. 가난한 사람도 비둘기 한 쌍을 살 정도의 돈을 헌금했습니다. 이 여자가 바친 액수의 스무 배 정도는 됩니다. 이 작은 돈은 과부의 생활비 전부였습니다. 이 가난한 과부는 왜 자기의 생활비 전부를 헌금함에 넣었을까요? 그렇게 헌금하고 굶어죽을 작정을 한 것일까요? 절망한 것일까요? 인생을 포기한 것일까요?

가난한 과부의 영적 관심

가난한 과부의 헌금은 자신의 영혼을 온전히 하나님께 맡긴다는 고백이자 결단입니다. 하나님과의 관계에서만 생명을 인식한 것입니다. 그녀에게 하나님 이외의 대상은 전혀 중요하지 않았습니다. 사람들의 평가는 관심 밖이었습니다. 그래서 푼돈으로 헌금하는 것도 창피하지 않았습니다. 자신의 미래마저 하나님의 손에 달려 있다는 것을 알고 있었습니다. 그래서 모든 소유를, 생활비 전부를 헌금함에 넣을 수 있었습니다. 임박한 하나님 나라를 직면한 사람의 영적 태도입니다. 이런 사람은 한 가지 사실인 하나님과의 관계에 집중하면서 삽니다. 예수님은 제자들에게 늘 이런 말씀을 강조하셨습니다.

1) 산상수훈에 나오는 팔복은 "심령이 가난한 자는 복이 있나니 천국이 그들의 것임이요"(마 5:3)로 시작합니다. 누가복음은 '심령'이라는 단어를 빼고 직접 가난한 자라고 했습니다. 실제로 가난한 사람이나 심령이 가난한 사람이나 똑같습니다. 가난한 사람이 복이 있는 이유는 천국이 그들의 것이기 때문이라고 했습니다. 가난한 사람은 이 세상의 권력이나 명예로부터 기대할 것이 없어서 하나님 나라를 대망할 수밖에 없습니다. 하나님 나라를 대망하는 사람에게 그 나라는 주어집니다. 지금 여기서 행복한 조건이 너무 많은 사람들은 하나님 나라가 오기를 별로 기대하지 않습니다.

2) 예수님은 일상에 대한 걱정과 하나님 나라에 대해서 이렇게 말씀하셨습니다. 무엇을 먹을까 무엇을 마실까 무엇을 입을까 하는 일상의 염려는 이방인들의 태도이고 하나님 나라와 그의 의를 구하는 것은 제자들의 태도입니다(마 6:31-33). 하나님 나라와 그의 의를 구하기만 하면 나머지 일상은 하나님께서 해결해 주신다는 겁니다. 아무것도 하지

않고 무조건 교회에 나와야 한다거나 기도만 해도 된다는 말씀이 아닙니다. 하나님께 모든 삶의 무게를 두고 살라는 것입니다. 가난한 자가 복이 있다는 말씀이나 일상에 대해서 걱정하지 말라는 말씀은 모두 오늘 설교 본문에 나오는 가난한 과부의 영적 태도에 해당됩니다.

말이 그렇지 실제로는 그렇게 살 수 없다고 생각하시나요? 어떻게 하나님께만 영적 관심을 두고 사느냐, 그건 수도승들이나 전업 목사들에게만 해당되는 거라고 생각하시나요? 저는 지금 겉으로 드러난 종교적 태도나 경건 의식을 말씀드리는 게 아닙니다. 일상에 속한 구체적인 문제를 해결하려는 노력 자체를 무시하는 것도 아닙니다. 공부를 해야 하고, 돈벌이도 해야 하고, 때로는 정치도 해야 합니다. 중요한 것은 무엇을 하든지 그것이 궁극적으로 하나님 나라, 하나님의 통치, 하나님의 의에 근거해야 한다는 사실입니다.

이 문제를 더 이상 길게 설명하지 않겠습니다. 오늘 본문에 나오는 서기관과 가난한 과부의 삶을 비교하는 것으로 정리하겠습니다. 누가 행복한지를 보십시오. 누구에게 참된 안식이 있는지를 보십시오. 사람들에게 존경받는 것이 얼마나 피곤한 일인지 아는 분들은 알 것입니다. 남에게 인정받기 위해서 많은 수고가 필요합니다. 돈이 많으면 그것을 어떻게 사용해야 할지 걱정해야 합니다. 저는 수년 전에 기독교계에서 베스트 셀러 글쟁이가 되었습니다. 어디서 소개받을 때마다 그게 따라 다닙니다. 피곤한 일입니다. 그것으로 저의 영적 안식은 불가능합니다. 가난한 과부는 그 모든 것으로부터 완전히 해방된 사람입니다. 그렇습니다. 하나님과의 관계를 통해서 사람들의 눈과 자기 업적의 부담감으로부터 해방되는 것이 신앙의 본질입니다. 아무에게도 관심을 끌지 못하고 존경받지 못하는 인생은 무기력하고 실패한 것이라고 생각하는 사람이 있다면 그는 기독교 신앙의 세계를 전혀 모르는 사람입니다. 잊지 마십시오. 오늘 본문의 가난한 과부야말로 하나님 안에서 참된 자유를 얻은 사람입니다.

창조절 열두번째(추수감사) 주일
레위기 23:33-44
2012년 11월 18일

안식과 초막의 삶

초막절 이야기

세상의 모든 민족은 각각 고유한 명절을 지킵니다. 우리도 옛날에는 많은 명절을 지켰습니다. 설, 대보름, 단오, 추석 등이 그렇습니다. 유대인들이 전통적으로 지키는 삼대 명절은 유월절과 칠칠절과 초막절입니다. 유월절은 출애굽과 직접 연관됩니다. 출애굽 당시에 죽음의 천사가 애굽 사람들의 집에 들어가서 장자와 집짐승의 맏배를 죽였지만 유대 사람들의 집은 그냥 통과했다(pass over)는 이야기가 그것입니다. 유월절은 무교절이라고도 부릅니다. 출애굽 당시에 유대인들이 누룩을 넣지 않은 빵을 먹은 사건에서 유래됩니다. 유월절은 오늘의 태양력으로 대략 4월에 해당됩니다. 유대인들에게 유월절은 출애굽이라는 정치적 사건만이 아니라 실제로는 농사 절기와도 연관됩니다. 씨를 뿌리는 절기입니다. 기독교와 유월절도 관계가 깊습니다. 예수님이 유월절을 지키러 예루살렘에 오셨다가 체포당하시고 십자가에 처형당했습니다. 두 번째로 칠칠절은 유월절로부터 일곱 주간이 지난 다음 날을 가리킵니다.

계산해보면 유월절 후 50일째입니다. 그래서 오순절이라고도 부릅니다. 밀을 추수하는 절기라고 해서 맥추절이라고도 합니다. 태양력으로 6월 경입니다. 기독교에서는 오순절에 성령이 임하셨다고 믿습니다.

세 번째 절기는 초막절입니다. 오늘 제3독서인 요한복음 7장에도 초막절이 나옵니다. 예수님도 유대인들의 이런 절기를 지키셨습니다. 초막절에 대한 자세한 설명은 오늘 제1독서인 레위기 23장 33-44절에 나옵니다. 하나님께서 모세를 통해서 이스라엘 백성들에게 주신 말씀입니다. 34절 말씀은 이렇습니다. "이스라엘 자손에게 말하여 이르라 일곱째 달 열닷샛날은 초막절이니 여호와를 위하여 이레 동안 지킬 것이라." 칠일의 축제일 중에서 첫째 날은 성회로, 즉 거룩한 전체 모임으로 모이고 아무 노동도 하지 말아야 합니다. 칠일 동안 제사를 드리고 여덟째 날에도 성회로 모이고 아무 노동도 하지 말아야 합니다. 이 기간 중에 화제, 번제, 소제, 희생제물, 전제 등등, 여러 종류의 제사를 드려야 합니다. 본문 39-44절에 초막절에 대한 또 하나의 다른 전승이 언급됩니다. 39절 말씀은 이렇습니다. "너희가 토지 소산 거두기를 마치거든 일곱째 달 열닷샛날부터 이레 동안 여호와의 절기를 지키되…." 여기서도 칠일동안 절기를 지키라는 말은 똑같습니다. 다른 점은 앞의 이야기가 주로 제사에 초점이 있다면 뒤의 이야기는 초막절의 역사적 전통을 좀더 구체적으로 설명한다는 것입니다.

그 역사적 전통이 두 가지로 설명됩니다. 하나는 초막절은 가을 추수가 끝나고 행하는 절기라는 겁니다. 유대력으로 일곱째 달은 태양력으로 9-10월에 해당됩니다. 가을 추수 때입니다. 유월절은 봄 농사와 관계되고, 칠칠절은 여름 추수와, 그리고 초막절은 가을 추수와 관계됩니다. 다른 하나는 조상들이 출애굽 후에 광야에서 유목민으로 살았던 40년 광야생활에 근거합니다. 유대인들은 조상들의 이런 생활을 기억하면서 칠일 동안 초막에 기거해야만 했습니다. 유대인들의 이 초막절 절기는 그들과 전혀 다른 시대를 살고 있는 오늘 우리 기독교인들에게 무슨 의미가 있을까요?

안식 - 노동으로부터의 해방

초막절의 시작과 끝은 성회입니다. 모두 모여서 하나님께 제사를 드려야 합니다. 그런데 여기서 중요한 것은 노동을 멈추는 것입니다. "첫날에는 성회로 모일지니 너희는 아무 노동도 하지 말지며…" 35절과 36절에서 명시적으로 언급되어 있습니다. 초막절에 대한 두 번째 전승에 속하는 39절은 그 날에 안식하라고 말합니다. 노동하지 말라는 말이나 안식하라는 말은 똑같은 뜻입니다. 일하지 말고 놀면서 즐거워하라는 명령입니다. 이게 모든 축제의 본질입니다. 노동하지 말라. 안식하라.

이 명령이 유대인들의 안식일 개념에 고스란히 들어 있습니다. 십계명의 네 번째 계명이 바로 그것입니다. 오늘 기독교인들은 이 계명을 주일을 지키라는 말로 오해할 때가 많습니다. 그것이 터무니없는 말은 아니지만 엄격하게 말해서 십계명이 말하는 안식일을 지키는 것이 곧 주일에 교회에 나오는 것 자체를 가리키는 것은 아닙니다. 안식일을 지키라는 명령, 곧 주일을 지키라는 명령의 핵심은 말 그대로 안식에 있습니다. 십계명이 형성되던 2천5백 년 전 고대사회에서는 민중들이 매일 생존 투쟁하듯이 살아야만 했습니다. 노동하지 않으면 생존이 위험했습니다. 특히 가난한 사람들은 생존이 더 위험했습니다. 평생 뼈 빠지게 노동해야만 했습니다. 이것은 우리나라도 마찬가지였습니다. 유대인들은 놀랍고도 혁명적인 생각을 하게 되었습니다. 사람이라고 한다면 일주일에 하루는 노동으로부터 해방되어야 한다고 말입니다. 그것을 하나님의 명령을 받아들였습니다. 출애굽기 20장 10절은 다음과 같습니다. "일곱째 날은 네 하나님 여호와의 안식일인즉 너나 네 아들이나 네 딸이나 네 남종이나 네 여종이나 네 가축이나 네 문안에 머무는 객이라도 아무 일도 하지 말라."

21세기 대한민국에서 살아가는 사람들은 안식을 모릅니다. 안식일을 지키지 않습니다. 아들과 딸들도 안식일 없이 매일 노동합니다. 공부가 그들에게는 노동입니다. OECD 국가 중에서 우리나라가 주당 평균 노동 시간이 제일 많습니다. 쉬지 않고 일하고 생산성을 높이는 것을 자랑스럽게 생각합니다. 대통령이 앞장 서서 그런 것을 부추깁니다. 모르긴 몰라도 우리나라 초등학생들이 세계에서 가장 분주할 겁니다. 학교를 다녀와서 온갖 종류의 공부를 하러 다니고, 소위 잘 나가는 학군에 사는 아이들은 선행학습까지 합니다. 이런 식으로 밀어붙여서 시험 점수를 높일 수는 있겠지만 삶의 질은 점점 수렁으로 빠져듭니다. 안식이 없는 사회는 속으로 병들어갈 갈 수밖에 없습니다.

저의 설교를 들으면서 세상이 다 그렇게 돌아가는데 어쩌란 말이냐 하고 불편하게 생각하실 분들이 계실 겁니다. 그렇습니다. 현대사회 시스템이 무한경쟁으로 돌아가기 때문에 한두 사람이 자신의 개인적인 의지만으로 이 모순을 뚫고 나가기는 어렵습니다. 자기 자식만 공부를 덜 시키며 놀게 할 수는 없습니다. 사회 제도와 구조가 달라져야 합니다. 전체적으로 경제적인 수준을 낮춰 잡아야 합니다. 빈부의 격차가 심한 상태에서 잘 사는 나라보다는 모두가 공평하게 조금씩 못 사는 나라의 국민들이 더 행복합니다. 폭력적으로 그런 사회를 시도했던 정치 제도가 공산주의입니다. 공산주의는 20세기에 실패하고 말았습니다. 그래서 지금 전 세계가 경쟁 중심의 신자유주의로 치닫고 있습니다. 연봉은 많아졌지만 그게 언제 떨어질지 몰라서 불안해합니다. 더 근본적으로 높아진 연봉이 우리를 행복하게 만들지도 못합니다. 왜냐하면 참된 안식이 없기 때문입니다.

중국 속담에 있듯이 호랑이 등에 올라탔기에 내려오고 싶어도 내려올 수 없는 오늘의 이 사회구조에서 우리 기독교인들만이라도 깨어 있는 영성으로 참된 안식이 무엇인지에 대한 생각은 놓치지 말아야 합니다. 참된 쉼이 무엇인지를 계속 생각하십시오. 성회로 모이고 노동하지 말라는 말씀을 기억하십시오. 추수감사절의 예배는 바로 그 사실에 집중하는 것입니다. 우리가 세상에서 살아남을 수 있도록 먹을거리를 허락하시는 분은 하나님입니다. 노동을 멈추고 그 사실을 주목해야 합니다. 거기서만 참된 안식이 가능합니다. 문제는 하나님이 허락하신 것으로 사람들이 만족하지 못한다는 데에 있습니다. 만족하지 못하는 이유는 우리가 잘못된 삶에 길들여졌다는 데에 있습니다. 그래서 하나님을 신뢰하지 못합니다. 고대 유대인들은 어려운 상황 가운데서도 초막절을 지키면서 '노동하지 말라'는 말씀을 하나님의 명령으로 받아들였습니다. 거기서 생명이 주어진다는 사실을 경험적으로 깨달았기 때문이었습니다.

노동하지 말라는 명령은 결국 생명이 어디서 왔으며, 어디로 가느냐를 뚫어보라는 강력한 도전입니다. 고강도의 노동으로 생산성을 높여도 생명 충만감을 누리지 못합니다. 오히려 노동과 생산을 멈추고 하나님과의 관계에서 시작해야 합니다. 거기서만 우리의 삶에서 무엇이 본질적으로 중요한지, 무엇이 허상인지를 구별할 수 있는 영적 분별력이 주어집니다. 여러분에게는 그런 분별력이 점점 깊어집니까? 그런 데에 아무런 관심도 없으십니까?

초막생활

그런 분별력이 그냥 주어지는 않습니다. 영적 훈련이 필요합니다. 초막절도 그런 훈련입니다. 초막절에 유대인들은 일주일 동안 초막에서 지내야했습니다. 마치 군인들이 한겨울에 밖에 나가 천막을 치고 혹한기 훈련을 하는 것과 비슷합니다. 가을걷이를 끝내고 축제를 여는 동안 이들은 자기 집이 아니라 야외에서 나무와 잎으로 임시 처소를 마련하고 지내야만 했습니다. 축제 때는 더 쾌적한 곳에서 먹고 마시는 것으로 생각하기 쉽습니다. 그런데 유대인들의 초막절 축제는 그것과 달랐습니다. 오히려 더 불편하게 지냈습니다. 초막생활을 하면서 조상들의 40년 광야생활을 기억하고 경험했습니다. 그것은 단순히 불편하게 지낸다는 사실만을 가리키는 게 아니라 생명이 무엇인지에 대한 깊은 성찰을 가리킵니다.

초막생활은 사람들로 하여금 문명의 옷을 벗고 자연과 하나가 되게 합니다. 낮에는 덥고 밤에는 춥습니다. 아무리 나뭇잎으로 가려도 낮에는 햇빛이 들어오고 잠에는 이슬이나 서리를 피할 수 없습니다. 곤충을 막을 수도 없고, 때로는 짐승의 피해를 각오해야 합니다. 모든 짐승들은 다 이렇게 삽니다. 사람만 특별한 방식으로 집을 짓고 삽니다. 지금도 원시림에서 사는 사람들은 초막에서 살지만 대다수의 사람들은 안전한 집을 짓고 삽니다. 대한민국에는 아파트가 특히 많습니다. 제가 잠시 머물렀던 베를린에는 아파트가 별로 없습니다. 독일의 다른 도시도 마찬가지고, 유럽의 대다수 나라가 그렇습니다. 우리는 땅이 좁기도 하지만 아파트의 편리성을 특히 좋아하는 탓에 아파트가 많은 게 아닌가 생각됩니다. 아파트의 삶은 일반 주택보다 훨씬 더 자연과 단절된 됩니다. 우리는 이런 방식으로 점점 초막으로부터 멀어지고 있습니다.

초막생활에 대한 명령을 좀더 깊이 생각해 보십시오. 초막절은 가을 추수를 마치고 축제를 여는 절기입니다. 먹을 것이 지천입니다. 술과 떡도 많습니다. 이럴 때는 아무 생각도 없이 먹고 마시면서 즐기면 됩니다. 그런데 하나님께서는 초막생활을 명령하셨습니다. 무슨 말인가요? 풍족할수록 더 원초적인 삶으로 돌아가야 한다는 뜻이 아니겠습니까. 억지로라도 초막으로 돌아가야 합니다. 그렇지 않으면 사람은 풍요와 쾌락의 달콤함에 취해서 헤어 나올 수 없습니다. 초막절에 노동하지 말고 안식하다는 말은 그냥 놀고먹으라는, 마냥 게으름을 피워도 좋다는 뜻이 아니라 초막이 가리키는 원초적 생명으로 돌아가라는 뜻입니다. 신앙은 바로 그것에 대한 경험입니다. 안식일을 지키는 것, 주일에 예배를 드리는 것은 곧 원초적 생명을 경험하는 것입니다.

우리는 아무리 발버둥쳐도 결국은 모두 초막으로 돌아갈 수밖에 없습니다. 늙고 죽습니다. 무덤에 묻히든지 불에 화장됩니다. 우리가 포근하게 생각했던 편리한 집과 문화시설로부터 완전히 단절되고 맙니다. 모든 맛난 것들, 우리를 황홀하게 했던 것들, 강남 스타일의 '말춤'도 모두 한여름 밤의 꿈처럼 사라집니다. 더 근본적으로 보면 지금 우리가 경험하고 있는 삶 자체가 초막이고 임시 거처입니다. 히브리서 기자는 이 땅에는 '영구한 도성'이 없다고 말했습니다(히 13:14). 바울도 땅에 있는 우리의 장막집이 무너진다고 말했습니다(고후 5:1). 평소에는 이런 것을 망각하고 삽니다. 그래서 그런 일들이 우리와 전혀 상관없는 것처럼 여깁니다. 그건 착각입니다. 결정적인 순간이 오기 전에, 아직 축제의 삶을 살고 있는 중에 우리는 초막으로 돌아가는 훈련을 해야 합니다.

초막으로 돌아가는 훈련이 구체적으로 무엇일까요? 우리가 고대 유대인들처럼 실제로 초막으로 나갈 수는 없습니다. 단순히 캠핑을 떠나는 것을 가리키는 것은 아닙니다. 초막은 원초적 생명의 상태로 들어가는 것이라는 사실을 생각해 보십시오. 어디에서 가능할까요? 우리 기독교인들은 그것을 예수 그리스도에게서 경험한 사람들입니다. 예수 그리스도의 고난과 십자가와 부활은 원초적 생명 사건입니다. 그 사건 앞에서 다른 것들은 모두 물러나야 합니다. 목사라는 직책, 교수와 선생이라는 지위, 젊음과 건강이라는 것도 모두 제외됩니다. 우리가 자랑거리라고 여겼던 모든 것들도 제외됩니다. 바울은 그리스도와의 일치를 위해서 자기의 모든 업적을 배설물로 여긴다고 했습니다(빌 3:8). 초막절의 영성은 예수 그리스도에게 완성되었다는 사실을 믿으십시오. 그 사실을 실제로 믿는다면 예수 그리스도에게 일어난 사건에 좀더 집중하십시오. 거기서 여러분은 참된 안식과 생명을 얻게 될 것입니다. 아멘.

창조절 열세번째 주일
요한복음 18:33-38
2012년 11월 25일

예수의 왕권

"네가 유대인의 왕이냐?"

복음서가 전하는 예수님의 일대기는 크게 다섯 대목입니다. 첫째는 출생과 유년기 이야기, 둘째는 갈릴리에서의 활동, 셋째는 예루살렘을 향해서 올라가는 이야기, 넷째는 예루살렘 안에서의 활동, 다섯째는 수난과 십자가와 부활 이야기입니다. 다섯 대목이 네 복음서에 똑같이 나오지는 않습니다. 부분적으로 일치하기도 하고, 또 다르기도 합니다. 그러나 다섯 번째 대목만큼은 네 복음서가 거의 똑같이 전합니다. 이것이 복음서의 토대이기 때문입니다. 이 대목에 예수님이 빌라도에게 재판받는 이야기가 나옵니다. 오늘 설교 본문인 요한복음 18장 33-38절은 바로 그 이야기입니다.

예수님이 로마 총독인 빌라도에게 재판을 받았다는 것은 예수님이 로마 체제를 거스르는 행동을 했다는 의미입니다. 우리가 상상하기 어려운 일입니다. 그런데도 실제로 그런 일이 벌어졌습니다. 빌라도가 예수님을 재판하게 된 직접적인 동기는 당시 대제사장들의 고발에 있습니다. 고발한 근거를 대라는 빌라도의 요구에 대제사장들은 이렇게 대답했습니다. "이 사람이 행악자가 아니었더라면 우리가 당신에게 넘기지 아니하였겠나이다"(요 18:30). 빌라도는 이 고발을 접수하고 싶지 않았습니다. "너희가 그를 데려다가 너희 법대로 재판하라." 그들은 자신들에게 사형을 집행할 권한이 없다고 대꾸했습니다. 말하자면 빌라도를 향해서 총독의 사법권을 행사하라는 압력이었습니다. 빌라도는 이제 어쩔 수 없었습니다. 유월절 절기를 지키기 위해서 몰려든 유대 민중들과의 충돌만은 피해야했기 때문입니다.

빌라도는 이제 재판을 시작하면서 예수님에게 이렇게 물었습니다. "네가 유대인의 왕이냐?"(요 18:33) 빌라도의 이 멘트는 중요한 탓인지 네 복음서가 축자적으로 똑같이 전합니다(눅 23:3; 막 15:2; 마 27:11). 대제사장들의 고발장에 이 내용이 실제로 들어 있는지는 우리가 아는 게 없습니다. 빌라도의 재판보다 앞서 있었던 산헤드린의 종교재판에서 다루어졌던 문제는 예수님이 하나님의 아들이냐 하는 것이었습니다. 대제사장들은 그런 문제로 예수님을 고발할 수 없어서 유대인의 왕이라는 핑계를 댄 것으로 보입니다. 만약 예수님이 유대인의 왕을 자처했다면 당연히 로마법의 처벌 대상이 됩니다. 빌라도는 그것을 확인하기 위해서 질문한 것일까요? 그것만 확인되면 무조건 사형 판결을 내리려고 한 것일까요?

빌라도는 그렇게 어수룩하거나 단순히 관료주의에 물든 사람은 아니었습니다. 복음서 기자들은 빌라도가 예수님에게 비교적 호의적인 태도를 보인 것으로 진술합니다. 가능하면 예수님을 훈방하거나, 아니면 체벌형으로 처리하려고 했습니다. 그러나 유대 종교 지도자들과 그들에게 세뇌당한 유대 민중들에 의해서 빌라도의 시도는 실패하고 말았습니다. 이런 점에서 볼 때 "네가 유대인의 왕이냐?"(수 에이 호 바실류스 톤 유다이온) 하는 빌라도의 질문은 단순한 사실 심문이라기보다는 신학적으로 훨씬 심각한 의미를 담고 있다는 게 분명합니다.

이 질문에서 '수'(너)라는 인칭 대명사를 주목하십시오. 예수를 가리킵니다. 그 예수는 지금 피의자 신분으로 전락한 사람입니다. 목숨이 경각에 달려 있습니다. 유대의 모든 종교 지도자들에 의해서 사이비 이단 괴수로 정죄당했습니다. 한때 잘 나갈 때는 수천 명의 추종자들이 있었지만 지금은 모두 떠나갔습니다. 그의 제자들마저 신변의 위기를 느끼고 예수님을 배신하거나 몸을 숨겼습니다. 복음서 기자들은 이 결정적인 순간에 제자들이 얼마나 비굴했는지, 얼마나 얍삽했는지, 얼마나 비열했는지를 숨김없이 지적합니다. 오히려 여성들이 제자의 본을 보였습니다. 어쨌든지 지금 빌라도 앞에서 재판을 받고 있는 예수님은 모든 이들에게서 소외된 상태였습니다. 그런 사람인 당신이 유대인의 왕이냐라고 묻는 겁니다.

빌라도의 이 질문은 재판 받는 순간만이 아니라 늘 예수님을 따라다녔습니다. 그는 목수의 아들이었습니다. 왕족이나 귀족 가문이 아니라 노동자 출신입니다. 그런 인물을 하나님의 아들이라고 말할 사람은 없습니다. 예수님의 공생애 중에 일어난 축귀, 치병과 같은 사건들도 그 사실을 보장하지 못합니다. 당시에 웬만한 종교 지도들도 그런 능력을 행사했습니다. 예수님은 고향에서도 대접받지 못하고 무시당했으며, 때로는 살해당할 순간도 있었습니다. 예수님은 결국 십자가에 처형당했습니다. 율법에 따르면 십자가에 달린 자는 저주받은 사람입니다. 그런 이를 메시아로 믿는다는 것은 언어도단이었습니다. 기독교는 지난 2천 년 동안 주변으로부터 예수가 유대인의 왕이라는 증거를, 곧 인류 구원자라는 증거를 대라고 요구받았습니다. 그들의 요구는 일종의 거부감, 조롱, 또는 연민이기도 합니다. 이에 대해서 우리는 무엇이라고 대답할 수 있을까요?

예수의 나라는?

예수님이 빌라도에게 어떻게 대답하셨는지를 보십시오. "내 나라는 이 세상에 속한 것이 아니니라." 36절에서 예수님은 이 말씀을 두 번이나 반복하셨습니다. 그 사실을 다음과 같이 보충적으로 설명하셨습니다. 만약 예수님의 나라가 이 세상에 속한 것이었다면 예수님을 추종하던 사람들이 예수님을 위해서 싸웠을 겁니다. 요즘 대통령 선거에서 지지자들이 서로 싸우는 것과 비슷합니다. 예수님이 한창 잘 나갈 때에 민중들은 예수님을 왕으로 옹립하려고도 했습니다. 예수님은 그런 시도를 거부하셨습니다. 왜냐하면 예수님은 이 세상을 개혁해서 깨끗하게 만드는 것에 관심이 있는 게 아니었기 때문입니다.

　이것은 우리가 복음을 이해하는데 아주 중요한 사실입니다. 예수님의 나라는, 즉 절대적인 생명의 나라는 지상 천국이 아닙니다. 요즘 식으로 말해서 복지국가를 세우는 게 아니었습니다. 복지국가의 미래를 생각해 보십시오. 그것이 분명히 이 세상에서는 최선의 나라입니다. 정치 민주화만이 아니라 경제 민주화가 이루어진다는 것이 우리 모두의 바람입니다. 교육, 직업, 의료, 노후 문제가 완전히 해결될 수 있다면 지금보다 훨씬 행복한 사회가 될 수 있을 겁니다. 그러나 복지국가가 기독교의 궁극적인 미래는 아닙니다. 왜냐하면 거기서도 인간의 근본 문제가 해결되지 않기 때문입니다. 이것에 대해서는 긴 설명이 필요 없습니다. 아무리 완벽한 복지국가를 건설해도 인간은 여전히 죄를 짓고, 늙고, 병들고, 그리고 죽습니다. 복지를 통해서 인간을 구원하겠다는 생각은 유토피아(이상향)입니다. 유토피아는 라틴어 우(없는)와 토포스(장소)가 결합된 단어로 '없는 장소'라는 뜻입니다. 그런 세상은 없습니다. 그래서 예수의 나라는 그런 식으로 달성되는 나라가 아닙니다.

　당시에 사람들은 예수님을 권력을 잡고 싶어하는 유대인의 왕으로 오해했습니다. 그 오해로 인해서 예수님이 재판을 받게 되었고 결국 십자가 처형을 당하셨습니다. "네가 유대인의 왕이냐?" 하고 심문하는 총독 빌라도만이 아니라 유대의 종교 지도자들도 똑같이 오해했습니다. 그들은 예수님이 자신들의 종교 체제를 파괴하는 것으로 오해했습니다. 율법을 해체한다는 의혹이었습니다. 예수님이 안식일을 상대화하고, 예루살렘 성전을 상대화하셨기 때문입니다. 그건 오해입니다. 예수님은 유대교의 율법을 부정하거나 해체하려는 게 아니었습니다. 그것이 상대적이고 제한적이라는 사실을 짚었을 뿐입니다. 상대적이고 제한적인 것을 절대적 이데올로기로 주장하는 사람들, 그리고 그런 세력과 싸운 것입니다. 그런 싸움은 어쩔 수 없는 것입니다. 로마 정치가 세상에 참된 평화를 제공할 수 없듯이 유대교의 율법도 마찬가지였습니다. 율법도 로마 정치처럼 세상에 속한 것이었기 때문입니다. 그래서 예수님은 "내 나라는 이 세상에 속한 것이 아니라"고 대답하셨습니다.

그렇다면 예수의 나라는 어디에 속한 것일까요? 그것에 대해서 오늘 설교 본문이 직접적으로 대답하지 않습니다. 신약성서 전체를 통해서 간접적인 대답을 찾을 수 있습니다. 하늘입니다. 예수의 나라는 하나님 나라입니다. 천국입니다. 예수님은 그 하나님 나라가 임박했다고 선포하셨습니다. 회개하고 하나님 나라를 받아들이라고 말씀하셨습니다. 예수님의 모든 가르침과 행위는 하나님 나라, 즉 천국에 근거합니다. 천국을 비유로 가르치셨고, 사람들에게 사죄를 선포하셨습니다. 하나님 나라가 왔을 때 일어나야 할 생명 사건들을 가르치고 그렇게 행동하셨습니다. 이 하나님 나라 앞에서 지상의 인간적인 나라는 포기되어야 합니다. 뒤로 물러나야 합니다. 이해가 되지요? 오늘 탐에 지름 10km의 혜성이 지구와 충돌한다고 예상해 보십시오. 지금 우리가 하는 모든 일들은 포기되어야 합니다. 모든 종교적 전통과 정치적 권위가 의미를 상실합니다. 예수님은 하나님의 통치에 자신의 운명을 완전히 맡겼습니다. 그래서 내 나라는 이 세상에 속한 게 아니라고 말씀하신 것입니다.

세상이 아니라 하늘에 속한 예수의 나라가 무엇인지 여전히 모호하게 느껴지시나요? 이것은 하나님 나라를 어떻게 이해하는가에 달려 있는 문제입니다. 그 하나님 나라가 바로 예수의 나라이기 때문입니다. 하나님 나라가 무엇인지 우리는 실증적으로 경험할 수는 없습니다. 이렇게만 말씀드릴 수 있습니다. 그 나라는 하나님의 다스림입니다. 하나님의 창조 능력이며, 부활 능력입니다. 우리의 능력으로 하나님 나라를 이루어낼 수 없습니다. 그것은 그분이 주도적으로 행하시는 나라입니다.

그래서 우리가 구체적으로 설명할 수도 없습니다. 이것은 마치 우주 전체의 비밀을 인간이 풀 수 없고, 또 설명할 수 없는 것과 같습니다. 태평양 하와이에 사는 나비의 날갯짓이 어떻게 태풍을 일으켜 한반도에 큰 피해를 주게 되는지의 기상학적 원리를 인간이 풀 수 없는 것과 같습니다. 하나님 나라는 유대의 율법이나 로마의 실정법으로도 규정할 수 없었습니다. 예수님의 나라는 세상에 속한 것이 아닙니다.

진리에 속한 자

예수님의 말씀을 듣고 있던 빌라도가 다시 묻습니다. "그러면 네가 왕이 아니냐?"(요 18:37). 빌라도의 이 질문은 논리적으로 옳습니다. 예수님의 나라가 이 세상과 상관없다면 왕이 아니라는 게 분명하게 드러난 겁니다. 예수님은 또 다시 예상 외의 대답을 하십니다. "네 말과 같이 내가 왕이니라"(요 18:37). 이게 바로 기독교가 로마를 향해서 하고 싶은 말이었습니다. '예수는 왕이다' 라고 말입니다. 당신들이 생각하는 왕권과 우리가 생각하는 왕권은 다르다고, 당신들은 이전투구와 권모술수를 통해서 당신들이 원하는 질서를 세우려고 하지만, 그래서 왕과 장군과 귀족들과 막강한 군사력을 필요로 하지만 우리는 하나님이 통치하는 나라를 기다린다고, 그래서 로마 체제와 이데올로기가 필요하지 않다고 말입니다. 그렇습니다. 로마 황제의 왕권은 끊임없는 권력투쟁이지만 예수의 왕권은 사랑의 능력입니다. 그래서 초기 기독교는 로마와 공연하게 경쟁할 필요가 없었습니다. 그러나 예수의 왕권이 부정당할 때는 순교를 불사하고 싸웠습니다. 그들은 로마 황제 체제 아래서 '예수가 왕이다' 하고 외쳤습니다. 오늘 우리에게도 예수의 이 고유한 왕권에 대한 인식과 경험이 있습니까? 당근과 채찍을 통해서 우리의 운명을 좌지우지하는 이 경쟁 만능의 신자유주의에 대항할 수 있습니까? 생산과 소비의 악순환으로 우리를 몰아넣는 우상숭배적인 시대정신과 싸울 수 있습니까?

예수의 왕권을 이해하고 동의하는 게 말처럼 쉬운 게 아닙니다. 종교 권력에 사로잡혔던 대제사장들도 이해하지 못했고, 로마 황제체제에 갇혀 있던 빌라도도 이해하지 못했습니다. 빌라도는 '네가 유대인의 왕이 아니라는 말이냐?' 하고 물을 수밖에 없었습니다. 예수님은 이렇게 대답하셨습니다. "무릇 진리에 속한 자는 내 음성을 듣느니라"(요 18:37b). 그걸 억지로 알게 할 수는 없다는 말씀입니다. 진리에 속해야만 그게 가능한 겁니다. 사람들은 자신이 생각하고 있는 것과 차원이 다른 것에 대해서는 아무리 설명을 들어도 당장은 알 수 없습니다. 그것은 지성으로 해결되지 않고 인격으로 해결되지도 않습니다. 예를 들어볼까요? 이창동 감독의 「시」라는 영화에서 윤정희 씨가 연기한 여주인공 미자는 시를 배우는 문화교실에 엑스트라 강사로 나온 김용택 시인에게 이렇게 묻습니다. 어떻게 시를 쓸 수 있나요? 시는 쓰는 게 아니라 시가 말을 걸어올 때까지 기다리는 겁니다. 음악도 마찬가지입니다. 베르디의 「레퀴엠」에서 인간에게 참된 위로가 무엇인지를 억지로 이해할 수는 없습니다. 그것은 비밀스럽습니다. 예수의 왕권도 진리에 속해야만 보고 들을 수 있습니다.

여러분은 예수의 고유한 왕권을 인정하십니까? 그의 부활 생명이 우리 운명의 미래라는 사실을 온 영혼으로 경험하십니까? 말로만이 아니라 실제로 그런 나라에 자신의 모든 것을 맡기고 살니까? 그것을 증명해 보십시오. 대제사장들로 대표되는 율법적인 왕권과 빌라도로 대표되는 정치적인 왕권으로부터 여러분이 얼마나 자유로워졌는지를 보면 알 수 있습니다. 율법과 정치를 폐기처분하자는 말씀이 아닙니다. 그것은 삶의 형식들입니다. 형식은 형식일 뿐입니다. 예수님을 통해서 주어진 참된 생명의 능력이 우리의 삶에 충만한지를 돌아보십시오. 여러분, 잊지 마십시오. 그리고 더 집중하십시오. 예수님만이 우리 영혼의 참된 왕이십니다!

거룩한 두려움
교회력에 따른 설교 모음

지은이　　정용섭
펴낸이　　정덕주

펴낸 곳　　한들출판사
　　　　　　서울시 종로구 연지동 136-46 기독교회관 710호
　　　　　　등록 제2-1470호 1992.

E-Mail　　　handl2006@hanmail.net
홈페이지　　www.ehandl.com
전화:　　　　편집부 741-4068~69
　　　　　　영업부 741-4070　FAX 741-4066

2013년 6월 1일 초판 1쇄 발행

ISBN 978-89-8349-633-1
*잘못된 책은 바꿔 드립니다.